飞行技术专业新工科系列教材

民航安全管理

贺元骅 伍 毅 熊升华 陈勇刚 李 海
徐 艺 杨骁勇 刘雨佳 王明武 智茂永 编著
罗 燕 凤四海 徐 佳

清华大学出版社
北京

内 容 简 介

本书面向安全管理体系(safety management system,SMS)建设要求和需求,简要介绍了民航安全的缘起、现状与趋势以及民航安全管理的体制、机制和法制,着重阐述了民航安全管理体系构架、安全信息管理路径、民航风险管理方法、民航安全审计、事件调查流程、安全绩效管理方式、民航应急技术,深入分析了飞行、机务、空管、机场四大民航运行主体安全管理的主要风险以及防控策略。

本书在编写中力求重点突出、由浅入深、通俗易懂,努力体现教学的适用性。本书既可作为民航安全专业学习的参考教材,也可作为民航从业人员提升安全从业技术的读本。

版权所有,侵权必究。举报:010-62782989,beiqinquan@tup.tsinghua.edu.cn。

图书在版编目(CIP)数据

民航安全管理/贺元骅等编著.—北京:清华大学出版社,2022.8(2025.5重印)
飞行技术专业新工科系列教材
ISBN 978-7-302-61211-7

Ⅰ.①民… Ⅱ.①贺… Ⅲ.①民航运输-安全管理-高等学校-教材 Ⅳ.①F560.6

中国版本图书馆 CIP 数据核字(2022)第 119809 号

责任编辑:王　欣
封面设计:常雪影
责任校对:欧　洋
责任印制:刘海龙

出版发行:清华大学出版社
　　　　网　　址:https://www.tup.com.cn,https://www.wqxuetang.com
　　　　地　　址:北京清华大学学研大厦 A 座　　邮　编:100084
　　　　社 总 机:010-83470000　　邮　购:010-62786544
　　　　投稿与读者服务:010-62776969,c-service@tup.tsinghua.edu.cn
　　　　质量反馈:010-62772015,zhiliang@tup.tsinghua.edu.cn
印 装 者:三河市铭诚印务有限公司
经　　销:全国新华书店
开　　本:185mm×260mm　　印　张:18　　字　数:433 千字
版　　次:2022 年 8 月第 1 版　　印　次:2025 年 5 月第 5 次印刷
定　　价:59.80 元

产品编号:095618-02

总序
FOREWORD

习近平总书记多次强调"民航业是重要的战略产业,新机场是国家发展一个新的动力源",这意味着国家对民航业增强动力功能、更好地服务国家战略的要求进一步提高,新时代的民航发展必须不断丰富内涵和外延,承担起国家赋予的新的历史使命。

《新时代民航强国建设行动纲要》中指出,民航作为国家战略性产业,在开启全面建设社会主义现代化强国的新征程中发挥着基础性、先导性作用。建设民航强国,既是更好地服务国家发展战略,满足人民美好生活需求的客观需要,也是深化民航供给侧结构性改革,提升运行效率和服务品质,支撑交通强国建设的内在要求。如今,我国民航对世界民航增长贡献率超过20%,位居全球第一。我国民航在安全水平、行业规模、服务能力、地位作用等方面取得了巨大发展成就,基本实现从民航大国向单一航空运输强国的跨越,但距离多领域民航强国乃至全方位民航强国还具有很大差距,在民航创新、人才培养等方面仍然任重而道远。

《"十四五"民用航空发展规划》将"人才强业工程"设置为六个重大工程专栏之一,更是提出了民航人才队伍建设具体任务举措。按照民航强国建设新目标要求,飞行技术专业需培养高层次、复合型、应用型的专业人才,以有效应对运行环境的深刻变化对飞行员能力要求带来的长期挑战。

2017年以来,教育部积极推进新工科建设,提倡以立德树人为引领,以应对变化、塑造未来为建设理念,以继承与创新、交叉与融合、协调与共享为主要途径,以一流人才培养、一流本科教育、一流专业建设为目标,培养未来多元化、创新型卓越工程人才。基于新工科的飞行技术专业人才培养模式为新时期飞行人才培育提供了良好的教育实践。

作为全球民航职业飞行员培养规模最大、能力最强、质量过硬,享誉国内、在世界民航有着较高影响力的高等学府,中国民用航空飞行学院以民航可持续发展为己任,结合自身的办学特色,整合飞行技术专业人才培养资源优势,在多年教学实践、探索与总结的基础上,组织编写了"飞行技术专业新工科系列教材"。

该系列教材既满足新工科建设的教学目标和要求,体现了"面向工业界、面向世界、面向未来"的工程教育理念,凸显了新工科的人才培养特色,又紧扣飞行技术专业特色,高度契合飞行技术专业"理论+实训"的培养模式,适应现代民航运输航空飞行员核心胜任能力教学体系,兼具实践性与专业性。

期冀本系列教材为我国民航飞行人才培养做出贡献,探索形成领跑全球的基于新工科的飞行技术专业人才培养的中国模式和中国经验,推动多领域民航强国建设,助力高等教育强国建设!

是为序!

编委会

2022年6月

前言
PREFACE

安全是民航健康发展的基石,是世界民航活动的永恒主题。具有国际民航宪章地位的《国际民用航空公约》将安全列为国际民航组织的主要目标,并在全文16次强调安全对国际民航的重要作用。新中国历来十分重视民航安全工作,第一代领导人要求民航工作应"保证安全第一"。21世纪以来,党和国家领导人对民航安全工作持续作出重要指示批示。2018年9月30日,中共中央总书记、国家主席、中央军委主席习近平在接见四川航空"中国民航英雄机组"全体成员时,嘱托全体民航人应牢记民航安全的重要性,牢固树立人民生命安全至上的高度责任意识,保障好每一个航班的安全。作为全球第二大民航运输大国,我们有责任推动全球民航安全基础理论与关键技术创新工作,本书的编写即是一次有益的努力。

从复杂巨系统理论角度来看,民航活动是一项典型的复杂巨系统。飞机研发客户需求复杂、技术难度大、系统构成繁,需要跨部门协作、跨国界长链条管理,如美国波音公司研发制造的波音747飞机,所用的450万个零部件由6个国家的1500家大企业、15 000家中小型企提供;民航运行涉及飞机、机场、导航、养护等大型设备设施协同,需要各部门、跨部门、跨地区、跨国家地区协调。任何一个环节出现问题,民航活动极可能终止,民航安全即面临巨大威胁;大型飞机经济价值巨大,载运人员众多,是一个高技术密集、高资金密集、高人员密集的移动封闭空间;飞行中的飞机安全对运行环境依赖度高,直升机及小型通航飞机一般在3000m以下飞行,中型、大型飞机常态飞行高度在7000～12 000m,环境的温度、风、霜、雷、电等与飞机及所载人员安全息息相关。

民航安全保证是一项集科技创新与管理工作于一体的复杂工程,是一项日复一日、貌似平凡却使命光荣的职责。本书整体分为三个模块:背景概述、理论基础和专业实践。其中,第1章介绍了民航安全及民航安全管理背景概述,第2～8章着重阐述了安全管理体系的核心建设内容和实现路径,第9～12章深入分析了飞行、机务、空管、机场四大民航运行主体安全管理的主要风险以及防控策略。本书既可作为民航安全专业学习的参考教材,也可作为民航从业人员提升安全从业技术的读本。

本书编写过程中参考了大量的文献资料,也得到了行业内大量专家学者的指导和支持,在此谨向这些著作及资料的作者以及专家学者致以诚挚的谢意!由于作者水平有限,错漏之处在所难免,敬请专家和读者批评指正。

作 者

2021年12月

目录
CONTENTS

第 1 章　民航安全管理概论 ··· 1

　1.1　民航安全发展概述 ··· 1
　　　1.1.1　民航运输发展概述 ··· 1
　　　1.1.2　民航安全运行态势 ··· 6
　1.2　民航安全管理组织 ··· 10
　　　1.2.1　国际性民航安全组织 ·· 10
　　　1.2.2　国内民航安全组织 ··· 12
　1.3　民航安全管理发展 ··· 13
　　　1.3.1　世界民航安全管理发展概述 ··· 13
　　　1.3.2　中国民航安全管理发展概述 ··· 21
　1.4　民航安全管理法规 ··· 22
　　　1.4.1　民航安全国际法规 ··· 23
　　　1.4.2　民航安全国内法规 ··· 24

第 2 章　民航安全管理体系概述 ··· 26

　2.1　民航安全管理体系内涵 ·· 26
　　　2.1.1　民航安全管理体系背景 ·· 26
　　　2.1.2　民航安全管理体系特征 ·· 27
　　　2.1.3　民航安全管理体系框架 ·· 27
　2.2　我国民航安全管理体系建设 ·· 31
　　　2.2.1　民航安全管理体系规定 ·· 31
　　　2.2.2　民航安全管理体系建设 ·· 32
　　　2.2.3　民航安全管理体系验证 ·· 45

第 3 章　民航安全信息管理 ··· 50

　3.1　民航安全信息管理概述 ·· 50
　　　3.1.1　民航安全信息概念 ··· 50
　　　3.1.2　民航安全信息分类 ··· 51
　　　3.1.3　民航安全信息标准化 ·· 53
　　　3.1.4　安全信息管理的闭环 ·· 54

3.2 事件信息强制报告 ·· 59
3.2.1 强制报告的内容 ·· 59
3.2.2 强制报告的原则 ·· 60
3.2.3 强制报告的程序 ·· 60
3.2.4 强制报告的标准 ·· 63
3.2.5 强制报告的处理程序 ·· 65
3.2.6 事件样例 ··· 65
3.3 自愿报告与安全举报 ··· 67
3.3.1 自愿报告 ··· 67
3.3.2 安全举报 ··· 70
3.4 飞行品质监控信息 ··· 70
3.4.1 飞行数据存储器 ·· 71
3.4.2 飞行品质监控系统运行管理 ·· 71
3.4.3 飞行品质监控分析过程 ·· 72
3.4.4 飞行品质监控项目规范 ·· 73
3.4.5 飞行品质监控红色事件信息管理 ·· 74
思考题 ··· 76

第 4 章 安全风险管理 ·· 77
4.1 民航安全风险管理概述 ·· 77
4.1.1 安全风险 ··· 77
4.1.2 安全风险管理 ··· 78
4.2 危险源识别 ·· 79
4.2.1 危险源分类 ·· 80
4.2.2 危险源产生 ·· 81
4.2.3 危险源分析 ·· 81
4.2.4 工作程序分析 ··· 82
4.2.5 危险源识别方法 ·· 83
4.2.6 危险源标识 ·· 85
4.2.7 危险源识别数据源 ··· 86
4.3 安全风险评估 ··· 86
4.3.1 安全风险矩阵 ··· 87
4.3.2 安全风险评估实例 ··· 88
4.4 安全风险缓解 ··· 89
4.4.1 安全防护机制 ··· 90
4.4.2 安全风险缓解策略评估 ·· 90
4.4.3 安全风险管理的持续改进 ··· 91

第 5 章　民航安全审计 … 93

5.1　民航安全审计概述 … 93
5.1.1　审计概述 … 93
5.1.2　安全审计概述 … 96
5.1.3　民航安全审计 … 97

5.2　国际民航安全审计 … 99
5.2.1　国际民航组织普遍安全监督审计计划 … 99
5.2.2　国际航协的运行安全审计 … 101

5.3　中国民航安全审计 … 105
5.3.1　中国民航安全审计背景 … 105
5.3.2　中国民航安全审计概述 … 106
5.3.3　中国民航安全审计流程 … 107

5.4　民航生产经营单位法定自查 … 109
5.4.1　民航行业监管模式改革 … 109
5.4.2　法定自查概述 … 111

第 6 章　事件调查管理 … 116

6.1　事件调查管理概述 … 116
6.1.1　事件概述 … 116
6.1.2　事件调查目的和意义 … 117
6.1.3　事故等级划分 … 119
6.1.4　事件调查基本要求 … 119

6.2　事件调查组织与设备 … 120
6.2.1　事件调查组织 … 120
6.2.2　事件调查设备 … 121
6.2.3　事件调查组 … 122

6.3　事件调查程序 … 122
6.3.1　通知与响应 … 123
6.3.2　事件现场应急处置 … 124
6.3.3　事件调查组准备 … 125
6.3.4　现场调查 … 126
6.3.5　实验验证 … 131
6.3.6　调查报告 … 135
6.3.7　安全建议 … 137

第 7 章　安全绩效管理 … 139

7.1　安全绩效管理概述 … 139
7.1.1　安全绩效管理背景和意义 … 139

7.1.2 安全绩效管理内涵和特性 141
　　　7.1.3 中国民航安全绩效管理历程 145
　　　7.1.4 安全绩效管理与安全管理和风险管理的关系 146
　　　7.1.5 安全绩效管理过程 147
　7.2 安全目标 148
　　　7.2.1 安全目标内涵与特性 148
　　　7.2.2 安全绩效目标 151
　　　7.2.3 安全绩效目标设立 151
　7.3 安全绩效指标 155
　　　7.3.1 安全绩效指标概述 155
　　　7.3.2 关键绩效指标 159
　　　7.3.3 安全绩效指标与目标的联系和区别 159
　　　7.3.4 安全绩效指标设计 160
　7.4 安全行动计划及绩效改进 165
　　　7.4.1 安全行动计划制订 165
　　　7.4.2 明确安全绩效监测 166
　　　7.4.3 安全绩效改进 167
　7.5 安全绩效监测预警 168
　　　7.5.1 偏差区间法 168
　　　7.5.2 标准偏差法 169
　附录 安全绩效管理术语表 171

第8章 民航应急管理 173

　8.1 应急管理概述 173
　　　8.1.1 应急管理沿革 173
　　　8.1.2 我国应急管理方式 177
　8.2 民航应急管理 184
　　　8.2.1 民航应急管理法规 184
　　　8.2.2 民航应急管理组织 188
　　　8.2.3 民航应急预案编制与演练 191
　　　8.2.4 民航应急处置 194
　8.3 家属援助计划 195
　　　8.3.1 国际民航组织家属援助 196
　　　8.3.2 欧美国家家属援助 200
　　　8.3.3 中国家属援助 202

第9章 飞行安全管理 203

　9.1 飞行安全管理概述 203
　　　9.1.1 飞行安全管理 203

  9.1.2 飞行风险分析 ………………………………………………………… 204
 9.2 可控飞行撞地风险防控 ……………………………………………………… 207
  9.2.1 可控飞行撞地风险概述 ……………………………………………… 207
  9.2.2 可控飞行撞地风险防控策略 ………………………………………… 208
  9.2.3 可控飞行撞地风险案例 ……………………………………………… 209
 9.3 偏出或冲出跑道风险防控 …………………………………………………… 209
  9.3.1 偏出或冲出跑道风险概述 …………………………………………… 209
  9.3.2 偏出或冲出跑道风险防控策略 ……………………………………… 210
  9.3.3 偏出或冲出跑道风险案例 …………………………………………… 211
 9.4 擦机尾风险防控 ……………………………………………………………… 211
  9.4.1 擦机尾风险概述 ……………………………………………………… 211
  9.4.2 擦机尾风险防控策略 ………………………………………………… 212
  9.4.3 擦机尾风险案例 ……………………………………………………… 212
 9.5 重着陆风险防控 ……………………………………………………………… 213
  9.5.1 重着陆风险概述 ……………………………………………………… 213
  9.5.2 重着陆风险防控策略 ………………………………………………… 214
  9.5.3 重着陆风险案例 ……………………………………………………… 214

第 10 章 机务维修安全管理 …………………………………………………………… 215
 10.1 机务维修安全管理概述 …………………………………………………… 215
  10.1.1 机务维修安全管理界定 …………………………………………… 215
  10.1.2 机务维修安全管理发展 …………………………………………… 217
  10.1.3 机务维修安全风险分析 …………………………………………… 219
 10.2 发动机空停风险防控 ……………………………………………………… 222
  10.2.1 发动机空停风险概述 ……………………………………………… 222
  10.2.2 发动机空停风险防控策略 ………………………………………… 222
  10.2.3 发动机空停风险案例分析 ………………………………………… 223
 10.3 机身裂纹风险防控 ………………………………………………………… 225
  10.3.1 机身裂纹风险概述 ………………………………………………… 225
  10.3.2 机身裂纹风险防控策略 …………………………………………… 225
  10.3.3 机身裂纹风险案例分析 …………………………………………… 225
 10.4 驾驶舱风挡爆裂风险防控 ………………………………………………… 226
  10.4.1 驾驶舱风挡爆裂风险概述 ………………………………………… 226
  10.4.2 驾驶舱风挡爆裂风险防控策略 …………………………………… 227
  10.4.3 驾驶舱风挡爆裂风险案例分析 …………………………………… 227
 10.5 起落架故障风险防控 ……………………………………………………… 228
  10.5.1 起落架故障风险概述 ……………………………………………… 228
  10.5.2 起落架故障风险防控策略 ………………………………………… 229
  10.5.3 起落架故障风险案例分析 ………………………………………… 229

第 11 章　空中交通安全管理 ········ 231

11.1　空中交通安全管理概述 ········ 231
11.1.1　空中交通管理概述 ········ 231
11.1.2　空中交通安全管理概述 ········ 237
11.1.3　空中交通管理风险分析 ········ 241

11.2　跑道侵入风险防控 ········ 243
11.2.1　跑道侵入风险概述 ········ 243
11.2.2　跑道侵入风险防控策略 ········ 246
11.2.3　跑道侵入风险案例分析 ········ 246

11.3　危险接近风险防控 ········ 247
11.3.1　危险接近风险概述 ········ 247
11.3.2　危险接近风险防控策略 ········ 249
11.3.3　危险接近风险案例分析 ········ 249

11.4　陆空通信失效风险防控 ········ 250
11.4.1　陆空通信失效风险概述 ········ 250
11.4.2　陆空通信失效风险防控策略 ········ 252
11.4.3　陆空通信失效风险案例分析 ········ 252

第 12 章　机场安全管理 ········ 253

12.1　机场安全管理概述 ········ 253
12.1.1　机场概述 ········ 253
12.1.2　机场安全管理概述 ········ 254
12.1.3　机场风险分析 ········ 257

12.2　机坪剐碰风险防控 ········ 258
12.2.1　机坪剐碰风险概述 ········ 258
12.2.2　机坪剐碰风险防控策略 ········ 261
12.2.3　机坪剐碰风险案例分析 ········ 262

12.3　机场外来物风险防控 ········ 263
12.3.1　机场外来物风险概述 ········ 263
12.3.2　机场外来物风险防控策略 ········ 265
12.3.3　机场外来物风险案例分析 ········ 266

12.4　鸟击风险防控 ········ 267
12.4.1　鸟击风险概述 ········ 267
12.4.2　鸟击风险防范策略 ········ 269
12.4.3　鸟击风险案例分析 ········ 270

参考文献 ········ 271

第1章

民航安全管理概论

中国古代的嫦娥奔月、古阿拉伯的神奇飞毯、希腊神话的飞行家族，表达了人类不同文明崇尚自由飞行的共同梦想，进而孕育了现代蔚为壮观的民用航空经济社会活动的胚芽。民用航空"地-空"一体化联动、航空器高速飞行、封闭空间遇险难以施救的特质，决定了它是比陆路、水路、铁路运输方式更复杂的人造技术系统。民航运输高技术密集、高资本密集、高人员密集的特性及其公共安全与国家安全兼具的特征，持续引发公众及各国政府对其运行安全的高度关注，民航安全管理便由此应运而生。

1.1 民航安全发展概述

1.1.1 民航运输发展概述

1. 国际民航运输发展概述

1）国际民航运输的产生

随着近代科学技术的进步，特别是蒸汽机、内燃机、电动机等动力装置的相继问世，人类自古以来飞向蓝天的梦想日益接近现实。1903年12月17日，美国莱特兄弟所发明的飞机首次在美国北卡罗来纳州实现自有动力驱动、装置重于空气、可保持水平轨迹的飞行，初步实现了人类地空行动自如的梦想。飞机发明后立即显现出巨大的经济社会价值，迅速成为推动人类经济社会活动便捷快速交流的重要载运工具。1914年1月1日，美国佛罗里达州圣彼德斯堡与坦帕之间首度开辟定期客运航线，22km航线全部经过水域。第一次世界大战结束后，英、法、德、美等国大量军用飞机和飞行人员转入民用航空运输，极大地促进了航空旅客、货物和邮件运输的发展。1937年，美国主要国际航空公司"泛美航空"开始飞越太平洋的载客服务，1939年该公司开通跨越大西洋航线，建立起世界上最大的航线网，囊括了加勒比地区、南美洲太平洋沿岸，甚至把触角延伸到欧洲。第二次世界大战结束后，因战争需要生产的飞机和遍布全世界的机场，又极大地推动了国际航空运输的发展。1949年，世界首架喷气式客机德哈维兰"彗星"号首飞成功并在1952年进入市场服役，从而宣告民航运输喷气式客机时代的到来。1952年5月，英国海外航空公司首先用喷气式客机开航南非线。

为确保飞机飞行活动的持续开展，专供飞机起飞、降落、维修、加油的机场应运而生。最初的机场多为建在草坪、运动场或高尔夫球场上的简易设施，后来巨大的军用和民用交通运输需求推动了机场建设的快速发展。第一次世界大战结束后,英、法、德、美等国纷纷开始新建、改扩建机场:1910年德国建成第一座机场;1919年法国和英国年建成巴黎机场和伦敦机场,保证了巴黎至伦敦客运航线的运行;1920年美国机场由1912年的20座增加至145座;1920年我国在北京和天津两地也建成机场。随之而来的国际国内航空运输需求的大幅增长,特别是印度至南非、阿姆斯特丹至雅加达等长途国际航线的开通,西方国家机场建设进入高速发展时期。20世纪30年代中期,美国政府出资参与包括55座新建机场的共计943座机场建设,1937年美国机场数量增至2299座,旅客运输运价下降近50%。1940年,美国包含着陆点在内的民用机场达到2331座。1930—1940年,美国民航旅客运输量年均增长20.4%,货运周转量年均增长63.5%。1940—1945年,美国机场建设进入快速发展时期,在1945年机场达到4026座,5年年均增长率达到11.5%。

民航运输的便捷、快速特质,在给全球带来巨大经济社会效益的同时,也深深引发了人们对国家安全的担忧。为确保民航运输的有序发展,合理分配各国航空运输权益,适度保护国家安全免于非法侵害,世界各国相继采取行动协调国际民航运输市场。国际民航运输市场的调整最早可追溯到1919年的《巴黎公约》,第一次世界大战后26个国家在巴黎签署《关于管理空中航行的公约》,即《巴黎公约》,确立主权国家领空主权原则。1928年,未参与《巴黎公约》的美国与其他21个国家签署《哈瓦那公约》,重申主权国家对领空拥有充分和专属主权,并有权禁止其他国家的飞机在本国领空飞行。空域国家主权的确立,使得政府直接管理民航运输成为必然。1944年,以美国为首的52个国家聚集美国芝加哥签署《国际民用航空公约》(Chicago Convention on International Civil Aviation),即《芝加哥公约》,同时还签订《国际航班过境协定》(International Air Services Transit Agreement)和《国际民航运输协定》(International Air Transport Agreement)。1947年4月4日,《芝加哥公约》生效。《芝加哥公约》是一项全面的公约,涵盖了国际民用航空在政治、经济和技术领域的所有方面。《芝加哥公约》重申了所有国家对其领空的完全专属主权。在国际民航运输市场中,最重要的是国际民航运输经营权。《国际航班过境协定》和《国际民航运输协定》只确定了国际民航运输中的5项商业权利,后来在国际民航运输实践中扩大到9项。《芝加哥公约》生效后,双边民航运输业体系基本建立。两国通过缔结双边民航运输协定,建立了国际民航运输框架,经营两国民航运输市场。换言之,航空权通过双边航空服务协议进行交换,运力和频率通过航空公司间协议或双边政府协议进行管理,并对价格进行监测。

2)国际民航运输的发展

国际航空运输需要航空旅行及货运的无缝全球化,但航空公司无论是从生产成本和交易成本之间的平衡,还是从实际资源的所有权上,都无力建立独立的全球航空公司网络。国际航空运输市场的制度变迁使国际航空运输中的航空权、运输能力和定价越来越自由,从而有可能协作建立全球网络;而领空主权和国内载运权的限制,则关闭了航空公司跨国兼并的大门。自20世纪80年代以来,国际航空系统布局的变化、资源的限制以及全球航空运输的需求,使航空公司通过联盟构建全球网络成为一个合理的选择。航空公司通过战略联盟,可以有效地实现网络经济,并可以提供完整的产品以满足全球运输需求。

根据国际民航组织的分类,航空联盟包括代码共享、座位承销、容量共享、联合服务、共享协议、特许经营、租赁、地面服务、飞行计划、飞行常客计划、机上服务和设备、维护、维修和大修服务、机场设施、人员共享或沟通以及管理合同。

3）国际民航运输在全球运输方式中的地位

国际运输是指用一种或多种运输工具,把货物从一个国家的某一地点运到另一个国家的某一地点的运输。国际运输的方式有很多种类,包括海洋运输、铁路运输、民航运输、公路运输等,每类运输都有相对的优势。

国际航空运输虽然起步较晚,但发展很快,呈现出以下特点:一是运输速度快。航空器飞行速度快于现有任何客货交通运输方式,现代喷气式客机的飞行速度多为 800～1000km/h。二是便捷性高。空中航线不受地面条件的限制,通常可以在两点之间以直线飞行,运程比地面运输短得多,并且路程越远,时间优势就越明显。三是安全质量高。空运管理体系比较完善,货物损坏率低,可以保证运输质量。

民航运输是人类运输史上继水上运输(包括海上运输)、公路和铁路之后的第四次运输革命。随着航空工业的发展和飞机技术的进步,在地球上任何两点的直接航空运输已成为现实。与其他运输方式不同,民航运输区不依赖管线和管道,可以快速、轻松地穿越群山和海洋,实现客货直接运输。民航运输通过扩大市场和开放社会实现产业经济和社会政治功能的集聚和辐射,是全球经济一体化发展的主要途径和增长基石,对一个国家经济的发展产生实质性的贡献,包括直接影响、间接影响、诱发影响和催化效应。民航运输业不仅具有显著的经济效益,而且还具有重要的社会效益,既可创造就业机会,拉动旅游业、贸易等的发展,也是国家重要的纳税部门。经过 100 多年的发展,航空运输业彻底改变了全球的社会经济、政治、文化和生态格局。根据国际航空运输协会(IATA)数据统计,2016 年全球航空旅客运输量达到 38 亿人次,平均每人每年 0.5 次;全球航空货物运输量为 5430 万 t,虽然不到全球贸易货物运输总量的 1%,但约占全球贸易总额的 1/3;航空运输业是全球客运国际互联互通的主力军,国际旅行中有超过 60%的旅客选择民航运输。2016 年全球航空旅客周转量国际化贡献率为 62.9%,全球航空货物周转量国际化贡献率为 86.1%。如图 1-1 所示,2018 年全球旅客运输达 43 亿人次,航班达 4610 万次;2009—2018 年,全球航空运输量稳步快速增长。2018 年全球共有 22 000 对城市开通直飞航班,是 1998 年(10 250 个城市对)的两倍。在过去 20 年间,航空运输实际成本降低了一半以上(收入 t·km 约为 78 美分)。如今,全球航空业创造了 6300 万就业人口,每天有 10.4 万架次航班在飞行,占每天世贸货运总值的 35%,航空业占据了全球经济 3.55%的分量。

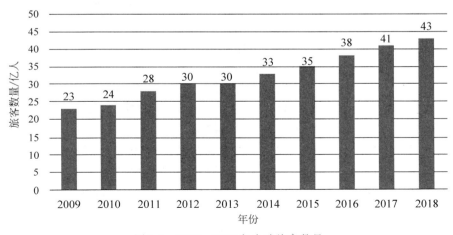

图 1-1 2009—2018 年全球旅客数量

2. 我国民航运输发展概述

1）我国民航运输的产生

中国航空运输业的起源可以追溯到 20 世纪初。1918 年，北洋政府交通部成立了筹办航空事宜处，购买商用飞机 100 多架开辟航线飞行；1920 年，南京国民政府开通了京沪航线京津段，主要用于载运报纸和邮件，中国民航初见雏形。1929 年，中国航空公司成立，接着成立了中德合资企业欧亚航空（1943 年改组为中央航空）。但在当时的经济和社会环境下，航空运输业的发展极为缓慢。1948 年，国内外航线只有 45 条，总营业额为 7500 万 t·km，客运量为 64 万人。新中国成立前夕，中国航空公司和中央航空公司迁往香港。1949 年 11 月，两家航空公司宣布在中国香港起义，即"两航起义"，12 架飞机飞回北京，成为新中国航空运输业的基础。

2）我国民航运输的发展

（1）军民一体政企合一时期

1919—1978 年，我国民航运输实行的是军民一体化政企合一经营管理。中央人民政府于 1949 年 11 月 2 日宣布成立民用航空局，负责全国民航业管理。民用航空局既是中央政府的直属机构，对全国民航事业实行集中统一管理，又是一个全国性大企业，直接从事航空运输生产。20 世纪 70 年代前，中国航空运输业的发展相对缓慢。在 50 年代，当时只有"两航起义"带回来的十几架小型运输机，仅有国际国内航线 12 条，年载运旅客 1 万人，运输总周转量 157 万 t·km。由于种种原因，中国民用航空业一直处于缓慢发展状态。70 年代开始引入大型喷气飞机，例如波音 707。到 1978 年，中国民航拥有运输机 98 架，航线 162 条（包括国际航线 12 条），民用飞机场 70 座（包括民用运输机场 36 座），主要是中小型机场，航空运输总周转量仅为 299 亿 t·km，旅客运输量 230.19 万人，货邮运输量 6.38 万 t，运输总周转量在世界排名第 37 位。

（2）政企分离建设时期

1979—2001 年，我国民航开始建立政企分立、中央地方分立的管理经营模式。首先，在 1987—1992 年，进行以政府与企业分离为主要内容的改革，在此期间分别建立了中国国际航空公司、中国东方航空公司、中国南方航空公司、中国西南航空公司、中国西北航空公司、华北航空公司 6 家国有骨干航空公司。同时，根据航空公司和机场分开设立的原则，对原承担航空运输业务的民航部分省（自治区、直辖市）管理局和航站进行了改革。将原民航省（自治区，直辖市）局和机场（航站楼）的航空运输和通用航空业务分开，并在此基础上成立 6 家主要航空公司的分支机构（子公司）；从 20 世纪 80 年代末到 90 年代初，经济和社会的发展也增加了对航空运输的需求。在此期间，厦门航空、上海航空、深圳航空、联合航空、南京航空、四川航空、武汉航空、中原航空、贵州航空、山西航空、海南航空、山东航空、长安航空和福建航空等多家地方政府或部门资助的航空公司进入了航空运输市场。在政企分离的主要原则下，民航业实行横向和纵向分离，对民航实现专业化、一体化整合。相关的航空运输系统如机场、空中交通管制（air traffic control，ATC）和运输服务保障体系也独立出来，并建立了相对独立的行业监管者（民航总局，地方行政总局）和一套基本的运行规章。至此，中国现代民航业结构已经出现，顺应经济发展形势的中国航空运输业已初步形成。到 1993 年，我国航空运输业共有航空公司 24 家，运输机 373 架，运营航线 647 条，旅客 3383 万人次，货邮 69 万 t，运输总周转量 51.2 亿 t。

（3）政企分立形成时期

在 2002 年至今，我国航空运输政企分立经营模式全面建成，中国民航进入高速发展时期。2002—2004 年，为实现行业管理和资产所有者职能的分离，克服过度分散，民航再次进行了政资分离和行业重组。

原中国民航总局直属的 9 家航空公司改组为以中国国际航空公司、中国东方航空公司和中国南方航空公司为主体的 3 家大型航空集团公司，其资产和人员移交给国务院国有资产管理委员会管理；同时，机场的管理权也已进行了改革，实行属地管理。除北京首都机场和西藏地区机场外，所有机场均转移到其所在地的省（区、市）进行管理。原则上，以省（区、市）为单位设立机场管理公司，实行企业管理；服务支持企业也进行了重组，组成了中国民航信息集团、中国航空油料集团和中国航空设备进出口集团。2002 年 10 月 11 日，中国航空集团、中国东方航空集团、中国南方航空集团、中国民航信息集团、中国航空油料集团和中国航空器材进出口集团 6 家主要集团公司成立。

民航局下属华北地区管理局、东北地区管理局、华东地区管理局、中南地区管理局、西南地区管理局、西北地区管理局、新疆管理局 7 个地区管理局，以及天津、河北、山西、内蒙古、大连、吉林、黑龙江、江苏、浙江、安徽、福建、江西、山东、青岛、河南、湖北、湖南、海南、广西、深圳、重庆、贵州、云南、甘肃、青海、宁夏等省市级安全监督管理局。

按照政企分开、属地管理的原则，推进机场属地化管理改革。除首都机场、西藏自治区区内的民用机场外，民航总局直接管理、联合管理的运输机场下放所在省（区、市）管理，相关资产、负债和人员一并划转。

2004 年 10 月 2 日，在国际民航组织第 35 届大会上，中国以高票首次当选该组织一类理事国。自 2005 年以来，中国民航运输总量已跃居世界第二，呈现出超越第一民航运输强国的趋势。如图 1-2 所示，2008—2018 年，中国民航的起降飞行次数从 422.7 万次增加到 1108.8 万次，旅客吞吐量从 4 亿人次增加到 12 亿人次以上，货邮吞吐量从 883.4 万 t 增加至 1674 万 t，特别是 2014—2016 年的发展速度非常快，其中 2015 年民航运量占综合交通运输量的 24.2%。

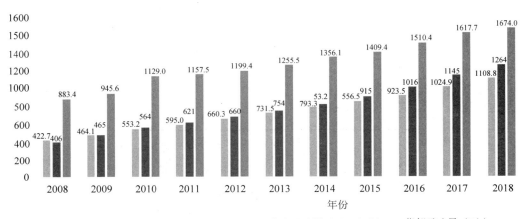

图 1-2　2008—2018 年中国民航发展统计

3）我国民航运输在综合运输体系中的地位

我国的交通运输业发展至今经历了不同的阶段,由最原始的运输方式发展到现在的以机械运输工具为主导的运输形式,已经形成了多种运输方式共存的局面,主要包括铁路、公路、水路、航空4种运输方式。

"十三五"以来,随着我国经济的高速发展,人民生活水平的提高,以及行业的结构转型,我国民航进入了高速发展时期。2018年,全行业共完成运输总周转量1206.4亿t·km,旅客运输量6.1亿人次、货邮运输量738.5万t,同比分别增长11.4%、10.9%、4.6%,运输总周转量连续14年位居世界第二。首都机场旅客吞吐量突破1亿人次,成都、重庆、哈尔滨、贵阳、三亚等机场旅客吞吐量均实现历史性突破,千万级机场达到37个;空管保障航班起降突破1000万架次。民航旅客周转量在综合交通运输体系中的比重达31%,同比提升1.9个百分点;2019年,中国民航全行业完成运输总周转量1292.7亿t·km、旅客运输量6.6亿人次、货邮运输量752.6万t,同比分别增长7.1%、7.9%、1.9%,国内千万级机场达39个;京津冀、长三角、粤港澳大湾区民航协同发展日益深入,民航与综合交通深度融合,民航旅客周转量在综合交通运输体系中的占比达32.8%,同比提升1.5个百分点。

1.1.2 民航安全运行态势

1. 全球民航安全水平

全球航空运输网络是全球经贸交流的重要支撑,是全球运输业的重要组成部分。半数以上的国际旅客通过航空运输前往目的地,全球民航安全运输水平也越来越受到关注。在国际民航业发展之初,航空旅行是一种高伤亡风险的生命冒险旅行,据国际民航组织统计的死伤数/亿客公里数据,1925—1929年为45人,1965年为0.56人,1970年为0.29人,以此水平以今天十亿客公里、百亿客公里、千亿客公里周转量推算,其后果人们绝对不能接受。20世纪70年代前国际民航安全数据如表1-1所示。

表1-1　20世纪70年代前国际民航安全数据　　　　　单位:人

	时间			备注
	1925—1929年	1965年	1970年	
亿客公里死伤数	45	0.56	0.29	ICAO数据
十亿客公里死伤数	450	5.6	2.9	预测
百亿客公里死伤数	4500	56	29	预测
千亿客公里死伤数	45 000	560	290	预测
7282.55亿客公里(2015年/中国)	327 715	4083	2112	预测

注:ICAO全称是International Civil Aviation Organization,国际民用航空组织。

1945年第二次世界大战结束以后,民航业步入快速增长时期,航空安全水平也得到了很大提高。民航运输旅客死亡数从1945年的每1亿客公里死亡2.78人下降到1995年的0.025人,50年间民航运输死亡风险下降了约99%。全球商用喷气航空器(重量27 000kg以上)发生的全损事故率由20世纪60年代的6.21次每百万架次,下降到21世纪初的1.15次每百万架次,平均每10年下降32%。

随着科学技术进步和民航安全管理水平的不断提高,世界民航安全水平近50年取得了革命性进步。如图 1-3 和图 1-4 所示，1970—2018 年的 49 年间，航空运输事故数为 83 772、事故死亡人数为 11 277。1970 年事故数为 298，死亡人数为 2226。2018 年事故数为 113，死亡人数为 1040。尽管这几十年里，事故数和死亡人数有较大的起伏，但总的来看，民航业的事故数和死亡人数都有了大幅降低，安全状况不断改善，49 年间全球民航安全状况取得革命性进步。

图 1-3　1970—2018 年国际民航事故数

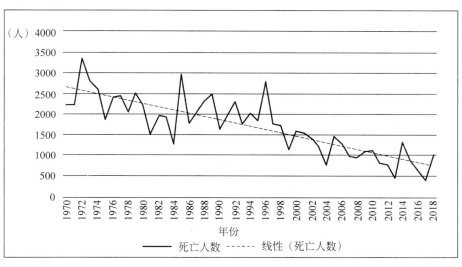

图 1-4　1970—2018 年国际民航事故死亡人数

2. 美国民航安全水平

美国是世界上最大的航空运输市场，也是航空运输业历史最悠久的国家。从某种意义上说，美国航空运输业的发展史就是全球航空运输业的发展史。民航运输事故率、亿旅客公里死亡人数等统计指标均显示，美国民航安全水平一直处于世界前列，是世界上民航安全管理最成功的国家之一。经过近90年的经验积累和不断完善,美国民航安全管理体系已经比较完备。

1983—2010年,从中美每5年民航运输飞行"重大(严重)及以上百万小时事故率"的总体趋势、波动幅度等方面比较分析可知,中美两国的民航安全水平都呈现总体上升的趋势,中国民航起始安全水平低于美国民航,但提升幅度比美国民航大,提升速度比美国民航快,中国民航重大及以上百万小时事故率在"六五"至"九五"期间均高于美国民航,随着时间的推移与美国民航越来越接近,在"十五"和"十一五"期间安全水平已经超越美国,如图1-5所示。

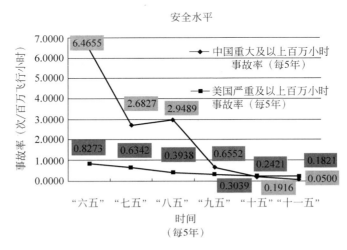

图1-5 中美每5年"重大(严重)及以上百万小时事故率"比较

从中美两国民航在2008—2017年的"重大(严重)及以上百万小时事故率"来看,两国的百万小时重大事故率5年滚动平均值整体呈下降趋势,中国民航安全水平优于美国民航安全水平,中国自2015年后未发生人亡重大飞行安全事故,如图1-6所示。

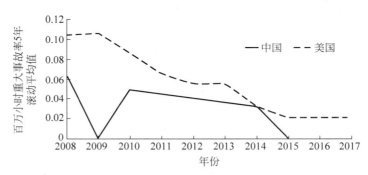

图1-6 中美两国运输航空百万小时重大事故率5年滚动平均值比较

3. 我国民航安全运行水平

1) 民航安全横向发展水平

安全是交通运输发展的本质要求,只有安全发展才能获得发展的质量和效益,各种运输方式均把安全作为发展的首要目标。虽然4种运输方式在运输工具、运输体量、运输环境、从业单位和人员以及发展阶段等方面有差异,企业安全管理能力和政府安全监管模式有所不同,社会公众对 4 种运输方式的安全性也有不同的感受,但我们可以从事故总量、事故率、重特大事故情况等安全指标,对其安全生产水平做一个总体分析。

在事故总量方面,民航运输保持较好业绩。事故总数往往与基础设施规模、机械化水平、交通量、运输环境、安全管理水平等诸多因素密切相关。从 2014—2017 年中国 4 种交通方式安全生产事故死亡人数统计(表 1-2)可见,道路运输事故死亡人数最多,其次是铁路运输和水路运输,航空运输近年来没有发生安全生产事故。2017 年,道路运输事故死亡 18 406 人,是铁路运输事故死亡人数的 20.5 倍、水路运输事故死亡人数的 96.9 倍。由此可见,道路运输事故总量最多。

表 1-2 我国 4 种运输方式安全生产事故死亡人数

年 份	铁 路	道 路	水 路	航 空
2014	1232	18 460	247	0
2015	1037	17 621	222	0
2016	932	18 487	203	0
2017	898	18 406	190	0

在事故率方面,航空运输安全状况最好。事故率在一定程度上能够客观、合理地反映安全生产水平。依据 2017 年 4 种运输方式的事故率可知,道路运输事故率最高,铁路运输、水路运输次之,航空运输零死亡率。道路交通事故率为 2.7(10 亿 t·km 死亡率),安全形势最为严峻,是铁路交通事故率的 12.2 倍、水路运输事故率的 143 倍,如表 1-3 所示。

表 1-3 2017 年 4 种运输方式的周转量及事故率

周转量及事故率	铁 路	道 路	水 路	航 空
旅客周转量/(亿人·km)	13 456.92	9 765.18	77.66	9512.78
货物周转量/(亿 t·km)	26 962.20	66 771.52	98 611.25	243.54
换算周转量/(亿 t·km)	40 419.12	67 748.04	98 650.08	1083.08
事故率(10 亿 t·km 死亡率)	0.222	2.717	0.019	0

在重特大及较大事故方面,民航运输也保持优异业绩。重特大运输事故在一定程度上反映了安全生产的不足,从 2017 年 4 种交通方式的事故(件)数和死亡(失踪)人数比较(表 1-4)可知,道路运输重特大运输事故最多,水路运输重特大事故次之,铁路和航空运输没有发生重特大事故。

表 1-4 2017 年 4 种运输方式的重特大事故数量

重特大事故情况	铁 路	公 路	水 路	航 空
重特大事故数	0	8	1	0
重特大事故死亡(失踪)人数	0	131	10	0

2) 民航安全纵向发展水平

民航运输是综合交通运输体系的重要组成部分,民航业的发达程度体现出一个国家的综合实力和现代化水平。20 世纪 50、60 年代,中国民航运输业务量虽然小,事故次数不多,但限于当时的技术环境,事故率非常高;到 70 年代,中国民航运输飞行每百万次起落重大事故率为世界平均水平的 7 倍,事故率仍然高居不下;80 年代,中国民航运输飞行每百万次起落重大事故率下降为世界平均水平的 4 倍左右;90 年代下降为世界平均水平的 1.7 倍。通过几代民航人的不懈努力,中国民航的安全状况有了很大的改善,尤其是党的十八大以来,我国民航安全水平大幅提高,全行业未发生运输航空飞行人员死亡安全事故,百万架次重大事故率均低于世界平均水平。"十二五"期间没有发生重大运输飞行事故,民航运输航空百万飞行小时重大事故率为 0,如图 1-7 所示。

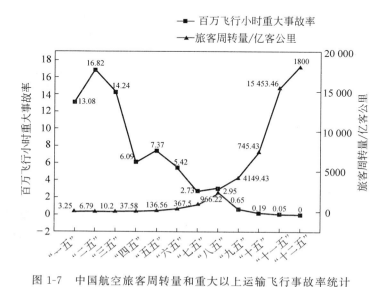

图 1-7 中国航空旅客周转量和重大以上运输飞行事故率统计

1.2 民航安全管理组织

1.2.1 国际性民航安全组织

目前,国际性民航安全体制虽然种类较多,但具有重要地位的组织主要包括国际民航组织(International Civil Aviation Organization,ICAO)、国际航空运输协会(International Air Transport Association,IATA)和国际机场理事会等。

1. 国际民航组织

国际民航组织是联合国系统中负责处理国际民航事务的政府性专门机构,截至 2020 年有 193 个缔约国。ICAO 的宗旨是促进国际民航安全、效率、便捷、有序发展,持续引导国际民航器、导航、机场等设施设备的技术进步。国际民航组织由缔约国大会、理事会和秘书处三级组织构成:缔约国大会是国际民航组织的最高权力机构,由参与 ICAO 的全体成员国组成;理事会是向大会负责的常设机构,由大会选出的 36 个缔约国组成;秘书处为 ICAO 的常设行政机构,负责国际民航组织日常事务。我国是 ICAO 创始国,1974—2004 年为第二类理事国,2004 年至今一直连续当选第一类理事国。

安全是 ICAO 的首要目标,也是 ICAO 管理活动的主要着眼点。目前,ICAO 安全管理活动主要有普遍安全监督审计计划(genesis and development of ICAO universal safety oversight audit program, USOAP)、安全管理体系(safety management system, SMS)、国家民航安全方案(safety system plan, SSP)、全球民航安全计划(global aviation system plan, GASP)4项,每项活动的主要内容概述如下。

1) 推行普遍安全监督审计计划,督促国家履行国际民航运输安全监管职责

20世纪90年代,针对个别成员国履行安全监管组织、技术、资金不足、危害国际民航安全发展的严峻现实,ICAO于1998年推出普遍安全监督审计计划,并在后续不断完善。该计划旨在通过考察安全保证关键要素,督促国家履行国际民航运输国家监管职责,进一步推动缔约国遵守国际民航运输安全的标准、建议措施。该计划规定,国际民航组织将依据《国际民用航空公约》16个附件的规定,对缔约国开展经常性、强制性、一致性的系统性审计,以确定缔约国是否尽到履行民航安全监管国家责任。所有缔约国无论民航安全运行水平高低,在国家主权受尊重的前提下,均应自愿与国际民航组织达成协议,接受后者主导的普遍安全监督审计计划。被审计国若未能纠正定期审计中发现的问题,其安全监管失职问题将向全部缔约国公布。审计聚焦的考核要素为航空立法(CE-1)、具体运行规章(CE-2)、国家民航系统和安全监督职能(CE-3)、技术人员资格及培训(CE-4)、技术指导、工具及资料(CE-5)、颁发执照、合格审定、授权和批准的义务(CE-6)、监察的义务(CE-7)、安全问题的解决(CE-8)。

2) 推行航空安全管理体系,夯实民航企业运行安全管理基础

针对国际民航单一、被动安全管理难以有效削减10万小时重大飞行事故的瓶颈,ICAO在总结既往安全管理经验教训的基础上,于2000年推出了系统性的航空安全管理体系建设工程,旨在通过改进诸如运输公司、运输机场、空中管制等航空企事业单位运行安全管理技术,进一步夯实民航运行单位安全管理基础。该管理体系依据《国际民用航空公约》相关附件,要求民航一线企事业单位通过持续危险源识别、风险评估、措施改进等程序和方法,发现并削减民航运输系统的风险,改进安全风险防范措施,进而持续保持和提升民航运输安全水平。

3) 实施国家民航安全方案,强化民航安全管理绩效

针对民航安全管理因信息滞后、责罚缺失导致的绩效提升乏力难题,ICAO于2013年推出国家民航安全方案建设工程。旨在通过提升国家层面对航空活动的监管的有效性,提升航空安全水平。国家航空安全方案要求:应从立法、问责制和执法体系完善的角度,建立国家层面而非行业层面的航空安全监管的基本框架;应从执法人和行政相对人的角度,分清国家的航空安全监管责任与诸如航空公司等航空业生产经营人的安全主体责任;应从健全安全信息的交流、传播和培训机制的角度,确保安全信息交流专门用于安全隐患排除和国家安全管理信息实时传达至安全主体责任单位。国家民航安全方案旨在强化国家各部门层面系统航空安全监管能力,提升国家航空安全管理绩效水平。

4) 推行全球民航安全计划,提升利益攸关方航空安全协同管理效率

针对国际民航组织、各国政府、航空企业等利益攸关方安全协作效率亟待提升的需求,ICAO于2007年最终推出并不断完善全球民航安全计划。该计划要求,国家层面航空安全法规制、安全政策和安全监督的制定应分别与综合航空体系分析、航空运行风险明晰和重大安全关切相适应,建立健全国际地区民航安全组织在国家和国际民航组织之间协调航空安

全管理的桥梁作用,有效促进航空安全管理体系和国家安全方案协同效应。全球民航安全计划在于通过构建一个协同高效的民航安全管理框架,促进国际民航组织、地区、国家和航空安全运行企业之间相互融合。

2. 国际航空运输协会

国际航空运输协会(简称国际航协)是各国民航运输企业自愿加入的非政府性国际性组织,于1945年4月16日成立,现在全球近100个国家设有办事处。世界各国航空公司经本国政府同意均可申请加入国际航协,截至2019年年底有290家会员航空公司,我国不含港澳台地区共有22家航空公司加入国际航协。该组织宗旨是促进安全、正常和经济的航空运行,对于直接或间接从事国际民航运输工作的各空运企业提供合作的途径与安全指引。

国际航协组织机构由大会、执委会和秘书处三级机构组成:全体大会是最高权力机构,所有成员享有一票表决权;执行委员会是全体大会的代表机构,对外全权代表国际航空运输协会;秘书处是办事机构,维持协会的日常工作。

国际航协的日常工作包括行业维权、运价协调和行业服务:行业维权是代表会员向权威性国际组织和政府当局申述,维护会员利益;运价协调是建立国际运价经营标准和规程,协调国际运价;行业服务是承办出版物、财务金融、技术研讨和技能培训,促进成员公司健康发展。国际航协是国际民航运输安全管理的重要非政府性组织,其运行安全审计(IATA operational safety audit,IOSA)和危险品民航运输规则(dangerous goods regulations,DGR)两种方式是主要的安全管理方式,对促进国际民航运输发展具有重要意义。一是推行运行安全审计,促进航空公司安全水平国际互认。针对航空公司互审成本偏高的问题,国际航协在2001年启动航空公司运行安全审计计划。该计划的宗旨是促进航空公司采纳国际航协的行业安全标准,以提升航空公司安全运行水平。航空公司运行安全审计应聚焦组织与管理系统、飞行运行、运行控制和飞行签派、飞机工程与维修、客舱运行、地面服务、货运、航空保安8个领域,审计须由国际航协授权组织及有资质航空公司专业人员实施。截至2017年5月,我国大陆地区共有上海航空公司、厦门航空公司、东方航空公司、深圳航空公司、海南航空公司、山东航空公司、南方航空公司、四川航空公司、国际民航公司和河北航空公司10家单位通过国际航协的安全运行审计。二是严格实施危险品民航运输规则,持续削减危险品民航运输风险。针对航空公司载运危险品衍生的运输安全风险,国际航协于20世纪50年代末颁布了危险品民航运输规则。危险品民航运输规则要求:危险品民航运输从业人员应定期接受技能初训、复训;民航运输危险品分为爆炸品、气体、易燃液体、易燃固体或自燃物质或遇水释放易燃气体的物质、氧化剂和有机过氧化物、毒性物质和传染性物质、放射性物质、腐蚀品、杂项危险物品9类,航空承运人应合理接受、堆放和包装危险品,危险品装上航空器应通知机长。

1.2.2 国内民航安全组织

国内民航安全宏观组织主要包括民航行政管理部门、各类民航企业协会。本章仅介绍我国民航安全宏观行政监管组织结构及其职能。

1. 中国民航安全行政监管组织结构

目前,我国已经建立健全了政府、企业安全管理责任架构,完善了中央政府与地区管局、运输机场与航空公司安全管理责任。我国民航安全行政管理"两级政府"与"三级管理"监管模式基本建成,"两级政府"即民航中央行政管理部门、民航地区行政管理部门,"三级管理"即民航中央行政管理部门、民航地区行政管理部门以及省级安全监督管理机构。

2. 中国民航安全行政监管组织职责

中国民用航空局(简称民航局,英文缩写为 CAAC)是交通运输部管理的国家局,为我国民航最高行政管理部门。主要履行的安全监管职责包括且不限于:起草民用航空业行业管理法律法规,制定行业管理规章、政策和民用航空安全、技术标准,依照国家法律、法规和规章及安全、技术标准对民用航空活动实施安全监管,确保飞行安全和空防安全,主持重大飞行事故的调查,参与特大飞行事故的调查等;民航局下辖有 7 个地区管理局,作为民航地区行政管理部门,其主要履行的安全监管职责包括且不限于:贯彻执行国家的法律、法规和民航中央行政管理部门发布的行业管理规章、标准和制度,提出包含本地区安全在内的民航发展规划,对所辖区域内的民用航空活动进行安全监督管理,保证飞行安全和空防安全,主持调查处理辖区内一般航空安全事故;民航地区管理局在其所辖范围内的各个省份又设有民航安全监督管理局,省级安全监督管理机构代表地区管理局负责该省航空公司和机场运行的安全监督和市场管理职责。

1.3 民航安全管理发展

1.3.1 世界民航安全管理发展概述

民航安全管理就是组织调集资源、防控风险、消减损失的综合活动。

从内涵上讲,民航安全管理应通过资源调配,从政策制定、风险管理、安全保证、安全促进等方面,系统化管理民航安全运行风险,前移民航安全控制关口,消减民航安全风险和损失。其组织包括民航运营单位、国家民航行政管理部门等国内组织,以及国际民航组织、国际航空运输协会等国际性民航组织。其资源包括运行单位及国家行政部门的人力资源、物力资源和技术资源,也包括国际性的人力资源、物力资源和技术资源。管理方式是管控风险、各种各类行业隐患和单位管理差错。管理的目标是削减损失,即削减人员伤亡、削减财产毁损和损坏。

从外延上讲,民航安全管理表现多样,依适航性分初始适航、持续适航两类;依职业领域分维修安全、驾驶安全、空管安全、机场安全 4 类;依学理分"人-机-环-管"4 类,具体而言就是技能安全、设备安全、环境安全、管理安全。

回溯从 20 世纪 20 年代至今的民航安全管理发展历程,国际民航组织将其分为技术时代、人的因素时代、组织时代和全系统时代 4 个阶段。民航安全管理的 4 个阶段虽然时间上有先后之分,但在管理技术手段上彼此之间绝不是相互排斥的,而是相互补充和谐共生的关系。在技术时代,民航安全管理通过控制部件/结构、整机故障率降低飞行事故率的技术标准,既表达了初步的系统安全管理思想,又是当代系统思想在民航安全管理领域具体而微的应用;在人的因素时代,在工作环境中克服人因失误这一诉求,既表达了民航装备和民航设施应构建友好人-机界面、民航运行环境应构建良好人-环境界面的系统思想,也是技术时代所关注的创新民航技术提升设备设施可靠性的要求;组织时代既清晰表达了民航运营人从高层经中层到班组至个人的系统安全管理诉求,也明确体现了技术时代所关注的消除民航支撑技术缺陷、人的因素时代所关注的削减民航从业人员失误的要求;全系统时代除持续要求民航运营人坚守前述各时代本质需求外,还要求从国际组织、区域组织、国家、运营人双边和多边的角度强化民航运行安全管理。

1. 技术时代

1) 技术时代定义

技术时代始于20世纪20年代、止于20世纪60年代,是以技术调查、技术改进为主要形式的民航安全管理活动。飞机虽然发明后不久便应用于军事、通用航空和运输航空领域,但最初的灾难性事故率是较高的。20世纪20年代军用飞机灾难性事故率为500次/10万飞行小时左右,50年代末喷气式民用飞机灾难性事故率为47次/100万次离港。究其原因,是由于飞机的技术失效和人为操作失误等安全缺陷导致的,因此这一时段的安全管理主要是飞行事故技术调查、飞机适航技术改进、飞行安全规章制度建立等方面。

2) 技术时代安全管理特征

在技术时代,由于经确定的不安全事件主要与行业的技术失效、技术失误相关,因此该阶段的安全管理具有以下特征。

(1) 建立独立半独立飞行事故调查机制

飞行事故原因往往涉及飞行、航管、维护、修理、地面保障等多个运营人,涉及气动、强度、发动机、材料、电气、电子、航医、气象等多个专业,涉及设计、制造、材料等多个生产部门,涉及飞机标准、条例、规定的制定和批准机关等适航部门,因此飞行事故调查制度是较早建立的民航安全管理制度之一。1920年,英国颁行的《空中领航法》要求英国民航当局应对在其领空发生或有英国籍军民航飞机的飞行事故进行调查。英国的航空事故调查局(Air Accidents Investigation Branch,AAIB)也是最早的飞行事故调查机构,在调查飞机结构破坏、爆炸及海中残骸回收等方面具有领先的技术优势。1966年,美国在运输部内设国家运输安全委员会(NTSB),1975年该机构成为直属于国会的机构,负责调查陆上、海上和空中等交通事故工作。该机构领导人由总统任命,下设事故调查局、技术局、事故预防局和管理局,其主要工作是飞行事故调查,该机构研发了多项高新技术用于事故调查,在国际上具有相当的权威性。1973年,苏联成立统一的飞行安全机构,负责调查飞行事故、审批适航规定,向工业部门提出飞机的安全性要求并统一收集民航、工业部门等的事故和故障信息。1985年,该机构升格为职权更大的飞行安全监督委员会,全权处置飞行事故调查事宜,并建有实验基地——科技中心。1991年,独联体国家间航空委员会下设飞行安全委员会的飞行事故调查处和科技中心,负责调查飞行事故、记录器数据处理分析、失效分析和飞行使用因素分析。截至20世纪90年代中期,国际上已建的国家级飞行事故调查机构有两种模式,一种是如美国、法国、加拿大、瑞典、丹麦、挪威、新西兰等国的完全独立的飞行安全委员会,另一种是如英国、德国、荷兰、瑞士、澳大利亚、日本、阿根廷等国的行政上隶属于运输部的事故调查局。

(2) 建立航空部件及整机适航安全技术标准

在飞机发明之初,系统功能完整性是其追求的主要目标,飞机制造商追求的是尽量造出好的零件和完整系统,未充分考虑单个故障引发系列故障的预防问题,故其商用价值不大。1930—1945年,飞机设计制造在坚持完整性时开始考虑系统故障率,通过对发动机、无线电台和空速表等关键系统引入设计冗余,大幅降低了系统的故障率,提高了飞机的本质安全。在此阶段,诸如道格拉斯 DC-3、DC-4、比齐 18 等运输类飞机相继投入商用。研发人员从运行累计时间与故障频率关系角度,统计汇编了飞机的故障率和事故率。英国学者 Pugsiey 在 1939 年和 1942 年发表的《适航统计学》和《飞机强度因素的基本原理》中提出了较早的飞机安全性标准,即飞机由故障因素导致的故障率应$\leqslant 1\times 10^{-5}/h$,其中结构故障率应$\leqslant 1\times 10^{-7}/h$。20 世纪 70 年代,随着飞机多重故障型事故预防需求的提出,新运输类飞机合格审定原则引进"故障安全概念",进而建立$\leqslant 1\times 10^{-9}/h$为特征的事故概率标准。技术的进步为建立确保飞机零部件、结构和整机失效的适航安全技术系统奠定了坚实基础,以美国为首的航空发达国家政府基于航空器设计、制造和维修满足公共安全的需求,开始严格审定航空器的各工艺环节的安全性。美国在 20 世纪中叶着手建立初始适航和持续适航规章,自 20 世纪 40 年代起,美国国家适航行政管理部门(Civil Aeronautics Administration,CAA)就采用自然人委任代表制度、虚拟人委任机构代表制,先是委任申请人机构中的自然人,后是委任申请人组织机构承担一定的适航审定任务。美国联邦航空局依据 1958 年制定的《联邦航空法》,颁布联邦适航条例(Federal Aviation Regulations)和适航指令(Airworthiness Directives)等适航管理规范性文件,前者管理民用航空器设计、研制、生产、改装、试飞、销售、维修、技术开发等活动,反映美国政府民用航空器适航管理安全水平及质量保证管理模式,后者管理民用航空器使用阶段维修等活动,要求航空器及相关产品符合当下适航安全规范技术。另外,美国还有《专门联邦航空条例》(Special Federal Aviation Regulations)、技术标准规定(Technical Standard Order Authorization)以及专用条件(Special Condition)等其他条例规范民用航空器适航。

(3) 建立飞行运行安全管理规章制度

鉴于民航运营不安全事件与从业人员操控失误之间的高度关联性,世界各国政府着手建立飞行安全规章制度。在 20 世纪 30 年代,美国为确保民航运营人的运行安全需求颁布《民用航空法》,以取代此前由商务部颁发的众多一般性涉及民航安全的法律,统一规定飞行员、空管人员和签派人员的职责,空管人员负责所有飞机的安全间隔,签派人员负责本公司飞机的安全性、合法性和经济性;美国政府在 1958 年,授权相关专门机构制定促进运输航空发展的飞行安全标准,民用航空委员会负责制定航空经济和事故调查两个方面的规章,联邦航空局负责制定航空公司、空中交通管制、运输机场等民航运营单位飞行安全规范,以及美国空域安全利用、安全航行性技术规范。

3) 技术时代安全技术水平

技术时代推动了新工艺、新技术、新材料的应用,飞机硬件设备可靠性大幅地提高,各项规章制度不断健全,民航安全运行水平得到大幅提升。自 1958 年喷气式飞机大规模使用后,飞行事故率逐渐下降。全世界从 20 世纪 70 年代初期至 90 年代中期的 20 多年间,喷气式飞机的飞行次数增加 60% 以上,但灾难性事故数基本持平且略呈下降趋势,离港灾难事故发生率为 1.5~2 次/100 架次,年均死亡人数 600 左右;先进的运输机场建设不断得到发展,20 世纪 30 年代左右,塔台、混凝土跑道和候机楼取代最初的草坪和帐篷,现代机场的雏形已形成。第二次世界大战后,随着更成熟的航空技术及飞行技术的应用,民航客货运输量急速增长,进而形成大型中心机场;空中交通管制技术取得长足进步,从 20 世纪 30 年代起,在最初目视飞行规则、无线电通信等导航技术基础上,发展起了更先进的程序管制、雷达管制等导航技术,从而奠定新航行空管技术基础。

2. 人的因素时代

1) 人的因素时代定义

人的因素时代始于20世纪70年代,止于20世纪90年代中期,是以人的因素、人与机器互动界面改进为主要管理活动的时期。在20世纪70年代初,人们发现由技术进步和安全规章完善削减民航安全事故的努力已经到极限,事故调查发现大量事故原因集中指向人的因素,超出了以前事故致因分析理论及主体防控措施范围。由此,民航安全管理开始关注个人的失误、个人与背景(组织和运行)的关系。据统计,世界范围内飞行事故空勤机组因素占80%左右,加上空中交通管制、机务维修机场保障的人为差错,人为原因造成的飞行事故率可高达90%以上。

2) 人的因素时代安全管理特征

(1) 强化机组资源管理

针对机组资源管理诸如目视/质询等常发错误引发多起空难的情况,美国民航行政当局自20世纪80年代起制定系列法律、规章和技术标准确保飞行安全。美国国家运输安全委员会要求同一驾驶舱的飞行员飞行中应清楚交换意见,遇紧急情况采取特殊措施有怀疑时更应明确提出异议,应提高"监视和提出异议"的有效沟通艺术形式,防止产生不必要的对立情绪,应认清自身局限性、飞行适应性和处理预料之中情况的能力,防止冒失处置问题,应始终一丝不苟地使用检查单和按标准程序操作,应充分认识重要飞行阶段注意力须高度集中和随机应变。同时提出民航运输系统的最终使用者飞行员、管制员、维护人员等应协作一致。国际民航组织提出应强化飞行员、管制员、维护人员的安全培训,防止培训缺失导致工作负担过重、遇险处置紧张、危险认识不足和系统整体感知不足。1994年,中国民用航空总局参照国际飞行员培训要求,将飞行中人的因素作为141部学校CPL和ATPL学员执照考试课程;1994年3月至5月,国际民航组织航行委员会修订附件6《航空器的运行》,同意将飞行机组人的因素知识和技能初始训练和复训增设为标准。1998年,国际民航组织出版航线运行安全审计手册(LOSA,Doc 9803,Doc 9806),该手册为营运者进行安全审计,获取日常营运过程中的安全数据提供指南。

(2) 推进现代飞机人因工程

人因工程已被恰当地融入人与飞机的驾驶舱设计,人机互动融合的驾驶技术研发取得一定进展。在20世纪80年代初,空客A310飞机和波音757/767飞机纷纷采用减轻飞行员工作负荷的新型数字式技术。90年代初,美国联邦航空局提出应关注应用"无纸驾驶舱"和数字飞行管理系统而衍生的新型错误,防止自动化程度越高飞行员工作负荷越重,防止飞机复杂系统和多种状态性能干扰机组操控。英国航空公司建议驾驶舱应采用可显示信息前因后果的开放式导航显示模式,应在飞机进出港期间为飞行员提供一个兼容飞行计算机显示信息和飞行员意境信息的人工选定及识别的导航设备,应适当增加飞行员操作负荷项目,应有更多便于促进飞行警觉、意境图像相互检查的飞行员间语音交流。

(3) 强化航行新技术中人的因素建设

随着人因工程在飞行安全领域的开展,空中交通管制领域人因工程建设也随之启动。1986年,国际民航组织制定人的因素发展计划,计划分起始、认识、教育和规章4个阶段推进国际民航运输安全管理,"空中交通管制的人的因素"被列为认识阶段10项重点工作之一。1991年,国际民航组织在蒙特利尔召开的第10次航行会议上,强调人的因素在未来空中交通管制系统设计和过渡阶段具有重要影响,指出"自动化在减少人的差错方面存在着巨大的潜力",建议将人的因素纳入新航行技术研究中。国际民航组织航行委员会据此修改A26-9号决议,在新航行系统(CNS/ATM)研发中纳入人的因素,重点放在新航行技术系统研发的人-机界面上。与此同时,还推出了其他一些空中交通管制人的因素管理措施。欧洲自1994年始大量研究空中交通管制人员班组资源管理(team resource management,TRM),开发出班组资源实施指南及训练课程。1994年,国际民航组织发布新航行系统中人的因素咨询通告(Circular 249),介绍以人为中心的概念。1997年,国际民航组织出版空管系统人因学指南(Doc 9758),为政府和设备供应商在空管设备设计技术和认证程序时融入人的因素提供指导性意见。

3) 人的因素时代安全技术水平

(1) 提升民航运行一线人员安全协作水平

在人的因素时代,民航安全运行分属于不同系统的飞行、维修、空管、场务等一线从业人员,行业应着力削减岗位人的失误、人-人界面失效、人-机界面失效等安全缺陷,强化民航运输内不同子系统岗位人员安全协作水平。如基于确保飞机运行安全的目标需求,飞行-维修界面、飞行-空管界面、飞行-场务、维修-空管、维修-场务、空管-场务等人-人界面,飞行-飞机、维修-飞机、空管-飞机、场务-飞机以及飞行-机场、维修-机场、空管-机场、场务-机场等人机界面,都要求各界面的设计、建设、运行应考虑避免人的本质缺陷而引发协作失效,从而极大地提升了民航活动各系统彼此协作运行水平,为飞行安全水平提升奠定了坚实的物质和文化基础。

(2) 推动兼具人性化与安全性设备设施建设

人的因素时代凸显的避免人的失误、人-机界面失效的安全需求,强烈要求现代民用航空活动的飞机等重大装备、机场等重大基础设施的设计、制造、建设和运行,必须有效兼容人性化和安全性,从而推动行业研发和建设出先进飞机、先进的导航设备和先进的机场。为减轻飞行员操纵飞机的工作负荷,民机驾驶舱应用了便于直观了解航路地形和飞机签派可靠性的平视显示器(head up display, HUD);基于性能导航(performance based navigation, PBN)技术等新航行技术的应用,可使飞行员清楚地知道飞机位置和下一步操作,有利于大幅减少陆空通话、减少飞行员和管制员的工作负荷;优化机场候机楼指廊构型,缩短旅客从陆侧下车地到登机口的距离;人脸识别技术引入安检,便于旅客便捷通过机场安检。

(3) 催生民航安全管理系统工程技术

人的因素时代要求考虑人与隶属组织、运行程序等背景因素的界面关系,考虑不同岗位与岗位之间界面的关系,考虑人与飞机、人与机场的关系,从而自然提出了民航运输系统内应关注飞机营运公司、飞机维修公司、空中管制单位、机场经营公司4者之间关系对确保飞行安全的重要度的问题,从而推动人们构想组织在预防个体失误、人-机界面及人-人界面失效的系统管理问题,这为民航安全管理组织时代的来临奠定了理论技术基础。

3. 组织时代

1) 组织时代定义

组织时代始于20世纪90年代中期而止于2010年,是指通过优化组织文化和组织政策防控民航运行组织结构性事故风险的管理方式,即在原有管理模式防范事故和严重征候的基础上,新增收集分析一般征候、差错及日常信息的方法,用以防控已知安全风险和预警新型安全问题。20世纪90年代,虽然飞行事故率保持在低水平的0.7~1.2百万飞行小时之间且呈现稳定趋势,但是民航事故调查专家通过分析大量事故成因,发现少有航空事故是由单个因素导致的,几乎所有的航空事故都是众多因素交互作用的结果。他们据此提出"事故链"的概念,特别指出人为差错仅仅是"事故链"中的最后一环。他们还发现,"事故链"中的绝大部分环节处于组织控制之下,于是提出"组织事故"这一新概念,指出造成事故发生的根源在于组织管理的失效,组织存在的各种问题才真正是对民航安全的最大威胁,组织时代便应运而生。组织时代主张,事故预防的最佳方法应从组织着手采取措施控制各个环节风险因素,从而引发人们对事故本质和事故预防在认识上的重大改变。

2) 组织时代安全管理特征

(1) 推动国际民航组织整合安全管理文件体系

全球民航运输系统日益复杂,为确保航空器安全运行所需活动之间的有效关联,改变事故应对型被动安全管理管理模式,大幅提升民航安全运营人的安全绩效,2006年在蒙特利尔召开的全球航空安全战略的民航局长会议提议制定专门管理民航安全的附件,国际民航组织空中航行委员会经研究成立安全管理专家组为制定新附件提供建议。由此,原来分散于附件1,附件6第Ⅰ、第Ⅱ和第Ⅲ部分,附件8,附件11,附件13和附件14第Ⅰ部分中安全标准措施和建议,汇聚成一个统一指导各成员国管理民航运行风险的系统新型附件文件,即附件19《安全管理》。附件19依据国家民航安全监察能力的成熟度,主张基于国家安全方案系统解决风险,采取积极的民航运行风险管理模式。因此,附件19汇集其他附件中与国家安全方案、安全管理体系(SMS)相关材料,以及收集及使用安全数据和国家监督安全活动的相关要素,便于指引国家集中注意力关注民航运行安全问题。

(2) 促进各民航成员国建立健全安全规章系统

国际民航组织安全管理体系应用推动了各成员国健全安全管理规章体系。在2006—2010年,我国民航主要完成飞行技术和适航维修等领域规章修订,为后续健全飞行标准规章体系奠定坚实基础,从而推动了从2006—2015年10年间健全民航安全规章17部,配套支持咨询通告(advisory circular, AC)和民航管理程序(aviation procedure, AP)近100部,涵盖飞机、维修、运行及机场设施等方面,基本覆盖了民航运输体系的各个方面。正是这些安全规章规范的完善,奠定了中国民航安全世界一流的基础地位,如《民用航空飞行检查委任代表管理程序》《大型飞机公共民航运输承运人延长驾驶员飞行年限管理程序》《交叉机组资格和混合机队飞行》《关于飞行人员执照有关问题的说明》《空中交通管制岗位培训大纲——区域管制》《民航空管运行质量管理体系建设技术指南》等。

(3) 有序组织全球民航新技术研发应用

为提升民用航空器飞行安全水平,国际民航组织组织启动航行新技术与民航运行系统一体化的研发应用行动。1988年,国际民航组织公布计划在未来25年内实施新一代通信、导航、监视和空中交通管理系统,即"未来航行系统"(future air navigation system, FANS)的方案,提出地空数据链技术为民航飞行提供数字化技术服务。发端于欧美民航国家的未来航行系统在全球民航的推行,所要解决的远远不止是技术问题。在20世纪90年代初期,国际民航组织着力解决制约该计划实施的全球导航卫星系统(global navigation satellite system, GNSS)的所有权、控制运行、协议合同、规章制度、成本效益等问题,其核心就是卫星导航的军民体制和经济收益。在国际民航组织推动下,各国积极实施全球卫星导航技术及配套技术的民用开发应用。1998 年 6 月,美国建成广域增强系统(wide area augmentation system,WAAS)项目首期 25 个参考站和 2 个主站建设,导航精度达到Ⅰ类精密进近的要求,使得美国全球定位系统(global positioning system,GPS)初步具有民航飞行航路导航能力;2000 年 5 月,美国决定增加开发第二民用频率,从而奠定了 GPS 成为新航行系统采用的技术基础;欧洲国家建议建设国际共同控制下的卫星导航系统,提出欧洲静地轨道卫星导航重叠服务(european geostationary navigation overlay service,EGNOS)和伽利略(Galileo)计划,规划建立一个多国共建共享的独立于美国 GPS 的卫星导航系统;俄罗斯将其全球卫星导航系统格洛纳斯(global navigation satellite system,GLONASS)提供给国际民航组织,并在远东地区进行通信导航监视(communications navigation surveillance,CNS)/空中交通管理(air traffic management,ATM)航路服务,利用航路费进行新系统的建设;1995 年,我国结合自身国情制定《中国民航新航行系统(CNS/ATM)实施政策》《中国民航新航行系统进近着陆系统实施技术政策》和《中国民航新航行系统卫星导航系统实施技术政策》,决定改造当时在用航行系统,平稳向新航行系统过渡。

3) 组织时代安全技术水平

(1) 提升民航安全运行管理综合绩效

组织时代安全管理聚焦安全风险防控,催生了我国民航安全运行管理方式的重大变革,促使民航运行安全管理关口前移,既管理事故、严重征候,又管理一般征候和差错,实现了民航运行单位安全管理从被动的经验-行政命令主导型向主动的规章-行政命令主导型转变,有利于大幅削减民航安全运行隐患、特别是重大隐患,有利于持续保障民航安全运行水平。2001—2005 年,我国民航运输飞行重大事故率为 0.29/百万小时,比"九五"期间降低 0.36。通用飞行事故率为 0.06/万小时,比"九五"期间下降 0.12。2006—2010 年,我国运输飞行百万小时重大事故率为 0.05,比"十五"期间降低 0.14。2010 年,航班客座率、载运率分别达到 80.2% 和 71.6%,5 年提高 8.7 和 6.6 个百分点,航班正常率 81.5%,飞机日利用率 9.4 小时。全行业 5 年累计利税超千亿元,是"十五"期间的 5 倍。

(2) 促进民航飞行安全新技术应用进程

国际民航组织面向全球推行的航行新技术,充分兼顾飞行安全与运行效率需求,在保证安全前提下减小飞行间隔,提升空域利用率、管制实时性、应变性和精密定位能力,推动空中交通管理从程序性管制向战术性管制转变,促使四维导航、区域导航变为现实,扩展短捷直飞航线,扩大飞行自由度,节约飞行时间和燃料。我国民航充分利用国际民航航行新技术推广的契机,以基于性能的导航(PBN)、广播式自动相关监视(ADS-B)、平视显示器(HUD)等航行新技术研发应用,作为中国民航提升运行安全品质的重要举措。2003 年引进应用 RNP,极大地减轻机组负担且提高飞行安全性。2006 年,中国民航飞行学院率先引进 ADS-B 监视训练飞行活动,实现精确监视飞机的位置、高度、速度等目标,功能优于一次监视雷达和二次监视雷达。2005 年,山东航空公司引进机载 HUD 技术装备,实现最低标准 DH45/RVR450 米着陆和 RVR200m 起飞,提升航班在低能见度天气下正常率。

4. 全系统时代

1) 全系统时代定义

全系统时代始于 21 世纪初,现在正处于全面发展时期。全系统时代是指通过关注全部民航运行复杂系统,清晰正确界定众多组织界面间的安全技术、保障技术交互流程、标准及措施,全面提升整个组织安全管理绩效。在 21 世纪初,随着 SSP 计划的推行和民航安全管理体系的建立,国际民航组织各成员国、民航运营人安全运行管理已经达到了相当的成熟度。但是,民航安全系统无论是 SSP 还是 SMS,主要侧重于国家或者民航运营人个体的安全绩效和局部控制,对民航运输系统国家-国家、国家-地区组织、国家-国际民航组织、民航运营人-国家、民航运营人-国际民航组织/国家民航运输协会等之间的界面少有考虑,进而在一定程度上引发民航安全事故发生。如美国的 737MAX-8 飞行事故灾难的发生,就涉及航空器制造商飞机设计和制造安全标准、美国政府民用航空器初始适航监管、印度尼西亚政府持续适航监管、印尼狮航飞行员安全培训等诸多组织与组织、组织与企业界面。因此,全系统时代实际上是鼓励实施各种安全管理系统的国际组织、国家、民航运营人双方或多方的安全协作,进而提升整体民航安全运行水平。

2) 全系统时代安全管理特征

(1) 促进国际民航组织与其他国际组织协作

为执行机载灭火剂环保性国际标准,国际民航组织第 193 届理事会于 2011 年 6 月 13 日审议通过了对附件 6《航空器的运行》第 Ⅰ 部分《国际商业民航运输—飞机》的第 35 次修订、附件 6 第 Ⅱ 部分《国际通用航空—飞机》第 30 次修订、附件 6 第 Ⅲ 部分《国际运行—直升机》第 16 次修订以及附件 8《航空器适航性》第 103 次修订。哈龙灭火剂因会破坏大气臭氧保护层而被国际协议明确禁止生产,臭氧层减少将导致人们暴露在有害的紫外线下,从而提高皮肤癌、白内障和其他疾病的发病率。航空是目前唯一仍在使用哈龙灭火剂的部门。针对这一情况,国际民航组织第 37 届大会决定,理事会应对哈龙灭火剂代用品时间表确定一项任务。附件 6 第 Ⅰ、Ⅱ、Ⅲ 部分的修订对盥洗室哈龙灭火剂和手提灭火瓶灭火剂的代用品制定了要求和时间表。附件 6 关于航空器装备手提式灭火器的标准要求航空器配备符合设计标准的"喷射时不至于使机内空气产生危险性污染的手提式灭火瓶"。设计标准适用于航空器运行的另一项示例是要求紧闭驾驶舱舱门(附件 6 第 Ⅰ 部分第 13 章)。因此,附件 6 第 Ⅰ、Ⅱ、Ⅲ 部分修订的设计标准排除手提和盥洗室灭火瓶灭火剂使用哈龙与现有要求保持一致。附件 8 修订后的新标准,要求航空器发动机、辅助动力装置和盥洗室的灭火或灭火系统的设计和制造,必须使用替代哈龙的灭火剂。附件 8 的修订于 2011 年 10 月 31 日生效,这项标准适用于 2014 年 12 月 31 日之后向设计国申请型号合格证的航空器型号。本次附件 6 第 Ⅰ、Ⅱ、Ⅲ 部分的修订于 2011 年 10 月 31 日生效,并于 2011 年 12 月 15 日开始适用,但盥洗室灭火器哈龙替代品和手提灭火瓶规定预设日期分别为 2011 年 12 月 31 日和 2016 年 12 月 31 日。

(2) 促进国际民航组织内部安全管理机构协作

国际民航组织第 193 届理事会于 2011 年 6 月 13 日审议通过促进附件 6 与附件 14 的关于救援和消防服务条款的协调一致,这是由于附件 6 第 Ⅰ 部分对于指定机场的救援和消防服务保障低于附件 14《机场》第 Ⅰ 部分《机场设计与运行》对特定类型航空器所要求的水平时应采取行动的运行要求及适当指导。这一问题使运营人和监管机构对于使用不符合附件 14 要求的机场制订各自不同的要求。本次对附件 6 第 Ⅰ 部分的修订要求运营人审查机场现有的救援和消防服务保障水平并对相关风险进行评估,以确定其是否被特定运行或情况所接受。该修订采用了附件 14《机场》第 Ⅰ 部分的规定,向运营人提供了必要的灵活性,不仅解决了运行至正常使用目的地机场的情况,同时还解决了备降机场及其救援和消防服务能力临时降级机场的情况。国际民航组织理事会于 2013 年 2 月 25 日审议通过了新的附件 19《安全管理》后,对相关附件进行了相应修订。理事会于 2013 年 2 月 25 日审议通过了附件 8《航空器适航性》的第 104 次修订,修订提案中纳入了在附件 8 中对新的附件 19《安全管理》关于针对航空器型号设计或制造机构的安全管理规定进行互相参照。2016 年 3 月 2 日,国际民航组织第 207 届理事会第 8 次会议审议通过了附件 8《航空器适航性》第 105 次修订的提案,改进附件 19 与附件 8 的一致性。由于附件 19 安全管理体系(SMS)的标准和建议措施(standard and recommended practice,SARP)应推广至发动机或螺旋桨的设计、制造机构,因此对附件 8 进行修订,以确保与附件 19 保持一致。

(3) 促进国际民航组织与国家民航安全管理机构协调

2014 年,国际民航组织航行委员会终审并通过附件 13《航空器事故和事故征候调查》修订案,新增事故调查独立性要求,要求"国家必须建立独立于国家航空当局和可能干预调查进行或客观性的其他实体的事故调查部门",因为约有 26.8% 的国家还没有在其立法或规章中指定一个特定的机构来进行航空器事故和征候调查,且有的国家由于缺乏人力和财力资源以及其他原因,而未能实施一个有成效的调查体系。

(4) 促进国际民航组织与航空运营人之间协议

为消除国际民航组织与各国运营人关于疲劳风险管理措施的冲突,国际民航组织第 193 届理事会于 2011 年 6 月 13 日审议通过了对附件 6《航空器的运行》第 I 部分《国际商业民航运输—飞机》的第 35 次修订。由于世界各地运营人大多采用非指令性的疲劳风险管理措施,优于国际民航组织飞行和执勤制度规定,具有较大的运行灵活性且获得较好安全成果,附件 6《航空器的运行》第 I 部分修订了运营人疲劳风险管理制度,促进监管机构评估与监测疲劳风险管理制度施行。为促进航空公司飞行-运输机场场务界面协作,2016 年 3 月 2 日,国际民航组织第 207 届理事会第 8 次会议审议通过附件 8《航空器适航性》第 105 次修订提案,新设增强型全球跑道道面状况报告格式去评估和报告跑道表面状况,以便飞行机组可以准确地确定飞机的起飞和着陆性能。

1.3.2 中国民航安全管理发展概述

按照我国民航安全管理理念的发展过程,大致可分成 4 个阶段,包括摸索管理阶段、经验管理阶段、规章管理阶段和绩效管理阶段。

1. 摸索管理阶段

1949—1978 年,我国民航基础薄弱,各项工作都是"摸着石头过河""走着瞧",安全管理也是如此。为落实"安全第一"的方针,提出了"飞飞整整,整整飞飞"的要求,强调"人盯人"的管理模式,管理者应有不怕"跑断腿、磨破嘴"的精神。一个单位出了飞行事故,其他单位都要停飞开展整顿,这就是人们所说的"一人感冒,大家吃药"。在这个阶段,实践是第一位的,一切都是先干起来再说,叫作"干中学,学中干"。当然,这一时期也注重总结安全管理经验,并相继颁发了《中国民用航空飞行条例》等规章制度。在当时的环境和条件下,这些工作方法和规章制度为保证航空安全起到了一定的积极作用。

2. 经验管理阶段

1979—1995年,我国民航业进入了新的发展阶段。这个阶段,安全管理以行政管理为主,尤其强调安全管理经验的总结和推广,有些经验的基本精神、基本原则至今还具有生命力。譬如1992年提出"八该一反对"(在飞行过程中要坚持该复飞的复飞、该穿云的穿云、该返航的返航、该备降的备降、该绕飞的绕飞、该等待的等待、该提醒的提醒、该动手的动手,反对盲目蛮干),这些提法虽然没有量化指标,但便于记忆,经过10多年的锤炼、检验,依然具有一定的警示和指导作用。再如1994年民航提出"四不放过",即在处理飞行事故或事故征候时必须坚持未查明原因不放过、未分清责任不放过、未采取措施不放过、未严肃处理不放过,现在这个提法被广泛认同,并且已经成为国家在处理安全生产事故时的一项重要原则。但是,这些提法也有缺陷,由于不够量化,标准不明晰,可操作性不够强。例如,说该复飞复飞,什么情况下该复飞,什么情况下不该复飞,只能凭经验来掌握。

3. 规章管理阶段

1996—2012年,我国民航安全工作进入法制化管理阶段。具体体现在三方面,一是安全立法步伐加快,法律法规体系不断健全。以《安全生产法》和《民用航空法》为基础,借鉴国外民航发达国家经验,结合我国民航发展实际,民航局相继出台了一系列规章、标准以及规范性文件,建立起比较完备的民航安全生产法律法规体系。二是民航企事业单位重视法制教育,细化安全法规、规章、标准,完善各类飞行和运行手册,加强安全生产自查,落实安全生产主体责任,依法依规进行生产,安全生产基础不断加强。三是政府监管部门强化依法行政意识,落实安全监管主管责任,改进安全监管手段,加大安全监管力度,政府安全监管能力和水平持续提高。

4. 绩效管理阶段

2013年以来,我国民航安全管理正逐步由他律向自律,由基于规章符合性的管理向规章符合性基础上的基于安全绩效的管理模式转变。党的十八届三中全会以来,民航局党组按照党中央关于全面深化改革的总体要求,出台《关于进一步深化民航改革的意见》,提出到2020年,要在民航科学发展、持续安全发展的重要领域和关键环节取得突破性改革成果,初步实现民航治理体系和治理能力现代化。通过这几年的系统化改革推进,民航治理体系和治理能力向着更加成熟更加定型的方向不断迈进,特别是在安全治理领域,基本形成了有利于提升安全保障能力、巩固民航发展安全基础的安全管理制度和执行系统。随着民航安全治理体系和治理能力的不断发展进步,我国运输航空事故率总体呈持续下降趋势,行业安全水平不断提升,运输航空百万小时、百万架次重大事故率,远好于世界平均水平。特别是党的十八大以来,我国民航运输航空百万小时重大事故率和亿客公里死亡人数保持"双零",并不断刷新安全飞行纪录,安全水平稳居全球领先地位。这些成绩的取得,得益于我国民航安全治理体系和治理能力的不断与时俱进,充分体现了我国民航安全治理制度具有强大的生命力和显著的优越性,为我国新时代民航强国建设奠定了坚实的安全基础。

1.4 民航安全管理法规

在全球化的视野内,民航运行安全管理法制应包括国际法律系统和国内法律体系两个部分,国际法律体系主要是国际政府民航组织、非政府组织制定的系列规范性法律文件,国内法律体系主要是由各国政府或地区行政当局制定的系列规范性法律文件。

1.4.1 民航安全国际法规

国际性民航安全管理法律经过近百年的发展,已经形成了较为完善的法律体系。按照法律的制定主体和法律调整的对象,可以分为芝加哥体制、华沙体制和东京体制。称其为体制,主要是每个法律体系都涉及众多类似法律,国际上一般以体制冠之。

1. 芝加哥体制

芝加哥体制是以《芝加哥公约》(Chicago Convention)为主体、以多边或双边民航运输国际协定为补充而形成的涉及国家共同确保国际民航运输安全的国际法律体系。《芝加哥公约》又名《国际民用航空公约》(Convention on International Civil Aviation),因 1944 年 12 月 7 日制定于美国芝加哥而被称为《芝加哥公约》,1947 年 4 月 4 日正式生效。1944 年参加《芝加哥公约》的国家只有 52 个,而现在是 193 个,具有广泛的代表性,被誉为国际民用航空活动的基本宪章。中国为该公约缔结国,1971 年 2 月 15 日中国正式宣告承认该公约,1974 年 3 月 28 日该公约正式对中国生效。截至 2020 年年底,《芝加哥公约》有附件 1《人员执照的颁发》、附件 2《空中规则》、附件 3《国际空中航行气象服务》、附件 4《航图》、附件 5《空中和地面运行所使用的计量单位》、附件 6《航空器的运行》、附件 7《航空器国籍和登记标志》、附件 8《航空器适航性》、附件 9《简化手续》、附件 10《航空电信》、附件 11《空中交通服务》、附件 12《搜寻与救援》、附件 13《航空器事故和事故征候调查》、附件 14《机场》、附件 15《航空情报服务》、附件 16《环境保护》、附件 17《保安》、附件 18《危险品的安全民航运输》、附件 19《安全管理》共计 19 个附件。其中附件 19 于 2013 年 11 月 14 日起适用,主要包含国家安全方案(SSP)、国家安全监督以及安全管理体系(SMS)等内容,旨在协助各国管理航空安全风险,基于实施国家安全方案来系统解决安全风险。此外,与《芝加哥公约》相匹配的还有《国际航班过境协定》(International Air Services Transit Agreement),以及系列多边或双边的政府间民航运输协定。

芝加哥体制的核心是界定国家航空保障民航安全的权力,其主要内容包括领空主权、航空器他国领空飞入或飞出或飞越准允、国际民用航空组织职能、航空器唯一国籍原则、统一和方便航行原则以及航空器飞行遇难救助义务。

2. 华沙体制

华沙体制是由《华沙公约》为主体、以《华沙公约》后续议定书或协定补充而形成的涉及国际民航运输人身及财产安全损害赔偿法律体系。《华沙公约》(Warsaw Convention)全称为《关于统一国际民航运输某些规则的公约》(Convention for the Unification of Certain Rules for International Carriage by Air),因 1929 年制定于波兰华沙而得名《华沙公约》。华沙体制由 1929 年华沙公约、海牙议定书、瓜达拉哈拉公约、危地马拉城议定书、蒙特利尔第 1 号议定书、蒙特利尔第 2 号议定书、蒙特利尔第 3 号议定书、蒙特利尔第 4 号议定书、1999 年华沙公约等 9 个文件构成。

华沙体制核心内容是规范承运人国际民航客货运输损害人身财产安全的赔偿责任,其主要内容包括承运人人身损害、财产损害赔偿过失推定原则、过失人身损害及财产损害赔偿限额原则等,这些规定对持续促进承运人改善航运输安全水平具有重要作用。

3. 东京体制

东京体制是由《东京公约》为主体、以后续相应国际法律文件为补充而形成的涉及防治航空器内或国际机场内违法犯罪行为危害国际民航运输安全的国际法律体系。《东京公约》全称为《关于在航空器内犯罪和其他某些行为的公约》(Convention on Offences and Certain Other Acts Committed on Board Aircraft),因1963年制定于日本东京,故简称《东京公约》。东京体制的后续法律文件包括1970年制定于海牙的《制止非法劫持航空器公约》(Convention for the Suppression of Unlawful Seizure of Aircraft)、1971年制定于蒙特利尔的《关于制止危害民用航空安全的非法行为公约》(Convention for the Suppression of Unlawful Act Against the Safety of Civil Aviation)、1988年《制止在用于国际民用航空的机场发生非暴力行为以补充一九七一年九月二十三日订于蒙特利尔的制止危害民用航空安全的非法行为的公约的议定书》、1991年《关于注标塑性炸药以便探测的公约》(Convention on the Marking of Plastic Explosives for the Purpose of Detection)、2010年在北京制定的《制止与国际民用航空有关的非法行为的公约》和《制止非法劫持航空器公约的补充议定书》。

东京体制的核心问题是规范危害国际民航安全违法犯罪的管辖权以及刑事或行政法律责任惩治,其主要内容包括针对危害国际民航安全的犯罪或行为,各国应建立健全国内法律制度将其纳入处置范畴,凡前述犯罪各国应作为重罪处罚,凡前述犯罪者不得以政治犯名义免于处罚,犯罪嫌疑人管辖地国不履行处罚责任就应尽引渡义务。

1.4.2 民航安全国内法规

民航安全国内法律体系因国家和地区发展的差异,本书仅介绍我国民航安全国内法律体系。依据我国法律规范的建设原则,我国民航安全国内法律体系应包括行政法律体系、刑事法律体系和民事法律体系3个部分,而每个法律体系均由法律、行政法规、部委/地方规章、技术规范4个层次构成。

1. 行政法律体系

我国民航安全行政法律体系是指由不同效力的民航安全行政法律规范组成的法律框架系统,主要是规范民航安全行政主体在行使行政职权和接受行政法制监督过程中与行政相对人、行政监督人之间形成的各种法律关系。

建设中国特色社会主义法治体系、建设社会主义法治国家是坚持和发展中国特色社会主义的内在要求。从我国民航安全管理实践来看,安全法规标准的完备程度与航空安全水平之间存在着密切关系。当前,我国初步形成了以1部《民用航空法》为核心、26部行政法规和规范性文件、110部行业规章、42项国家标准、235项行业标准为主体的民航法规标准体系,为民航安全治理提供了重要支撑,为行业安全规范发展提供了有力保证。该体系包括事项主要有:全国人大制定的民航安全行政法律,如《民用航空法》《治安管理处罚法》等规范民航安全行政管理部分;国务院或中央军委规定的民航安全行政规章,如《飞行基本规则》《民用航空器适航管理条例》《民用机场管理条例》《航空安全保卫条例》等规范性文件;国家民航行政管理部委或地方制定的规章或规定,如《民用航空器飞行事故应急反应和家属援助规定》《大型飞机公共民航运输承运人运行合格审定规则》《民用航空器维修单位合格审定规定》《运输类飞机适航标准》《民用航空空中交通管理规则》《民用机场运行安全管理规定》《民用运输机场突发事件应急救援管理规则》《四川省民用机场净空及电磁环境保护条例》等;民航行政管理部门制定的技术指引规范和安全规章体系,如《中国民用航空安全管理体系建设总体实施方案》《飞行运行作风》《运输机场安全管理体系(SMS)建设指南》《民航空管安全管理体系建设指导手册》《中国民用航空监察员行政执法手册》《客舱乘务员、乘务长、客舱乘务教员、客舱乘务检查员资格管理》《航空承运人运行控制风险管控系统实施指南》《民用航空器机型、部件修理项目培训大纲》《民用航空导航技术应用政策》《民用航空器事件调查规定》(CCAR-395-R2)、《民用航空安全信息管理规定》(CCAR-396-R3)、《民用航空安全管理规定》(CCAR-398)等。

2. 刑事法律体系

我国民航安全刑事法律体系是指由具有不同效力的民航安全刑事法律规范组成的法律框架系统,是与民航刑事案件相关的法律规范的总称。

该体系包括事项主要有:国务院颁布的《中华人民共和国安全生产法》,该制度是生产经营单位和企业岗位责任制的一个组成部分,根据"管理生产必须管安全"的原则,安全生产责任制综合各种安全生产管理、安全操作制度,对生产经营单位和企业各级领导、各职能部门、有关工程技术人员和生产工人在生产中应负的安全责任加以明确规定。实践证明,凡是建立、健全了安全生产责任制的企业,各级领导重视安全生产、劳动保护工作,切实贯彻执行党的安全生产、劳动保护方针、政策和国家的安全生产、劳动保护法规,在认真负责地组织生产的同时,积极采取措施,改善劳动条件,工伤事故和职业性疾病就会减少;反之,就会职责不清,相互推诿,而使安全生产、劳动保护工作无人负责,无法进行,工伤事故与职业病就会不断发生。另外,还包括国务院等制定的惩治危害民航安全违法行为的法律规范,如《航空安全保卫条例》;国家民航主管部门等制定的惩治危害民航安全的法律规范,如《民用民航运输机场航空安全保卫规则》《公共航空旅客运输飞行中安全保卫规则》;国家相关部门制定的技术规范,如《人体损伤程度鉴定标准》(司发通〔2013〕46号)、《最高人民法院最高人民检察院关于办理危害生产安全刑事案件适用法律若干问题的解释法释》(〔2015〕22号);全国人大制定的危害民航安全犯罪法律规范,如规定诸如劫机罪、爆炸罪(机场)、破坏交通工具罪(航空器)等的《刑法》《民用航空法》刑事法律部分,再如规定惩治暴力危及飞行安全行为的《治安管理处罚法》等。

3. 民事法律体系

我国民航安全民事法律体系是指涉及民航安全民事责任的全部法律规范的总和。

该体系主要包括:由全国人大制定的规范民航运输旅客人身安全和财产安全赔偿民事责任的《合同法》《侵权责任法》和《民用航空法》等部分;由国务院制定的有关机场、航空公司责任的民事行政规范部分,如《国内民航运输旅客身体损害赔偿暂行规定》;由国家民航行政主管部门等制定的民事安全责任规范,如《国内民航运输承运人赔偿责任限额规定》(第164号);由国家有关行政部门颁发的指引履行民事责任方式的技术规范,如《劳动能力鉴定 职工工伤与职业病致残等级》(GB/T 16180—2004)、《残疾人残疾分类和分级》(GB/T 26341—2010)等。

第2章

民航安全管理体系概述

国际民航组织从2001年开始陆续颁布和修订各种文件,并于2013年在国际民航公约中新增了附件19《安全管理》,其中明确规定了各公共航空运输企业、民用机场、空管单位、维修企业等民航企事业单位的安全管理体系(SMS)必须得到其所在国家的认可。2007年,中国民航局发布了《中国民用航空安全管理体系建设总体实施方案》,并陆续修订了相应规章,制定发布了相应的咨询通告或实施指南用于规范和指导我国民航企事业单位SMS的建设,2018年3月16日起开始施行的《民用航空安全管理规定》(CCAR-398)进一步确保了我国民航企事业单位的安全管理体系能够得到系统、有效的实施。

本章将根据国际民航组织推荐的理论框架,重点阐述民航安全管理体系的内涵,并就我国民航安全管理体系的建设历程,特别是航空公司、维修单位、空管单位以及机场建设方面分别进行阐述。

2.1 民航安全管理体系内涵

2.1.1 民航安全管理体系背景

自1903年莱特兄弟成功试飞有发动机的飞机以来,民航安全管理先后经历了技术时代、人因时代、组织时代以及全系统时代。在组织时代,人们发现事故的发生除了有技术因素和人的因素,组织存在的各种问题也是一项重要的致因,因此,美国联邦航空局率先参照质量管理体系的做法建立了安全管理体系,在取得了良好的应用效果之后,国际民航组织开始将这种做法向全球民航业进行推广,以提高航空安全水平。

安全管理体系的本质是系统管理,建立和实施安全管理体系是为了全面、系统地识别航空组织中存在的风险,并通过对安全风险进行有效的管控,以求在航空事故和征候发生之前积极主动地控制或者减轻风险,从而降低人员伤害和财产损失的可能性,进而达到可接受的安全绩效水平。因此安全管理体系的核心是预防性风险管理,同时,安全风险管理与安全绩效管理又必须在信息管理和数据驱动的基础上通过闭环管理予以实现。

民航安全管理体系的建立必须与本组织的安全责任和安全目标相匹配,并充分考虑本组织的规模和运行的复杂程度。安全管理体系的实施范围包括与航空器安全运行相关的企事业单位,如航空公司、机场、空中交通服务、维修单位、培训机构、飞机/发动机及航空器部件设计制造厂家等。

2.1.2 民航安全管理体系特征

安全管理体系是一个系统、清晰和全面的安全风险管理过程,它综合了运行和技术系统管理、财政和人力资源管理,覆盖与民航生产相关的所有活动。安全管理体系是一种有效的安全管理方法,像所有的管理系统一样,其包括目标设定、计划和绩效评估。安全管理体系与组织之间是密不可分的,其通常具有系统性、主动性和明确性3个特点。

(1) 安全管理体系是系统性的,这是因为安全管理活动要依照预定计划并以统一的方式在整个组织内进行,通过制定、批准和不停地执行一个长期计划,从而使得具有危险后果的安全风险得到有效控制。由于安全管理体系活动的系统性和战略性,它们旨在取得逐步的、持久的改进,而不是瞬时的巨变。安全管理体系的系统性还使得人们不仅注重结果,而且也注重过程。

(2) 安全管理体系是主动性的,这是因为它强调安全关口前移,即在影响安全的事件发生前就采取危险识别和安全风险控制及缓解措施,谋求将安全风险置于组织的控制之下,而不是在经历有害事件之后采取修补行动,然后转向"休眠模式"直到再次经历有害事件后再进行修补行动。为了维持对危险的有效识别,就需要对相关运行活动进行持续的监测并提供安全数据,与此同时,组织也可以根据安全数据做出关于安全风险及其控制的决策。

(3) 安全管理体系是明确性的,这是因为所有安全管理活动都是有文件支持的。例如,一个组织的安全管理活动和随之产生的安全管理手段或技术都是载入正式文件的,可供人查阅。因此,安全管理活动是透明的。

2.1.3 民航安全管理体系框架

SMS中有4个组成部分,分别为:安全政策和目标、安全风险管理、安全保证和安全促进。这4个组成部分又可细分为12个要素。这些要素共同构成了安全管理体系的框架,代表了SMS实施的最低要求,而具体实施则需要与组织的运行规模和复杂程度相适应。

1. 安全政策和目标

1) 管理者的承诺和责任

在任何组织内,管理者均控制着人员活动以及相关资源的调配。由于危险源是不可避免的,因此在开展生产活动时,组织将不可避免地暴露于安全危险之下,但管理者可以通过调配相关资源并组织人员积极开展相关活动,从而将危险源可能导致的安全风险降低并控制在可接受的范围之内。具体而言,管理者必须保证雇员遵从组织的安全指令和控制措施,并且确保其设备处于可用状态。为此,管理者在安全管理方面的主要责任与态度必须是明确的,并且安全管理的相关职责须通过专门的组织机构来履行。

要确保组织安全管理体系的效力与效率,最为基本的就是组织的安全政策。高层管理者必须制定组织的安全政策,并由责任主管签署。安全政策必须反映出组织对安全的承诺,必须包括为实施安全政策提供必要资源的明确声明,并须传达给整个组织。安全政策中的纪律条例须明确说明哪些类型的行为是不可接受的。安全政策还应包括安全报告程序,鼓励员工报告安全问题,并告知员工在报告安全事件或安全问题时适用的纪律政策。管理者须对安全政策定期审查,以确保其对本组织始终适用和适当。

高层管理者还需设定安全目标,也是为整个组织的安全绩效设定标准。安全目标必须确定组织想在安全管理方面达到的目标,并拟定组织实现这些目标所需采取的步骤。

组织必须确定责任主管,责任主管必须是身份明确、对组织安全管理体系的有效和高效运行负最终责任的个人。责任主管可以将安全管理体系的管理指派给另一个人,前提是这种指派须通过文件的形式明确其安全责任、问责和权力。然而,责任主管的责任义务不会因为将安全管理体系的管理指派给另一个人而受到影响:责任主管保留着对组织安全管理体系绩效的最终责任义务。

2) 安全责任义务

管理者必须确保组织的安全管理体系与其运行规模和复杂程度相一致并满足国家当局规定的标准与要求,同时还必须配置必要的人力、技术、财政和任何其他资源,以确保安全管理体系能够切实、高效地运行。

虽然不管职级如何,所有雇员的职务说明均应包含安全义务与责任,但是对于任命的关键人员而言,除了部门和职能单位运行方面的具体职责,还应酌情将安全管理体系运行方面的责任纳入此类人员的职务说明之中。根据将安全管理视为生产活动中一项核心工作的要求,每一部门领导或职能单位负责人都要在一定程度上参与到安全管理体系的运行及其安全绩效的实现之中。

安全办公室又叫安全服务办公室,以反映出该组织机构在安全管理中向组织、高层管理者和一线管理者提供相关服务的职能。安全服务办公室从根本上说是一个安全数据采集和分析单位,通过持续和定期采集在生产活动期间的安全数据,并结合预测性、主动性和被动性这三种危险源识别方法,及时捕捉到运行偏离期间发生的情况进而对其安全风险进行评价,由此获得的相关安全信息又将被送交给一线管理者,用来解决根本性安全问题。一线管理者是各自领域中真正的行家,因此最有能力设计出切实有效的解决办法,并将之付诸实施。在安全信息送至一线管理者之后,安全服务办公室又将重新开始其例行的安全数据采集和分析活动。在安全服务办公室和有关一线管理者之间商定的一段时间间隔之内,安全服务办公室会向安全问题所属领域的一线管理者提出有关安全问题的最新安全信息,让一线管理者及时了解其实施的缓解方案是否已经解决了安全问题,还是安全问题仍旧存在。如果为后者,则要采取进一步的缓解方案、商定新的时间间隔、采集和分析安全数据、发送安全信息,如此往复,直至安全数据分析证实安全问题得到解决。

3) 任命关键的安全人员

安全服务办公室有效启动运作的一个关键点就是任命负责该办公室日常运行的人。大多数组织中,安全经理是责任主管任命的担负安全管理体系日常管理职责的人。安全经理是开发和维护有效安全管理体系的负责人和协调人。安全经理还向责任主管和一线管理者就安全管理事宜提出建议,并负责在组织内部,酌情与外界组织、承包人和利害相关者就安全事项进行协调和沟通。

4) 协调应急预案的制定

应急预案以书面形式概述事故发生后所采取的行动以及每一行动的负责人。应急预案的宗旨是确保有序并有效地从正常状态过渡到紧急状态,包括紧急情况下的权力下放和紧急状态下的责任划分。预案中还包括关键人员授权采取的行动,以及协调应对紧急状态的工作。整体目标为维持安全运行或尽快恢复至正常运行。

5）安全管理体文件

安全管理体系的一个明显特征就是所有的安全活动均要求形成文本文件。因此，文件是安全管理体系的一个基本要素。安全管理体系文件除了必须包括所有相关的和适用的国内和国际规章，还必须包括安全管理体系所特有的记录和文件，如危险报告表、责任义务关系，关于运行安全管理的责任和权力，以及安全管理组织的结构。此外，它还必须以文件形式说明记录管理的明确指导方针，包括记录的处理、存储、检索和保护。

2．安全风险管理

1）危险源识别

危险源识别是收集、记录、根据运行中的危险源和安全风险采取行动和生成有关其信息反馈的第一步。危险源识别主要包括三种方法：被动方法、主动方法和预测方法。安全风险管理首先将系统功能的描述作为危险源识别的基础。在系统描述中，通过对构成系统的各个界面进行分析，从而找出系统中存在的危险源，进而查明其潜在的后果并从安全风险角度评估此种后果。若安全风险被评定为风险过高而无法接受时，则必须在系统中增加安全风险管控措施。

采用系统化的方法识别危险源可以确保尽可能多地识别出系统运行环境中的大多数危险源，为确保系统化方法的适用性，可采用以下方式。

（1）检查单。根据审查类似系统的经验和从中得到的数据，拟定一份危险源检查单，对于潜在危险源，则需要做进一步的评价。

（2）小组评审。可以召开小组会议，评审危险源检查单，对危险源进行更加广泛的集体研究讨论或者进行更加详细的情况分析。

危险源识别讨论会需要一些经验丰富的运行和技术人员参加，通常采取有组织的小组讨论。讨论会应指派一位熟悉头脑风暴法的人员担任主持人。如果任命，安全经理通常充任此职。值得说明的是，组建的研讨小组不仅可以研讨危险源识别方面的相关问题，同时也可以评估危险源的安全风险。

2）风险评估和缓解

危险源一经识别，便应对危险源潜在的安全风险进行评估。安全风险评估通常将风险分解为两个部分：不安全事件发生的概率及后果的严重性。通过使用风险评估矩阵来确定安全风险的决策和接受度。矩阵的确定和最终结构应由民航企事业单位根据其运行规模及复杂性进行设计，并经其监管组织同意。

对安全风险进行评估后，必须将安全风险消除或缓解到可接受的水平，这称作安全风险缓解。为此，必须设计和实现安全风险控制措施。民航系统较为常用的传统风险控制措施多从技术、培训和规章等方面入手，如程序、监督管理方式、培训方式以及设备的新增或改变。在设计制定了安全风险控制措施后，还必须评估该措施是否会为系统带来新的危险源。

3．安全保证

1）安全绩效监控和测量

安全保证的首要任务是监控和测量。为此要采取安全绩效监控和测量，这是依据安全政策和批准的安全目标，验证组织安全绩效水平的过程。安全绩效和监控信息有许多不同的来源，主要如下。

（1）危险源报告。危险源报告和危险源报告系统是危险源识别的基本要素。

（2）安全研究。安全研究是一项包括广泛安全问题的大型分析活动，可以通过尽可能最广泛的研究对一些普遍的安全问题进行深入分析。

（3）安全审查。在引进和采用新技术、修改和实施新程序期间，或在运行结构改变的情况下需进行安全审查。

（4）安全审计。安全审计注重组织安全管理体系的完整性和符合性，通过审计来评估组织安全风险的控制状况。

（5）安全调查。安全调查着重于检查某一具体事件或程序，如发生的不安全事件、日常运行的瓶颈、工作人员对安全的意识及意见等。安全调查可能涉及使用调查单、问卷和非正式秘密访谈。

（6）内部安全调查。内部安全调查的对象为不要求向国家当局报告的事件，尽管在某些情况下，即使国家当局正在对某事件进行调查，但民航企事业单位也可同步开展内部调查。属于内部安全调查范围的典型事例有：飞行中的紊流（飞行运行）；频率拥挤（空管）；重大故障（维修）及停机坪车辆运行（机场）。

2）变更管理

伴随着航空组织的不断变化，既有系统、设备、方案、产品也将发生变化。每当发生变化时，便可能不经意地将危险源带到运行中。变化可能引入新的危险源，进而可能影响现有安全风险缓解措施的适用性和有效性，安全管理要求对由变化产生的危险源应系统地、主动地加以识别，并制定、实施和评估用于管理此危险源的风险控制措施。

变化可以是组织外部的或是内部的。外部变化的例子包括监管要求的变化、安保要求的变化和空中交通管制的改组等；内部变化的例子包括管理变化、新设备和新程序等。

3）安全管理体系的持续改进

安全管理体系持续改进的目的是找出导致低于标准绩效的直接原因，并分析其在安全管理体系运行中的影响，进而通过安全保证活动对其进行改进。持续改进的方式主要如下。

（1）通过内部评估对设施、设备、文件和程序进行主动的评估。

（2）对个人的绩效进行主动评估，如通过定期能力检查（评估/审计的形式）核实个人完成安全责任的情况。

（3）被动评估，通过诸如内部审计和外部审计核实系统控制和缓解安全风险的有效性。

因此，只有当组织对其运行及风险管控行动保持持续的警觉时才会出现持续的改进。实际上，没有对安全控制和缓解行动的持续监控，就没法说明安全管理过程正在实现其目标。同样，也没法测量某一安全管理体系是否在有效地实现其目的。

4．安全促进

1）教育和培训

安全管理者有必要提供与组织特定运行相关安全问题的当前信息和培训。对所有工作人员，不管其在组织的级别如何，都应当提供适当的培训以表明管理者对建立有效的安全管理体系的承诺。安全培训和教育应包括如下内容。

(1) 明确的培训大纲。
(2) 衡量培训有效性的过程。
(3) 初始(一般安全)职务专门培训。
(4) 纳入安全管理体系的安全教育,包括人的因素和组织因素。
(5) 安全复训。

安全管理体系手册应为运行人员及各级管理人员制定相应的安全初训和复训的要求及标准,安全培训量应与个人的责任和参与安全管理体系的情况相适应。安全管理体系手册还应规定安全培训的内容、频次等要求。另外,组织应为员工制定培训档案,以协助查明和跟踪员工的培训要求,每次教育及培训的内容应以文件的形式记录在案,以核实所有人员均已经接受了计划的培训并有能力执行其安全管理职责。

2) 安全信息交流

组织应向所有人员通报安全管理体系的目标和程序,并通过公告或简报等方式宣传组织关于安全绩效的目标及政策。安全管理者还应向员工广泛宣传各类事件调查和事件案例,以确保员工能从中获取相关经验教训。在整个组织中安全管理者和运行人员之间应该加强沟通。如果积极鼓励运行人员主动识别和报告危险源,安全绩效往往会更高。因此,安全信息交流的目的包括:

(1) 确保所有员工充分了解安全管理体系。
(2) 传达安全关键信息。
(3) 解释为何采取特殊行动。
(4) 解释为何引入或修改安全程序。
(5) 确保运行人员与管理人员之间的安全信息能够顺畅交流。

2.2 我国民航安全管理体系建设

2.2.1 民航安全管理体系规定

国际民航组织从2004年开始陆续颁布和修订各种关于要求各缔约国民航建立安全管理体系的文件,制定和颁布《安全管理手册》(Doc 9859)(safety management manual,SMM)进行多次修订。根据国际民航公约附件1、6、8、11、13、14以及国际民航组织有关文件要求,特别在附件19《安全管理》专门针对安全管理体系建设提出明确要求:各缔约国必须确保航空服务提供者制定安全管理体系建设计划,促进安全管理体系的实施。

中国作为国际民航组织的一类理事国,根据国际民航组织的要求,在国内民航企事业单位全力实施安全管理体系。2007年,中国民航局发布《中国民用航空安全管理体系建设总体实施方案》,各业务司局根据要求对规章进行了修订并发布。与此同时,安全管理体系在机场、航空公司、空管、维修单位进行试点。2018年,交通运输部颁布实施《民用航空安全管理规定》(CCAR-398),着眼为现有安全管理工作提供规范,为各业务系统指定新的安全管理要求提供统一的框架和依据,从而保证我国民航安全管理体系的系统性、一致性,提高规章防范风险的整体效能,推进我国安全管理体系和安全监管的有效实施。主体涉及在中华人民共和国境内依法设立的民用航空器运营人、飞行训练单位、维修单位、航空器型号设计或制造单位、空中交通管理运行单位、民用机场(包括军民合用机场民用部分)以及地面服务保障单位等民航生产经营单位。

2.2.2 民航安全管理体系建设

1. 航空运营人安全管理体系

航空经营人安全管理体系是依据中国民用航空规章《大型飞机公共航空运输承运人运行合格审定规则》(CCAR-121)和《小型航空器商业运输运营人运行合格审定规则》(CCAR-135)制定的,目的是指导大型飞机公共航空运输承运人和小型航空器商业运输运营人(以下均简称"运营人")建立符合要求的安全管理体系(SMS)。依据关于《航空运营人安全管理体系的要求》(AC-121/135-2008-26)(以下简称《要求》),航空运营人安全管理体系主要包括以下几方面的内容。

1) 政策

(1) 安全政策

安全政策反映了运营人的安全管理理念及对安全的承诺,是建立安全管理体系的基础,并为建立积极的安全文化提供了清晰的导向。

安全政策必须符合国家的相关规定,同时必须由最高管理者批准,并传达给全体员工。在制定安全政策过程中,高层管理人员应与影响安全相关领域的人员进行广泛的协商,以确保员工与安全政策密切相关。

(2) 安全策划

安全策划是安全管理的一部分,致力于制定安全目标并具体规定必要的运行过程和相关资源以实现安全目标。运营人在制定本单位安全目标时,应当注意:安全目标不应当低于局方的要求;适合本单位的类型、规模和安全水平;是可测量的。

(3) 安全机构与职责

运营人应该清晰地界定整个组织内的安全责任,包括高层管理人员的安全直接责任。最高管理者是安全管理的第一责任人,也是建立和实施并保持安全管理体系的最终责任人,应计划、组织、领导、控制员工的活动,分配安全活动所需的资源,以确保安全控制的有效性,并对整个组织的安全管理体系定期进行安全管理评审。虽然最高管理者必须对安全运行全面负责,但所有员工都必须清楚自己的责任,并被准许参与安全事务。

安全总监作为建立、实施并保持有效的安全管理体系的负责人兼协调人,应独立于运行的组织和管理之外,直接向最高管理者汇报。

(4) 与法规和其他要求的符合性

法规和其他要求中的信息直接或间接影响运营人的安全管理体系,因此,运营人应建立正式的信息获取渠道,适时掌握现行有效的法规和其他要求,识别和了解运营人的安全管理体系受到相应法规和其他要求的影响,建立与安全法规和其他要求相符合的方法。

(5) 程序和控制

程序和控制是系统的两个关键属性。安全政策必须转化为程序以便使用,而且控制必须到位以保证关键步骤按设计完成。运营人应开发程序,将程序文件化,并保持程序以落实安全政策,实现安全目标。《要求》还要求运营人确保员工理解自己的角色,而且对程序的完成进行监查控制。

(6) 应急准备和响应

有效的应急响应方案可能会减轻不安全事件造成的后果，保证有序和有效地从正常运行过渡到紧急运行，并恢复至正常运行。应急响应方案以书面形式规定了不安全事件发生之后，运营人应当做些什么，以及每个动作由谁来负责。为了确保应急响应方案在实际运行中有效，应进行定期的训练和演练。进行演练还有助于验证方案的有效性，找出方案的不足并进行改进。

(7) 文件和记录管理

文件的价值在于沟通、统一行动。因此对文件的批准、评审与更新、标识、分发、作废等应进行控制，确保文件的适宜性、充分性和有效性。运行和安全管理中会产生大量的记录，这些记录可以提供符合要求和安全管理体系有效运行的证据。

2) 风险管理

风险管理一般指通过分析运营人的运行功能及其运行环境，以识别危险源，并分析评价相关风险的过程。风险管理过程处于运营人提供运输服务的过程中，不是一个独立的或特殊的过程。

(1) 系统和工作分析

风险管理始于系统设计。系统由组织机构、过程和程序，以及完成任务的人员、设备和设施构成。系统和工作分析应充分说明组成系统的硬件、软件、人员、环境间的相互影响，并详细到足以识别危险源和进行风险分析。系统需文件化，但没有特定的格式要求。系统文件一般包括运营人的手册系统、检查单、组织结构图和人员岗位说明。运营人的运行及其支持过程建议分为：

① 飞行运行；
② 运行控制；
③ 维修；
④ 客舱安全；
⑤ 地面服务；
⑥ 货运；
⑦ 训练等。

系统和工作分析只要详细到可用来进行危险源识别和风险分析即可，尽管有复杂的开发工具和方法可供使用，但是由管理者、监查人员和其他员工参与的简单的头脑风暴会议通常是最有效的。

(2) 危险源识别

系统及其运行环境中存在的危险源必须被识别、记录和控制。确定危险源的分析过程应考虑系统的所有组成部分。在对系统及其运行的分析中，需要询问的关键问题是"如果……会发生什么？"。与系统与工作分析一样，问题的详尽程度应适当。尽管识别出每一个危险源是不现实的，但运营人仍应在识别与其运行相关的重大的、可合理预见的危险源方面尽到应尽的责任。

(3) 风险分析与评价

风险分析和评价是采用传统的方法将风险分解为有害结果出现的可能性和该后果严重性。常用的工具是风险矩阵，运营人应当建立一个最能体现其运行环境的矩阵，也可以为短期运行和长期运行分别建立具有不同风险接受标准的矩阵。

矩阵的定义和最终结构将由运营人自行设计。每个后果严重性和发生可能性等级的界定应以适用于具体运行环境的方式来确定,以保证每个运营人的决策工具与其运行和运行环境相关联。各运营人对后果严重性和发生可能性等级的界定可以是定性的,但在可能情况下,应尽量定量。

(4) 原因分析

风险分析不仅应注重对严重性和可能性等级的界定,还应确定为何确定这些特定的等级。这也就是通常所说的"根本原因分析",这是制定有效控制措施,将风险降低至更低等级的第一步。在很多情况下,运营人的驾驶员、维修人员或签派员以及其他经验丰富的专家间进行的头脑风暴会议也是寻找降低风险途径的最有效和经济的方法。

(5) 风险控制

在完成以上步骤充分了解危险源和风险后,应进行风险控制措施的设计和实施。风险控制措施可以是增加或改变程序、增加新的监督控制措施、增加组织及软硬件的辅助、改进培训、增加或改装设备、调整人员等。

选择和设计控制措施的过程可采用结构式的方式。系统安全技术和实践为我们提供了根据控制措施的有效性由高到低的分级方式。根据被彻查的危险源及其复杂程度,可采用的控制措施或策略可能不止一个。而且,根据必要措施的迫切性以及制定更有效措施的复杂性,可以在不同的时间实施这些控制措施。例如,在制定出更有效的危险源消除方法之前,先进行警告可能是十分恰当的。控制措施的分级包括:

① 从设计上消除危险源——修改系统(其中包括有危险源存在的硬件、软件系统和组织系统);
② 物理防护和屏障——减少在危险源中的暴露或降低后果的严重性;
③ 关于危险源的警告、通告或提示;
④ 为避免危险源或降低相关风险可能性或严重性而做的程序修改;
⑤ 为避免危险源或降低相关风险可能性而进行的培训。

即使采取了有效的控制措施,完全消除风险几乎是不可能的。在控制措施完成后,系统投入使用之前,必须评估控制措施是否有效及是否会给系统带来新的危险源。

3) 安全保证

安全保证功能运用质量保证技术(包括内部审核和评估)判断风险控制措施是否在被实施并按计划运行,以确保风险控制过程与要求持续符合,并确保安全风险持续保持在可接受的水平内。这些保证功能也为持续改进打下了基础。质量保证技术是通过收集和分析客观证据,证实过程的要求是否已被满足。

(1) 用以决策的信息

安全保证所使用的信息源很多,包括日常活动过程的持续监控,审核和评估,安全相关事件的调查,以及来自员工安全报告和反馈系统的信息。由于不同运营人所能掌握的信息源也有所不同,因此运营人可根据自身的规模和复杂程度设立相应的信息获取方式。

(2) 持续监控

运营人应对运行数据进行持续监控。通过持续监控,不仅有助于识别危险源,而且可以证实风险控制措施的有效性并对系统的安全绩效进行评估。运营人监控的主要信息来自于飞行记录器、值班日志、机组报告、工作卡、处理表单等。

(3) 生产运行部门内部审核

在安全生产中,从上至下的每级人员都承担有对应的安全管理责任。生产一线往往是危险源直接出现的地方,但也是风险控制措施直接作用的地方。因此,《要求》规定运营人各生产运行过程应具有内部审核职责。内部审核可以为生产运行部门提供一种有计划的、有条理的评审和查证,其周期一般不应超过一年;当识别出不利趋势时,应及时增加专项审核。和其他要求一样,《要求》中提及的审核也属于功能性要求,应当与组织的复杂程度相匹配。审核可与组织的复杂程度相匹配。

① 管理者的责任

生产运行部门的经理对质量控制直接负责。而且,生产运行部门拥有大量技术专家,对自己所在的技术过程最了解。因此,运营人应通过内部审核和评估大纲赋予生产运行部门经理监控安全绩效的责任。

② 审核工具

为促进体系的一体化,减少不必要的重复,运营人可借助适当的审核工具来系统性地开展审核工作,如局方的监察工具、第三方(如IOSA,即国际航空运输协会运行安全审计)的工具。

(4) 内部评估

内部评估必须包含对运营人技术过程和安全管理体系特定功能的评估。内部评估必须由功能上独立于被评估的技术过程的个人或组织进行,通常可以由安全部门或最高管理者领导的其他下属机构来完成。对生产运行部门技术过程的评估一般建立在其内部审核的基础之上,不仅要对生产运行部门的内部审核大纲进行评估,而且还应对其内部审核的过程及结果进行评估和分析,包括其安全管理功能(政策制定、风险管理、安全保证及安全促进)。

内部评估的周期不应超过一年,当识别出不利趋势时,应及时增加专项评估。

(5) 外部审核

当有外部审核时,其审核结果也应作为信息输入进行分析、评价。对安全管理体系的外部审核可以由局方、独立的第三方、代码共享方或客户来组织开展。相对于内部审核,这些审核可以提供第二层保证系统。

(6) 调查

调查是一个以事故预防为目的过程,调查的结果也应作为信息输入进行分析、评价。调查应从关注找出"责任人"转向鼓励相关人员进行合作,找出系统和组织缺陷等信息。

(7) 员工安全报告和反馈系统

员工安全报告和反馈系统是获取信息的主要渠道之一。该系统不应只限于报告不安全事件,更应该用于报告安全相关问题。它还可帮助运营人识别运行中的危险源。

员工对报告系统的信任是保证报告数据质量的基础。这种信任的建立可能需要较长的时间。但是,一旦这种信任遭到破坏就可能长期损害系统的有效性。要建立必要的信任,运营人应在安全政策中鼓励员工报告,表明其对公开和自由地报告安全问题的态度,并明确说明可予接受或不可接受的工作表现,包括减免惩罚的条件。

(8) 分析和评价

通过上述渠道获取得到的安全信息只有通过分析和评价,得到具体的结论后,才能对管理起到作用。安全保证过程的首要目的是对风险控制措施的持续有效性进行评价。《要求》规定如果实施与控制措施有较大的偏离,应制定结构化、文件化的预防措施和纠正措施,使控制措施重回轨道。

(9) 纠正措施

安全保证过程应针对审核和评估过程中发现的问题制定纠正措施,并确保其及时有效地得到落实。制定和实施纠正措施的职责应由对应的运行部门承担。如果发现新的危险源,应使用风险管理过程判断是否应制定新的风险控制措施。

(10) 监测环境

作为安全保证功能的一部分,分析和评估功能应能提醒运营组织注意运行环境的重大变化。当环境发生重大变化时,应根据风险评估的结果适时调整风险控制措施,以确保风险控制措施的持续有效。

(11) 管理评审

最高管理者应按规定的时间间隔对风险管理的输出、安全保证的输出以及安全经验教训进行管理评审,评价是否需要改进运行过程和安全管理体系。管理评审的周期通常不应超过一年。

4) 安全促进

安全管理体系的运转仅靠强制命令及政策是难以收获较好的成效的。运营组织的文化将影响运营组织每个员工对待问题的态度和行为。运营组织的文化包括运营组织成员的价值观、信念、使命、目标和责任感。文化填补了运营组织政策、程序和过程的空隙,提供了安全努力方向的共识。

(1) 安全文化

文化的组成元素包括心理元素(人们如何思考、感受的)、行为元素(人们或群体是如何行动、实施的)以及结构元素(大纲、程序和运营组织机构)。尽管安全管理体系的政策、风险管理和安全保证部分中详细规定的许多过程为结构元素提供了框架,运营人还必须建立能让员工间及员工与管理层间进行沟通的渠道,确保就安全相关的事项能够及时有效地沟通。

(2) 沟通

系统安全理论强调"沟通文化"的重要性,运营组织必须尽全力培养员工为运营组织的知识库做贡献的意愿;系统安全理论强调"公正文化"的必要性,员工有信心当他们要对自己的行为负责任时,运营组织会公平对待他们。《要求》规定运营人必须提供员工沟通渠道以供员工及时提交安全缺陷的报告且不用担心受到报复。《要求》规定运营人应保证所有人员完全了解安全管理体系、传达重要的安全信息为什么采取特殊的安全行动及为什么修改安全程序。

(3) 培训

运营人应制定安全培训大纲,保证人员得到相应的培训并能胜任履行安全管理体系的职责。

(4) 组织学习

安全文化的另一种体现为"学习文化",如果不学习借鉴,那么报告、审核、调查、其他数据源内的信息是没有作用的。《要求》中已规定应对这些信息进行分析并与安全保证过程密不可分。《要求》进一步规定运营人向相关人员提供风险控制措施和安全经验教训的培训和沟通。

2. 机务维修单位安全管理体系建设

依据《维修单位的安全管理体系》(AC-145-15),机务维修单位安全管理体系要求如下。

1) 机务维修安全管理政策

(1) 安全政策与策划

机务维修单位安全政策必须符合国家的相关规定,同时必须由责任经理批准,并传达给全体员工。在制定安全政策的过程中,高层管理人员应与影响安全的相关领域的关键人员进行广泛的协商,以确保员工与安全政策密切相关。维修单位应根据本单位的类型、规模和安全水平及局方制定的安全指标及安全目标,制定本单位的安全指标及安全目标。

必须将安全政策转化为标准工作程序以作为维修活动的标准,也为一线员工的日常生产工作行为提供约束和指导。对此,航空公司维修工程部修订维修管理手册,阐述维修工程部的各项管理政策和制度,规定维修与工程系统的组织机构、职责,规定维修与工程活动的范围、方法和程序,以进行全面的质量控制,保持航空器的持续适航性,达到维修工程部的各项安全目标。

(2) 责任经理

维修单位的责任经理是安全管理的第一责任人,也是建立、实施并保持安全管理体系的最终责任人。责任经理应计划、组织、指导、控制员工的活动,分配安全相关活动所需的资源,以确保安全管理的有效性,并对整个组织的安全管理体系定期进行管理评审。

(3) 法规符合性

法规和其他要求中的信息直接或间接影响维修单位的安全管理体系。因此,维修单位应建立正式的信息获取渠道,适时掌握现行有效的法规和其他要求,识别和了解维修单位的安全管理体系所受相应法规和其他要求的影响,建立与安全相关法规和其他要求相符合的方法。

(4) 程序控制

程序与控制是系统的两个关键属性。安全政策必须转化成程序作为维修活动的标准,而且控制必须到位,以保证关键步骤按制定的标准完成。维修单位应建立程序、将其文件化,同时需要保持并优化程序以落实安全政策、实现安全目标。维修单位应在程序中明确维修活动的要求,以确保员工理解自己的角色,同时必须监督程序的执行情况,控制维修活动按照程序执行。

(5) 应急响应

应急响应方案以书面形式规定了不安全事件一旦发生后,维修单位应该做些什么,以及每个行动由谁来负责。为了确保应急响应方案在实际运作时有效,应进行定期的训练和演练。进行演练还有助于验证方案的有效性,找出方案的不足,并进行改进。

(6) 文件及记录管理

安全管理体系应形成正式文件,该文件包括安全政策、安全目标、安全管理体系的要求、安全管理体系的程序和过程、安全管理体系的程序和过程所涉及的职责及权限、安全管理体系的程序和过程间的相互作用或接口。它是一个反映安全管理体系当前状态的、不断更新的文件,可以将维修的安全管理做法传达给整个机构。

2) 机务维修风险管理实施

(1) 系统和工作分析

风险管理始于系统设计。系统由组织结构、过程和程序,以及完成工作的人员、设备和设施构成。系统和工作分析应充分说明组成系统的硬件、软件、人员、环境相互间的影响,并详细到足以识别危险源和进行风险分析。系统需文件化,但没有特定的格式要求。系统文件一般包括维修单位的手册系统、检查单、组织结构图和人员岗位说明等。维修单位的生产运行过程建议分为:

① 零部件/器材;
② 资源管理(工具/设备、人员与厂房设施);
③ 技术数据;
④ 维护和检查;
⑤ 质量控制;
⑥ 培训;
⑦ 记录管理;
⑧ 协议维修。

系统和工作分析只要详细到可用来进行危险源识别和风险分析即可,尽管有复杂的开发工具和方法可供使用,但是有管理者、监督检查人员和其他员工参加的简单的头脑风暴会议通常是更为有效的。

(2) 危险源识别

系统及其生产运行环境中存在的危险源必须被识别、记录和控制。界定危险源的分析过程应考虑系统的所有组成部分。系统及其运行的分析中的关键问题是"如果……会发生什么?"。对此关键问题描述的详尽程度应适当。尽管识别出每一个可能的危险源是不现实的,但维修单位应努力识别其生产运营中重大的、可预见的危险。

(3) 风险分析和评价

维修单位应当建立一个最能体现其生产运行环境的风险分析矩阵,也可以为短期运行和长期运行分别建立具有不同风险接受标准的矩阵。矩阵的定义和最终结构将由维修单位自行设计。每个后果严重性和发生可能性等级的界定应以适用于具体生产运行环境的方式来确定,以保证每个维修单位的决策方法与其生产运行和生产运行环境相符。

(4) 风险控制

系统安全技术和实践为我们提供了根据控制措施的有效性由高到低的分级方式。根据被检查出的危险源及其复杂程度,可采用的控制措施可能不止一个。而且,根据必要措施的迫切性以及制定更有效措施的复杂性,可以在不同的时间实施这些控制措施。

即使采用了有效的控制措施,完全消除风险也几乎是不可能的。在这些控制措施设计完成后,系统投入使用前,必须评估控制措施是否有效及是否会对系统带来新危险源(后面这种情况被称为"衍生风险")。返回至使用先前的系统和工作分析、危险源识别、风险分析和风险评价过程来确定经修改后的系统是否是可接受的。

3) 机务维修安全风险保证

安全保证功能运用质量保证技术(包括内部审核、分析和评审系统)判断维修单位的生产运行过程中的风险控制是否被按计划实施,以确保设计后的风险控制过程与要求持续符合,并在保持风险处于可接受水平内这一方面持续有效。这些保证功能也为持续改进打下了基础。质量保证技术是通过收集和分析客观证据,证实过程的要求是否已被满足。

(1) 用以决策的信息

安全保证所使用的信息源很多,包括日常生产运行过程的持续监控、审核和评估、安全相关事件的调查,以及来自员工安全报告和反馈系统的信息。各维修单位都不同程度地收集各种信息,故《要求》对信息源进行了规定。这些信息源属于功能性要求,允许维修单位依据自身规模和类型进行调整。

(2) 持续监控

维修单位应对生产运行数据进行持续监控。持续监控还提供了识别危险源、证实已采取的风险控制措施的有效性和持续评估系统绩效的方法。应监控的运行信息应来自故障报告、飞行数据、值班记录、工作卡、处理表单等。

生产运行部门的经理对安全管理、质量控制及确保其职责范围内过程与设计的符合性直接负责。而且,生产运行部门拥有大量技术专家,对自己所在的技术过程最了解。因此,生产运行部门经理负有监控这些过程、评价风险控制措施状况的职责。

(3) 内部审核

内部审核必须包含对维修单位技术过程和安全管理体系特定功能的审核。为此目的实施的审核必须由功能上独立于被审核的技术过程的个人或组织进行。通常内部审核可以由安全管理部门或责任经理的其他下属机构来完成。审核应对生产运行部门持续监控的过程和结果进行评估和分析。内部审核需要审核安全管理功能(政策制定、风险管理、安全保证及安全促进)。

(4) 外部审核

当有外部审核时,其审核结果也应作为信息进行分析、评价。对安全管理体系的外部审核可以由局方、独立的第三方或客户组织来进行。相对于维修单位的内部审核,这些审核可以提供第二层保证系统。

(5) 调查

调查是一个以事故预防为目的过程,调查的结果也应作为信息进行分析、评价。调查应从关注找出"责任人"转向鼓励相关人员进行合作,找出系统和组织缺陷等信息。

(6) 员工报告和反馈系统

员工报告和反馈系统是获取信息的主要渠道之一。要建立必要的信任,维修单位应在安全政策中鼓励员工报告,表明其对公开和自由地报告安全问题的态度,并明确说明可予接受或不可接受的工作表现,包括减免惩罚的条件。

(7) 分析和评价

只有将收集到的信息进行整理、分析,并形成有意义的形式和结论,持续监控、审核、调查和其他信息获取活动才能对管理起到作用。安全保证过程的首要目的是对风险控制措施的持续有效性进行评价。如果发现现行控制有重大偏离,应制定系统化、文件化的纠正和预防措施,使控制符合系统的要求。

(8) 纠正措施和跟踪

安全保证过程应包括能保证对审核和评估发现的问题制定纠正措施,并验证其是否被及时有效地执行。制定和实施纠正措施的职责应由被审核和评估证实存在问题的生产运行部门承担。如果发现新的危险源,应使用风险管理过程判断是否应制定新的风险控制措施。

(9) 监测运行环境变化带来的影响

作为安全保证功能的一部分,分析和评估功能应对维修单位生产运行环境的重大变化发出警告,并可预示系统改变需求以保持有效的风险控制。当这种情况出现时,根据评价的结果启动安全风险管理过程。

4) 机务维修安全风险促进

(1) 安全文化

文化包括心理的(人们如何思考、感受的)、行为的(人们或群体是如何行动、实施的)以及结构的(大纲、程序和组织机构)元素。尽管安全管理体系的政策、风险管理和安全保证部分中已详细规定了许多过程,并提供了 SMS 结构要素的框架,维修单位仍须建立能让员工间及员工与管理层间进行沟通的渠道,尽全力就其目的、目标以及企业的行动和重大事件的现状进行沟通。同样,维修单位应在透明的环境中提供自下而上的沟通手段。

(2) 双向沟通

系统安全理论强调"报告文化"的重要性,企业必须尽全力培养员工为企业文化基础做贡献的意愿;系统安全理论强调"公正文化"的必要性,当企业推行"公正文化",员工才会对自己的行为负责。

维修单位必须提供员工沟通渠道,以供员工及时提交安全问题的报告,且不用担心遭到报复。维修单位应保证所有人员完全了解安全管理体系,传达重要的安全信息,以及采取特殊的安全措施、安全程序或对其进行修改的原因。

(3) 学习文化

安全文化的另一种体现是"学习文化",若企业不能从持续监控、审核、调查、报告等收集的数据中获取有用的信息,那么这些数据对企业来说就是没有作用的。维修单位应对这些信息进行分析,其中包括分析、预防或纠正的过程。当环境变化或识别出新危险源时,应启动风险管理,并制定新的安全控制措施。维修单位应向相关人员提供风险控制措施、安全经验教训的培训和信息。

3. 空管单位安全管理体系建设

空管安全管理体系是指各空管运行部门,为实现安全目标和推广安全理念所建设的组织结构框架、标准规程等系统,同时是在规章符合性的基础上,基于安全绩效和数据驱动的以风险管理为核心的一种系统管理方法。空管 SMS 的实施,是为了适应现代化空中交通管理系统规模化、技术密集和高风险条件下的安全管理新要求。学习空管 SMS,要先了解空管 SMS 的模块与要素组织。空管 SMS 的模块是 SMS 的结构化构成,由若干模块构成,每个模块包含若干要素。SMS 要素是安全管理体系内容的基本组成单元,是安全管理体系组织结构、办法、政策和程序等内容的具体表现形式。

民航局空管办结合我国空管行业运行实际情况,颁布了《民航空中交通管理安全管理体系(SMS)建设指导手册》(第三版),手册中明确了民航空管运行单位 SMS 的总体框架与要素,应当包括安全政策和目标、安全风险管理、安全保证、安全促进 4 个模块、13 个要素。

1) 安全政策和目标

(1) 安全政策

民航空管运行单位应当明确其安全政策,由主要负责人签署并进行定期评审。安全政策应当体现本单位对安全的承诺,包括为安全管理提供必要的资源、建立安全信息报告程序、明确定义可接受和不可接受的行为准则、奖惩政策等内容,并与全体员工进行沟通。

(2) 安全目标

民航空管运行单位应当建立安全绩效管理制度,确定安全绩效目标,制定、实施配套的行动计划,提供必要的资源支持,并定期对安全目标体系、行动计划的实施落实情况进行评审。

(3) 组织机构及职责

民航空管运行单位应当明确规定各安全相关部门、岗位、人员的安全责任,包括最高管理者、安全管理部门、安全相关部门、一线员工,并建立责任追究制度。明确规定最高管理者是安全管理第一责任人,对建立和实施 SMS 负有最终责任。

(4) 管理者代表

民航空管运行单位应当指定一名管理者代表,作为实施并维持有效 SMS 的负责人兼协调人,向本单位的负责人和各安全相关部门提出安全管理建议,负责内部以及与外部单位安全相关事务的协调和沟通。

(5) 应急保障

民航空管运行单位应当建立应急预案,并与相关单位的应急预案相协调,实现正常运行与紧急情况之间的相互转换。民航空管运行单位应当根据实际需要和情况变化,适时修订应急预案并定期组织演练。

(6) 文件和记录

民航空管运行单位应当建立并维护与安全管理有关的文件和记录,包括安全政策和目标、安全管理程序以及所涉及的职责、权限和输出,并对各项安全活动进行记录。

2) 安全风险管理

(1) 危险源识别

民航空管运行单位应当建立危险源识别程序,综合应用被动的、主动的和预测的识别方法,持续、系统地对运行中的危险源开展有效的识别、分析和记录。

(2) 风险评价和控制

民航空管运行单位应当建立安全风险评价与控制程序,对危险源的安全风险进行分析和评价,并实施有效的控制措施将风险降低到可接受的水平。

3) 安全保证

(1) 安全信息收集与综合分析

民航空管运行单位应当建立安全信息收集和综合分析程序,通过持续监控、内部检查、单位检查、员工报告、不安全事件调查等方式收集安全信息,进而在安全信息综合分析的基础上对各项风险控制措施进行监控,确保各项风险控制措施符合要求并达到预期目标。

(2) 安全评估与管理

民航空管运行单位应当建立程序,对将要实施的重大变更可能带来的安全风险进行识别和管理,确保变更所带来的安全风险不会引发不安全事件或降低本单位的安全水平。

(3) SMS 管理评审

民航空管运行单位应当建立 SMS 管理评审程序,通过管理评审不断提高和持续改进 SMS 各个模块、要素、流程的充分性、适宜性和有效性。

4）安全促进

（1）安全教育和培训

民航空管运行单位应当制定并实施有效的安全教育培训计划，保证所有员工都能接受安全教育培训、胜任 SMS 相关工作，安全教育培训的内容应与每个员工安全工作的范围及影响程度相一致。

（2）安全沟通

民航空管运行单位应当建立正式的安全沟通渠道及程序，保证所有员工及外部相关单位能够及时了解 SMS 运行情况和各类安全信息。

4. 机场安全管理体系建设

依据《运输机场安全管理体系建设指南》(AC-139/140-CA-2019-3)，机场安全管理体系要求包括以下内容。

1）安全政策和目标

机场安全政策概述了安全管理体系实现预期安全成果的基本理念和行动准则，体现机场管理机构安全管理的宗旨，有助于完善安全管理的体制机制，调动全体员工的积极性，展示机场保障安全的坚定决心和举措。机场的安全目标明确其安全管理的努力方向，为安全绩效评估考核提供依据，在保持机场正常运行的同时，持续提升安全管理水平，达到国家可接受的安全水平。

（1）安全管理承诺与责任

机场管理机构的安全管理承诺与责任体现为机场的安全政策和目标。

① 安全政策

机场管理机构应根据相关要求制定安全政策，其内容应至少包括：机场管理机构的安全承诺，包括促进积极的安全文化；为执行安全政策提供必要资源的明确声明，如配备适合机场规模的人力、物力、财力，加强安全基础设施建设；安全报告程序；贯彻责任事故追究制度的政策，明确指出机场不可接受的不安全行为，并指明在哪些情况下可减免处罚；注重科技兴安，积极采用新技术、新设备，提升机场科技含量的政策；重视职业健康和机场应急处置突发事件响应的政策。

② 安全目标

安全政策确定后，机场管理机构应根据局方的安全目标、机场的安全政策和实际情况等制定机场的安全目标。机场管理机构应致力于不断地细化安全目标，形成符合国家、行业主管部门相关要求以及机场特点和定位的安全目标体系。机场管理机构制定的安全目标应尽可能量化，并区分层次、逐级细化到岗位，具有明确的责任界定和激励导向作用，确保下一级的目标能满足上一级的目标。机场管理机构应逐级签订目标责任书，安全目标由机场管理机构主要负责人以书面文件形式批准并发布。机场管理机构应根据安全目标制订行动计划。机场管理机构应对机场的安全目标进行定期评审，持续改进，形成安全绩效管理机制，每年至少开展一次。

（2）安全责任制

机场管理机构应做到：

① 建立适应机场规模和生产发展需要、符合国家及民航行业要求的权责明晰、管理高效的组织机构和运行机制，如有必要，可对现行组织机构进行相应的调整、改造。

② 在机场范围内书面明确并宣传机场管理机构的安全责任、义务和权限；依据《中华人民共和国安全生产法》的有关法规要求，理顺、明确所有管理层人员安全管理职责和员工的岗位职责，确保其落实。

③ 明确与安全相关岗位管理层人员决定安全风险容忍度的权限。

（3）任命关键的安全人员

机场管理机构应任命一位安全经理，负责具体实施和维持有效的安全管理体系。安全经理可以为公司副总（含）以上级别人员，特殊情况经所辖管理局备案，可由安全管理部门主要负责人担任。

（4）应急预案的协调

应急预案协调的目的是在机场发生突发事件时，确保机场有序且有效地从正常运行过渡到应急运行，包括分配应急处置责任和权力，避免或者减少人员伤亡和财产损失，使机场尽快恢复正常的运行状态。

机场管理机构应增强安全管理的主动性和预见性，致力于通过安全信息管理、风险管理、事件调查和安全绩效监测与评估等手段保持机场安全运行或者将安全风险控制在可接受的风险水平内。当上述手段失效需要启动应急处置时，机场管理机构应能够及时、有效地进行应急处置，并且将其造成的影响、损失降到最低。

（5）安全管理体系文件

通过有效地组织与控制安全管理体系文件，完善机场自身的文件制度体系，保障文件的适用有效，方便机场安全管理体系的内部行政管理、沟通和维持，便于安全管理相关活动的查阅、追溯和监督。

2）安全风险管理

风险管理是识别、分析和排除危险源或将其风险降低到可接受程度的过程，是机场安全管理体系的核心理念。风险管理是机场日常运行管理的重要组成部分，不只是意外情况发生后的应对方法。机场管理机构应确保对机场运行所遇到的安全风险加以控制，从而实现安全绩效目标。风险管理，人人有责。风险信息主要来自基层一线，机场管理机构应将风险管理的理念纳入机场日常运行工作中。机场管理机构应制定、适时完善风险管理制度和工作程序并确保其有效落实，明确风险管理的范围、各层级（直至岗位）的风险管理职责等，积极主动地开展风险管理活动。安全隐患排查治理过程是一个完整的风险管理过程，具体可参考《民航安全隐患排查治理长效机制建设指南》。

（1）危险源识别

危险源识别是对可能引起人员伤害或财产损失的情况和条件进行识别的过程。机场管理机构应制定并不断完善危险源识别的程序，确保能识别出与其运行相关的危险源。机场的安全管理体系/安全文件中应清楚地描述机场管理机构的各种危险源识别过程。危险源识别应结合被动、主动和预测性安全数据收集方法（包括事故、征候等事件的调查结果）。

机场管理机构应建立与机场运行规模和复杂程度相适应的安全管理信息系统，系统中应包括安全风险评价流程，其中应包括对危险源的描述，相关的后果，对安全风险的可能性和严重程度的评价，以及需要进行的安全风险控制。机场管理机构应致力于加大人力、物力、财力的投入，对机场的各种工作程序进行梳理，确保机场存在的所有危险源均得以在安全管理体系运行中持续地被识别，重点关注并解决与航空器运行有关的危险源以及可能误导驾驶员（包括航空器驾驶员和车辆驾驶员）的危险源，特别是与跑道侵入有关的危险源。危险源识别程序考虑机场运行范畴内所有可能存在的风险，包括与机场内外其他单位的互动。合约方所提供产品或服务存在潜在风险时，机场管理机构可要求其建立安全管理体系或相同的危险源识别和风险管理程序。

（2）安全风险评估与缓解措施

机场管理机构应制定并不断完善相关程序，确保能对已识别的危险源相关的安全风险进行分析、评估和控制。对机场日常运行中发现的风险的处置，应按照风险管理制度和程序规定的职责权限执行，各岗位、班组、科室（站队）、部门等各负其责，能够利用自身资源，在岗位层级能解决的尽量在岗位层级解决，在岗位层级难以解决的再逐级解决。对于风险度较高、投入较大、涉及多个部门的重大风险，安全管理部门应组织本机场相关部门解决，或通过安全生产委员会、安全管理委员会协调解决。机场管理机构既可以自行对合约方承担的业务进行风险管理，也可以要求或委托合约方就其承担的业务进行风险管理，或聘请有资质的专业组织或个人进行风险管理。

机场管理机构应积极探索适合本机场的风险管理方法，特别是危险源识别和风险分析的技术方法（包括人为因素理论、工作软件等），并设法将风险控制在"最低合理可行"（as low as reasonably practicable，ALARP）的水平。

3）安全保证

安全保证是机场管理机构为确定安全管理体系的运行是否符合期望和要求所开展的各项过程和活动。机场管理机构对其内部流程和运行环境进行持续的监测，以便发现有可能引发新的安全风险或使现有风险控制恶化的变化或偏差，然后对其进行安全风险管理。

安全保证的输入数据来源于运行的各个环节，其输出结果不仅为了改进安全管理体系的相关工作，还有助于改进与提高运行过程的质量及安全。

（1）安全绩效监测与评估

安全绩效管理以安全绩效改进为目的，通过对各项安全绩效指标的评估与分析制定改进方案，实现机场安全管理的自我完善和持续改进。安全绩效监测与评估有助于准确掌握机场运行安全情况，检查机场安全工作的开展是否符合国家法律、法规、民航规章、规范性文件和标准的要求，是否有效运行并促进实现安全目标。通过监测反馈的信息，评估安全绩效，肯定成绩、激励士气，增强做好安全工作的信心，同时及时发现薄弱环节，据此做好安全管理体系的持续改进。

通过建立完善的信息管理制度、构建畅通的信息渠道是、收集安全信息、开展信息分析，为安全绩效监测与评估等安全活动提供依据，实现信息共享，促进安全管理体系建设，避免和减少事故、征候和事件的发生。

（2）变更管理

系统、主动地识别由于自身的扩张、精简和现有系统、设备、程序、产品和服务的变化，新设备或程序的引入所带来的危险源,并制定、实施和随后评估用于管理危险源导致的安全风险的策略,保证将变更带来的风险控制在可接受范围之内,确保变更的实施。机场管理机构应当制定并不断完善变更管理的制度和程序,识别本单位及各安全相关部门可能出现的各种变更,并对变更可能带来的风险进行管理,防止由此引发安全事件。机场管理机构可以委托其他单位协助开展变更管理工作。

机场管理机构应当通过多种手段和途径收集安全信息,第一时间识别影响安全运行的各种变更。

4)安全促进

安全促进是指培育积极的安全文化,创建一种有利于实现机场安全目标的环境。积极的安全文化体现了单位的安全工作所秉持的价值观、态度和采取的行为。仅通过命令或要求员工严格遵守规章制度,难以让机场为实现安全目标所做的努力达到预期效果。安全促进影响个人和单位的行为,补充机场的政策、程序和流程,从而带来了支持安全努力的价值观体系。通过培训和教育、有效的沟通和信息分享,促使员工的技术能力不断提高。

(1)培训与教育

机场管理机构应制定和保持安全培训与教育计划,确保人员得到培训教育,提高从业人员的业务水平和综合素质,使其胜任岗位工作,有能力执行其安全管理体系的任务;强化员工遵章守纪和安全意识,推动安全文化建设,促进安全管理体系的实施。安全培训计划的范围须适合每个员工参与安全管理体系的工作情况。

(2)安全交流

机场管理机构应当制定并完善单位内部的以及与相关单位间的安全交流的制度与程序,明确规定安全交流的职责、对象、内容、途径和流程,将信息在整个组织各个层级中、组织与外部相关单位之间进行共享,以确保员工获得他们所需要的安全信息。机场管理机构应制定鼓励"自下而上"交流的程序,让高级管理者能够收到来自运行人员的建设性意见。

2.2.3 民航安全管理体系验证

SMS 有效性审定包括两个部分:文件审查和现场验证。文件审查至少应在现场验证前两个月进行,要求被审定企业提供所有安全政策、目标、规程和支持性文件。如果文件不完整,审定组长将要求被审定企业在规定时间内提供缺少的文件。如果被审定企业不能提供所要求的文件,可以选择终止审定。当然,做出这个决定应基于所缺少文件的重要性程度。SMS 有效性的文件审查只有在所有要求的文件都到位后才可继续下一步工作。文件审查完成后,可以商定时间开始现场验证。

SMS 有效性的现场验证主要是验证企业的 SMS 文件是否与各项安全管理与生产运行活动相符(即"文实符合性"检查),是否能够严格按照所制定的 SMS 文件生产运行和管理,各类安全管理与生产运行人员是否能够正确履行各自职责,SMS 的主要功能是否能够发挥作用等。

现场验证的项目(包括但不限于):安全政策与目标的管理;组织机构和职责的落实;文件和记录的管理;应急准备和响应的落实;系统和工作分析的方法;危险源库的建立和

维护；风险分析和评价的实施；风险控制的实施；安全信息管理的落实；SMS 规程的落实；内部审核和内部评估的实施；数据分析和系统评价的实施；预防和纠正措施的实施；管理评审的实施；安全管理培训的落实；安全文化的建设。

1．现场验证的组织保障

有了完整和符合法规要求的 SMS 文件但没有经过现场验证，就等于没有 SMS 文件。局方与企业分别建立合格的审核员队伍是保证安全管理体系有效运行和持续改进的必要条件。选择具有相应专业背景或资格的审核员参加现场验证，将有利于对 SMS 中专业性较强的现场过程进行有效性验证。制定监督审核制度，组织规章和监督审核知识培训，安排各类持续监督审核，对不符合项进行纠正预防与跟踪验证，开展风险管理、系统评价与管理评审等活动，都是 SMS 有效性的重要保障。

2．现场验证方法

现场验证方法包括但不限于：

（1）现场抽查和观察（重要过程或关键环节实施与记录抽样，确保 SMS 文件与实际相符合）。

（2）人员走访、座谈、提问、问卷（可按最高管理层、中层管理人员和关键岗位员工三类设计）等。

（3）案例模拟演示（当一些重要过程尚未发生，而又需要确定该项目的有效性和可操作性、相关人员具有规定的处置能力，而进行的一种推演，是对前两种方式的补充，如应急救援演练、新项目风险管理、安全保证、安全改进等功能的展示）。

上述三种方法着重点不同，需要相互印证，互为补充，直到收集了充足的资料或客观证据。

3．现场验证审核单编制

审核单是指导审核整个过程的路线图，可以明确审核要点和方法，确保审核的系统性和完整性，减少审核成员之间不必要的重复，保持审核的方向和节奏，体现审核的正规化和专业化，还可作为审核的记录档案。

1）审核单的编制特点

（1）紧密性：审核单的内容编制应紧扣 SMS 规程文件。

（2）代表性：审核抽样应具有代表性，从抽样结果中应能得出比较全面、正确和客观的结论（分类、重要性，至少 3 个，最多 12 个）。

（3）典型性：确定审核内容时，应选择典型的问题（即审核内容应有所侧重：突出的问题、普遍存在的问题）。

（4）可操作性：审核单在审核过程中应便于使用，例如，应有具体的抽样方法和检查方法，如选择什么样本、数量多少、问什么问题、问什么人、观察什么事物等。

（5）兼顾性：在编制审核单时，应考虑在该部门实施审核时，是否涉及其他部门的职能，例如，在职能机关实施审核是否涉及现场的某些管理职能。

2）审核单样例

与文件审查方式一样，应将要审核的项目或要素逐项编制审核内容（预期达到目标），应使用统一格式和标准,例如,针对安全政策的现场验证审核单样例见表 2-1。

表 2-1 安全政策的现场验证审核单样例

审 核 要 素	安 全 政 策
期望达到的目标: • 已经制定满足法规要求的安全政策 • SMS 是建立在安全政策的基础上 • 安全政策与企业的规模和复杂性相符 • 高级管理层、安全部门和安全管理人员了解和推广安全政策 • 定期评审安全政策的证据 • 全员参与建立和保持 SMS 的证据 • 所有员工了解安全政策,知道自己的安全义务 • 高级管理层对安全有明确的承诺 • 高级管理层积极明显地参与 SMS 的证据,以表明他们对安全的承诺 • 安全政策在企业各个层次上实施的证据 • 安全政策对所有员工是清晰可见的,尤其涉及企业所有安全关键区域 • 安全政策包含在主要文件和过程中 • 高级管理层在对企业员工讲话时明确阐明安全的重要性 • 确认员工已经理解安全政策的含义	

4. 现场验证与案例模拟演示实施

SMS 审定组应准时到达审核现场,召开正式的首次会议。基本内容为:介绍与会者,包括简述其职责;说明审核的目的、范围、依据、方法和要求;与受审核方确认审核计划以及相关的其他安排;实施审核所用的方法和程序;确认审定组和受审核方之间的正式沟通渠道;确认审核所使用的语言;确认已具备审定组所需的资源与设施;确认保密事宜;审查审核时的安全事项、应急和安全程序;确认陪同的安排、作用和身份等。会议时间不宜超过 30 分钟。

在会议结束后,可按专业分组实施现场验证。有时为了节省时间和避免较大偏差,对共同普遍项目可选择集中审核的方式进行。

现场验证如何抽样,如何查证记录,如何发现不符合和获取客观证据,必须要求审核员掌握现场验证的技巧与方法。审核方式可以是顺向审核、逆向审核、部门审核和要素审核。采用什么方式审核需要根据审核对象、审核内容、审核时间和审核地点来确定。

在验证、抽样、提问、观察或演示过程中,审核员应采用书面、电子、照片、复印等方式记下听到、看到、查到的信息,形成审核记录。它可以证实 SMS 在现场得到有效实施,为现场验证报告的编制提供基础信息,为验证结论提供支持性的客观证据。

现场验证应以事实为根据,以标准或其他文件的规定为准绳。审核员要时刻牢记审核目的和计划安排,不要轻易偏离"审核单",一般情况下审核员要在现场亲自抽取或监督抽取样本。通过审查文件、资料、记录,观察生产运行过程、工作现场和实施情况,使用"5W1H"方法收集客观证据,从而做出独立、公正的判断。如发现不符合项,要按规定做好事实记录,并请相关责任人对事实认可。

"案例模拟演示"是局方在对航空公司SMS补充审定演示验证过程中使用的重要方式。通常情况下，要求公司演示应急预案以及由此产生的安全保证和风险管理功能，要求公司桌面演示应急预案的"启动→响应→恢复至正常运行"的能力，要求公司展示风险管理方面的"启动机制→系统和工作分析→识别危险源→对识别出的危险源进行风险评价和分析→制定控制措施→有效性评审→跟踪验证"等功能，要求公司演示安全保证方面的"信息获取→进行数据分析→进行系统评价→是否进行风险管理→制定预防/纠正措施→跟踪验证"等功能。应该说只要能够把"文实相符性"演示出来就可以了。

现场验证以末次会议结束。在末次会议上，要完成以下基本步骤：与会者签到；重申审核目的、范围、方法和要求；审核情况总结，宣读不符合项，报告审核结论；双方进行必要的沟通交流；请受审核方负责人表态，并商定下步工作计划；审定组长宣布结束。

5. 现场验证结论

审定组成员应将他们的记录与每一个期望达到的目标进行比较，并对被审定企业的SMS有效性做出审定结论。对SMS超出《大型飞机公共航空运输承运人运行合格审定规则》(CCAR-121-R7)要求的地方应给出积极的结论，对SMS没有满足要求的地方应给出消极的结论。具体结论按下述两种不同的方法判定。

1) 符合性判定法

(1) 符合：有文件体系(程序、方法、标准)，并依此运作(记录、标识)。

具体指：实际的安全活动或操作符合SMS文件的规定，达到SMS要求的运行效果。

(2) 严重不符合：有SMS文件体系，但未按规定实施；无文件体系或文件体系不符合实际。

具体指：SMS文件体系某一要素出现系统性失效；重要生产运行过程失控；重要生产运行严重偏离SMS文件的要求；对标准文件、测试方法、控制规程理解偏差造成错误操作；资源不满足或不符合安全管理的要求直接影响安全生产；在多个部门均发现影响安全的问题。

(3) 一般不符合：有文件体系，但部分不适合或部分未按规定实施。

具体指：某些程序在某个环节上不符合要求；某些不符合只限在个别场所，偶然发生，非普遍存在；某些人员的偶然过错。

(4) 观察项：证据或依据不足以判定的情况，留待下次确认。

具体指：证据稍不足，但存在问题，需提醒的事项；已发现问题但尚不能构成不符合，如发展就可能构成不符合项；其他需提醒注意的安全事项。

当有任一要素被判定为严重不符合时，应该视为未通过SMS有效性的现场验证。

2) 测评标准判定法

如果要更加科学合理地做出判定，也可以参照绩效评价和指标测评的方法，如KPI或者平衡积分卡，设计SMS要素测评标准，将审核记录与其进行比较，将测评结果填入SMS要素测评表中。然后将整体测评结果汇总，系统评审被审定企业是否符合CCAR-121有关规定要求和具有有效的SMS，同时还可确定再次现场验证的时机。

当然，由于是采用要素审核方式，当任一要素分值达不到4分(不含)时，应该视为未通过SMS有效性的现场验证。例如，针对安全政策的测评标准样例见表2-2。

表 2-2　安全政策的测评标准样例

得分	安全政策测评标准
1	• 高级管理层制定的安全政策较差，大多数员工没有参与 SMS
2	缺少 3 分所对应的部分指标
3	• 安全政策适合于组织的规模和复杂性 • 企业 SMS 以安全政策为基础 • 高级管理层、安全部门和安全管理人员了解和推广安全政策 • 定期评审安全政策 • 安全政策已传达给全体员工，他们都清楚自己的安全责任与义务
4	在 3 分对应指标的基础上增加 5 分所对应的部分指标
5	在 3 分对应指标的基础上增加以下内容： • 有清晰的安全承诺 • 安全政策阐明了该组织的目的、管理原则并承诺持续提高安全水平 • 高级管理层主动地和显著地参与 SMS，使 SMS 的功能得以体现 • 各个级别的员工均参与建立和保持 SMS • 安全政策在组织的各个层级中实施 • 安全政策对所有员工均是清晰可见的，尤其是在该企业中的安全部门 • 安全政策包含在主要文件和过程中 • 高级管理层在给企业员工讲话中清晰地阐明安全的重要性 • 验证员工已经理解了安全政策的含义 • 高级管理层不断组织改进 SMS

6. 现场验证报告

审定组长应按规定格式根据审核结果完成审核报告的编写、评审和批准。此报告应对现场验证中发现的所有不符合项进行归纳、分析和评价，陈述企业 SMS 有效性与局方要求的符合程度（包括不符合的程度）、SMS 的实施、保持和改进能力等方面的综合评价意见，阐明审定组内部达成的统一结论性意见。报告必须在规定时限内递交被审定企业，并要求其在规定时限内予以执行。

SMS 设计严谨与管理思路正确，管理者与员工的重视度、认知度和参与度高，安全管理队伍敢管理、懂专业、原则强、负责任，是航空企业推行安全管理体系成功的基本条件。企业要扎实开展安全管理工作，严格按 SMS 文件管理和操作，加强系统管理、过程管理、风险管理和闭环管理，持续提高安全管理水平；要建立权责明晰、行为规范、保障有力的事前审定许可、事中持续监督有效、事后改进提高的安全管理机制；要制定完善体现"安全生产、人人有责"的安全绩效监控和测量机制；要通过各种培训和多种形式宣传动员，注重规章制度和业务技能的培训，增强全员的规章意识、风险意识、安全意识和责任意识；要从制度上促进安全管理机制的完善，从执行上狠抓安全规章的落实，从监督上加强产品监控、过程监控、系统监控。SMS 推行是一个"只有起点，没有终点"的漫长艰苦、循序渐进的系统工程，只有不断地持续改进，追求卓越，才能使 SMS 文件成为行为的准则、管理的依据、评判是非的标准和企业安全发展的保证，达到企业持续安全。

第3章 民航安全信息管理

民航安全信息作为民航业安全生产过程中产生的信息流,为民航安全管理提供信息数据,有效的民航安全信息管理能够为民航业安全生产提供决策基础。本章内容以信息基本知识为基础,以国际国内法律法规规章为依据,以信息分析方法为技术手段,以飞行品质监控信息为牵引,通过介绍民航安全信息概述、民航安全信息管理规定、安全信息分析方法、飞行品质监控信息管理等内容,旨在提高学生识别信息、获取信息、处理信息、分析信息、应用信息的能力。

3.1 民航安全信息管理概述

3.1.1 民航安全信息概念

1. 安全信息

"信息"一词在英文、法文、德文、西班牙文中均是"information",日文中为"情报",我国台湾地区称为"资讯",中国古代称为"消息"。信息论奠基人香农认为:"信息是用来消除随机不确定性的东西"。控制论创始人维纳认为"信息是人们在适应外部世界,并使这种适应反作用于外部世界的过程中,同外部世界进行互相交换的内容和名称"。经济学家认为"信息是提供决策的有效数据"。我国学者钟义信从本体论和认识论两方面对信息进行定义:本体论的信息是指事物(物质)的运动状态或变化方式,认识论的信息是指能够被主体所感知的事物(物质)的运动状态和变化方式,认识论的信息还可以分为语法信息、语义信息、语用信息。根据对信息的研究成果,科学的信息概念可以概括为:"信息是对客观世界中各种事物的运动状态和变化的反映,是客观事物之间相互联系和相互作用的表征,表现的是客观事物运动状态和变化的实质内容。"

安全信息是安全活动所依赖的资源,安全信息是反映人类安全事物和安全活动之间的一种形式。在日常生产活动中,各种安全标识、安全标志就是信息。安全管理就是借助大量的安全信息进行管理,其现代化水平取决于信息科学技术在安全管理中的应用程度。安全信息主要包括一次安全信息和二次安全信息。其中:一次安全信息是指生产和生活过程中的人、机、环境的客观安全性,以及发生事故后的现场;二次安全信息是指安全法规、条例、政策、标准,安全科学理论、技术文献,企业安全规划、总结、分析报告等。从应用的角度,安全信息可划分为生产安全状态信息、安全活动信息、安全指令性信息。其中：生产安全状态信息包括生产状况信息、生产异常信息、生产事故信息；安全活动信息包括安全组织信息、安全教育信息、安全检查信息、安全技术信息；安全指令性信息主要包括安全生产法规、安全工作计划、安全生产指标。

2. 民航安全信息

国际层面关于民航安全信息管理主要由《国际民用航空公约》规范，其附件13《航空器事故和事故征候调查》、附件19《安全管理》、《安全管理手册》(Doc 9859)及商业航空安全小组(CAST)/国际民用航空组织(ICAO)通用分类小组(CICTT)等均在民航安全信息管理方面给予了规定。其中，附件19《安全管理》第五章《安全数据的收集、分析和交换》中强制要求：

（1）各国必须建立强制性事故征候报告制度，以便于收集有关实际或潜在安全缺陷的信息。

（2）各国必须建立自愿性事故征候报告制度，以便于收集强制性事故征候报告制度可能收集不到的有关实际或潜在安全缺陷的信息。同时建议：鼓励各国建立其他的安全数据收集和处理系统，以便于收集强制上报系统和自愿上报系统可能收集不到的信息。附件13《航空器事故与事故征候调查》第十版中强制要求各国应建立事故和事故征候数据库，以便于有效地分析所获得的资料或潜在安全缺陷的资料，确定需要采取的必要行动；同时建议负责实施国家安全方案的国家当局应能访问事故和事故征候数据库中的信息以支持其安全职责。《安全管理手册》(Doc 9859)详细规定了安全数据收集和处理系统的基本内容，主要包括安全数据和安全信息的收集、分类、安全数据的处理、安全数据和安全信息管理等。同时《国际民用航空公约》附件19《安全管理》中指出："民航安全信息是指为提高航空安全之目的建立的安全数据收集和处理系统中所载的根据规定条件有资格获得保护的信息"。

中国民航关于民航安全信息的管理规定主要是《民用航空安全信息管理规定》(CCAR-396-R3)、《民用航空安全管理规定》(CCAR-398)、《民用航空器事件调查规定》(CCAR-395-R2)等。其中，《民用航空安全信息管理规定》第十三条规定事件信息收集分为紧急事件报告和非紧急事件报告，实行分类管理。紧急事件报告样例和非紧急事件报告样例包含在事件样例中，具体参见《事件样例》(AC-396-AS-2018)。《民航安全管理规定》(CCAR-398)第五十六条第九款指出："民航安全信息是指用于安全管理共享、交换或者保存为目的的、经过处理和整理过的安全数据"。

3.1.2 民航安全信息分类

《民用航空安全信息管理规定》(CCAR-396-R3)将民航安全信息分为事件信息、安全监察信息和综合安全信息（图3-1）。

1. 事件信息

事件信息是指在民用航空器运行阶段或者机场活动区内发生航空器损伤、人员伤亡或者其他影响飞行安全的情况。其内容包括：一是民用航空器事故信息，如2019年3月10日埃塞俄比亚航空空难事故(157人遇难)、2010年8月24日黑龙江伊春坠机事故(44人遇难)等；二是民用航空器征候信息，如2018年5月14日川航飞机前挡风玻璃爆裂脱落事

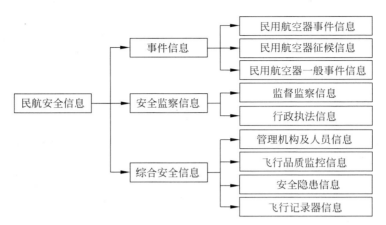

图 3-1 民航安全信息的分类

件、2016 年 10 月 21 日某运输航空公司 MA60 飞机在荔波机场未放起落架着陆事件、2016 年 7 月 9 日某运输航空公司 A320 飞机在成都区域巡航阶段遭遇雹击事件、2016 年 9 月 20 日某运输航空公司 B737 飞机在大理机场落地后冲出跑道事件等;三是民用航空器一般事件信息,如 2016 年 12 月 15 日某单位轻型飞机执行转场训练任务在 B330 航路偏航事件、2016 年 10 月以来某航空公司 CRJ900 飞机在汉中等机场连续发生 5 起地形警告事件、2017 年 4 月 24 日某运输航空公司 E190 飞机在铜仁机场进近过程中遭遇雷击事件等。

2. 安全监察信息

安全监察信息是指地区管理局和监管局各职能部门组织实施的监督检查和其他行政执法工作信息。目前,局方已经完成了针对各企事业单位 SMS 的审定工作,保证各单位建立了 SMS 的基本框架,具备 SMS 的基本功能。SMS 审核的目的是"以审促建,以审促效",审核、评估各企业单位 SMS 的建设、实施情况,重点关注各单位 SMS 的成熟度和实施效果,以督促、深化各企事业单位的 SMS 建设。作为 SSP 的一种内审方式,通过 SMS 审核发现局方在安全监管方面存在的问题及不足,不断完善、提升局方的安全监管工作。民航局针对发生严重不安全事件的单位进行审核、组织航科院具体实施;地区管理局及监管局根据需要,组织对辖区单位进行审核;企事业单位根据需要,自主或邀请第三方机构进行审核。上述 SMS 审定的结果主要包括 SMS 实施中存在的问题以及提升、改进的空间,改进 SMS 效能的建议措施,SMS 审核结果最终多以事项库形式表现。

3. 综合安全信息

综合安全信息是指企事业单位安全管理和运行信息,包括企事业单位安全管理机构及其人员信息、飞行品质监控信息、安全隐患信息和飞行记录器信息等。其中:飞行品质监控信息是指收集装载快速存取记录器及等效设备的航空器飞行数据,根据局方飞行品质监控项目和标准进行监控,动态评估行业安全状态,分析行业安全趋势和研究典型不安全事件等得到的信息;安全隐患信息是指民航企事业单位违反安全生产法律、法规、规章、标准和安全生产管理制度的规定,或者其他因素在生产经营活动中存在可能导致不安全事件发生的物的不安全状态、人的不安全行为和管理上的缺陷等信息;飞行记录器信息是指飞行数据记录器记载的航空器飞行全过程各个监测参数的信息。

目前，中国民航的安全信息收集方式主要有 4 种（图 3-2），即强制上报系统、自愿上报系统、安全举报、局方基站平台监控。强制上报系统主要收集事件信息，主要包括事故信息、征候信息、一般事件信息；自愿报告系统主要收集航空系统的缺陷和隐患信息，这些信息只要没有造成严重后果或无明显后果，就不易被发现，同时也是日常运行中大量的不安全事件和隐患，而这些事件和隐患却是严重事故得以发生的温床；安全举报主要收集举报人或举报单位反馈的关于民航安全的一切信息；局方基站平台监控主要是通过各种技术手段，收集装载快速存取记录器及等效设备的航空器的飞行数据，根据局方飞行品质监控项目和标准进行监控，动态评估全行业的安全状态，分析行业安全趋势和研究典型不安全事件，为行业安全管理和监管提供数据支持。

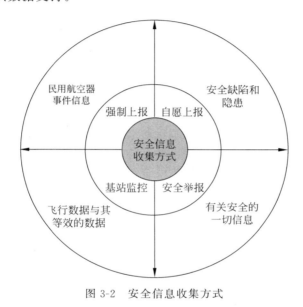

图 3-2 安全信息收集方式

3.1.3 民航安全信息标准化

1. 标准化国际要求

国际民航组织要求各缔约国必须建立并保持一个安全数据库，以便于获得实际或潜在安全缺陷的信息。数据库系统应该使用标准化格式，以便数据交换，同时也鼓励各国使用与事故和征候报告系统兼容的系统。国际民航组织要求安全数据最好使用标准化进行分类，以便能够使用有意义的术语捕获和存储数据。

2. 标准化常见方法

1）通用分类法和支持性定义

通用分类法和支持性定义建立了一种标准语言，可提高信息和通信的质量，通过共用共同的语言，航空界关注安全问题的能力将大大增强。分类法使得能够开展分析，促进信息的共享和交流。例如，组织机构针对航空器型号可以建立一个包含所有经运行合格审定的航空器型号的数据库，针对机场可以使用国际民航组织或国际航协（IATA）代码来识别机场，针对事件类型可以使用国际民航组织和其他国际组织开发的分类对事件进行分类。

2) 业界的通用分类法

事故/征候数据报告是一种事件类别分类法,是国际民航组织事故和征候报告系统的一部分,是一个属性和相关值的汇编,便于对这些类别进行安全趋势分析。商业航空安全小组(CAST)/国际民航组织(ICAO)通用分类小组(CICTT)负责制定用于航空器事故和征候报告系统的通用分类和定义。安全绩效指标工作队(SPI-TF)负责为服务提供者制定作为其安全管理体系一部分的安全绩效指标度量标准,以确保在信息收集和分析结果的比较方面的一致性。

3) 基于数据映射实现等效性安全数据与安全信息标准化

在给定的两个数据模型之间建立数据元素的对应关系,将这一过程称为数据映射。数据映射是很多数据集成任务的第一步,例如数据迁移、数据清洗、数据集成等。在民航安全数据标准化过程中,对于等效性的安全数据与安全信息往往使用数据映射来实现标准化。

3.1.4 安全信息管理的闭环

安全信息是 SMS 的血液和驱动源,是诊断安全状态的"听诊器",是安全管理工作的"风向标""晴雨表",是提高安全管理水平的"药引子"。安全信息影响着民航运行单位是否能够制定出科学合理的安全政策和目标,影响着民航运行单位是否能识别出组织与系统的危险源和有效开展风险分析与控制,影响着民航运行单位是否能够治理好安全隐患和迁移安全关口,影响着民航运行单位是否能够把控安全趋势和规律,影响着民航运行单位是否能够预防事故发生,减少人民生命和财产损失。重视安全信息与否,不应只体现在文字里、落实到口头上、反映在运动里,而应体现在责任中、落实在行动上、反映在文化里。附件 19《安全管理》要求民航运行单位应该建立和维护一个正式的流程,综合主动和被动的数据收集方法,收集、记录、采取行动,并对活动的危险源进行反馈,如图 3-3 所示为某航空公司确立的安全信息管理流程闭环图。

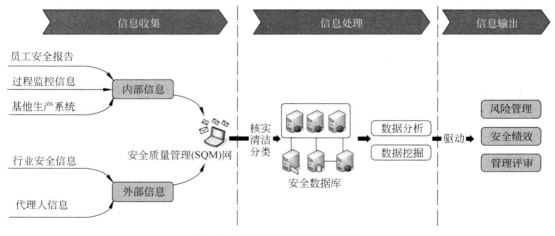

图 3-3 安全信息管理流程闭环图

1. 安全数据的集成

1) 规范标准

民航运行单位应分析来自自己单位中的风险控制绩效和效果,以及体系本身的数据,以此来识别偏差的根本原因和隐藏的新危险源。安全信息并非只有一个来源,其来源应是影响安全生产多系统多过程的所有因素,需要集成起来发挥作用。各个民航运营单位应该与各安全生产系统信息对接,将来源不同、定义不同的信息进行规范化和结构化处理,融合为相互关联的整体,集合形成安全信息中心(见图3-4),并沉淀为5个基础安全信息库,即不安全事件库、危险源库、问题项库、安全绩效库、飞行品质数据库。安全信息中心的形成既解决了信息评价数据量少的问题,也解决了重复存储大量信息、信息存储访问负载不均衡的问题,提供了集成数量多、系统全面、更新及时的信息供挖掘利用。

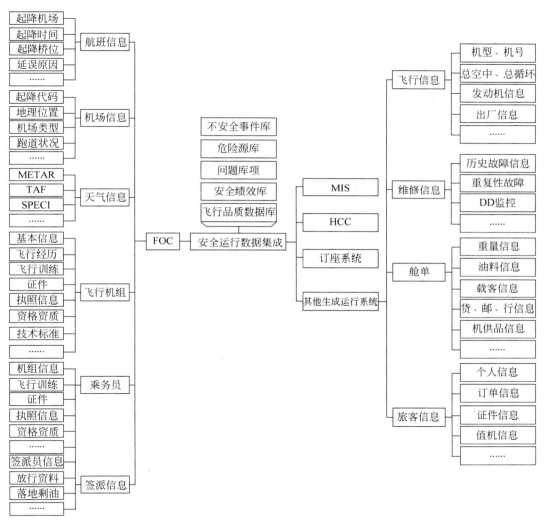

图 3-4　集合形成安全信息中心

2) 运行步骤

第一步:科学而有目的地收集各类安全信息,包括但不限于:

(1) 员工报告:包括主动报告、安全建议/危险报告和安全投诉等。

(2) 调查报告:包括内部安全调查和民航局安全调查报告。

(3) 审核报告：包括公司监督审核、部门内部监督审核和二三方监督审核等。

(4) 运行信息：包括各运行模块（如飞行技术、维修、运控）运行的周/月数据。

(5) 安全事例：民航局或其他组织对有关安全问题的统计或研究报告。

第二步：识别运行异常信息，由安全管理部门对收到的安全信息进行实时、有效的识别，从中提取或整理出运行异常的信息（图 3-5）。

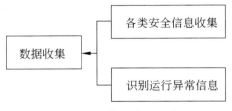

图 3-5　收集信息简要示意图

2. 安全数据的分析与挖掘

1）规范标准

民航运行单位应分析信息收集所获得的数据，以证明运行过程中风险控制措施和安全管理体系的有效性；通过数据分析，公司应评估从何处对运行过程和安全管理体系进行改进。

安全信息的价值在于应用，对安全信息的充分分析是对其有效应用的前提。《国际民用航空公约》附件 19《安全管理》要求对"获得的信息进行有效分析，并确定为提高安全需要采取的任何行动"。要将信息的价值分析挖掘出来，即要做好以下三点：一是要对五花八门的信息进行梳理、补缺、排序、分类、匹配，需要判断甄别、去重补缺、去伪存真、查错纠错、清理加工，形成表述规范、方便检索、利于分析、易于应用的信息，确保其可用性；二是要对安全信息实施标准化、专业化、精细化管理，对于无用信息进行归档、剔除或转入其他领域，对于有用信息需要进行深度分析，通过对比分析、分类分析、分布分析、相关分析、风险分析等方法，发现运行过程与管理实施存在的异常性、特殊性、普遍性和风险性，以便做出正确的判定和决策；三是信息分析与挖掘时，利用质量管理工具与手法分析其正确性与准确性，不仅要关注因果关系，还要关注相关关系，既追求信息简单、直接的因果线性关系，还要关注复杂、间接的非线性关系，深度挖掘信息之间的内在联系和风险致因，综合展现时间与空间维度，精确快速定位出重点风险的特征和区域，定期分析评估算法和评估模型的应用效果，改进不足，不断升级。

民航运营单位应根据案情管理的需要实时开展信息分析和评价，但在开展分析前，要清晰界定做分析要解决什么问题、分析的对象是谁、选取多大的空间范围、覆盖多长的时间跨度、考虑哪些内容和项目、使用什么样的方法和模型、需要投入多少资源。以春秋航空为例，2018 年发布各类安全分析和评价报告 200 余份（图 3-6），为解决趋势性、多发性问题，驱动正确决策提供了数据支持。

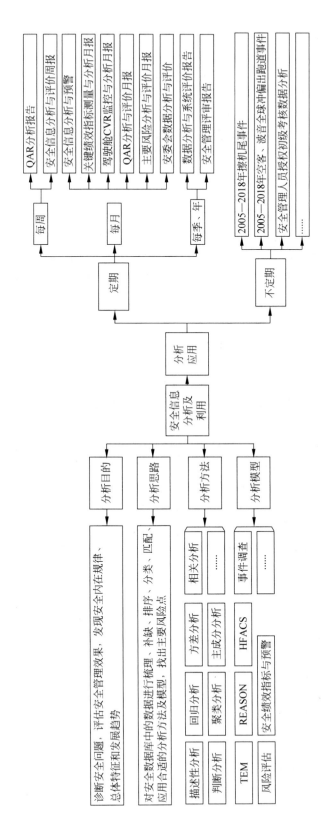

图 3-6 安全信息分析和应用报告示意图

2）运行步骤

数据分析示意图见图3-7,其运行步骤如下。

第一步：安全管理部门对收集到的信息要核实查对、去伪存真,对运行异常信息进行分析,对于公司发生的同类事件进行归类统计,并绘制可视化图形。

第二步：统计分析是否接近或突破安全指标。

第三步：初步评估系统可能存在的缺陷,为系统评价确定工作方向。

3）常用数据的统计方法

当数据刚取得时,可能杂乱无章,看不出规律,但通过作图、造表等,计算某些特征量,即可揭示隐含在数据中的规律性,往什么方向探索的可能性,并在此基础上提出一类或几类可能的模型。常用图表统计分析方法有散布图、直方图、排列图、因果图、控制图、分层法、检查表、流程图、亲和图、关联图、系统图、矩阵图、PDPC法、矩阵数据图等。

3. 系统评价

1）规范标准

公司应评价运行过程的安全相关功能和安全管理体系相对于其要求等方面的绩效（表现）；系统评价应得出符合/不符合现行的风险控制措施或安全管理体系要求、发现的新危险源等结论；当系统评价发现新危险源时,需要对系统进行改变时,应启动风险管理过程。

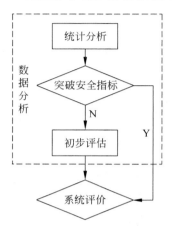

图 3-7　数据分析示意图

2）运行步骤

图3-8为系统评价示意图。公司的系统评价由安全管理部门在汇总各安全生产部门报送数据的基础上组织实施,按季度开展,变纵向单一评价为全面系统评价,并发布风险管理与纠正预防要求,对系统存在的风险、系统可能存在的新危险源或风险控制措施失效进行预警。各安全生产部门的内部数据分析与系统评价按照本部门内部《数据分析和系统评价工作程序》组织实施,并按规定要求报公司安全管理部门。由于系统评价过程缺少各类事件发生概率数据、风险趋势判定标准等支持,人为干预成分较大,其客观性往往会受到一些个人判断能力、经验水平、思维模式的影响。

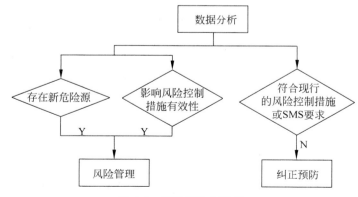

图 3-8　系统评价示意图

3) 评价方法

系统评价是多方面要素(5W1H)所构成的问题复合体,常用的系统评价方法有故障类型影响分析(FMEA)、故障树分析(FTA)、人为差错分析(HEA)、工作安全分析(JAS)、工作任务分析(JTA)、管理监督和风险树(MORT)、预先危险性分析(PHA),以及专家评价法、关联矩阵法(原理性方法)、层次分析法(评价要素多层次分布)、模糊综合评价评判法(多评价主体)、灰色综合评价法等。按照事件类型,既可以单独使用,也可以是上述两种以上方法混合使用。当然在选择评价方法时,一要知识运用娴熟、化繁就简、对症下药,二要应用系统整体性原理,将相关影响安全的因素纳入整体,利用上述适宜的评价方法,找出系统内要素间、系统外环境间的有机联系、外部联系和内在联系,评价整体与局部、结构与功能的关系,正确地反映评价对象、评价目标和决策实施。

4. 安全数据的发布

如果说收集数据是一种意识,应用数据是一种文化、一种习惯,那么发布数据就是一种态度,表明了民航运行单位鼓励什么、反对什么、禁止什么,也使员工获知面临的风险是什么、应对的措施是什么。以尽早、公正、客观和可理解的方式发布安全数据,有利于实施安全管理,有助于公司降低风险度、增加透明度、提升信任度。但是数据发布前必须回答三个问题:什么数据可以发布?以什么形式发布?发布的原则(包括涉密、隐私)是什么?数据发布要具备三个基本条件:客观性,表现为准确、客观、有说服力;实用性,表现为服务指导作用、督促改进作用、安全警示作用;完整性,表现为收集全面、挖掘到位。安全数据的发布遵循"三多用三少用"原则:多用图表表达,少用文字描述;多用数据定量,少用主观定性;多用动态呈现,少用静态展示。虽然做到有难度,但起码有一个衡量质量的标准。有些人担心发布数据会引起更多的麻烦,实际上,数据处理结果的公开度越高,员工知道的风险信息就越多,对系统安全的"人-机-环-管"危险后果了解得就越清晰,安全监督的眼睛就越明亮,安全管理的责任就越容易落实,错误的行为就越容易纠正,推崇的价值观就越容易树立,积极的安全文化就越容易打造。

3.2 事件信息强制报告

事件信息强制报告过程中将事件信息按照紧急程度分为紧急事件和非紧急事件,对于紧急事件和非紧急事件的强制报告流程与时限要求在《民用航空安全信息管理规定》(CCAR-396-R4)中有明确规定,对于强制报告系统的具体事件信息填报在《事件信息填报与处理规范》中进行了标准化规范。

3.2.1 强制报告的内容

强制报告系统收集的内容主要包括民用航空器事故信息、民用航空器严重/一般征候信息、民用航空器一般事件信息(图3-9)。例如,2019年3月10日埃塞俄比亚航空空难事故(157人遇难)、2010年8月24日黑龙江伊春坠机事故(44人遇难)等均属于民用航空器事故信息;2018年5月14日川航飞机前挡风玻璃爆裂脱落事件、2016年10月21日某运输航空公司MA60飞机在荔波机场未放起落架着陆事件、2016年7月9日某运输航空公司

A320飞机在成都区域巡航阶段遭遇雹击事件、2016年9月20日某运输航空公司B737飞机在大理机场落地后冲出跑道事件等均属于民用航空器征候信息；2016年12月15日某单位轻型飞机执行转场训练任务在B330航路偏航事件、2016年10月以来某航空公司CRJ900飞机在汉中等机场连续发生5起地形警告事件、2017年4月24日某运输航空公司E190飞机在铜仁机场进近过程中遭遇雷击事件等均属于民用航空器一般事件信息。上述的事故信息、征候信息以及一般事件信息的上报均需通过强制报告系统进行，上报流程需要遵循强制报告的一般规定。

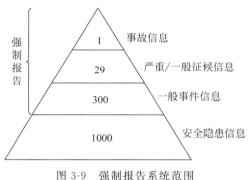

图3-9 强制报告系统范围

3.2.2 强制报告的原则

强制报告中的事件信息按紧急程度分为紧急事件信息和非紧急事件信息，紧急事件信息和非紧急事件信息的确定应严格遵照《事件样例》的规定。按照规章规定，事件样例分为紧急事件样例和非紧急事件样例，样例紧急程度的确定要遵循相应的原则。

事件发生以后，事发相关单位应先遵照紧急事件样例判断，再判断是否属于非紧急事件，如果事件既不属于紧急事件样例，也不属于非紧急事件样例，则可通过自愿报告系统进行报送。对于被判定为紧急的事件，事发相关单位均应当填报《民用航空安全信息报告表》，如事件涉及航空公司、空中交通管制单位等多家单位，则此诸多涉及单位均要立即电话报告和信息系统填报；对于被判定为非紧急的事件，事发相关单位应当参照非紧急事件样例中的分类（航空器运行、航空器维修、地面保障、机场运行和空管保障），确定本单位是否需要填报《民用航空安全信息报告表》。对于事件样例中涉及的警告类事件，事发相关单位均应当报告，如果事后判定为假警告，在续报时须说明该情况。试飞、表演、训练和校验飞行中，属于科目要求的情况，不适用于事件样例。超出科目要求的应按事件样例上报。对于事件样例未包含的事件，如果涉及航空安全，参照非紧急事件报告。

3.2.3 强制报告的程序

中国民航事件信息强制报告按照事件信息发生的紧急程度和国境属地具体分为境内紧急事件报告、境内非紧急事件报告、境外紧急事件报告、境外非紧急事件报告，以及外航不安全事件报告。

1．境内紧急事件信息报告制度

境内紧急事件是指发生在中华人民共和国境内并且依照《事件样例》(AC-396-AS-2018)判定为需要通过紧急事件报告程序报送的事件。在中华人民共和国境内，紧急事件发生后，事发相关单位应当立即通过电话向事发地监管局报告事件信息(空管单位向所属地监管局报告)，事发地监管局在收到报告事件信息后，应当立即电话报告其所属地区管理局，地区管理局在收到事件信息后，应当立即电话报告民航局民用航空安全信息主管部门；同时，事发相关单位应当在事件发生后 12 小时内，按规范如实填报《民用航空安全信息报告表》，主报事发地监管局，抄报事发地区管理局、所属地监管局、所属地区管理局，如图 3-10 所示。

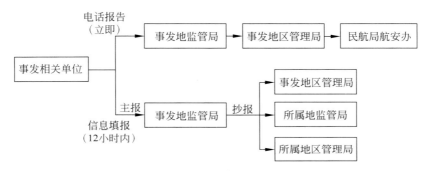

图 3-10　境内紧急事件报告流程图

2．境内非紧急事件信息报告制度

境内非紧急事件是指发生在中华人民共和国境内并且依照《事件样例》(AC-396-AS-2018)判定为需要通过非紧急事件报告程序报送的事件。在中华人民共和国境内，非紧急事件发生后，事发相关单位应当立即通过电话向事发地监管局报告事件信息(空管单位向所属地监管局报告)，事发地监管局在收到报告事件信息后，应当立即电话报告其所属地区管理局，地区管理局在收到事件信息后，应当立即电话报告民航局民用航空安全信息主管部门；同时，事发相关单位应当在事件发生后 48 小时内，按规范如实填报《民用航空安全信息报告表》，主报事发地监管局，抄报事发地区管理局、所属地监管局、所属地区管理局，如图 3-11 所示。

图 3-11　境内非紧急事件报告流程图

3．境外紧急事件信息报告制度

境外紧急事件是指航空器登记国为中华人民共和国的航空器发生在中华人民共和国境外且依照《事件样例》(AC-396-AS-2018)判定为需要通过紧急事件报告程序报送的事件。

在中华人民共和国境外,航空器登记国为中华人民共和国的航空器发生紧急事件后,事发相关单位应当立即通过电话向所属地监管局报告事件信息,所属地监管局在收到报告事件信息后,应当立即电话报告给所属地区管理局,地区管理局在收到事件信息后,应当立即电话报告民航局民用航空安全信息主管部门;同时,事发相关单位应当在事件发生后 24 小时内,按规范如实填报《民用航空安全信息报告表》,主报所属地监管局,抄报所属地区管理局,如图 3-12 所示。

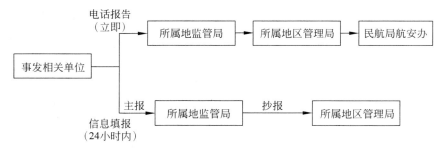

图 3-12　境外紧急事件报告流程图

4．境外非紧急事件信息报告制度

境外非紧急事件是指航空器登记国为中华人民共和国的航空器发生在中华人民共和国境外并且依照《事件样例》(AC-396-AS-2018)判定为需要通过非紧急事件报告程序报送的事件。在中华人民共和国境外,航空器登记国为中华人民共和国的航空器发生非紧急事件后,事发相关单位应当立即通过电话向所属地监管局报告事件信息,所属地监管局在收到报告事件信息后,应当立即通过电话报告给所属地区管理局,地区管理局在收到事件信息后,应当立即通过电话报告民航局民用航空安全信息主管部门;同时,事发相关单位应当在事件发生后 48 小时内,按规范如实填报《民用航空安全信息报告表》,主报所属地监管局,抄报所属地区管理局,如图 3-13 所示。

图 3-13　境外非紧急事件报告流程图

5．外航事件信息报告制度

外航是指持有 CCAR-129 运行规范的外国航空公司,外航事件信息的报告分为通知、初始报告、最终报告三部分,如图 3-14 所示。

通知是指外航在中华人民共和国境内发生事件之后,事发相关单位应按照程序通知相关部门。获得事件信息的单位应当立即通知事发地监管局航空安全办公室。事发地监管局航空安全办公室收到通知以后,应立即通知事发地区管理局航空安全办公室。事发地区管理局航空安全办公室收到通知后,应立即通知事发地区管理局外航运行监管处或外航审定和监管处(外航处),并根据需要组织调查,事发地区管理局外航处给予协助。如果发生不安全事件的外航所持有的 CCAR-129 运行规范为其他地区管理局所颁发,事发地区管理局外航处应当通知颁发运行规范的地区管理局外航处。如果外航发生的不安全事件构成事故或严重征候,事发地区管理局航空安全办公室还应立即通知民航局航空安全办公室。

初始报告是指外航在中华人民共和国境内发生事件之后,事发相关单位应当通过民航安全信息管理系统在规定期限内填报《民用航空安全信息初始报告表》。获得事件信息的单位应在事发后 12 小时(若初定为事故、严重征候)/24 小时(若初定为一般征候、其他不安全事件)内向事发地监管局填报《民用航空安全信息初始报告表》。事发地监管局航空安全办公室应立即(若初定为事故、严重征候)/及时(若初定为一般征候、其他不安全事件)将审核后的初始报告表上报事发地区管理局。事发地区管理局航空安全管理办公室在事发后 24 小时(若初定为事故、严重征候)/48 小时(若初定为一般征候、其他不安全事件)内将审核的初始报告表报民航局航空安全办公室。

最终报告是指外航在中华人民共和国境内发生事件之后,负责调查的地区管理局航空安全办公室,在事件调查结束后,向民航局航空安全办公室填报最终报告表,并提交调查报告。民航局航空安全办公室归档、公布最终报告表。除此之外,初始报告表和最终报告表应当利用航空安全信息系统填报,当该系统不可用时,可采用其他方式上报,并在系统恢复后,使用系统进行补报。

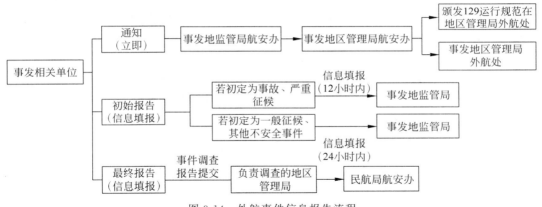

图 3-14 外航事件信息报告流程

3.2.4　强制报告的标准

在事件信息强制报告系统中,"民用航空安全信息报告表"的填写要符合《事件信息填报与处理规范》的要求,规范要求填写的常见要素有标题、统计与否、发生时间、发生地、事发地监管局与管理局、事发阶段、飞行性质、航空器损失、人员伤亡、事件等级、事件类型、事件原因、责任单位、简要经过等。下面主要介绍几个关键要素的填报方法。

1. 标题

事件信息标题由若干要素组成,信息员在填报信息时需按照事件信息标题组成逻辑进行填写。具体标题要素为日期、航空器使用单位、机型、机号、航班号、起飞点、计划落地点、事件类型、后果,标题格式为:日期+航空器使用单位+机型+机号+航班号+起飞点+计划落地点+事件类型+后果。例如:2019 年 8 月 1 日××航 A320/B-××××号机执行×

×××成都至昆明航班雷达罩遭鸟击未受损。标题中的日期以航班计划日期为准,可以与事件发生时间不一致。不同分/子公司机组和飞机"混搭"运行发生的事件,涉及机组问题的,需在标题中体现机组所属分/子公司。

2. 发生时间

事件发生时间的填写要规范,发生时间使用北京时间,且为事件实际发生时间。如果无法确定事件实际发生时间,则发生时间为事件的发现时间。例如:①某航班7月1日起飞,7月2日凌晨落地。02:00航后检查发现遭鸟击(有鸟击残留物),机组反应全程未感觉到鸟击,鸟击阶段不明,在此事件发生时间的填写时,发生时间栏填写发现时间,即7月2日02:00。②某航班7月1日23:00起飞,7月2日02:00落地,在7月1日23:10至23:20在某区域发生通信中断,在填写此事件发生时间时,发生时间栏填写实际发生时间,即7月1日23:10。

3. 发生地

事件发生地的正确填写有利于事件调查过程的高效开展,事件发生地为事件实际发生时的地点。如果事件(机场责任区鸟击事件除外)发生在空中,则发生地为所在空域的空中交通管制单位,如北京区域管制中心。对于机场责任区鸟击事件,则发生地为相应的机场。对于涉及多个事件类型的事件,以主要事件类型的发生地为准(主要事件类型判定参见第11条)。如果无法确定发生地点,则发生地为不详。例如:①某航空公司执飞A—B的航班,在B机场遭遇风切变备降到C机场,应当选择B机场为发生地,选择B机场更有利于组织事件调查。②某航空公司执飞A—B的航班,在B机场落地后发现航空器舱单数据与实际不符,应当选择A机场为发生地,选择A机场更有利于组织事件调查。

4. 事发地监管局和管理局

事发地监管局和管理局是指负责事件调查的监管局和管理局。当事件发生在境外时,事发地监管局和管理局是指事发相关单位的所属地监管局和管理局。当事件发生在境内时,事发地监管局和管理局是指:

1) 事件发生在地面

发生地所在监管局和管理局。例如,某航空器在A机场滑行过程中发生与车辆相撞的事件,其事发地监管局和管理局为A机场所在地的监管局和管理局。

2) 事件发生在空中

(1) 航空器主残骸所在地监管局和管理局。

(2) 航空器碰撞地面障碍物所在地监管局和管理局。

(3) 发生以下情形之一,事发时对航空器实施空中交通管制服务的单位所在地监管局和管理局。若事发时涉及多家空中交通管制服务单位,最早涉及的空中交通管制服务单位所在地管理局:①航空器间隔小于规章规定的标准间隔,或者航空器与地面障碍物的间隔小于规定的标准间隔,或者航空器出现ACAS(TCAS)RA告警;②偏离进、离场程序,偏离指定的航路(线)或指定航迹或高度;③陆空通信双向联系中断;④存在较高可控飞行撞地风险;⑤误入禁区、危险区、限制区、炮射区或误出国境;⑥无线电干扰,影响航空器正常运行。

(4) 起飞和初始爬升阶段发生鸟击,起飞机场所在地监管局和管理局。

(5) 其他情况下,航空器降落点所在地监管局和管理局。

3）事件发生地不详

事件发现地所在地监管局和管理局。例如,某航空公司执飞 A—B 的航班,在 B 机场遭遇风切变备降到 C 机场,应当选择 C 机场所在地的监管局为事发地监管局;某航空公司执飞 A—B 的航班,在 B 机场落地后发现航空器舱单数据与实际不符,应当选择 A 机场所在地的监管局为事发地监管局;某航空公司执飞 A—B 的航班,在某区域发生通信中断,以事发时对航空器实施空中交通管制服务的单位所在地监管局为事发地监管局。

3.2.5 强制报告的处理程序

强制报告的处理按照事件信息的严重程度分为直接申请结束的事件处理、初步定性为事故的事件处理、初步定性为严重征候的事件处理、初步定性为一般征候的事件处理、初步定性为一般事件的事件处理。

对于已上报的事件,事发相关单位获得新的信息时,应当及时补充填报《民用航空安全信息报告表》,并配合局方对事件信息的调查核实。如事实简单,责任清楚,事发相关单位可直接申请结束此次事件报告。地区管理局和监管局应当及时对事件进行审核,完成事件初步定性工作。对于初步定性为事故的事件处理,负责组织的调查单位应当提交阶段性调查信息,说明事件调查进展情况,并应当在事件发生后 12 个月内上报事件的最终调查信息,申请结束此次事件报告。对于初步定性为严重征候的事件处理,负责组织调查的地区管理局应当在事件发生后 30 日内上报事件的最终调查信息,申请结束此次事件报告。对初步定性为一般征候的事件,负责组织调查的地区管理局应当在事件发生后 15 日内上报事件的最终调查信息,申请结束此次事件报告。初步定性为一般事件的事件处理,事发相关单位应当在事件发生后 10 日内上报事件的最终调查信息,负责组织调查的地区管理局应当在事件发生后 15 日内完成最终调查信息的审核,并申请结束此次事件报告。

在规定期限内不能完成初步定性或不能按规定时限提交最终调查信息,负责调查的单位应当向民航局民用航空安全信息主管部门申请延期报告,并按要求尽快上报事件的最终调查信息,申请结束此次事件报告。

3.2.6 事件样例

《事件样例》(AC-396-08R2)列举了《民用航空安全信息管理规定》(CCAR-396-R4)中定义的事件样例主要类型。制定目的仅用于明确事件报告标准、划分事件类型、分析掌握不同类型事件特点、及时发现安全隐患、控制风险、预防民航安全事故发生。事件样例按使用范围分为运输航空事件样例和通用航空事件样例,按照紧急程度分为紧急事件样例和非紧急事件样例(图 3-15)。

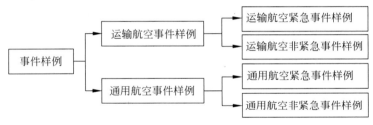

图 3-15　事件样例分类图

1. 运输航空事件样例

运输航空紧急事件和运输航空非紧急事件适用于大型飞机公共航空运输承运人和外国公共航空运输承运人实施的所有飞行运行,以及按照《一般运行和飞行规则》《小型航空器商业运输运营人运行合格审定规则》实施的经营性载客运行。其中《事件样例》(AC-398-08R2)规定了22条运输航空紧急事件样例(表3-1),运输航空非紧事件样例分为航空器运行类(38条)、航空器维修类(16条)、地面保障类(10条)、机场运行类(18条)、空管保障类(17条)。

表 3-1 运输航空紧急事件样例

序号	运输航空紧急事件
1	航空器空中相撞、坠毁或迫降
2	飞行中,航空器失控、失速或出现失速警告3s(含)以上
3	飞行中,挂碰障碍物(含升空物体)或起落架机轮(滑橇、尾环、浮筒)之外的任何部位触地/水
4	低于安全高度需立即采取措施或触发拉起(pull-up)的地形警告
5	偏出或冲出跑道、滑行道或地道外接地
6	在航空器起飞阶段或进近着陆阶段机场标高60m以下发生的跑道侵入
7	在滑行道或未指定、关闭、占用的跑道(不含跑道侵入)上、起飞、中断起飞、着陆或从机场标高300m以下复飞
8	飞行中,飞行机组成员因受伤、患病、疲劳、酒精或药物的影响而无法履行其职责
9	飞行中,出现座舱高度警告、座舱高度达到该运行阶段应当触发座舱高度警告的条件、座舱高度达到客舱氧气面罩自动脱落的情况、出现烟雾或毒气等需要飞行机组成员使用氧气的紧急情况
10	航空器(内)起火、冒烟,或出现火警、烟雾警告;发动机起火,或出现火警。因刹车引起的轮毂冒烟和烤箱内食物冒烟除外
11	非包容性涡轮发动机失效;飞行时间内,出现任意一台发动机停车或需要关停的情况
12	飞行时间内,导致航空器操纵困难的系统故障、部件脱落、天气现象、飞行超出批准的飞行包线或其他情况
13	低于运行标准起飞、开始最后进近或着陆
14	未取下操纵面夹板、起落架安全销、挂钩、空速管套、静压孔塞或尾撑杆起飞
15	需要机组成员宣布遇险状态(mayday)、宣布紧急状态(panpan)、设置应答机编码7700或需要紧急撤离的情况
16	飞行中,航空器与航空器之间小于规定间隔(不考虑容差)或平行跑道同时仪表进近运行时航空器进入非侵入区(NTZ)
17	偏离指定航线(迹)或航路中心线超过25km;飞偏或飞错进离场航线或未正确执行复飞程序并造成其他航空器避让(例如:调整速度、调整高度、调整航向、调整航路)
18	迷航,误入禁区、危险区、限制区、炮射区,误入或误出国境
19	飞行中,区域范围内,陆空通信双向联系中断15min(含)以上;进近或塔台范围内,陆空通信双向联系中断3min(含)以上,或造成调整其他航空器避让等后果(通航使用机载设备以外的方式建立可靠通信联系的情况除外)
20	航空器与航空器碰撞,或航空器与设施设备、车辆、人员或其他物体碰撞,造成航空器受损
21	因航空器原因需机场启动紧急出动等级的应急救援响应
22	人员死亡、重伤,或航空器运行、维修或保障过程中造成人员轻伤

2. 通用航空事件样例

通用航空事件样例分紧急事件样例和非紧急事件样例,通用航空紧急事件和通用航空非紧急事件适用于按照《一般运行和飞行规则》《小型航空器商业运输运营人运行合格审定规则》实施的经营性载客以外的运行。其中《事件样例》(AC-396-08R2)规定了14条通用航空紧急事件样例(表 3-2),非紧急事件样例分为航空器运行类(38条)、航空器维修类(7条)、地面保障类(6条)、机场运行类(11条)、空管保障类(16条)。

表 3-2 通用航空紧急事件样例

序号	通用航空紧急事件
1	航空器空中相撞、坠毁或迫降
2	飞行中,挂碰障碍物(含升空物体)或起落架机轮(滑橇、尾环、浮筒)之外的任何部位触地/水
3	偏出或冲出跑道或跑道外接地,导致航空器受损或人员轻伤
4	需要机组成员宣布遇险状态(mayday)或紧急撤离的情况
5	飞行时间内,航空器(内)或发动机起火
6	飞行中失去全部电源
7	飞行中航空器任一主操纵系统完全失效
8	直升机发生地面共振,造成直升机受损或者人员轻伤
9	直升机动态翻滚或者旋翼击打机体,造成直升机受损或者人员轻伤
10	飞行中全部发动机停车
11	起落架未放到位着陆,造成航空器损伤或人员轻伤
12	迷航、误入禁区、危险区、限制区、炮射区、误入或误出国境
13	因航空器原因需机场启动紧急出动等级的应急救援响应
14	航空器运行、维修或保障过程中,造成人员死亡、重伤或轻伤

3.3 自愿报告与安全举报

3.3.1 自愿报告

1. 发展历程

为提高民用航空系统的安全性,减少飞行事故和征候的发生,应当尽可能快速、准确地发现并改正系统存在的缺陷。已发生的不安全事件恰好暴露了系统内部缺陷,因此收集已发生的不安全事件信息并对其进行研究就具有重要的意义。然而,小的差错或不安全事件具有隐蔽、动态的特征,如果当事人不报告,其他人事后就很难发现。由于多数人出于害怕处罚或者丢面子等原因,不愿暴露自己的失误或错误,因此失去了完善系统的机会。"信息是资源",安全信息在保障航空安全中的作用日趋重要,现行的民航安全信息报告体系并不能满足隐患信息收集和处理的要求,因此迫切需要研究和开发新型的航空安全信息系统,用以增加信息量和增强信息可信度。保密的航空安全自愿报告系统是针对该问题的一个有效的解决方案。

早在 20 世纪 70 年代,美国开始建立自愿报告系统,后来发展成为全球最早实行的航空安全报告系统(aviation safety reporting system, ASRS),并获得了很大的成功。鉴于

ASRS 的成功,英国、加拿大、澳大利亚、德国等国先后开发了适合于其国情的保密性的自愿报告系统。1999 年以后,韩国、日本和我国台湾地区也相继建立了保密自愿报告系统。中国民航局支持第三方机构建立中国民用航空安全自愿报告系统(sino confidential aviation safety reporting system,SCASS),并委托第三方机构负责该系统的运行。任何人可以通过信件、传真、电子邮件、网上填报和电话的方式向中国民用航空安全自愿报告系统提交报告。

SCASS 旨在最大限度地收集安全信息,及时发现航空系统运行的安全隐患和薄弱环节,分析行业安全的整体趋势和动态,为航空安全管理提供决策支持。建立 SCASS 的主要目的如下。

(1) 通过数据分析研究,及时发现事故隐患或危险状况,防止严重的不安全事件或航空事故发生。

(2) 找出国家航空安全系统存在的不足,提高国家航空系统的安全水平。

(3) 为政府安全管理部门和研究单位分析安全形势提供更为充分的信息,使分析更准确。

(4) 为国家航空系统的规划与改进,特别是"人为因素"的研究提供数据和资料。

(5) 传播安全信息,分享经验教训。

(6) 促进民航安全文化建设,营造"人人讲安全,人人为安全"的民航安全文化氛围。

2. 报告内容

SCASS 是收集航空安全信息的多种渠道之一,其接收的报告有一定的限制。SCASS 主要收集航空系统的缺陷和隐患的报告,没有造成严重后果或无明显后果、不易被发现的事件或违章行为的报告。收集的安全信息是事故金字塔底边对应的日常运行中大量的不安全事件和隐患,而这些事件和隐患却是严重事故得以发生的温床。

SCASS 报告的具体内容如下。

(1) 涉及航空器不良的运行环境、设备设施缺陷的报告。

(2) 由于不经心或无意造成违章事件、人为因素事件的报告。

(3) 涉及执行标准、飞行程序的困难事件报告。

(4) 影响航空安全的不包括(5)中的其他事件或环境报告。

(5) SCASS 不受理涉及事故、征候、严重差错以及犯罪的事件报告。

(6) SCASS 原则上不受理匿名报告。

对于不符合如上规定的报告,但涉及事故、征候、严重差错或犯罪的紧急事件,SCASS 将报告内容转交给相关的部门(民航局或公安机关等);对于不符合如上规定的报告,如不涉及紧急事件,SCASS 将报告返还给报告人,无法返还的作销毁处理。

3. 处理程序

图 3-16 为自愿报告处理流程图。中国民用航空安全自愿报告系统收到的报告,按以下步骤处理。

(1) 接收到固定格式(信件、传真、电子邮件、网络在线)的报告。

(2) 执行工作组的安全分析员判读报告,并进行预处理,确定是否涉及安全问题,符合系统的要求。

(3) 核查报告内容,如需要可电话询问报告人。

(4) 对报告进行编码,消除报告人以及其他人员的识别信息。

(5) 专家工作组分析报告,提出改进建议,如果需要,可以向主管部门或有关企业发布告警信息。

(6) 去掉涉及单位的识别信息。
(7) 将报告信息、专家分析结果录入数据库。
(8) 销毁原报告。
(9) 信息共享与发布,免费发放 SCASS 信息刊物。

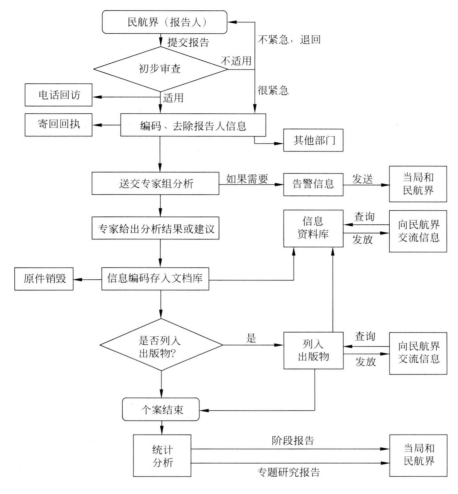

图 3-16　报告处理流程

4. 基本原则

国际民航组织的附件 19《安全管理》在"保护数据"中明确规定:"自愿性报告制度必须是非惩罚性的并应对信息来源提供保护。"《安全管理手册》(SMM)也明确规定:"各缔约国应建立自愿性安全报告系统,以收集强制性安全报告系统未捕获到的安全数据和安全信息。这些报告超越了典型的征候报告范围。自愿报告往往说明潜在的状况,如不适当的安全程序或规章、人为错误等。识别危险的一种方法是通过自愿报告。缔约国应对通过自愿性安全报告系统和相关来源获取的安全数据和衍生的安全信息予以保护。"中国民航规章《民用航空安全信息管理规定》(CCAR-396-R4)明确指出民航局支持第三方机构建立中国民用航空安全自愿报告系统,并委托第三方机构负责该系统的运行。因此,自愿报告需遵循三大基本原则，即自愿性原则、保密性原则、非处罚性原则。

自愿性原则是提交给 SCASS 的报告完全是报告人的自愿行为，是信息可靠性的保证。保密性原则是 SCASS 承诺对报告中涉及的个人识别信息进行保密，实施保密性原则的目的是避免对报告人以及报告涉及的组织或个人造成不利的影响，最大限度地消除报告人害怕处罚、丢面子、影响提职、影响评奖以及怕影响集体荣誉的心理，SCASS 通过严密的工作程序实现保密的目的。SCASS 收到报告后，将个人信息返回或销毁，删除报告中各种个人识别信息后交专家分析处理，报告处理完毕将销毁原文字报告，去除识别信息的报告和专家分析报告存入数据库。识别信息包括报告者姓名、日期、地点、涉及人员、涉及单位等可能识别出所涉及人员的身份和单位的信息。非处罚性是指 SCASS 不具有任何处罚权。系统受理的报告内容既不作为对报告人违章处罚的依据，也不作为对其他所涉及人员和涉及单位处罚的依据。由于 SCASS 所存储的数据不包括任何个人与单位的识别信息，因此其受理的报告不可能作为诉讼、行政处罚以及检查评估的材料。

3.3.2 安全举报

1. 举报人的保护

举报人的合法权益受法律保护。除法律、法规另有规定外，任何单位和个人不得将举报情况透露给其他单位和个人。

2. 举报的实施

民航从业人员和社会公众可以使用安全举报平台，通过民航局政府网站、电子邮件和电话等方式向民航行政机关进行举报。安全举报收集的报告内容如下：

（1）涉及事故、征候和一般事件；

（2）涉及违法行为；

（3）涉及安全隐患；

（4）其他与航空安全直接相关的问题或建议。

涉及违反组织人事、纪检监察、旅客服务、公共卫生等领域的事项，不属于安全举报范围。

3. 举报信息的处理

举报的民用航空安全信息按照以下规定进行处理。

（1）地区管理局或监管局负责调查、处理涉及本辖区的安全举报信息；

（2）在收到举报信息 5 个工作日内，向举报人反馈受理情况。举报信息存在内容表述不详或缺失等影响评估的情形，经与举报人联系沟通后，举报人无回复或核实、补充，或因举报人姓名、联系方式不清、不实等原因无法取得联系的，视为无效举报，不予受理；

（3）调查结束后 5 日内，受理单位向举报人反馈查处结果。已受理举报信息但因举报人姓名、联系方式不清、不实等原因无法取得联系的，查处结果不予反馈。

3.4 飞行品质监控信息

飞行品质监控是国际上公认的保证飞行安全的重要手段之一，已得到世界民航业的普遍认可。附件 6《航空器的运行》规定最大起飞全重超过 27 000kg 的飞机的运营人应制定并实施飞行品质监控方案，作为其安全管理一部分。同时建议最大起飞全重超过 20 000kg 的飞机的运营人应制定并实施飞行品质监控方案。

3.4.1 飞行数据存储器

飞行数据记录器(flight data recorder,FDR)俗称"黑匣子",20世纪50年代开始安装在飞机上,目前的民用、军用、直升机均已安装,大多安装在飞机的后部。飞行数据记录器是记录飞行状态、操纵状态和飞机/直升机、发动机有关信息的机载自动记录装置。该装置具有一定的抗冲击、耐高温、抗化学腐蚀的保护能力。记录的强制性参数的发展经历了从最初的只记录高度、空速、航向、垂直加速度和时间计数5个参数到现在的2000多个参数的过程。

快速存取记录器(quick access recorder,QAR)是指无保护装置的机载飞行数据记录设备(图3-17),主要用于日常运营时获取飞行数据。它是航空公司用于进行飞行品质监控、发动机性能监控、辅助飞机维修排故等工作的重要基础工具。无线快速存取记录器具备通过移动通信技术将飞行数据传输到数据接收服务器的功能。其工作原理是在通信网络覆盖的区域,当航空器停留在地面且发动机处于关闭状态等情况下,无线快速存取记录器将飞行数据传输到地面数据服务器,软件系统可自动下载和处理飞行数据,无须人工干预。对于一些未安装无线快速存取记录器的新型飞机,如可利用局域网或通信网等方式将机载设备中记录的飞行数据自动传输到地面数据服务器,视为装有等效设备。

QAR与FDR有着相同的工作原理,数据的存取格式完全一样。按照国际规范,QAR系统将飞行数据记录在光盘或PC卡上(易拆卸和下载),其优点为设备体积小、容量大、存取方便和可靠性高。其机载的数据可通过地面计算机分析软件进行译码,使得航空公司有关部门能及时跟踪了解飞机各部分性能以及飞行员操作情况。QAR主要应用于发现飞行机组操纵、发动机工作状况以及航空器性能方面存在的问题,分析查找原因,掌握安全动态,采取针对性措施。民航局要求航空公司妥善保管原始的QAR飞行数据,保存期至少一年。

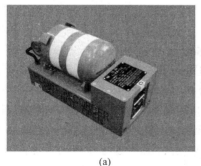

(a) (b)

图3-17 飞行数据记录器
(a)黑匣子;(b)快速存取记录器

3.4.2 飞行品质监控系统运行管理

飞行品质监控系统主要由机载采集和记录系统、地面数据处理和分析系统(ground data resolution and analysis system,GDRAS)、空/地数据传输、监控信息数据库、合格证持有人等要素组成。机载采集和记录系统可采集并记录飞行数据及信息,由机载传感器、采集设备和记录存储设备组成。地面数据处理和分析系统(GDRAS)具备将快速存取记录器(QAR)数据转换为可用于处理和分析的格式、处理各种记录格式或不同类型记录器的数据、探测事件和日常数据测量、生成各种分析统计报表等。合格证持有人应按照数据分析的时限要求,为机务人员定制详细的操作程序,保证数据的有效下载,数据传输可采用人工、网络、无线等方式进行。监控信息数据库是存储飞行品质监控系统进行数据分析后得到的相关信息,包括航段信息数据、超限事件信息数据及其他相关数据,监控信息数据库中存储的数据和信息应不少于3年。

合格证持有人应在飞行品质监控项目实施阶段结束前将其制定的飞行品质监控工作程序和实施细则以及监控项目和监控标准上报民航地区管理局飞行标准部门备案。当飞机没有记录需要监控的参数而造成某监控项目不能监控时,合格证持有人需要书面申请豁免该监控项目。合格证持有人运行的飞机监控率应为100%,航段监控率不低于85%(豁免的飞机除外)。飞行品质监控人员应接受必要的培训,培训内容包括飞机性能、飞行程序、监控项目和标准、译码原理和数据分析方法等内容,初始培训分为航空基础知识和飞行数据分析两部分,航空基础知识主要针对没有民航专业工作从业经验的人员进行基础性知识培训。在飞行品质监控人员中,负责系统管理和数据处理的人员应具有航空知识和计算机知识,由接受过系统使用培训的人员担任;负责数据分析的人员应根据其分析的内容和专业领域,由经验丰富的专业人员担任。

合格证持有人之间飞行品质监控信息的共享有助于提升行业的整体安全水平。在进行全行业的飞行品质监控统计分析时,合格证持有人应与民航局共享信息,以弥补单个或少数合格证持有人监控机型和监测数据量的不足,同时有利于局方对行业安全隐患的监测和相关解决方案的制定。

3.4.3　飞行品质监控分析过程

飞行品质监控过程应结合运行安全、飞机性能、发动机性能、机组操作、公司程序、训练大纲、训练效果、飞机设计、空中交通管制(ATC)系统运行、机场运行、气象等领域进行综合评估,分为数据记录和数据分析两个过程。对于数据记录,可用的数据记录参数及其采样率、记录精度等属性将直接影响数据分析的准确性,快速存取记录器(QAR)或等效设备所记录的飞行参数不得低于飞行数据记录器(FDR)的强制记录参数及相关要求。目前在飞行品质监控中常用的两种分析方法为时超限分析和统计分析。

合格证持有人应根据自己的安全管理原则,制定适宜的监控项目,监控标准的设定应基于合格证持有人的运行手册、训练大纲和风险评估程序。合格证持有人在地面数据处理和分析系统(GDRAS)上设置监控项目和监控标准,进行参数过滤和超限事件探测。合格证持有人制定的空客和波音系列飞机飞行品质监控项目不得低于《空客和波音系列飞机飞行品质监控项目规范》的要求,其他机型的监控项目可参照该规范。合格证持有人可以使用统计分析方法并根据不同的参数分布建立飞行、维修或工程等操作程序的分析剖面,这些剖面有助于合格证持有人了解参数偏差和风险程度,监测飞行运行情况,发现可能导致偏差的因素,在达到超限水平并引发大量事件前,控制发展趋势。与超限分析类似,统计分析可以按照飞行阶段、机场、机型等因素进行分类统计。统计分析与超限分析最大的区别在于,前者着重于飞行运行的整体情况,评估整个系统的风险程度,而不是局限于独立的超限事件。趋势验证是对超限分析和统计分析的结果进行验证和确认,以决定是否采取后续行动。合格证持有人应根据超限事件的性质和类型,确认是否需要通知机务人员对飞机进行结构检查、采取改进措施或与相关人员联系,对于特殊事件,应与机组联系,收集当时的处境信息,验证后的信息应存入数据库。

3.4.4 飞行品质监控项目规范

合格证持有人应按月向负责管理的民航地区管理局飞行标准部门提供其通过飞行品质监控得到的统计数据和趋势分析报告。统计数据应包括总监控率(监控到的航段数与实际飞行段数的比值,以百分数表示)、总超限率(探测到的超限事件与监控到的飞行的航段数的比值,以百分数表示)、各机型的监控率和超限率,以及按时间、机型、超限事件等维度进行统计的相关数据;趋势分析报告应包括总体趋势分析、各机型超限趋势分析、典型超限事件分析、安全建议等内容。

目前,空客系列飞机飞行品质监控项目有59个,具体监控项目指标见表3-3;波音系列飞机飞行品质监控项目有60个,具体监控项目指标见表3-4。飞行品质监控项目规范规定了监控项目指标的监控参数、监控点、轻度偏差、严重偏差、持续时间等,飞行品质监控项目规范由于机型的不同监控指标也不尽相同。如对于空客/波音系列飞机的"直线滑行速度大"指标,若直线滑行速度大于30kn同时持续3s,则为轻度偏差;若直线滑行速度大于40kn且持续3s,则为严重偏差。对于空客系列飞机的"转弯滑行速度大"指标,若转弯滑行速度大于15kn且持续2s,则为轻度偏差;若转弯滑行速度大于18kn且持续2s,则为轻度偏差。对于波音系列飞机的"转弯滑行速度大"指标,对于大于60°的转弯,若转弯滑行速度大于15kn且持续2s,则为轻度偏差;若转弯弧形速度大于18kn且持续2s,则为轻度偏差。

表3-3 空客系列飞机飞行品质监控项目

序号	监控项目	序号	监控项目	序号	监控项目
1	直线滑行速度大	21	超过起落架限制速度	41	复飞形态不正确
2	转弯滑形速度大	22	起飞收襟翼早	42	非着陆构型落地
3	起飞滑跑方向不稳定	23	起飞收落架晚	43	接地俯仰角大
4	超过最大起飞重量	24	收襟翼速度小	44	接地俯仰角小
5	中断起飞	25	超过襟翼限制高度	45	15m(50ft)至接地距离远
6	起飞形态警告	26	超过放襟翼的最大允许速度	46	超过最大着陆重量
7	抬前轮速度大	27	超过最大操纵空速(V_a)	47	着陆垂直过载大
8	抬前轮速度小	28	超过最大马赫数(Ma)	48	着陆滑跑方向不稳定
9	离地速度大	29	空中垂直过载超限	49	最大反推使用速度小
10	离地速度小	30	近地警告(GPWS)	50	烟雾警告
11	离地俯仰角大	31	下降率大	51	主警告
12	抬前轮速率大	32	进近滚转角大	52	双例杆输入
13	抬前轮速率小	33	着陆滚转角大	53	风切变警告
14	超过轮胎限制速度	34	低高度使用减速板	54	低空大速度
15	初始爬升速度大	35	进近速度小	55	TCAS RA 警告
16	初始爬升速度小	36	进近速度大	56	巡航中自动驾驶仪脱开
17	起飞滚转角大	37	着陆速度大	57	迎角平台
18	爬升滚转角大	38	ILS下滑道偏离	58	备用法则
19	滚转角大	39	ILS航向道偏离	59	直接法则
20	初始爬升掉高度	40	选择着陆构型晚		

表 3-4　波音系列飞机飞行品质监控项目

序　号	监控项目	序　号	监控项目	序　号	监控项目
1	直线滑行速度大	21	滚转角大	41	着陆速度大
2	转弯滑行速度大	22	自动驾驶仪接通早	42	ILS 下滑道偏离
3	90kn 后推力不一致	23	初始爬升掉高度	43	ILS 航向道偏离
4	起飞滑跑方向不稳定	24	超过起落架限制速度	44	选择着陆襟翼晚
5	超过最大起飞重量	25	起飞收襟翼早	45	复飞形态不正确
6	起飞 EGT 超限	26	起飞收起落架晚	46	非着陆襟翼落地
7	中断起飞	27	起飞或复飞收襟翼速度小	47	接地俯角大
8	起飞形态警告	28	超过襟翼限制高度	48	接地俯角小
9	抬前轮速度大	29	超过放襟翼的最大允许速度(V_{fe})	49	15m（50ft）至接地距离远
10	抬前轮速度小	30	超过最大操纵空速(V_a)	50	超过最大着陆质量
11	离地速度大	31	超过最大马赫数(Ma)	51	着陆垂直过载大
12	离地速度小	32	小于最小机动速度	52	着陆滑跑方向不稳定
13	离地俯仰角大	33	空中垂直过载超限	53	最大反推使用速度小
14	抬前轮速率大	34	近地警告（GPWS）	54	烟雾警告
15	抬前轮速率小	35	下降率大	55	主警告
16	超过轮胎限制速度	36	进近滚转角大	56	风切变警告
17	初始爬升速度大	37	着陆滚转角大	57	低空大速度
18	初始爬升速度小	38	低高度使用减速板	58	TCAS RA 警告
19	起飞滚转角大	39	进近速度小	59	巡航中自动驾驶仪脱开
20	爬升滚转角大	40	进近速度大	60	抖杆警告

3.4.5　飞行品质监控红色事件信息管理

为了规范中国民航飞行品质监控基站民用航空器飞行品质监控信息管理，加强对红色事件的核查，遏制瞒报、谎报、迟报安全信息问题的发生，中国民航局依据行业安全诚信文化建设《民用航空安全信息管理规定》(CCAR-396-R4)制定了《飞行品质监控红色事件核查管理办法》。该文件指出红色事件是指基于局方基站相关飞行品质监控项目和标准进行数据初筛后，触发预警值的民用航空器飞行品质监控事件。该事件可能构成《民用航空安全信息管理规定》(CCAR-396-R4)中定义的需强制报告的事件。

1. 红色事件信息管理职责分工

红色事件信息的管理涉及主体较为广泛，政府、企业各司其职，才能更好地监控红色事件信息。民航局航空安全信息主管部门组织制定局方基站的飞行品质监控项目和标准，指导信息核查工作，推进行业安全诚信文化建设；地区管理局航空安全信息主管部门监督辖区内航空运营人对本管理办法的执行和落实,负责按程序完成信息核查工作。航空运营人在做好日常飞行品质监控工作的同时,承担民航地区管理局制定的或民航局航空安全信息部门授权局方基站跟踪的信息核查工作,并如实、及时报告相关信息。局方基站负责局方基站飞行品质监控系统的研发,研究制定局方基站的飞行品质监控标准和项目,建立日值班制度,及时监控和识别红色事件信息,并启动核查程序,直至该事件关闭。

2. 红色事件信息管理工作程序

图 3-18 所示为红色事件信息管理程序流程图。局方基站监控到红色事件后,先与中国民用航空安全信息网系统中上报的事件信息进行核对,并在局方基站监控日报中表明核对情况。当核查发现该红色事件未在中国民用航空安全信息系统上报告时,局方基站应立即与事发地管理局、监管局及航空运营人联系,告知该事件基本情况。航空运营人应立即启动事件基本信息核实工作,确认事发属于强制报告事件,并将确认结果反馈给局方及事发地管理局、监管局。事发地监管局应立即从严重程度(事发疑似征候)和紧急程度(是否疑似紧急事件)两个维度对红色事件进行初步定性,将初步定性结果报事发地管理局。对于疑似征候(含以上)或疑似紧急事件的红色事件,应及时核查情况,或视情况启动事件调查;对于其他红色事件,可仅对航空运营人反馈的核实结果及信息报送情况进行审核,并形成监管局核查结论报事发地管理局。事发地管理局应对事发地监管局上报的初步定性结果进行审核并反馈给局方基站及民航局航空安全信息主管部门。视情况组织调查,或在收到航空运营人和事发地监管局的核查结果及信息报送等情况后,进行比对、审核,并形成管理局核查结论,报局方及民航局航空安全信息主管部门。

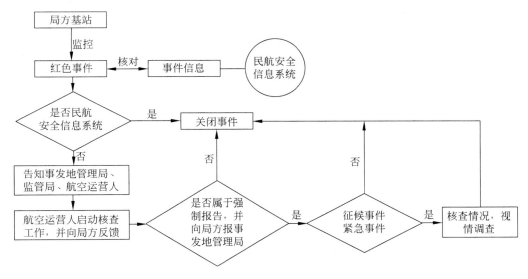

图 3-18 红色事件信息管理程序

对于经核查证实该起红色事件构成强制报告的事件,在重新比对中国民用航空安全信息系统中已经补报该事件相关信息后,可关闭该事件。

思考题

1. 名词解释：安全数据、安全信息、民航安全信息。
2. 民航安全信息的分类。
3. 事件信息强制报告的内容、原则、程序。
4. 自愿报告的报告内容。
5. 飞行品质监控项与标准。
6. 红色事件信息管理工作程序。

第4章

安全风险管理

风险是指生产目的与劳动成果之间的不确定性。广义的风险包括财务风险、法律风险、经济风险等,为了对与安全相关的风险同其他风险加以区分,我们将其称为安全风险。自从20世纪初飞机的第一次商业运行之日起,安全风险便始终存在于民航业的运营过程之中,《安全管理手册》(Doc 9859)第四版的术语表中将民航安全风险定义为预测的危险的后果或结果的可能性和严重性。民航业每天都面临着各种各样的安全风险,某些安全风险甚至会危及民航生产经营单位的生存。因此,民航企事业单位往往通过"安全风险管理",将安全风险不利后果发生的可能性及严重性与接受安全风险后的预期利得之间的关系加以权衡。安全风险管理通过危险源识别、安全风险评估去认识威胁到项目或系统的安全风险,并以此为基础合理地使用各种技术手段、管理措施和缓解策略,对安全风险实行有效的控制。妥善处理安全风险事件造成的不良后果,目的在于以最少的成本保证项目或系统总体目标的实现。安全风险管理能够帮助决策者在所评估的安全风险和可采取的安全风险控制措施之间取得平衡,安全风险管理是安全管理程序中的一个有机组成部分,是民航开展安全管理体系建设的核心内容之一。

4.1 民航安全风险管理概述

自从有了人类,便有了安全风险,安全风险始终伴随着人类社会的发展。为了降低安全风险所带来的损失,古代的人们就应用安全风险管理的思想来应对自然灾害、疾病、战争等,人类聚集为部落与国家,共同承担各种安全风险。进入现代,安全风险管理开始作为一门管理学科,以系统化的方式对生产活动中存在的安全风险进行管控。安全风险管理通过识别生产经营活动中存在的危险、有害因素,运用定性或定量的统计分析方法对其进行评估,进而确定安全风险缓解的优先顺序和安全风险管理措施,达到以最少的成本改善安全生产环境、减少和杜绝安全生产事故的目的。基于其通过最低经济成本来获得最佳的安全生产保障的作用,安全风险管理已经广泛应用于企事业单位。

4.1.1 安全风险

近年来,由于影响公共安全的事故频繁发生,预防和控制事故成为人们广泛关注的焦点,"安全风险"等概念也随之进入大家的视线中。现代意义上的安全风险指的是不期望事件的发生概率与其可能后果严重程度的结合。根据定义可知,安全风险是客观存在的,墨菲定律说明了不期望事件总会发生,因此安全风险的存在具有客观性,无论采取什么方法都无法将安全风险从根本上消除。其次,安全风险的本质与核心是一种不确定性,这种不确定性包括发生与否的不确定、发生时间的不确定和导致结果的不确定。安全风险用于描述未来的随机事件,它不仅意味着不期望事件状态的存在,更意味着不期望事件转化为事故的可能性。

安全风险的构成要素包括安全风险原因、安全风险事件和安全风险损失。安全风险原因是人们在有目的的活动过程中存在的不确定性或因多种方案存在的差异性而导致的活动结果的不确定性,因此将不确定性和各种方案的差异性视作安全风险的形成原因,其中不确定性包括物的不确定性(如航空器设备故障)以及人的不确定性(如不安全行为)。安全风险事件是指造成人员伤亡、财产损失的偶发事件,它是安全风险原因综合作用的结果,又是造成安全风险损失的直接原因,安全风险事件在整个安全风险中占据核心地位,是连接安全风险原因与安全风险损失的桥梁,是安全风险由可能性转化为现实的媒介。例如,跑道由于积水或者积雪引起其摩擦系数减小,进而造成飞机冲出跑道,飞机冲出跑道就成为了安全风险事件。根据损失产生的原因不同,可将企业面临的安全风险事件分为生产事故、自然灾害事故、企业社会意外事故、企业法律风险。安全风险损失是指非故意的、非计划的和非预期的经济价值的减少。安全风险损失可以分为直接损失和间接损失。例如,发生空难的直接损失包括人员的伤亡和飞机的毁坏;间接损失则是由于空难发生引起公司的法律责任、未来效益降低和空难消息对行业的负面影响等。从逻辑上说,安全风险原因、安全风险事件和安全风险损失三者之间的关系是安全风险原因→安全风险事件→安全风险损失的因果关系。从现实来说,每一步之间都需要一定的外部条件,存在一定条件下的因果关系,安全风险只有在安全风险原因存在的前提下,通过安全风险事件的发生,才能导致损失。

4.1.2 安全风险管理

为了避免不安全事件发生而导致的不良后果,从而降低安全风险成本,人们开始尝试使用科学管理的方法消除或降低安全风险,于是安全风险管理便应运而生。安全风险管理的重点在于成本和效益关系,要从经济的角度来综合处理安全风险,在主客观条件允许的情况下选择最低成本、最佳效益的方法(如成本效益分析),制定安全风险控制措施,其最终目标是以最小的成本获得最大的安全保障,以实现最佳安全生产保障,能够解决"生产和保护两难"问题。

首次将安全风险管理与企业管理相结合要追溯到18世纪的法国的"经营管理之父"法约尔。到了19世纪,随着工业革命的不断发展,企业安全风险管理的思想开始萌发,1931年,美国管理协会保险部首先提出安全风险管理的概念。1932年,美国几家大公司成立纽约保险经纪协会,定期讨论有关安全风险管理的理论与实践,该协会的成立标志着安全风险管理学科的兴起。1950年,随着第三次科技革命的迅猛发展,新技术、新材料在企业间广泛应用,为了应对日益凸显的安全风险,"风险管理"一词首次被提出,安全风险管理的概念开始广泛传播。1963—1964年,美国先后出版了《企业的风险管理》和《风险管理与保险》等专著,正式拉开了安全风险管理学系统研究的序幕。安全风险管理学的不断发展,共经历了三个主要的阶段:学术界约定俗成地认为传统安全风险管理阶段大约是从萌芽阶段至1990

年,传统安全风险管理中各管理部门管理内容缺乏整体性、彼此独立,违背了各安全风险之间的相关性原则;现代安全风险管理阶段从 1990—2000 年持续了 10 年左右的时间,这一阶段人们意识到,损失的产生往往是由于企业内多种安全风险交织而导致的,因此提出整体安全风险管理的思想,并将动态安全风险与静态安全风险相结合,从系统的角度对全部安全风险进行综合管理;2000 年左右至今,安全风险管理处于全面安全风险管理阶段,此时引入了安全风险偏好、安全风险容忍度、安全风险度量、安全风险沟通等概念和方法,为衡量企事业单位安全风险管理的有效性提供了指导。20 世纪 70 年代初期,安全风险管理的理念和方法从欧美发达国家传入亚洲,20 世纪 80 年代后期传入我国。虽然我国对安全风险管理的研究起步较晚,但近些年来发展势头迅猛,特别是 2006 年 6 月,我国发布了《中央企业全面风险管理指导》,标志着我国拥有了自己的全面安全风险管理指导性文件,也标志着我国进入了安全风险管理理论研究与应用的新阶段。

安全风险管理的产生和发展对传统安全管理体制造成了巨大的冲击,促进了现代安全管理体制的建立。它对现有安全技术的成效作出评判并提出新的安全对策,促进了安全技术的发展。与传统的安全管理相比,安全风险管理的主要特点表现于:

(1) 确立了系统安全的观点。随着生产规模的扩大、生产技术的日趋复杂和连续化生产的实现,系统往往由许多子系统构成。为了保证系统的安全,就必须对每一个子系统进行研究,各个子系统之间的"接点"往往是最易引发事故而又容易被人们所忽略的部分,因而"接点"的危险性不容忽视。安全风险管理是以整个系统安全为目标,从全局的观点出发,而不是孤立地对子系统进行研究和分析,这样往往能寻求到最佳的、有效的防灾途径。

(2) 开发了事故预测技术。传统的安全管理多为事后管理,即从已经发生的事故中吸取教训,这当然是必要的,但是有些事故的代价太大,必须预先采取相应的防范措施。安全风险管理的目的是预先发现、识别可能导致事故发生的危险因素,以便在事故发生之前采取措施消除、控制这些因素,防止事故的发生。在某种意义上说,安全风险管理是一种创新,但它同时又是从传统的安全分析和安全管理的基础上发展起来的,因此,安全风险管理既汲取了传统安全管理的宝贵经验,又相对于传统安全管理具有先进的优越性。

4.2 危险源识别

危险源与安全风险的产生密切相关,危险源在《安全管理手册》(Doc 9859)第四版的术语表中定义为:可能造成航空器事故或征候的情况或物体。安全风险与危险源最大的区别在于危险源是能够导致不安全事件的设施设备、程序标准、工作环境等物体或条件,而安全风险则是不安全事件发生的可能性和严重性的组合。为了达到民航安全风险管理的目的,危险源可被视为一种潜在于民航系统或民航环境中的危害,这种潜在危害的出现形式不同,如可以作为自然条件出现(如空中飞翔的鸟)或作为技术状态出现(如不规范的跑道标志)。从概念之中可以看出,危险源只是系统的组成部分,并不一定会对系统造成损失。只有当危险源与系统的运行轨迹相遇时,它们才能形成破坏潜力,最终可能发展为事故。例如,将风视为自然环境的一个正常构成要素,风是一种危险源,它是一种可能导致人员受伤、设备或者结构物被毁、材料损失,或者使执行一项制定功能的能力降低的一种情况。15 节的风,其本身并不一定可能在航空运行期间带来破坏,15 节的风如果直接沿着跑道刮,会有助于在离场期间提升航空器的性能。但是,如果15节风的风向与预定起降跑道呈90°,则变成了侧风,就可能是危险的。可见,只有在危险源与以提供服务为目的的系统运行相互作用时,风的破坏潜力才成为一个安全问题。危险源是运行环境的一部分,在运行之前就已存在于工作场所中,是运行环境或工作场所的有形构成部分。

4.2.1 危险源分类

我国的安全管理理论将危险源划分为两大类,即第一类危险源和第二类危险源。第一类危险源为:系统中存在的、可能发生意外释放而导致不安全事件的能量或有害物质,如能量载体、压力容器、危险物质等,这是发生事故的物理本质,同时也是导致事故发生的主体,决定事故后果的严重程度;第二类危险源为:可能导致能量或有害物质的约束或限制措施失效或破坏的不安全因素,如安全生产管理制度、人员操作、设备设施、运行环境、生产工艺等。除此之外,根据《安全管理手册》(Doc 9859)第二版,还可以将危险源划分为九大类别:①设计因素,包括对设备和任务的设计;②程序运行,包括文档和检查单,以及在实际运行环境下的验证;③通信,包括通信方式、术语和语言;④人力资源,包括公司聘用、培训、薪酬和资源配置政策;⑤组织因素,包括生产和安全目标的相容性、资源配置、运行压力和公司安全文化;⑥工作环境,比如周边噪声和振动、温度、照明和防护设备和服装可获取性;⑦监督管理,包括规章制度的可适用性和可实施性,设备、人员和程序的认定;⑧安全防护,包括适当的检测和报警系统、设备的容差错和设备对差错和故障的抵御能力;⑨个人行为能力,包括健康状况、身体限制和人为失误、压力、情绪等因素。两类危险源的划分明确了危险源辨识方向,可避免辨识时危险源遗漏;《安全管理手册》(Doc 9859)第二版划分法易于识别生产过程中存在的危险源,分类全面且具体,易于操作。因此,在进行危险源的识别、分析时,可将《安全管理手册》(Doc 9859)第二版中的危险源划分法和两类危险源划分法结合使用。

生活中我们常常将危险源与安全隐患相混淆。2019年3月1日中国民用航空局航空安全办公室推出的《民航安全隐患排查治理长效机制建设指南》中对安全隐患有明确的定义:安全隐患是指安全风险管理过程中出现的缺失、漏洞和安全风险控制措施失效的环节,包括可能导致不安全事件发生的物的危险状态、人的不安全行为和管理上的缺陷。危险源与安全隐患的关系在于:

(1) 安全隐患是现实型危险源。危险源按照存在的状态可分为"现实型危险源"(the actual hazard)与"潜在型危险源"(the potential hazard)。其中,在一项活动或项目开始之前,通过危险源识别所辨识的危险源就是潜在型危险源,如用于固定发动机的螺栓可能会出现松动、脱落,这种通过事先辨识所识别出的就是潜在型危险源;而在项目或活动进行中,通过安全隐患排查而发现的危险源则是现实型危险源,如机务人员在航线检查的过程中发现固定发动机的螺栓已经出现了松动、脱落,这就是现实型危险源,也就是安全隐患。安全隐患是潜在型危险源没有得到有效控制的结果,现实型危险源比潜在型危险源距离事故更"近"一步。

(2) 安全隐患是第二类危险源。从危险源的定义可知,第一类危险源为能量、能量载体或危险物质,第二类危险源为人的不安全行为、物的不安全状态以及管理组织缺陷,这与安全隐患定义相吻合,因此安全隐患就是第二类危险源。安全隐患是诱发能量或有害物质失控的外部因素,是事故发生的外因。安全隐患与第一类危险源的区别在于第一类危险源属于一种自然常态，无论采用什么方法都不可能将第一类危险源全部去除，而安全隐患则是一种不正常的状态，凡是安全隐患都违反了相关规定的要求，无须进行安全风险管理，必须对全部安全隐患进行管控；第一类危险源是能量、能量载体，是事故爆发的根本源头，而安全隐患则是在系统中存在的安全漏洞、安全管理措施失效的环节，是导致事故发生的直接原因。

4.2.2 危险源产生

针对民航危险源的产生，可以按照第一类危险源和第二类危险源分别进行分析。第一类危险源的产生包括不利的天气条件（如结冰、冻降雨、暴雨、能见度限制等）；环境与地理条件（如不利的地形、机场附近的鸟等）；提供服务所需要的能源（如喷流、推进装置、油料等）；公共卫生事件（如新冠肺炎、流感等流行疾病）等。第二类危险源产生于对安全有着极为重要的功能系统（如航空器系统、子系统、构件和相关防护设备的故障、设备的使用方便性差等）；产生于偏离目标，包括如下偏离：任务偏离（如航前计划、工作单卡制作、任务设计上的设计缺陷）、程序偏离（如在低能见度情况下未按照标准仪表进近程序操作）、步骤偏离（如航空器起飞时未按照规定的步骤收起起落架）、动作偏离（如在执行飞行任务时飞行人员由于突发事件的影响导致操作动作出现失误）；产生于提供服务运行所处的环境（如机务维修人员所处的工作环境灯光昏暗、工作场所噪声超标等）；产生于组织因素（如企业安全文化、培训的足够性、一线的监督质量）；等等。应当注意的是，危险源的产生很可能是多方面、多层次共同作用的结果，并且由于危险源之间相互关联、相互影响、相互作用，甚至相互依赖，因此危险源既有可能来源于本流程内，也有可能来源于其他流程，在分析危险源的产生时，既要注意危险源自身的内部因素，又要注意与其他危险源相互之间的联系。

4.2.3 危险源分析

通常可将危险源分析的步骤分为以下三步。

（1）确定最高危险源。最高危险源用于对某一安全问题的集中描述，这一步骤可以对这种危险源所包括的众多个体危险源的追踪和分类进行简化。

（2）细分最高危险源。阐述最高危险源内部构成，每一个危险源很可能有着其独特的偶然部分，在本质上与其他危险源不同。

（3）明确最高危险源与潜在的具体结果的关联度。包括潜在的危险性分析和危险源分级，危险源分级一般按危险源在触发因素作用下转化为事故的可能性大小与发生事故的后果的严重程度划分。

假设要启动一个机场建设项目并重新铺设一条与其他跑道交叉的跑道，则最高危险源为机场建设，最高危险源构成要素为施工设备、封闭的滑行道等，特定的后果为航空器与施工设备发生剐碰、航空器进入错误的滑行道等。

《安全管理手册》（Doc 9859）第三版中提出："危险源识别的系统化方式可以确保尽可能地识别出系统运行环境中的大多数危险源"，因此，对系统进行详尽的单元划分是识别系统中存在的危险因素的重要前提。为了能够将系统划分至最小单元，首先需要将整体的系统依据不同的功能、目标分成几个相互独立的子系统，如飞行训练单位可作为系统，根据危险源识别的需要、实现系统工作目标的过程将其划分成飞行、机务维修、空管、机场、安监等若干子系统。其次,将子系统依据其工作的需要分为一级流程、二级流程,对于复杂的子系统,甚至分解到三级流程。其中,一级流程是各类管理、控制、监察、报告等的总纲,二级流程是对一级流程细化后的要素,三级流程是分解二级流程后得到的操作手段。如飞行运行为子系统,它包括标准管理、运行控制、运行管理、质量管理、培训管理、安全监管等一级流程;运行管理为一级流程,它包括飞行预先准备、飞行直接准备、飞行实施、飞行讲评、训练科目风险管理、飞行现场组织指挥管理、空防安全管理等二级流程;飞行实施为二级流程,它包括启动前检查、启动、滑行、起飞、爬升、巡航、复飞、着陆、滑回、关车、资料填写等三级流程,此时,三级流程无法继续向下划分,三级流程则作为系统的最小单元。单元的划分由熟悉各流程的专业人员,结合各系统管理和业务活动的特点及程序分类进行,在此过程之中,必须以流程所要执行的功能和目标为依据,对各级流程进行逐级划分。除此之外,在进行单元划分时,只要详细到可以用来进行危险源识别即可,尽管有复杂的开发工具和方法可供使用,但是管理者、监督检查人员和其他员工的简单的头脑风暴会议通常更为有效。

4.2.4 工作程序分析

单元划分完毕后,为了识别其中可能出现的危险源及其原因后果,首先需要对划分的单元中存在哪些具体操作程序进行分析,如上文中的航空器启动为系统中的最小单元,它包括连接地面电源、打开仪表板和外部灯光、开启辅助动力装置(auxiliary power unit,APU)、进行顶板设置、配置起飞参数、启动发动机等工作程序,航空器启动工作程序分析,如图4-1所示。明确了操作程序之后,对于危险源的识别文中采用SHELL模型从人-硬件界面、人-软件界面、人-人界面、人-环境界面四个方面着手。首先,明确工作程序的执行人;其次,确定

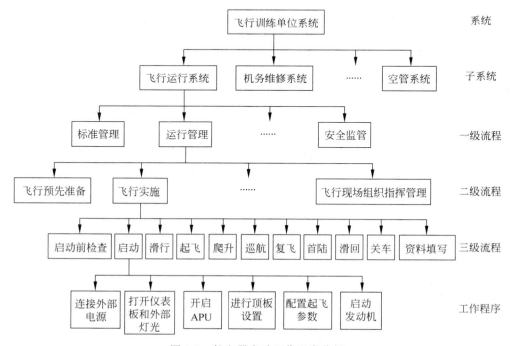

图 4-1 航空器启动工作程序分析

该工作程序中其他界面可能对执行人产生的影响；再次，分析可能存在的危险源；最后，对危险源可能造成的结果进行分析。如以启动发动机为例：该工作程序的执行人为飞行学员，人-人界面中可能产生的问题是由于指令传达不清晰，机组听错指令。由此可能导致的危险源是未得到指令启动发动机，或违反规定启动，该危险源可能导致地面人员受伤害或地面设备受损。因此，必须采取措施来应对此种可能存在的危险源，如规定指令复述，在未得到正确指令前禁止开车。

4.2.5 危险源识别方法

民航系统中用于识别危险源的方法种类有很多，按照其性质可分为以下三种。

(1) 被动式。对以往结果或不安全事件进行分析，通过对不安全事件的调查来识别、查明危险源。征候和事故是系统对于危险源没有妥善处理的表现，因此，被动式危险源识别方法可用于判定促成不安全事件的危险源。但被动式危险源识别方法只能对已经出现的征候或事故进行识别，并不是识别危险源的长久之计。

(2) 主动式。收集较轻后果的事件或流程绩效的安全数据，并分析安全信息或发生的频率，以判定一个危险源是否可能导致事故或征候。用于主动识别危险源的安全信息主要来自飞行数据分析(flight data analysis, FDA)方案、安全报告系统、安全保证职能部门等。

(3) 预测式。此方法包含数据收集，以便查明未来可能的负面结果或事件，分析系统的流程和环境，以便查明未来潜在的危险，启动缓解措施。预测式危险源识别方法能够在不安全事件发生之前对危险源进行识别，充分地利用这种方法能够有效提高系统的安全水平。

没有哪一种危险源识别方法可以完全代替其他方法，为了正确地选用危险源识别方法，可根据分析对象和要求的不同，选用相应的分析方法。如分析对象是硬件(如设备等)，则可选用故障模式及影响分析、致命度分析或事故树分析；如是工艺流程中的工艺状态参数变化，则选用可操作性研究；如对新建或改造的项目或限定的目标进行分析，则可选用静态分析法；如对运动状态和过程进行分析，则可选用动态分析方法；如对系统需要精准识别和评估，则可选用定量分析方法，如事故树分析、事件树分析、原因—后果分析、致命度分析等方法。在做危险源系统分析时，使用单一方法往往不能得到满意的结果，需要用其他方法弥补其不足。常见的危险源识别技术方法包括安全检查表法、危险性预先分析、危险和操作性研究、故障类型和影响分析、事故树分析、事件树分析、可操作性研究、原因-后果分析方法、人的因素及其可靠性分析、工作安全分析(job safety analysis, JSA)、基元事件分析技术、BOWTIE模型、Reason模型和SHELL模型等，其应用方法和适用范围，如表4-1所示。

根据成熟合理的安全风险管理做法，危险源识别是一项长时间的、持续性的日常活动，危险源识别永无止境，它是一种经常性的活动。但是，在三种特定的情况下，需要采用特定的危险源识别方法对危险源进行特别的关注，它们分别是：

(1) 在任何经验无法解释的情况下，不安全事件或违规现象增多的时候，应对危险源进行特别的关注。

(2) 任何预见到的系统发生变动的时候，如关键人员或其他主要设备发生变动的时候，应对危险源进行特别的关注。

(3) 在重大的组织变动发生之前或变动发生之中，如航空公司快速发展或收缩、公司合并等情况出现，应对危险源进行特别的关注。

表 4-1　危险源识别主要方法和适用范围

名　称	目　的	适用范围	编制和使用方法	效　果
安全检查表	检查系统是否符合标准要求	从设计、建设到生产各个阶段	有经验和专业知识人员协同编制，经常使用	定性，辨识危险性并使系统保持与标准规定一致，若检查项目赋值，可用于定量
危险性预先分析	开发阶段，早期辨识出危险源，避免失误	开发时分析原材料、工艺、主要设备设施以及能量失控时出现的危险性	分析原料、工艺、设备设施等发生危险的可能性及后果，按规定表格填入	得出供设计考虑的危险性一览表
故障类型和影响分析	辨识单个故障类型造成的事故后果	主要用于设备和机器故障的分析，也可用于连续生产工艺	将系统分解，求出零部件发生各种故障类型时，对系统或子系统产生的影响	定性并可进一步定量，找出故障类型对系统的影响
事故树分析	找出事故发生的基本原因和基本原因组合	分析事故或设想事故	由顶上事件用逻辑推导，逐步推出基本原因事件	可定性及定量，能发现事故发生的基本原因和防止事故的可能措施
事件树分析	辨识初始事件发展成为事故的各种过程及后果	设计时找出适用的安全装置，操作时发现设备故障及误操作将导致的事故	各事件发展阶段均有成功和失败的两种可能，由初始事件经过各事件、阶段一直分析出事件发展的最后各种结果	定性和定量，找出初始事件发展的各种结果，分析其严重性，可在各发展阶段采取措施使之朝成功方向发展
可操作性研究	辨识静态和动态过程中危险性	对新技术新工艺尚无经验，此时辨识危险性特别有用	用引导词对工艺过程参数进行检验，分析可能出现的危险提出改进方法	定性，发现新的危险性
原因-后果分析	辨识事故的可能结果及其原因	设计操作	为事件树和事故树的综合使用技术	定性及定量
人的因素分析	辨识可能的失误和原因及其影响	设计和操作	观察操作者失误行为，分析其可能产生的后果	定性，找出正常时或紧急时人的误操作类型以改进设备、显示、操纵等装置的人机工程特征
工作安全分析(JSA)	事先或定期进行安全风险分析并制定安全措施	新的作业、非常规性（临时）的作业、承包商作业、改变现有的作业、评估现有的作业	组建小组深入现场考察，识别关键环节的危害并进行评估，根据结果制定有效的控制措施	定性，识别系统和工作中任务、程序、步骤和动作偏离导致的危险源
基元事件分析技术	辨识不安全事件暴露出来的系统缺陷	分析不安全事件	将民航不安全事件分解为最简单的基元事件，使用 Reason 模型进行分析	定性，做到系统安全分析

续表

名称	目的	适用范围	编制和使用方法	效果
BOWTIE 模型	通过设置防止不安全事件屏障进行安全风险管控	从设计、建设到生产各个阶段	针对隐患的预防性措施屏障与针对结果的纠正或止损性措施屏障,在顶层事件的左右两侧	定性,降低事故发生的概率或严重程度
Reason 模型	分析事故的发生原因	分析可能导致情况发生的组织机构状况	对系统的评估按照损失到危险的方向进行,分析不安全事件如何突破防范	定性,加强防范措施防止未来发生事故和征候
SHELLL 模型	分析可能影响人的行为能力的因素和条件	从设计、建设到生产各个阶段	以人件界面作为模型的中心分析与其他界面的配合	定性,避免由于配合不当而引起的人为差错

4.2.6 危险源标识

1) 第一类危险源的标识

对于第一类危险源,我们可以采用定语结构进行描述,具体可表述为定语(形容词、数量词、名词、代词) + 主语,如:高空作业的人、射线探伤的机库区域、滑行的飞机、转动的发动机等。在民航中,这类危险源并不多。因此在实际应用中,我们更关注第二类危险源状态危险源的标识。

2) 第二类危险源的标识

第二类危险源主要是指人的不安全行为、物的不安全状态、环境的不安全条件和管理缺陷等。为了便于标识,将《安全管理手册》《Doc 9859》第二版九大类危险源按照状态危险源重新进行划分归类:将设计因素(任务、程序类)、程序运行、沟通、个人行为能力归类于人的不安全行为类;设计因素(设备类)、安全防护归类于物的不安全状态;工作环境归类于环境的不安全条件;人力资源、组织因素、监督管理归类于管理缺陷。

(1) 人的不安全行为往往直接导致事故发生,对于这类危险源,我们一般采用下面的语式进行描述:行为主体+动作+行为对象或未……或……未……示例如下:维修人员超出其授权范围工作、人员交接班时缺乏沟通、未做工作签署工作单、器材运输未妥善防护、未控制适航性资料的有效性等。

(2) 物的不安全状态是指机械设备、工具工装或物质等明显不符合安全要求的状态,包括设备设计缺陷,检测设备工具、报警系统和设备故障等;物的不安全状态和根危险源的区别在于前者主要是指由于人的失误、失职导致的物处于不安全的状态,而后者是指正常状态下物质或物体固有的物理属性。对于这类危险源,可以采用和根危险源同样的表述方式,即定语(形容词、数量词、名词、代词)+主语,如:没有防护装置的传动齿轮、裸露的带电体、未拉安全绳的舱门。

(3) 环境的不安全条件,环境因素主要指系统运行的环境,包括温度、湿度、照明、粉尘、通风换气、噪声和振动等物理环境,对民航系统而言还包括企业的文化软环境与企业安全文化氛围等。不良的系统运行环境会引起物的因素问题或人的因素问题。如:工作场所强烈的噪声影响人的情绪,分散人的注意力而导致人的失误;工作场所昏暗的灯光对于工作人员的视线产生干扰;企业的文化氛围会影响人的心理,导致人对于安全隐患的疏忽,可能造成人的不安全行为或人为失误。对环境的不安全条件,我们一般可简要表述为环境因素状态补语,如通风不良,照明不足,噪声超标等。

(4)管理缺陷主要指管理观念、方法、制度和执行存在问题。管理缺陷是一类统合性比较强的危险源,涉及的要素较多。对这类危险源的描述可能需要运用上述的各种语式,主要可考虑管理因素+状态补语,其描述的内容,外加管理理念方法、制度制定及执行几个方面,如:未制定相应的程序或管理规定,程序或管理规定不完善,责任不明确,缺少适当的评价机制,缺乏必要的激励等。

4.2.7 危险源识别数据源

如 4.2.5 节中所述,危险源可以在实际不安全事件(事故或征候)发生之后查明,也可以通过主动型和预测型危险源识别方法,旨在不安全事件发生之前查明。类似地,同样有多种危险源识别数据源,一些是组织危险源识别内部数据源,一些是组织危险源识别外部数据源。举例来说,组织可获取的危险源识别内部数据源包括飞行数据分析、公司自愿报告系统、安全调查、安全审计、常规运行监测安排、趋势分析、来自培训的反馈、征候的调查和后续行动等;组织可获取的危险源识别外部数据源包括事故报告、国家强制性突发事件报告系统、国家自愿报告系统、国家监督审计、信息交换系统等。同危险源识别方法一样,没有哪一种危险源识别数据源可以完全替代其他危险源识别数据源,或使其他危险源识别数据源变得多余或者无必要。成熟合理的危险源识别体系中往往是将危险源识别内部数据源和危险源识别外部数据源结合利用,以保证进行危险源识别时做到全面、具体。

4.3 安全风险评估

安全风险评估是安全风险管理过程重要步骤。一旦识别出危险源,就需要进行某种形式的分析来评估其可能的伤害或破坏。安全风险评估应该考虑以下三方面:危险导致不安全事件发生的可能性;某一不安全事件的潜在不利后果或结果的严重性;受危险影响程度。为了确定安全风险等级,可以采用安全风险矩阵评估方法。根据安全风险管理理论,安全风险矩阵评估的理论是基于如下安全风险矩阵数学模型:

$$R = S \times P$$

式中 R——安全风险;

S——危险严重度,即危险源(态)可能导致的后果的严重度;

P——危险概率(可能性),即危险源(态)可能导致的后果的发生概率。

4.3.1 安全风险矩阵

通常,安全风险评估是将安全风险分解为安全风险发生的可能性及后果的严重性。然而,在许多文献中有许多不同的安全风险评估矩阵,虽然不同类型的矩阵所使用的术语或定义可能不同,但一般都反映了表 4-2 所概括的理念。

表 4-2 严重度和可能性等级

结果的严重性			发生的可能性		
定性定义	含义	等级	定性定义	含义	等级
灾难性的	多人死亡;设备损坏	5(E)	频繁的(1.0)	可能每月发生两次	5
危险的	安全系数大大下降,身体压力或工作负荷已达到无法靠自身的能力完全履行职责的程度;一定数量的人员严重受伤或死亡;主要设备损坏,航空器损坏	4(D)	可能的(10^{-3})	可能每月发生两次	4
严重的	安全系数明显下降,操作人员因工作负荷增加,或因工作条件不利导致工作能力下降;人员受伤;严重征候	3(C)	偶尔的(10^{-5})	可能每年发生一次	3
轻微的	小麻烦;操作限制;启用应急程序;较小的征候	2(B)	稀少的(10^{-7})	可能 20 年发生一次	2
可忽略的	几乎无什么影响	1(A)	不可能(10^{-9})	永远不可能发生	1

在制定安全风险评估严重度和可能性等级标准后应制定安全风险接受程序,包括可接受标准和局方的要求以及安全风险管理决策的责任层级。安全风险的可接受标准受安全目标高低的影响。安全风险可接受程度可以通过安全风险矩阵进行评估,见表 4-3,即安全风险评估结果分为三个等级:不可接受的(深灰色区域)、可接受的(白色区域)、缓解后可接受的(浅灰色区域)。

(1) 不可接受的(深灰色区域)。如果可能性和严重性相综合后,安全风险处于黑色区域,则该安全风险是不可接受的,必须进一步采取干预行动来消除相关危险源,或控制可能导致更大可能性或严重性的因素;

(2) 可接受的(白色区域)。如果安全风险处于白色区域,则可以接受,无须进一步采取行动,但是,安全风险管理的目标应是无论评估显示安全风险是否在可接受范围内,都要将安全风险尽可能降至最低,这是持续改进的基本原则。

(3) 缓解后可接受的(浅灰色区域)。如果安全风险处于浅灰色区域,则在特定的缓解条件下安全风险是可接受的,这种情况的一个例子就是评估一个在最低设备清单中列明的失效航空器组件的影响,如果最低设备清单中定义的操作("O")或维修("M")程序被实施,就可使该安全风险从不可接受变为可接受,则实施最低设备清单中的操作("O")或维修("M")程序就构成缓解行动。

表 4-3　安全风险矩阵

安全风险值		可能性				
		频繁的 5	可能的 4	偶尔的 3	稀少的 2	不可能的 1
严重性	灾难性的 5（E）	25（5E）	20（4E）	15（3E）	10（2E）	5（1E）
	危险的 4（D）	20（5D）	16（4D）	12（3D）	8（2D）	4（1D）
	严重的 3（C）	15（5C）	12（4C）	9（3C）	6（2C）	3（1C）
	轻微的 2（B）	10（5B）	8（4B）	6（3B）	4（2B）	2（1B）
	可忽略的 1（A）	5（5A）	4（4A）	3（3A）	2（2A）	1（1A）

4.3.2　安全风险评估实例

运营人应当开发一个最能体现其运行环境的矩阵，针对临时运行和长期运行可以开发拥有不同安全风险接受标准的不同矩阵。矩阵的定义和最终结构将由运营人自行设计。各种后果严重性和发生可能性等级应根据实际运行环境确定，以保证运营人的决策方法与生产运行和生产运行环境相符。各运营人对严重性和可能性的界定可以是定性的，但应尽量定量。设计航空公司后果严重性和发生可能性界定的示例见表 4-4 和表 4-5。

表 4-4　某航空公司严重度等级

影　响	安　全　性	可　靠　性	经　济　性	分　值
极大的	征候	影响安全运行时间＞4h	成本增加＞20%	10（E）
重大的	航材、航空器直接损失（万元）≥10	影响安全运行时间[3h,4h)	成本增加 10%～20%	6（D）
严重的	航材、航空器直接损失（万元）[5,10)	影响安全运行时间[2h,3h)	成本增加 5%～10%	4（C）
轻微的	航材、航空器直接损失（万元）[1,5)	影响安全运行时间[1h,2h)	成本增加＜5%	2（B）
可忽略的	航材、航空器直接损失（万元）(0,1)	影响安全运行时间＜1h	成本增加不明显	1（A）

表 4-5　某航空公司可能性等级

等　级	导致不安全结果发生的可能性	概率分值
频繁的	运行 1 年（或每 10 万飞行小时）可能会发生 3 次以上	5
偶然的	运行 1 年（或每 10 万飞行小时）可能会发生 1 次以上	4
很少的	运行 3 年或许发生 1 次	3
不可能的	运行 10 年可能会发生 1 次，或本行业 10 年内发生 1 次	2
极不可能的	本行业 10 年内未发生	1

根据前文设计的航空公司后果严重性和发生可能性等级赋值，可得出安全风险评估矩阵参考值，如表 4-6 所示。

表 4-6　某航空公司安全风险评估矩阵

安全风险值		可能性				
		频繁的 5	偶然的 4	很少的 3	不可能的 2	极不可能的 1
严重性	灾难性的 10（E）	50（5E）	40（4E）	30（3E）	20（2E）	10（1E）
	重大的 6（D）	30（5D）	24（4D）	18（3D）	12（2D）	6（1D）
	严重的 4（C）	20（5C）	16（4C）	12（3C）	8（2C）	4（1C）
	轻微的 2（B）	10（5B）	8（4B）	6（3B）	4（2B）	2（1B）
	可忽略的 1（A）	5（5A）	5（4A）	3（3A）	2（2A）	1（1A）

从表 4-6 安全风险评估矩阵参考值可以得出危险度判断标准：最低安全风险可接受的（1～8）：在考虑所有安全风险要素后,继续运行；中等安全风险审查：在采取措施进行全面管理后,继续运行（10～18）；高安全风险不可接受的（20～50）：停止运行,直到已执行足够的控制手段将安全风险减少到可接受的水平。

安全风险评估不仅应注重对严重性和可能性的区分,还应注重分析为什么该事件的安全风险被分配给这样的一个水平,这是制定有效控制措施降低安全风险的第一步。一些已开发好的软件系统可用于进行此类分析,但是在很多情况下,一线人员及其他经验丰富的专家间进行的自由讨论也是寻找降低安全风险途径的最有效和经济方法。此方法的另外一个好处是参加讨论的员工最终参与拟定并执行安全风险缓解措施。

4.4　安全风险缓解

安全风险缓解是在危险源识别和安全风险评估结论的基础上,依据企业对安全风险的偏好和对安全风险的承受程度而制定的用于降低安全风险的方案,其主要目的是降低安全风险至"最低合理可行"（ALARP）水平。ALARP 原则的含义是安全风险存在于任何系统中,安全风险是不可能通过安全风险缓解措施来全部消除的,而且随着系统安全水平的提高,要进一步降低安全风险就越困难,其成本往往呈指数曲线上升,也可以理解为安全改进措施投资所收获的安全效益逐渐递减,最终趋于零,甚至为负值,因此,必须在系统的安全风险水平和成本之间做出一个折中。通俗地讲,ALARP 概念中,并未要求安全风险管理带来尽可能低的安全风险——这是一个极难达到的目标,但是要求管理者能够利用资源将安全风险保持在合理范围内的最低水平,以便在保障安全的同时使企业能够获得收益。安全风险容忍度三角形如图 4-2 所示。安全风险缓解是安全风险管理体系中最为实质性的一步,安全风险缓解的有效实施事关安全风险管理体系的执行效果。

安全风险缓解策略从根本上讲,是基于调动进一步的安全防护机制或增强现有的防护机制。在选择安全风险缓解策略时,必须对其有效性、成本/效益、实用性、挑战、可强制执行性、持久性、剩余安全风险、衍生安全风险进行分析,以确定选择的安全风险缓解策略是否适合当前的情况,是否需要采取其他的控制策略。同时应当注意的是,安全风险缓解的结束并非意味着安全风险管理就完成了,后续的管理与安全风险信息沟通决定了安全风险缓解对整个流程的反馈情况。

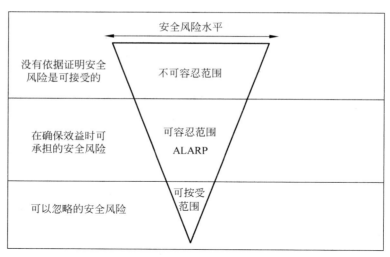

图 4-2 安全风险容忍度三角形

4.4.1 安全防护机制

安全防护机制是所有安全系统的一个主要构成部分,其目的是保护人员免受伤害、财产免受损失以及环境免遭破坏。这些防护机制往往用于减少不安全事件发生的可能性或减少任何不希望事件有关后果的严重性。《安全管理手册》(Doc 9859)第一版中将防护机制分为两类:一是有形防护,这些防护是指用于限制或防止不适当行动的发生以及减轻不安全事件后果的设备或装置(例如:起落架减震控制的支柱安全电门、开关防护罩、防火墙、逃生设备、警报或报警装置等);二是管理防护,这些防护指用于减少不安全事件发生可能性的程序或措施(例如:安全规章、标准操作程序、监督和检查、个人熟练程度等)。了解现有安全防护机制不充分的原因是选择合适安全风险缓解策略的重要前提,安全防护机制不充分往往由以下问题导致:①安全防护机制不能预防此种安全风险;②安全防护机制预期作用发挥效果不佳;③安全防护机制并不适用于实际工作条件;④受影响的人员对于安全风险和已有的防护机制了解不足;⑤仍然需要采取进一步的安全风险缓解策略。

4.4.2 安全风险缓解策略评估

在进行安全风险缓解时,我们务必要牢记的是,对于安全风险缓解策略的评估是不可或缺的一个环节,这是由于民航系统的安全风险是动态的,安全风险处在不断变化的状态,因此只有完善安全风险缓解体系,才能使安全风险不断受控,不断寻求安全与效益之间的平衡点。评估体系对于以下几点问题尤其需要关注。

1) 有效性

选择的安全风险缓解策略可以将安全风险缓解至什么程度?实施效果通常可分为以下几个等级。

(1) 消除安全风险。缓解策略将彻底消除安全风险,这种方案对于危险控制具有最佳的效果,但是不可能消除所有的安全风险,安全风险消除也不适用于所有情况。

(2) 降低安全风险等级。实施的安全风险缓解策略将调整系统并将安全风险降低到"ALARP"的水平,这是最有效且容易达到的效果。

(3) 提供安全装备。安全装备不能消除安全风险,但是它们能够通过提供功能或控制防止人们暴露于潜在的危险之中。

(4) 提供警告或咨询通告。即向人们提供警告和其他咨询通告以缓解安全风险,警告的形式多种多样,既可以是标志、标识牌等视觉形式,也可以是警报、喇叭的声音形式,或是两者结合。警告是一种通信方式,目的是将危险讯息传递给操作者,告知他们采取行动防止不安全事件的发生。

(5) 提供安全程序。程序也是为降低安全风险所采取的行动,民航业大量的程序都是出于考虑避免人的差错和违规而设定的。

2) 成本/效益

缓解策略的预期收益可能会低于成本,或潜在的收益与所需改变带来的影响不成比例。

3) 实用性

根据可利用的技术、经济可行性、管理可行性、管理法规和规章、政治意愿等考虑,该缓解策略未必切实可行和适当。

4) 挑战

缓解策略可能不符合有关部门审查,或不满足对每一利害攸关者的可接受性,从利害攸关者那里预计会获得较大程度的抵制。

5) 可强制执行性

如果实施新规则(标准操作程序、规章等),则其中的规则并非全部可强制执行。

6) 持久性

该缓解策略仅具有临时性效益,并不具有长期效用。

7) 剩余安全风险

在民航领域,安全缓解往往是卓有成效的,但其奏效的效果却很少达到100%,在进行安全风险管理时,我们往往会发现,在实施安全风险缓解策略后依然存在着某种安全风险,这种安全风险我们称之为剩余安全风险。我们应该对剩余安全风险进行评估,判断其是否降低至"ALARP"水平,如果仍不可接受,那么必须实施其他的安全风险缓解策略。

8) 衍生安全风险

拟议的缓解策略可能由于自身的安全因素引入其他的安全风险问题,同样地,要对其进行评估判断是否会带来衍生安全风险或更大的安全风险,如果衍生安全风险不可接受,则必须实施新的安全风险缓解策略。

4.4.3 安全风险管理的持续改进

安全风险缓解作为安全风险管理的最后一个步骤,其完成并不代表安全风险管理的流程就全部结束了,出于反馈的目的,完善安全风险缓解的后续管理和安全风险信息沟通是必不可少的。

1) 安全风险缓解的后续管理

安全风险缓解的后续管理,一方面要完成安全风险缓解的验证与跟踪,其中:安全监察部组织制定的安全风险缓解措施,由安全监察部负责验证与跟踪;部门制定的安全风险缓解措施,由部门负责验证与跟踪,并将跟踪结果上报安全监察部。另一方面,要对安全风险缓解措施加以记录,不同的航空公司可以根据自身的情况对记录进行不同要求,但通常来讲,记录的内容除采取的风险缓解措施外,还需要包括危险源的识别和任何可能后果、相关的安全风险评估、查出日期、危险类别、简短描述、何时或何地适用、识别危险者等,并将这些内容采用表格的形式将其编成安全风险管理手册进行记录与存档。此种安全风险管理手册成为组织安全知识的历史来源,可用于进行安全决策时的参考以及用于安全信息交流,此种安全知识可为安全趋势分析和安全培训与交流提供素材,也可供内部审计用于评估安全风险缓解措施和行动是否已经实施及是否有效。

2）安全风险信息沟通

安全风险信息沟通即交换安全风险信息,就是公众或个人把安全风险的存在、性质、形式、严重性或可接受性等信息通知其他人的信息传播,其最主要的目的是使暴露在安全风险下的人们了解安全风险的严重性和安全风险发生的可能性。安全风险信息沟通不能仅仅局限于决策层发布的咨询通告,还要强调一线工作者与管理者、管理者与一线工作者、航空公司与航空公司之间的多线沟通。这是由于各阶层的工作者所具备的知识结构不同以及在运行过程中所处的位置不同,因此不同的工作者或企业之间对于安全风险的理解也存在很大的差异,管理者可能会认为一线工作者的安全风险报告为"个别现象",一线工作者可能会认为管理者发布的咨询通告为"小题大做",某公司认为其他公司的安全风险缓解方案是"不专业"等情况都有可能出现。因此,友好平等的安全风险信息沟通能够帮助更好地理解安全风险信息,使安全风险管理流程能够不断改进。

第5章

民航安全审计

第1章述及民用航空安全管理方式时,曾提到国际民航组织在各缔约国间推行针对各国政府民航安全监管活动的普遍安全监督审计计划(USOAP),也提到国际航空运输协会推行运行安全审计(IOSA)项目,对其成员航空运输企业的安全管理水平进行审计、指导。民航企业是安全生产的责任主体,而政府是安全生产的监管主体。民航安全审计在支撑民航主管机构依法履行安全监管职责、监督和促进民航企事业单位建立完善的安全管理体系和安全运行机制方面,发挥着不可替代的重要作用。那么什么是民航安全审计?民航安全审计从何而来?民航安全审计又审计什么?本章将详细介绍这些内容。

5.1 民航安全审计概述

提及"审计",人们往往会联想到会计、财务审核、财政金融审查之类的字眼。大众对"审计"这一概念内涵的理解偏差,不仅是由于"审计"一词在大众媒体中,往往与政府部门、单位或企业的财政财务收支合规性、项目经济效益评价、经济责任履行或财经法纪的遵守情况等高度关联,也是因为审计活动在社会生活的其他方面所发挥的功能作用仍然不够突出。在介绍"安全审计"这一特殊的审计形式之前,有必要了解审计概念的完整内涵尤其是现代审计内容和范围的发展。

5.1.1 审计概述

1. 审计的起源

汉语中,"审""计"二字各有多重含义。我国古代典籍中,"审计"合用,多指对某事宜"详细、周密、慎重谋略、计议"。现代汉语中,指代一种经济监督活动的"审计"一词,则取的是"审查、审核"和"会计账目"之义。简单来说,"审计"就是"审核会计账目"。审计活动是伴随着经济社会的发展应运而生的。政府部门及各级官吏行使权力,为保证这种权力得到合理运用、受托责任得到有效履行,就自然出现了审计这一专门对财政收支及官吏的经济和业绩进行审核稽考的监督监察机制。

我国古代审计活动的出现历史非常久远。国内学者多认为中国古代审计的萌芽与雏形最早可追溯到夏商周时代,春秋战国至秦汉时期的"上计"制度则标志着国家审计制度的确立与成型。但符合现代汉语词义的"审计"这一专有名词则最早出现于北宋时期。作为我国古代社会经济最发达的时期,北宋早在太宗淳化三年(公元992年)即在国家最高财政机关"三司"之外单独设立了负责稽核财政出纳账目的"审计院"。宋神宗元丰年间(公元1078—1085年)又改革设立"比部"实施财政财务管理和审计活动的分离,在国库系统设置"审计司"等内部审计机构。到南宋时期审计机构进一步扩展到政府的多个部门。

审计的英文是audit,这个源于拉丁语的词汇最早的意思是审计者听取被审计者大声读出账目;早期的审计活动,也往往采取听取汇报会计账目的"听证"方式进行。审计在西方国家出现的最早形式,也同样是国家审计,即由国家审计机关依法对政府部门或下属机构进行的审计监督活动。据考证,早在奴隶制度下的古罗马、古埃及和古希腊时代,已出现国家审计机构。

在资本主义时期,随着经济的发展和资产阶级国家政权组织形式的完善,国家审计也有了进一步的发展。西方国家大多在议会下设有专门的审计机构,由议会或国会授权,对政府及国有企事业单位的财政财务收支进行独立的审计监督。美国于1921年成立的国家审计总署(GAO),就是隶属于国会的一个独立经济监督机构,它担负着为国会行使立法权和监督权提供审计信息和建议的重要职责。总审计长由国会提名,经参议院同意,由总统任命。总审计局和总审计长置于总统管辖以外,独立行使审计监督权。另外,加拿大的审计公署、英国的审计署(NAO)等,也都是隶属于国家立法部门的独立机构,其审计结果要向议会报告,享有独立的审计监督权限。

2. 审计概念的内涵及其特征

审计通常是指由专设机关依法对国家各级政府及金融机构、企业事业组织的重大项目和财务收支进行事前和事后审查的独立性经济监督活动。

《审计法答疑》对审计的定义是:审计是独立于被审计单位的机构或人员,对被审计单位的财政、财务收支及其有关经济活动的真实、合法和效益进行检查、评价、鉴证的一种监督活动。中国注册会计师协会(CICPA)对审计的定义是:审计是由独立的专职机构或独立的专业人员,以被审计单位在一定时期内的全部或一部分经济活动为对象,进行审核检查、收集和整理证据,确定其实际情况,对照法规和一定标准,以判断经济活动的合规性、合法性和有效性,以及相关经济资料的真实性和公允性,并出具审查报告或证明书的经济监督、评价和鉴证活动。

审计的主体是审计人,是指国家审计机关、内部审计机构和民间审计组织,统称为专职机构和人员。只有专职机构和人员所从事的审查活动才称为审计。审计的客体是被审计人,包括各级政府机关、金融机构和企事业单位等。审计的对象是被审计单位的财政、财务收支及有关的经济活动。审计的总目标是评价受托经济责任;在这一目标下,审计活动还必须依据有关法律、法规,包括宪法、审计法、财政法规、经济法规、审计法规及其他有关的方针政策、规章制度,并以此来审查、确认审计对象的真实性、合法性、效益性。

审计的基本特征包括以下三个方面。

(1) 独立性。独立性是审计的本质特征,也是保证审计工作顺利进行的必要条件。为确保审计活动能够独立地行使审计监督权,审计在组织、人员、工作、经费使用等方面均具有独立性。如审计机构必须是独立的专职机构,应单独设置,与被审计单位没有组织上的隶属关系;审计人员与被审计单位应当不存在任何经济利益关系,不参与被审计单位的经营管理活动等。

(2) 权威性。审计的权威性是保证有效行使审计权的必要条件。审计的权威性与独立性相关,它离不开审计组织的独立地位与审计人员的独立执业。各国法律对实行审计制度、建立审计机关以及审计机构的地位和权力都做了明确规定,这样使审计组织具有法律的权威性。我国的宪法和《审计法》中均明确规定了国家实行审计监督制度,国务院和县级以上地方人民政府设立审计机关。审计机关依照法律规定的职权和程序进行审计监督。

(3) 公正性。审计的独立性和权威性又决定了审计的公正性,它反映了审计工作的基本要求。审计人员应当站在第三者的立场进行实事求是的审查,做出不带任何偏见的、符合客观实际的结论和公正的评价,以实现审计的目标、评价被审计人的经济责任。审计人员只有同时保持独立性、公正性,才能取信于审计授权者或委托者以及社会公众,才能真正树立审计的权威性。

3. 审计概念的外延

因审计的主体、内容目的、组织形式、范围、周期等方面的不同,审计可以分为多种形式。

(1) 按审计主体分类,审计又分为国家审计、内部审计和民间审计。国家审计,又可称政府审计,是指由国家审计机关依法实施的审计;内部审计,是指本部门和本单位内部专职的审计机构或审计人员依照所在部门和行政最高负责人的指令所实施的审计;民间审计,又可称社会审计,是指经政府有关部门批准、注册的社会审计组织受委托人委托所实施的审计。

(2) 按审计的内容和目的分类,审计可分为财政财务审计、财经法纪审计、经济效益审计、经济责任审计等。如财政财务审计是指对被审单位财政或财务收支活动的真实性、合法性和合规性的审计;经济责任审计是指对企事业单位的法定代表人或经营承包人在任期内或承包期内应负的经济责任履行情况所进行的审计;再如经济效益审计,传统上是指对被审计单位经济活动的效率、效果和效益状况进行审查、评价,目的是促进被审计单位提高人财物等各种资源的利用效率,增强盈利能力,实现经营目标。随着审计的发展,"效益审计"的范围也不再局限于财务活动,如由各国最高一级审计机关组成的国际性组织"最高审计机关国际组织"(INTOSAI)将政府审计机关开展的经济效益审计统一称为"绩效审计"(performance audit);而西方国家一些企业内部审计机构从事的效益审计活动又被称为"运营审计"(operational audit)。

(3) 审计的其他分类。按审计的范围分类,可分为全部审计、局部审计、专项审计;按审计周期划分,可分为定期审计和不定期审计;按审计实施的时间分类,可分为事前审计、事中审计、事后审计;按审计执行地点分类,可分为就地审计、送达审计等。

4. 现代审计内容的发展演变

从以上介绍可以看出,审计的基本特征是独立性、权威性和公正性。正因如此,审计可以发挥对被审计单位的监督制约和促进作用。业界权威的美国会计学会在其1972年公布的《基本审计概念公告》中强调,审计是为了查明有关经济活动和经济现象的认定与所制定标准之间的一致程度而客观地收集和评估证据,并将结果传递给有利害关系的使用者的系统过程。这一定义的关键词是:一致程度、收集评估、系统过程。既然审计要体现出其监督监管的"独立性、权威性、公正性"特征,那么审计的内容就不能仅仅局限于财务和经济活动。

随着政府职能和审计机关监管内容的演变、监管方式的改进,审计从传统的财务审计向绩效审核、项目评估、政策分析(监督、审核、评价)演变，出现了绩效审计、运行审计、质量审计、项目审计、能源审计等新的审计形式。

2004年7月7日，成立于1921年的美国国家审计总署(General Accounting Office, GAO)将其使用了83年的机构名称正式更名为政府问责署(Government Accountability Office, GAO)。更名后的英文名称缩写虽仍为GAO，但标志着其职能的重大转变。GAO隶属于美国国会并向其直接负责和报告工作，完全独立于行政机构，担负着审查、监督美国联邦政府的所有收入、支出及项目效率、效果的重要职责。随着美国联邦政府收支规模和事务范围日益扩大，GAO已经无法完成诸如拨款凭证副署、报账、簿记管理、会计制度设计和凭证检查等"主计"的传统使命，也无法完成对联邦政府财务收支进行详细审计的职责，必须改弦易辙；同时，美国公共行政管理体系确立以预算管理为核心，完善了内部控制、财政财务管理和内部审计，GAO已经没有必要对财务收支进行详细审计。相反，其唯一目标和职责是强化政府责任意识和回应力，改进政府机构及其他公营组织运营绩效，督促政府更好地服务于美国公民。其工作模式也从对联邦政府项目和政策执行结果的关注转移到关注联邦政府的执行过程。据统计，GAO近年来发布的审计报告中，财务收支真实性和合法性审计只占不到一成，而对联邦政府进行绩效审核、项目评估、政策分析的比例则占到近九成。

5.1.2　安全审计概述

1. 安全审计内涵

安全审计是指评估安全管理活动相对于安全强制规范以及安全管理体系程序性规定的符合性程度的活动。

根据欧盟委员会2011年发布第1034号条例，安全强制性审计指由国家监管机构实施的系统、独立的检查活动，以确定安全管理制度、措施、要素以及安全管理过程、结果、产品或服务是否符合规章制度以及是否得到有效执行，是否达到预期的目标。安全审计是安全管理活动的核心环节之一，它提供一种识别潜在安全隐患的方法。

2. 安全审计外延

1）道路安全审计

道路安全审计是从预防道路交通事故、降低事故产生的可能性和严重性入手，对道路项目规划、设计、施工和服务运营期全方位的分析，评价道路的安全性能，揭示可能导致道路交通事故的潜在危险因素，并提出预防措施。

道路安全审计源于20世纪80年代的英国、澳大利亚、美国、新西兰、加拿大、泰国、菲律宾等国。道路安全审计旨在减少交通事故发生率、降低道路交通事故损失、提高路网的安全性、降低道路交通事故的人身赔偿费用、降低完工后的改进需求、减少改造费用、促进路政部门和设计者的安全意识。

2）信息(系统)安全审计

当今社会是一个依托计算机与网络的信息生产时代，云计算、物联网、大数据、互联网+、智能化等新型应用层出不穷并不断渗透到社会生产、生活的方方面面，人们可以高效、便捷、快速获取信息的同时也产生了内网泄露、黑客攻击、病毒、非法使用等信息安全问题。信息系统安全审计，是审计人员依据授权，对计算机网络环境下的有关活动或行为进行系统、独立的检查验证并作出相应评价的过程；它通过对信息系统风险进行事前防范、事中控制、事后审计，来达到保障系统无漏洞、信息无泄露的目标。

3）航空安保审计

航空安保审计可以视为航空安全审计的重要组成部分，是民航安全管理活动的重要内容。航空安保审计是行业主管部门系统的评估航空安保组织实现其安全保卫目标情况的一种方法。

航空安保审计可以由组织在内部进行，也可以由外部安全审计员进行，相应地分为内部安全保卫审计和外部安全保卫审计。前者多是组织内部自行安排，其目的是检视组织内部航空安保的全部流程以及要素，审计周期、方法以及组织都属于自发行为。而后者更多是一种公权力的强制，即为了证明航空运输组织的安全保卫水平，由国际航空机构、国家民航管理当局等官方机构对航空运输的利益主体（机场、航空公司）进行独立的外部审计。

5.1.3　民航安全审计

1. 民航安全审计概述

根据中国民用航空局 2009 年 2 月发布的《民用航空安全审计指南》，民航安全审计是民航局依据国际民航组织标准和建议措施、国家安全生产法律法规及民航规章、标准和规范性文件，对航空公司、机场、空管等单位进行的安全符合性检查，属于政府安全监管行为。

民航安全审计是民用航空安全管理活动的核心之一。在国际民航组织公布的《安全管理手册》中，民航安全审计被认为是实现安全监督的一种手段。安全监督包括对一个组织运行的所有方面进行定期的（如果不是持续的）监控。而安全管理也需要有关于安全绩效的信息反馈，以完成安全管理的闭环。通过这样的反馈，就能够评价安全管理系统的性能并实施必要的改进。实施安全监督不仅表明组织遵守了国家和组织的准则、规章、标准、程序等，同时这种监控也提供了另一种主动识别危险，证实已采取的安全措施的有效性和持续评估安全绩效的方法。

像财务审计一样，安全审计是系统评估组织实现其安全目标情况的一种方法。安全审计方案连同其他安全监督活动（安全绩效监控）共同为各部门的经理和高层管理者提供与组织安全绩效有关的信息反馈。这种反馈为正在达到的安全绩效水平提供证据。从这一意义上讲，安全审计是一种主动的安全管理活动，能够提供一种在对安全造成影响之前识别潜在问题的方法。

如前所述，安全审计是一种主动的安全管理活动，它提供一种提前识别潜在安全问题的方法；为安全管理活动提供人员、适用性规章、胜任能力和训练等方面的保证。在安全管理体系（SMS）中，安全审计属于四大支柱中的安全保证环节。它既是主管机构的一种安全监管方式，也可作为单位内部安全管理体系的组成部分来实施，如作为一种不安全事件的预防措施（内部审计）。

安全审计与传统的安全检查也有不同。安全检查是对民航企事业单位内某一方面或几个方面及出现的某些征兆所进行针对性的检查活动，是灵活的、点对点的安全监督核查；安全审计则是一种系统的、关键性评价，旨在发现安全管理体系的优缺点，识别不可接受风险并提出整改措施的有完备、系统的审计流程和程序。

安全审计比日常监管更强势、更集中、更全面。通过安全审计为日常监管提出更加明确的监控项目，对督促企事业单位整改安全问题提供了参考；通过公布审计结果，也是借助社会监督，更有利于各项规章制度的落实。同时，它也是满足目前大家非常关注的安全绩效监测要求的主要方法之一，通常可与运营活动的其他方面审计共同实施，如质量控制、成本效益等。

2. 民航安全审计的形式

安全审计可以由组织在内部进行，也可由外部安全审计员进行。向国家管理当局证明组织的安全绩效是最常见的外部安全审计形式。然而，其他利益相关者可能越来越多地要求进行独立的审计，以此作为给予某项特殊批准（如融资、上保险、与其他航空公司合作、进入国外航空市场等）的先决条件。不管审计的动力是什么，内部及外部审计的活动内容和产出是类似的。安全审计应依照组织的安全审计方案定期、系统地进行。

目前我们熟知的民航安全审计，主要有以下三种形式，或者说三个层级。

1）国际民航组织的普遍安全监督审计计划

ICAO 的普遍安全监督审计计划（USOAP）侧重于评估各国政府的安全监督能力。它通过定期对缔约国进行审计促进全球航空安全，并通过评估安全监督系统关键要素的实施情况，以及缔约国对 ICAO 与安全相关的标准及建议措施（SARP）、相关程序、指导材料及安全相关措施的执行情况来确定其安全监督能力。我们将在 5.2 节详细讨论这一项目。

2）中国民航安全审计

中国民航安全审计（China Aviation Safety Audit Program，CASAP）是我国政府对民航系统进行的中国民航安全审计，旨在检查运行系统的安全隐患，督促被审计单位进行安全整改，提高全行业安全运行水平。该项目是民航局在大量调研的基础上，借鉴国际民航的先进做法，结合中国民航实际，旨在强化政府安全监管执行力的重要举措之一。

CASAP 项目在设计之初，其定位之一是要作为政府今后实施安全监管的重要手段，是一项长期的综合安全监管工作，是周期性、强制性、系统性的安全监察。它与民航企事业单位的 SMS 构成两只手，安全审计更侧重于政府对企事业单位的安全监管。通过先行实施安全审计，有利于整体推动 SMS 建设速度，有利于弥补安全管理缺位，有利于从传统的安全管理向现代的安全管理过渡。

3）民航企事业单位内部安全审计

内部审计是民航企事业单位对自身遵守政府规章标准、履行安全责任的状况进行系统性的评估，查找和修正本企业安全系统缺陷，是实施风险管理的有效手段。内部安全审计是民航各级部门、单位实施内部安全监督的一种方式，可以看成是前面两种方式的缩小版。主要可依据民航局公布的审计手册、企业的 SMS 或安全管理手册、内部安全审计检查单来实施。通过内审，可以帮助企业实现掌握部门安全管理状况，落实安全责任制，发现薄弱环节和安全隐患，改进安全管理，提升安全文化的目标。此外，内审还可以被企业作为接受主管机构安全审计前的预演手段。

5.2 国际民航安全审计

5.2.1 国际民航组织普遍安全监督审计计划

普遍安全监督审计计划(USOAP)是国际民航组织于1999年1月1日开始实施,为评估各缔约国政府民航安全监管水平而设计实施的一项安全审计计划。

1. USOAP 的目的

USOAP 的目的是定期对缔约国进行审计,通过评估缔约国对国家安全监督体系关键要素的有效执行情况,以及缔约国对国际民航组织与安全有关的标准和建议措施、相关的程序、指导材料和安全相关措施的实施情况来确定缔约国的安全监督能力,从而促进全球航空安全。通过检查各个缔约国遵守国际民航组织规定的标准与建议措施的情况,推行该统一标准在全球范围内的实施。

2. 审计监管要素

USOAP 关注的安全监督体系关键要素有8个,分别是:

(1)航空立法:制定符合国际民航公约要求,与国家民用航空活动的环境和复杂程度相适应的全面而有效的法律。

(2)运行规章:根据民用航空基本法律制定适当的规章,规定国家的最低要求,按照国际民航公约的标准与建议措施对标准运行程序、设备和基础设施作出规定。包括各种指南、规则、法令、指令、要求、政策、命令等。

(3)组织机构、安全监管职责:设立相应的政府机构,明确表述安全管理职能、目标和安全政策。

(4)人员技术培训:对安全监管人员进行培训,使他们达到并保持应有水平。

(5)技术指导材料、程序和信息:向安全监管人员提供技术指导,使他们能够按照既定的要求和标准开展工作。

(6)颁发执照及合格证:保证从事民用航空活动的个人和单位满足所要求的过程和程序。

(7)监督和检查:通过检查、审计、调查等监管手段来保证执照、证书、授权书批准书的持有人持续地满足既定要求。

(8)解决安全问题:解决影响民用航空安全的有缺陷的过程和程序,包括分析安全缺陷、提出建议措施、提供解决问题的支持以及必要时采取强制措施等。

以上8个关键要素涵盖了政府实施民航安全监管的全部活动,是保障国家民用航空安全的有力工具。其前5个是需要各国政府民航主管部门建立的,对应于国家航空安全纲要(SSP)定义部分中所说的规章,它们既保证了国家具备一套完整的法律、规章、标准、制度,也保证了国家具有完整的行政监管机制和相关的监管程序和要求;后3个是需要政府民航主管部门实施的,对应于国家航空安全纲要定义中界定的活动。

3. 审计工具

USOAP 的实施主要由 ICAO 的安全审计科来组织,其使用的主要审计工具有国家航空活动调查表(SAAQ)、符合性检查单(CCS)、访谈大纲、ICAO 文件和指导性材料、标准和程序官员(SPO)/审计小组组长检查单。

国家航空活动调查表以调查问卷的形式,搜集被审计国综合行政、立法、组织机构、运行、空中航行服务、机场、事故和征候调查共 7 方面的航空活动信息。

符合性检查单则依据各附件中的 SARP 逐条对应,设立自评检查条目,由被审计国填写是否执行了该条标准或建议措施。

访谈大纲则是最重要的审计工具,主要也是涉及立法、组织机构、人员执照颁发、运行等国家民航安全监督体系的各个方面,以对安全监督能力进行全面检查和评估。

4. USOAP 起源和早期实践

为什么国际民航组织会推行这一针对缔约国的强制性安全审计计划?我们知道,民航运行的安全监督是缔约国的职责,通过这一职能的发挥,可以确保国际民航公约附件中标准与建议措施(SARP)、安全监督体系关键要素及相关安全措施和程序的有效实施。因此,作为拥有独立主权的各缔约国,ICAO 只能通过各国的"安全监督"来保证上述的统一的行业标准得以推行。

谁制定标准,谁就占据主动。首先,由于各国的财政、技术条件存在极大差异,许多缔约国就自身能否有效地履行其安全监督义务表示担心,比如缔约国可能缺乏足够的民航机构,安全监督活动力度不够;其次,没有相应的民航法规规章或者现有的民航法规规章与 ICAO 不一致;再次,缺乏合格的技术人员,难以有效地履行安全监督检查的义务;最后,缔约国政府缺乏对民航事业的支持力度。

鉴于此,ICAO 一手为有需要的缔约国提供财物和技术支持,另一手对其安全监督体系和能力进行检查和评估,指出其体系漏洞、帮助其提升监督能力。1995 年,ICAO 第 31 届大会批准通过了我们今天所讲的 USOAP 前身——安全监督评估计划。

这一初始计划刚开始还采取自愿、保密的原则,即由各国自愿申请,然后由 ICAO 依据附件 1、附件 6、附件 8 的 SARP 进行逐个附件评估;评估结果不完全公开。1995—1998 年,88 国申请、67 国被评估。这一轮评估的结果可以说非常不理想,很多问题如缺乏基本的民航法规和具体的运行规章;各缔约国民航管理体系不健全;对于航空承运人和维修组织缺乏足够的合格审定和监督机制等在各国带有普遍性。

5. USOAP 项目的发展与深化

1) 强制性审计阶段

由于自愿评估不足以发现各缔约国存在安全问题,实施强制性安全监督计划的呼声自然出现。1997 年的相关国际民航安全会议上,强制监督计划概念得到广泛支持,第 32 届国际民航组织大会通过了《国际民航组织普遍安全监督审计计划的订立》的 A32-11 号决议。

1999—2004 年,国际民航组织先后对缔约国进行强制性初始审计和后续审计。这一阶段审计的范围仍局限在三个附件中与安全有关的内容——附件 1《人员执照》,附件 6《航空器运行》,附件 8《航空器适航》。绝大多数国家都接受了初始审计,162 个国家还接受了后续审计,主要是看各国在执行其纠正行动计划(corrective action plan,CAP)方面的进展情况。

2) 全面系统方式阶段

随着第一轮强制性普遍安全监督审计计划的实施,一方面基本达成了普遍安全监督审计计划的目标；另一方面，181个完成初始审计、162个完成后续审计的缔约国中，关键要素有效实施方面或纠正行动存在缺陷的比例相当高，而且各方都认识到仅对三个附件涉及安全领域进行审计是不够的。因此就有了普遍安全监督审计计划的进一步发展和持续深化。

2004年10月，ICAO第35次大会通过第A35-6号决议，决定采用全面系统方式(comprehensive systematic approach, CSA)，自2005年起用一个6年(至2010年12月31日)的强制审计周期，继续开展普遍安全监督审计计划项目的审计活动。全面系统方式扩大了审计范围，新增附件11《空中交通服务》、附件13《航空器事故和事故征候调查》和附件14《机场》。至此，USOAP覆盖了除附件9、附件17的所有与民航安全直接有关的各个附件。

3) 持续监督方式阶段

2007年9月，ICAO第36次大会通过第A36-4号决议，要求ICAO理事会审议在2010年之后继续实施普遍安全监督审计计划的各备选方案，包括采用以持续监督理念为基础的新做法的可行性。

2008年7月，国际民航组织安全和安保审计处下属的持续监督方式(continuous monitoring approach, CMA)安全审计研究组(SCMA-SG)，就2010年后开展普遍安全监督审计计划的各种备选方案进行研究。通过全面研究，考虑各种备选方案的优缺点和成本费用，咨询小组确定了6个备选方案提交给国际民航组织理事会，这6个备选方案为：

(1) 对所有成员国进行全面系统方式(CSA)安全审计的后续访问；
(2) 对所有成员国进行第二轮全面系统方式(CSA)安全审计；
(3) 对所有成员国进行附件1、附件6和附件8的审计；
(4) 对所有成员国进行附件11、附件13和附件14的审计；
(5) 推迟普遍安全监督审计计划的审计活动；
(6) 普遍安全监管审计计划改用持续监督方式。

研究组提供了包括每一备选方案的特定目标、要求、优点、局限性和相关费用等详细情况，供理事会审议后提交给国际民航组织大会决定。2009年国际民航组织理事会审议并通过了该方案，并决定2011—2012年由全面系统方式向持续监督方式(CMA)过渡，2013年1月1日起正式采用持续监督方式。

持续监督方式(也有译作"持续监测做法")安全审计，是指建立一个系统，以安全风险管理为基础，持续监督国际民航组织各成员国的安全监管能力，采取协调一致的方法评价其民用航空活动的安全水平，评估其安全管理能力。为方便国际民航组织各成员国采用持续监督方式进行安全审计，需要在国际民航组织总部、分支机构(如地区办事处)、各缔约国及其他业内机构之间搭建一个互动平台和一个中央数据库，以持续有效地管理不同来源的信息。采用这一方式，国际民航组织在执行普遍安全监管审计计划中能增强其灵活性，更有效地使用国际民航组织的可用资源，能够判明何时需要采用全面系统方式(CSA)的审计、特定目的的审计或其他类型的干预活动，例如运行干预或技术援助等。

5.2.2 国际航协的运行安全审计

1. 国际航协运行安全审计项目的起源

IATA即国际航空运输协会，这是一个非官方、非营利性的航空公司间的行业协会。虽然它在航空安全监管方面的权威性不如 ICAO 这个政府间"联合体",但它拥有的 290 多家会员航空公司遍及全球 180 多个国家;且由于航空运输的特殊性,世界上大多数国家航空公司都是国家所有,非国有航空公司也受到所属国政府的强力参与或控制。因此,它实际上是一个半官方组织,也是全世界最具影响力的航空运输组织。它通过航空运输企业来协调和沟通政府间政策,且与 ICAO 等国际组织通力合作,因此其影响力不容小觑。

IATA 的安全审计项目全称"国际航协运行安全审计"(IATA Operational Safety Audit,IOSA),亦称 IOSA 认证,是由国际航协授权全球范围内有资质的专业审计机构按照 IOSA 审计标准手册,也就是我国业内俗称的安全检查单,对航空公司进行安全审计,它由航空公司自愿申请参加。

IOSA 项目最早发端于 2001 年 IATA 为降低航空公司互相审计成本,所开发的一套行业安全标准。也就是说,不同的航空公司在此之前要想共享安全标准,必须进行互审,显然对于国际化程度、资源共享程度日益深入的各航空公司来说,会带来极大的认证成本。

2. IOSA 的目标

2003 年,IATA 正式发起 IOSA 审计项目,其基本目标有二:其一是改进全球航空运行安全;其二是降低各航空公司间的互审成本。最初有 700 多条标准和建议措施(ISARP)。从 2005 年年底开始,IOSA 成为新航空公司加入 IATA 的唯一安全资格审计,也即航空公司要想加入 IATA 成为会员,必须通过 IOSA 审计。到 2015 年,全球有 400 多家通过 IOSA 认证的航空公司,其 ISARP 也发展到 1000 条。这些 ISARP 的来源和依据主要是前述的 ICAO 的附件、FAA 和欧洲航空安全局(EASA)的最新法规,以及专家组的意见,且每年都进行修订,并以 IOSA 标准手册(ISM)的形式发布。而且,它采用质量管理体系和安全管理体系的原则,其标准高于已有的 FAR 和 CCAR 部门规章的要求。

3. IOSA 的实施情况

目前 IOSA 已发展成一个得到国际公认的提高安全水平的评估系统,用来评估运营人的运行管理和控制系统。据统计,2011—2015 年,通过 IOSA 审计的航空公司事故发生率比普通航司降低了 1/3;大约有 36% 的非 IATA 会员自愿进行 IOSA 审计,以提升安全管理水平。通过 IOSA 的高标准审计,对于航空公司扩大运营范围,与其他 IATA 会员航空公司实现密切合作有直接的帮助。因此,航空公司参加 IOSA 审计的动力非常强。我国的上海航空是国内首家通过 IOSA 审计的航空公司,之后,厦门航空(首家零整改项通过)、东方航空、深圳航空、海南航空、山东航空、南方航空、四川航空、国际航空等主要航空公司都先后通过了 IOSA 初审。

4. IOSA 的审计范围

IOSA 的审计范围涵盖航空公司 8 个运行系统:组织管理(ORG)、飞行运行(FLT)、运行控制(DSP)、机务维修(MNT)、客舱运行(CAB)、地面操作(GRH)、货物运行(CGO)、安保管理(SEC)。

5. IOSA 的手册体系

IOSA 审计主要依托 4 个支撑性文本,分别是:

(1)标准手册(ISM),它包含了 IOSA 标准和建议措施(ISARP)、指导材料和其他支持性信息;如前所述,ISM 虽然是审计标准,但它囊括了 ICAO、FAA/DOD、EASA 对现行民航安全审计的要求；

（2）程序手册（IPM），包含制定 IOSA 程序的支撑性条款，供审计机构（AO）进行审计、培训机构（ETO）进行审计员培训以及成员单位接受审计使用；

（3）审计手册（IAH），包含了数本手册，如对航空公司最为有用的《Procedure and Guidance 程序和指导》，它包含了航空公司参加 IOSA 审计的具体操作程序、公司内部审计、符合性报告的编写等内容；

（4）审计项目参考手册（IRM），包含了所有 IOSA 体系及其文件中所涉及的术语及定义，该手册类似于工作词典，对于很多业内缩略语和专业术语给出统一的参考标准。

6. IOSA 的审计方式

IOSA 认证是一个高标准、持续性的安全审计项目。受审计航空公司与 IATA 协商确定由 IATA 授权的合格审计机构 AO，全球共有 6 家 IATA 授权的合格审计机构 AO，分别是法航集团的 Quali-audit、德国汉莎集团的 Aviation Quality Services GmbH、英国的 Wake (QA) Limited、澳洲的 Aviation Compliance Solutions Pty Ltd. 、以及美国的 Morten Beyer & Agnew, Inc. 和 ARGUS PROS 公司。审计员必须是航空公司专业人员，且经过由 IATA 授权的培训机构 ETO 的培训认证。

审计机构派出 5 名审计员组成的审计团队用大约一周时间，对航空公司的各运行系统，对照 ISARP，对航空公司受控文件文件化（documentation）及其执行度（implementation）的落实情况进行审计，做到"文文相符"和"文实相符"。

需要注意的是，受控文件被定义为航空公司文件管理和控制系统所监控的文件。例如集团公司的《安全质量管理手册》；公司级别的《运行手册》《运行规范》；部门级的《安全管理手册》《安全管理程序和规定》《飞行技术管理手册》《训练大纲》《除防冰大纲》《维修工程管理手册》《客舱乘务员训练手册》《飞行签派手册》《航空安保手册》《客货运手册》《危险品管理》等。同时，这些手册要符合 ISM 中 ORG 2.1.1 的具体要求。文件管理和控制系统的关键要素包括内容、修订、发布、分发、适用性和持续性。只有符合这些要素的文件，才能称之为受控文件，作为审计依据。而日常管理中经常使用的各类红头文件、通知通告、AC、业务指南这些，除非编写入手册，否则都不属于受控文件的范畴，不能作为审计依据。

执行度检查侧重于营运人日常工作，而非临时抱佛脚或补账，其检查抽样的范围可能涉及公司信件、电子邮件、备忘录、通告、传单或海报，新航线评估、风险通告、各类检查记录、安委会纪要、员工自愿报告、外包单位的审计报告等。这就要求受审计单位做好痕迹管理和文档的整理、编档，即便是电子文档，也需要注意纸质文档版本与电子文档的一致性，以及电子文档的备份与保存。

例如，图 5-1 中的 ISARP 表格，ORG 指组织与管理系统，条款描述中的 Shall 指标准项必须达到，一旦不符合即表示存在问题，用 Finding 表示，也即国内所称的"必改项"；Should 指建议措施项，不符合时列为建议观察措施，用 Observation 表示，也即国内早先所称的"建议项"。N/A 表示不适用。可以看到，一个项目既会关注其是否文件化，也会关注其是否真正落实。Auditor Actions（AA）指审计员采用适当的审计方法，如确认、检查、访谈等对该条款的符合性进行核查。

经过一周的现场审计，审计机构出具一份初始审计报告，包含整改（Finding）和建议（Observation）措施，报 IATA 审核；受审计方在规定时间内完成上述不符合项的原因分析以及整改措施落实。

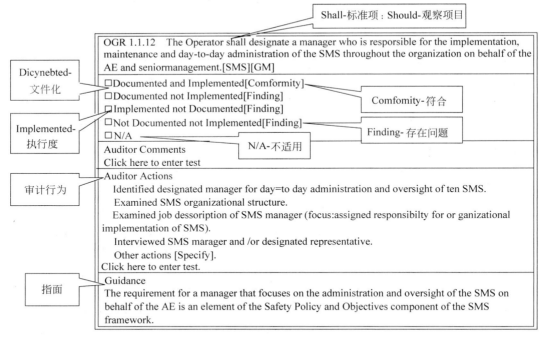

图 5-1　IOSA 安全审计检查单样例

7. E-IOSA 企业内审

IATA 在 2007 年强制要求所有航协成员通过 IOSA。2015 年 9 月 1 日起，IOSA 规定 IOSA 的注册有效期只有两年，超过两年后要求所有成员进行增强版 IOSA 内审，也就是现在所说的 E-IOSA。E-IOSA 只适用于航空公司 IOSA 复审。

E-IOSA 日益成为航空公司安全质量体系的重要组成部分，航空公司自身开展持续的内部审计，不仅需要在整个注册期内能够保持对 IOSA 标准的持续符合，还要通过 E-IOSA 检验航空公司对 IOSA 标准的持续执行度、质量保证功能的可靠性和审计的标准化。国际航企的普遍做法通常是将审计检查分为以下三种不同的类型。

（1）对于当地民航局强制性审计条款的符合性验证。

（2）对于 IOSA 条款的符合性验证。

（3）对于公司内部安全运行管理需要进行的符合性验证。

作为航空公司迎接审计的相关工作主要可以参考 IAH 手册中的具体内容。作为航空公司首先是在《安全管理程序和规定》这类手册中加入 E-IOSA 的具体程序，其次是培训内部审计员，有条件的公司可以将符合资质的内审人员派往各授权审计机构接受航空审计员培训或 IOSA 审计员培训，也可以邀请 IATA 的专业团队赴公司进行集中函授。在注册期（24 个月）内对所有 ISARP 至少内部评估一次并获得高管签名的申明文件，在 IOSA 正式审计开始前两周，生成并提交符合性报告（conformance report）。如果航空公司没有在截止日期前提交完整的符合性报告，那么审计机构可能会对 ISARP（ORG 3.4.6/ORG 3.4.7/ORG 3.4.8/ORG 3.4.14）判定为"不符合"。

E-IOSA 的基本工作流程可以概括为如下步骤，营运人可以根据自身实际情况进行调整。

（1）建立方案：牵头部门召开审计准备会议，形成公司 E-IOSA 审计实施方案。各运行部门根据审计方案，成立部门 E-IOSA 审计工作组，明确人员职责分工。

（2）部门自查：牵头部门核对最新版手册、符合性报告等资料，并提供给各 E-IOSA 审计工作组成员。各运行部门根据 E-IOSA 审计实施方案，在规定时间内完成 E-IOSA 审计自查工作，并将形成的符合性报告报公司牵头部门。

（3）开展内审：牵头部门根据审计实施方案和各部门符合性报告上报情况，确定公司 E-IOSA 复审时间，成立公司审计组，并在实施审计前若干个工作日，将审计计划通知被审计部门。被审计方接到审计通知后，按照审计计划准备审计组工作场所及文件资料、台账记录，确定审计工作的代表人员、办公场所、门禁安保文件等。审计实施时依据最新有效的《IOSA 标准和建议措施》(ISARP)，参照审计行为(auditor action)的检查要求，以查阅文件和记录、人员面谈、现场观察等方式核对各部门提交的符合性报告内容，并将检查结果按要求记录在符合性报告中。针对审计中发现的不符合项、观察项和不适用项内容，审计方应与受审方共同确认；对于存在意见分歧的项目，应通过协商或重新审计等方式进行处理。

（4）后续跟踪：现场审计结束后，审计组应召开审计组会议，审计检查员要整理分析审计记录，汇总审计中发现的各类问题并上报审计组组长。审计方在完成 E-IOSA 审计后的 5 个工作日内完成《E-IOSA 审计报告》，报公司高层批准后下发。需要注意的是，E-IOSA 是公司安全管理和质量保证的重要组成部分，对于内审需要以客观公正并且较为严谨的心态来应对，如果营运人缺乏相应的审计人员，可以邀请外部审计员进行合约审计，对于下发的整改建议项尽量在 IOSA 审计正式开展前或者资质到期前完成整改。

5.3 中国民航安全审计

5.3.1 中国民航安全审计背景

在第 5.1 节提到不同层面的民航安全审计，中国民航安全审计(CASAP)是民航局依据国际民航组织标准和建议措施、国家安全生产法律法规及民航规章标准和规范性文件对航空公司、机场、空管等单位进行的安全符合性检查。这里的符合性实际上是"两个符合性"，即企事业单位的运行手册与局方的安全规章要求之间的符合程度；企事业单位安全实际运行与其手册之间的符合程度。

如前所述，CASAP 项目实施的背景，是 ICAO 自 2004 年开始推行 CSA 全面系统方式安全审计。因此，借鉴国际先进标准，结合我国民航实际，为强化政府安全监管执行力，2006 年民航局在全国民航安全工作会议上对我国民航安全审计工作进行规划和部署：下发了安全审计工作方案、明确了安全审计的一般规定；并先后组织编写了《中国民航安全审计指南》《航空公司安全审计手册》《机场安全审计手册》和《空管安全审计手册》等审计依据；并根据工作需要培训审计员。2006 年 10 月，在深圳地区民航系统同时进行航司、机场、空管单位的安全审计工作试点，2007 年正式铺开全行业安全审计。

中国民航主动作为，在安全审计方面的一项引领性工作是预先编制和下发了《中国民航安全审计指南》,成为民航系统各单位开展审计准备工作的纲领性文件,并根据试点和实施过程中发现的问题及时修订。目前我们看到的是 2009 年 2 月修订的第三版。2010 年后 ICAO 开始推行持续监督方式 CMA 审计。2012 年 4 月,民航局机场司和空管办又以 AC 的形式下发了另一个纲领性文件《民用机场持续安全审计指南》,用来指导经过普遍安全监督审计计划,也即 CSA 方式审计的民用机场,继续进行持续安全审计工作。

5.3.2 中国民航安全审计概述

1. 审计目的、依据和组织方式

(1) 审计目的。包括:①掌握被审计方安全运行状况;②查找被审计方安全管理上存在的问题,督促并指导其进行安全整改;③促进被审计方建立和完善安全管理体系。除以上三点外,通过审计发现监管薄弱环节,完善民航安全管理规章,提高监管工作水平,可以视为实施安全审计的最终目标。

(2) 审计依据。除国际民航组织标准和建议措施外,还增加了《中华人民共和国安全生产法》《中华人民共和国民用航空法》及相关法规、规章、标准和规范性文件。民航企事业单位在具体实施安全审计时,还应当参考《民用航空安全审计指南》和相应行业的《安全审计手册》。

(3) 审计组织实施。CASAP 安全审计由民航局统一领导,相关司局组织实施。安全审计中,对已实施航空安保审计的机场,认可其航空安保审计的结果。对尚未实施航空安保审计的机场进行安全审计时,增加航空安保审计内容。对辖有空管单位的机场进行安全审计时,增加空管审计内容。

2. 审计一般规定

(1) 审计要素。审计要素概括为以下 7 个方面:①组织管理(A 类);②规章制度(B 类);③运行管理(C 类);④资源配置(D 类);⑤信息管理(E 类);⑥应急管理(F 类);⑦人员培训(G 类)。

(2) 审计范围。包括以下 9 个方面:①综合安全管理;②飞行运行管理;③客舱安全管理;④维修管理;⑤航务管理;⑥旅客运输管理;⑦货物运输管理;⑧危险品运输管理;⑨航空卫生管理。

(3) 审计方法。审计组在审计过程中,可以采用但不限于以下方式:访谈法、查阅文档记录法、现场检查法和问卷调查法等。

(4) 审计工作要求。首先,审计员在审计中应当做到与被审计方充分沟通;其次,审计采样时注意样本的客观性、公正性和代表性,证据应当由审计员自主取得;最后,审计结论应当客观陈述,有证据支持,避免直接批评或指责。

(5) 审计结果和审计报告。审计结果分为四类,主要从组织管理是否完善、规章制度是否健全、运行管理是否规范、资源配置是否充足、信息管理是否有效、应急管理是否完备及人员培训是否到位等方面进行评价。如评定为一类的被审计方,使用"组织管理完善、规章制度健全、运行管理规范、资源配置充足、信息管理有效、应急管理完备及人员培训到位"这样的表述;评定为二类的被审计方,则使用"基本完善、基本健全、比较充足、比较有效"等表述;评定为三类的被审计方,则使用"不够完善、不够健全、不够到位"的表述;被评定为四类的被审计方,其评语则是"组织管理差、规章制度不健全、运行管理不规范、资源配置不足、信息管理低效、应急管理不完备及人员培训不到位"。

对评定为一类的被审计方,局方将优先安排其运行;对评定为二类的被审计方,局方继续认可其现有运行;对评定为三类的被审计方,局方将按照相关程序在某些方面对其运行进行限制;对评定为四类的被审计方,局方将按照相关程序终止其运行。

安全审计报告和整改跟踪报告在民航行业内公布。安全审计周期通常为5年。安全审计周期也可根据实际情况缩短或延长。

5.3.3 中国民航安全审计流程

1. 审计工作程序

安全审计分为安全审计准备、安全审计启动会、安全审计实施、安全审计情况通报会、提交安全审计报告、整改跟踪和安全审计公布7个阶段,如图5-2所示。安全审计的大体可以做如下阶段划分。

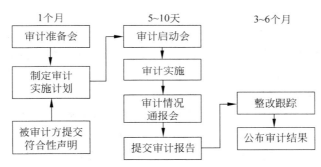

图 5-2 安全审计工作阶段划分

(1) 审计前的准备工作:① 由民航局安全审计办公室下达审计计划;②由受委托的地区管理局成立审计组;③由民航局和地区管理局培训审计员;④审计方和被审计方召开安全审计准备会;⑤审计组研究被审计方的符合性声明;⑥审计组编制审计实施计划。

(2) 现场审计的工作内容:① 召开审计启动会,说明审计目的、范围、标准、方法和程序;②按照计划,分专业小组实施审计,包括访谈或座谈,查阅手册等文件,实施航线检查等现场检查;③记录审计结果,填写《安全审计问题记录单》;④每日审计情况交流会,审计组内部以及与被审计方进行充分沟通;⑤各专业小组整理编制小组审计报告;⑥审计情况通报会,审计组介绍审计总体情况,通报发现的问题,听取被审计方安全监管有关问题的说明;⑦审计组整理下发《安全审计整改通知单》;⑧被审计方提交审计问题整改方案;⑨审计组根据审计结果做出7类审计要素评定得分;⑩研究编制审计报告报民航局安全审计办公室;⑪民航局安全审计办公室将审计报告发送被审计方和被审计方所在地区管理局。

(3) 现场审计结束后的工作内容:① 被审计方所在地区管理局组织实施整改跟踪;②根据整改情况作出是否关闭整改的决定;③地区管理局整改跟踪结束后编制并提交整改报告;④民航局相关司局审核后提出是否需要复审的意见;⑤民航局安全审计办公室研究提出公布审计结果的意见报安全审计领导小组审批;⑥审批后的审计结果在审计后3～6个月内公布。

2. 审计各阶段工作内容

1) 安全审计准备

安全审计办公室按照年度审计计划,在审计实施前 3 个月向被审计方和负责组织实施审计的单位发出审计通知。

被审计方接到审计通知后,应当指定联系人,按照审计通知的要求做好准备,并在审计实施前 1 个月将符合性声明和本单位总体情况概述提交给安全审计办公室。符合性声明应当有被审计方负责人签名。

负责组织实施审计的单位接到审计通知后,在审计实施前 1 个月将安全审计组名单报安全审计办公室,经审核后,组成安全审计组。安全审计组在实施审计前召开审计准备会,研究被审计方提交的符合性声明,确定安全审计实施计划,通知被审计方,并报安全审计办公室备案。

安全审计实施计划应当包括:审计内容、审计组成员及职责分工、审计日程安排、对被审计方的要求等。

2) 安全审计启动会

安全审计启动会在审计实施前召开,由安全审计组组长主持,审计组成员和被审计方相关人员参加。向被审计方说明安全审计目的、内容、审计标准、方法和审计工作程序。确定审计工作日程、审计人员出入场所证件办理、相关办公场所安排及其他事项。

3) 安全审计实施

安全审计组应当按照审计实施计划和要求开展审计,并做好记录。安全审计组每日召开情况交流会,对审计情况进行汇总和交流,并明确次日工作任务。安全审计检查单项目完成后,安全审计组对 7 个要素进行综合评定,完成审计报告和整改通知单。

4) 安全审计情况通报会

安全审计情况通报会由安全审计组召开,审计组全体成员和被审计方有关人员参加。在安全审计情况通报会上,审计组组长宣读审计报告后,由审计组组长和被审计方负责人在报告上签字。

5) 提交安全审计报告和意见反馈单

安全审计情况通报会后,安全审计组应当在 5 个工作日内向安全审计办公室提交安全审计报告、7 个要素综合评定分数和《审计组意见反馈单》,并向被审计方下达整改通知单。

安全审计情况通报会后,被审计方应当在 10 个工作日内向安全审计办公室和所在地区管理局提交整改措施,同时向安全审计办公室提交《被审计方意见反馈单》。

安全审计报告正文内容包括:①安全审计总体情况概述;②对被审计方的总体评价和审计符合率;③安全审计发现的问题和整改建议;④安全建议;⑤特别情况的说明。

安全审计报告的附件应当包括安全审计整改通知单。

编制安全审计报告应当遵循以下原则:①安全审计报告中的陈述应当与审计结果和建议的内容一致;②安全审计结论应当有充分的证据,对安全审计结果和建议的阐述应当简明扼要;③避免直接批评个人。

6) 整改跟踪

被审计方所在地区管理局根据被审计方提交的整改措施制定整改跟踪计划,并组织实施。整改通知单下达后 6 个月内,被审计方所在地区管理局应当向安全审计办公室提交整改跟踪报告。整改跟踪报告应当包括整改监督情况和整改关闭意见。

7) 安全审计公布

安全审计报告和整改跟踪报告由安全审计办公室负责公布。安全审计办公室根据审计组提交的现场审计符合率、7个要素综合评定分数和被审计方所在地区管理局提交的整改跟踪报告,对被审计方进行分类,经安全审计领导小组批准后公布。

5.4 民航生产经营单位法定自查

5.4.1 民航行业监管模式改革

1. 法定自查实施的背景

2021年9月开始实施的《中华人民共和国安全生产法》明确规定:"安全生产工作实行管行业必须管安全、管业务必须管安全、管生产经营必须管安全,强化和落实生产经营单位主体责任与政府监管责任,建立生产经营单位负责、职工参与、政府监管、行业自律和社会监督的机制",标志着企业所应承担的安全主体责任在立法层面上得到了确认,同时也进一步明确了政府、行业、生产经验单位以及企业职工、社会在安全管理、安全监督方面各自所应担的职责。

2014年10月党的十八届四中全会审议通过的《中共中央关于全面推进依法治国若干重大问题的决定》,对新形势下全面推进依法治国作出总体战略部署,明确了行政机关依法行政的目标、任务和总体要求。

在此背景下,为贯彻落实党中央提出的关于法治政府建设的各项要求,解决长期以来制约民航行业监管效能提升的影响因素,诸如监管责任不清晰、监管边界模糊、监管资源不足、企业落实主体责任缺乏手段、重复监管、各地区民航管理机构监管标准差异大等突出矛盾和问题,民航局决定开展行业监管模式调整改革工作。2015年5月,民航局发布了《加强民航法治建设若干意见》,此项工作是深化改革、推进行业治理能力现代化,进一步提高民航依法行政能力、水平和效能,切实保障民航行业安全、促进行业有序发展的重要举措。

2015年8月,民航局确立了"先调整监管模式,再建设执法系统"的工作思路,同时在民航华东地区管理局开展试点工作。经过近两年半的试点经验和成果总结,2018年1月,民航局下发了《关于在全行业推广行业监管模式调整改革的通知》,在民航全行业部署推广以"五项制度"为内容的新监管模式,即:①基于监管事项库的行业监管制度;②年度检查计划和临时检查任务的融合调整制度;③问题原因系统性分析制度;④民航行政机关非现场监管制度;⑤民航单位法定自查制度。2018年起,依托民航行政监管执法信息系统(SES),民航行业监管步入了更规范、更合法、更精准、更全面的时代。

法定自查正是在民航行业监管模式调整改革这一大背景下应运而生的。

2. 民航行业监管模式调整改革的意义

1) 民航落实法治政府建设的具体举措

(1) 有利于提高民航行政机关依法行政能力和水平。随着"五项制度"的推出和落实,明确了行政机关的"行政检查权力清单"、监察员的"监管责任清单"和企业的"监管要求清单",明确了行政机关、企事业单位和监察员各自的权利义务以及责任边界,促进了局方监管的规范化。

（2）有利于民航行业治理工作融入国家信用体系建设。2014年，国务院颁布了《社会信用体系建设纲要（2014—2020）》，提出了社会诚信体系建设的总体要求，将信用体系建设作为完善社会主义市场经济体制、加强和创新社会治理的重要手段。为贯彻落实国务院工作要求，民航局建立了由《民航行业信用管理办法》《关于限制特定严重失信人乘坐民用航空器推动社会信用体系建设的指导意见》《关于对民航失信主体实施联合惩戒的合作备忘录》3个文件构成的民航信用建设制度体系，初步形成民航行业管理局方联动，各相关部委协同，覆盖民航经济运行与安全管理各个领域，覆盖民航企业与旅客各个主体的信用管理体系。

（3）有利于推动多种治理手段在行业管理中的综合运用。颁布《民航行业信用管理办法》为使用"信用管理"的手段进行行业监管提供了制度保证，中国民航以制度的形式提出并推行信用管理手段，也是世界范围内民航行业监管的创新。

2）实现民航治理体系与治理能力现代化

（1）有利于推动监管对象从"他律"向"自律"转变。帮助民航单位形成常态化的自我合法性检查，让企业成为"自律"的主体，而不是"他律"的对象，更深入地参与到行业治理工作中来，促进企业主体责任的落实，调动和发挥企业在安全管理上的主动性、积极性和创造性，焕发企业自我监管的内生动力。

（2）有利于推动行业监管向重点监管、精准监管和差异性监管的转变。推行法定自查，将合法性检查交给民航单位先行开展，民航行政机关适时抽查，局方的监管力量向重点监管、精准监管进行分配，同时依据抽查的情况以及企业的信用状况，为差异性监管提供依据，从而改变"保姆式"监管导致监管力量不足的状况，有效地提高监管的效能。

（3）有利于进一步提高行业监管工作的科学化水平。监管事项库向企业全部公开，局方检查的内容与标准通过对企业的宣贯与培训也将为企业所熟悉掌握，以监管事项库作为行政检查制订计划和组织实施的依据，同时严格落实监管事项库管理和检查计划调整、融合制度，将大大提高行政检查工作的计划性和可预期性。

3）解决当前监管工作中的突出矛盾和问题

行业监管存在的矛盾和问题主要体现在以下几个方面：一是在监察员方面，表现为监管责任边界不清与监察员履职尽责之间的矛盾，因担心追责，导致过度监管；二是在监管方式方面，表现为高资源消耗型监管难以为继与监管工作量不断加大之间的矛盾，想监管到位，又力不从心，导致把握不准，精确度不够；三是在监管力度方面，表现为违法成本过低与行业高标准安全运营要求之间的矛盾，局方往往发现了问题，还要解决问题，企业依赖心理过重，同时，处理手段单一、约束力不够，整改通知单、处罚单、行政约见，不足以形成足够的威慑。不解决好这些矛盾，行业监管就难以发挥出保障和促进行业发展的作用。通过监管模式调整改革，界定了监管的职责边界、明确了监管责任追究原则、丰富了行业监管手段、规范了临时检查要求、降低了监管资源消耗，将有效地解决上述矛盾和问题。

3．民航行业监管模式调整改革具体内容

民航行业监管模式调整改革以行业监管为核心，以5个文件为依据《关于民航行业监管事项库管理及检查计划调整、融合工作有关问题的通告》（AC-13R1-LR-2017-03）、《民用航空非现场监管暂行规定》（AP-13R1-LR-2017-01）、《民航行政检查文书格式》（WM-LR-

2017-02)、《关于民航单位法定自查有关问题的通告》(AC-13R1-LR-2017-04)、《民航行业信用管理办法(试行)》(民航发〔2017〕136)),以"五项制度"为具体抓手,稳步推进。

1)基于监管事项库的行业监管制度

将监管事项库作为民航行政机关编制、调整行政检查计划和实施行政检查依据,且在实际工作中严格按照监管事项库所规定的检查标准、检查方式、检查依据等要求进行检查,原则上,除有保密要求外,未列入监管事项库的内容,不得作为行政检查事项。解决了监管职责边界不清、监管责权不匹配的问题,明确了监管责任追究原则。

2)年度检查计划和临时检查任务的融合调整制度

民航局、管理局下达的临时性检查任务,如果没有明确禁止融合,则允许监管局将临时性检查任务与年度检查计划相融合。对于近3个月内已经开展了检查的,在符合一定条件的情况下,可以直接将临时性检查任务融合到检查计划中,无须重复检查,视为已完成了临时性检查任务;对于临时性检查任务与年度检查计划内容相同,但时间不同的,可以调整年度检查计划时间,与临时性检查任务融合为一次检查,无须重复开展。解决了监管运行机制效率不高、重复监管、粗放配置监管资源的问题,规范了临时检查要求、减少了监管资源消耗。

3)问题原因系统性分析制度

要求民航单位从系统管理入手(鼓励采用 SMS 分析),从安全管理组织架构、职责分工、要素配置,手册、制度及流程的科学合理性,人力资源及培训管理,内部质管系统作用的发挥,安全文化建设等方面分析,系统查找原因并制定相应的预防性措施,确保分析工作落到实处,预防措施执行有效。解决了企业管理主动性不强,系统性不足的问题,体现了由人盯人到盯系统、盯组织的转变。

4)民航行政机关非现场监管制度

非现场监管制度对监察员在行政检查中使用远程音频、视频、图文资料、电子数据等手段的程序、条件、形式进行了规定,非现场监管证据与现场监管证据具有同等效力。同时规定了接受局方非现场监管检查是企事业单位的法定义务,对于企事业单位拒绝接受非现场监管检查的,由局方依据《民航行政检查工作规则》责令改正,拒不改正的,处两万元以上二十万元以下的罚款;对其直接负责的主管人员和其他直接责任人员处一万元以上两万元以下的罚款;构成犯罪的,依照刑法有关规定追究刑事责任。解决了高资源消耗监管的问题,丰富了行业监管手段。

5)民航单位法定自查制度

民航单位根据行业监管事项库,制定单位自查事项清单,建立包括责任人、自查要求、组织方法、发现问题整改闭环流程等内容在内的自查制度,开展企业自查,对自查结果和质量负责,自行承担"失信"风险。解决了企业落实主体责任不力的问题,推动企业从"他律"到"自律"转变。

5.4.2 法定自查概述

"五项制度"中的"民航单位法定自查制度"与企业关系最为密切,其目的不仅在于提高局方监管规范化水平,提升监管效能,深入落实信用管理机制要求,推动多种监管手段全面综合运用,更在于引导民航单位主动落实安全生产主体责任,建立自我规范、自我约束、自我激励、自我发展的安全管理模式。企业对法定自查的接受程度和贯彻力度决定了制度是否能够真正发挥出提升企业内在管理动力的作用。

1. 法定自查对象、范围与目标

法定自查的对象包括从事民用航空活动的法人和其他组织(民航单位)。

法定自查的范围包括安全生产自查和经营运行自查。安全生产自查是指民航单位采取技术、管理措施,及时排查自身存在的安全生产事故隐患的活动。经营运行自查是指民航单位排查自身违反法律、法规、规章、标准和规范性文件,可能导致破坏民用航空器经营秩序的状态、行为或者存在的缺陷的活动。

法定自查旨在使民航单位通过主动自查、主动整改、主动完善等方式来落实主体责任,实现法定自查与民航行政机关检查两种检查方式的紧密结合,达到持续满足合规性的要求。

2. 法定自查依据

1) 企业开展法定自查的主要法规依据

民航企事业单位开展法定自查,主要依据来源于《中华人民共和国安全生产法》《安全生产事故隐患排查治理暂行规定》(国家安监总局令第16号)、《民用航空行政检查工作规则》(交通运输部令2016年第40号)等法律法规及《关于民航单位法定自查有关问题的通告》(AC-13R1-LR-2017-04)全文。

(1)《中华人民共和国安全生产法》第四十一条第二款:生产经营单位应当建立健全并落实生产安全事故隐患排查治理制度,采取技术、管理措施,及时发现并消除事故隐患。事故隐患排查治理情况应当如实记录,并通过职工大会或者职工代表大会、信息公示栏等方式向从业人员通报。其中,重大事故隐患排查治理情况应当及时向负有安全生产监督管理职责的部门和职工大会或者职工代表大会报告。

(2)《中华人民共和国安全生产法》第四十六条:生产经营单位的安全生产管理人员应当根据本单位的生产经营特点,对安全生产状况进行经常性检查;对检查中发现的安全问题,应当立即处理;不能处理的,应当及时报告本单位有关负责人,有关负责人应当及时处理。检查及处理情况应当如实记录在案。

(3)《安全生产事故隐患排查治理暂行规定》第四条:生产经营单位应当建立健全事故隐患排查治理制度。生产经营单位主要负责人对本单位事故隐患排查治理工作全面负责。

(4)《民用航空行政检查工作规则》第四条:从事民用航空活动的法人和其他组织,应当建立安全生产自查制度,定期对本单位安全生产状况进行检查和评价,在自查中发现不符合安全生产规定的,应当立即采取措施,及时消除事故隐患,并按照民航行政机关的要求,提交包含自查结果及采取整改措施内容的自查报告。

2) 企业法定自查的主要检查依据

(1) 民航行业监管事项库

民航行业监管事项库(以下简称事项库)是民航局依据法律法规规章、标准、《国务院办公厅关于印发中国民用航空局主要职责内设机构和人员编制规定的通知》、民航局和民航地区管理局下发的行政规范性文件,结合民航行政检查工作实际情况,发布的民航行业监管事项目录,是民航行政机关编制、调整行政检查计划和实施行政检查的依据。

事项库包括业务名称、检查项目、检查内容、检查方式、检查标准、检查依据、检查频次、符合性判断标准、相对人的适用类型和是否适用"双随机"检查等要素,要素的种类结合实际动态调整。

事项库在民航行政监管执法信息系统(SES)公示使用,事项库的每一项检查内容有一个匹配的系统标识符(system identifier,SID),作为该项检查内容的唯一代码。

事项库涵盖政策与自查、运输航空、航空安全等 21 个监管专业,319 个检查项目,2501 条检查条款(数据统计截至 2020 年 5 月 30 日),详见表 5-1。民航单位根据自身运行和经营范围选择适用本单位的条款,实施自查。

(2)FSOP 检查单

FSOP 检查单由安全属性检查单(safety attribute inspection,SAI)、要素绩效检查单(element performance inspection,EPI)和其他行政检查单组成。SAI 和 EPI 分别从系统设计和安全绩效两方面对航空承运人的运行系统进行评估,评估分为 7 个系统、20 个子系统、128 个要素,每个要素从以下 6 个安全属性进行评估。

① 程序:完成一个流程的方法,并将其文档化。

② 控制:为确保得到预期结果而设计的检查和限制,并使之成为流程的一部分。

③ 流程度量标准:用来验证一个流程,以及找出问题或潜在的问题,以便纠正它们。

表 5-1 民航行业监管事项库概括

监管专业	检查项目	检查条款
政策与自查	3	5
运输航空	45	618
航空安全	12	31
航空器适航审定	22	152
航务管理	2	9
航空卫生管理	7	78
网络与信息安全	16	65
应急管理	8	20
航空安保	119	539
机场管理	20	447
空中交通管理	8	189
航空电信	8	103
航空气象	11	82
民用航空无线电管理	3	8
空管安全管理(公共部分)	12	37
价格监管	6	22
经济监管	4	22
统计监管	1	10
通用航空	5	42
绿色发展	2	16
搜寻救援协调	5	6
总计	319	2501

④ 接口:各流程之间的相互作用必须加以管理,以确保预期的结果。

⑤ 责任:应由明确的人员对流程的质量负责,此人应是能够被明确识别的,并具备资

格和丰富的知识。

⑥ 权力：只有明确的人员拥有对流程的设定和变更的授权，此人应是能够被明确识别的，并具备资格和丰富的知识。

评估结果表征了航空承运人运行系统中存在的缺陷和可能产生危险源的情况，评估结果为监察活动、风险管理、绩效管理、安全状态评价提供帮助。

FSOP 检查单共涵盖 121、145、65 等 7 个系统，156 张检查单（数据统计截至 2020 年 5 月 30 日），详见表 5-2。民航单位根据自身运行范围选择适用本单位的检查单，实施自查。

表 5-2 FSOP 检查单概括

系　统	适 用 范 围	检　查　单		检　查　内　容
121 系统	运输航空（飞行、维修、航务、客舱、航卫、危险品等）	SAI	64	手册管理、飞行机组成员训练、适合的运行设备、旅客管理、运行控制、维修方案、维修质量管理等
		EPI	64	
		SOI	14	
129 系统	外航	5		运营基地检查、航站检查、停机坪检查
142 系统	飞行训练中心	2		飞行训练中心合格审定和持续监督检查
145 系统	维修单位	1		145 系统构型检查
65 系统	签派训练机构	1		签派训练机构检查
91 系统	航空公司、飞行训练中心、维修单位、航空器代管人、通航	1		航空知识要求、飞行技能要求、飞机类别驾驶员的飞行经历要求等
97 系统	飞行程序培训/设计单位、机场、空管	4		机场飞行程序和运行最低标准等
合计		156		

3）法定自查的要求

（1）建立法定自查制度。明确本单位法定自查负责人、负责部门和具体人员。自查部门可专门设立，也可由某现有部门承担自查职责。自查人员应当熟悉相关法规、民航行业监管事项库、FSOP 检查单和公司手册，经过有关自查工作要求的培训。

（2）建立符合本单位实际情况的自查体系，明确自查责任和自查事项。

（3）建立法定自查事项清单。应当至少包括检查项目、检查内容、检查标准、检查依据四要素。应当至少覆盖民航监管事项库、FSOP 检查单中适用于本单位的监管内容，并保证同步更新。不得低于法律、行政法规、规章、国家标准、行业标准、规范性文件要求。

（4）明确法定自查程序。应当至少包括以下步骤：编制计划、实施自查、发现问题、原因分析、实施整改、跟踪验证、案卷归档。

4）企业法定自查实践

企业通过法定自查，能够达到明晰内部监督责任、纠正偏离目标和法规的行为、降低合规性风险、提升运行过程质量等目的。局方鼓励企业将法定自查与原有制度进行融合，充分利旧，避免制度推广过程中的"两张皮"现象。企业在推行法定自查工作时应充分考虑与现有管理体系、模式、方法的关系，将法定自查工作与安全隐患排查治理、安全绩效、SMS 等工作要求有机结合，发挥法定自查工作梳理问题全面、系统的优势，为其他管理工具和工作制度提供更多的分析对象。企业在实施法定自查时，应当尤其注意以下几个方面的问题。

（1）法定自查作为安全监察的一种方式，应纳入企业年度监察工作计划，与日常监察合并开展，减少检查项目重复造成的监察资源浪费和监察人员负荷增加。

（2）法定自查检查内容与法规规章关联性较强，对自查发现问题的整改应关注企业手册、规程、管理文件的完善，从制度、规范、标准上持续保持合法合规。

（3）法定自查的记录应被有效保存，并具有可追溯和再现性，为企业对自身运行状态评估提供基础信息，为局方对企业运用减免政策提供客观证据。

（4）法定自查数据应被充分挖掘分析，通过对问题原因分类、问题发生频次、问题所属专业等进行细分，确定风险等级，针对性的制定风险控制措施。

（5）法定自查发现问题应纳入企业安全绩效测量体系，制定相关考核指标，或作为考核数据来源纳入现有绩效考核指标。

（6）企业应借助法定自查，加强员工法律法规意识和岗位责任意识的培训，引导从业人员充分认识自身承担的法律责任，营造企业合规文化。

民航行业治理的目标不在于发现企业违法而进行处理，而在于通过监督督促民航企业依法合规经营，进而促进行业的健康发展。企业也希望发展环境有序规范，通过合法经营，为社会公众提供安全可靠的民航产品来实现对其投资人最大的回报。局方与企业行业治理目标和期待是一致的，要在行业治理中给企业自律权和参与权，使企业更多更主动地参与到行业监管工作中，不断自我完善，进一步减弱局方监管与企业被监管的对抗色彩，加深彼此合作，建立新型的行业监管理念和监管关系，局方承担监管责任，企业承担主体责任，有规可循，有据可依，各司其职，各尽其责。企业法定自查是企业合规与否的"自我体检"，在这个过程中，行政机关提供的更多的是帮助和指导，帮助企业更好地开展自查工作，但是法定自查质量取决于企业对主体责任的认知水平和落实程度，企业要对自身合规管理的成效负责。今后的行业合规风险，主要是来自因为不符合监管要求导致的严重失信的系统性法律风险，高质量的自查，是规避系统性法律风险的理性选择和必由之路，企业应予以高度重视。

第6章

事件调查管理

安全和健康是人类的基本需求。随着科学技术的进步,民航新技术、新材料、新工艺、新设备不断涌现,民航安全也面临巨大挑战。因为一旦发生飞行事故,个人和国家的财产将遭受巨大的损失。20世纪50年代后,民机新技术的研制迫使人们更加注重预防物质和能量的意外释放,防止灾难性事故的发生。为了预防事故的发生,人们必须从民航事件中吸取经验教训,深刻地认识民航事件的事实情况,分析事件原因,采用科学的定性和定量方法分析、辨识和评价过程或系统的危险性、有害性及其程度,采取相应的措施,科学、有效、适时、积极地预测预防事故的发生,从而将事故风险降低至人们可接受的程度。综上所述,事件调查管理对预防事故发生、保证人民生命财产安全具有重要的意义。

6.1 事件调查管理概述

6.1.1 事件概述

为了规范民用航空器事件调查,我国民航相关部门根据《中华人民共和国安全生产法》《中华人民共和国民用航空法》《生产安全事故报告和调查处理条例》等法律、行政法规,2020年4月1日起施行的《民用航空器事件调查规定》(CCAR-395-R2)、2021年10月1日起实施的《民用航空器征候等级划分办法》(AC-395-AS-01),对民用航空器事件进行界定。民用航空器事件包括民用航空器事故、民用航空器征候以及民用航空器一般事件。

根据我国 CCAR-395-R2 相关法规,相关定义如下。

1. 民用航空器事故

民用航空器事故是指在民用航空器运行阶段或者在机场活动区内发生的与航空器有关的下列事件:人员死亡或者重伤,或航空器严重损坏,或航空器失踪或者处于无法接近的地方。

2. 民用航空器征候

民用航空器征候是指在航空器运行阶段或在机场活动区内发生的与航空器有关的,未构成事故但影响或可能影响安全的事件,分为运输航空严重征候、运输航空一般征候、通用航空征候和运输航空地面征候。例如,在飞行中,严重影响航空器运行的一个或多个系统出现的多重故障;在飞行中,飞行机组必需成员丧失工作能力;燃油量或燃油分布需要飞行员宣布紧急状态的情况,这些都构成民用航空器征候。

(1) 运输航空严重征候。大型飞机公共航空运输承运人执行公共航空运输任务的飞机,或者在我国境内执行公共航空运输任务的境外飞机,在运行阶段发生的具有很高事故发生可能性的征候。

(2) 运输航空一般征候。大型飞机公共航空运输承运人执行公共航空运输任务的飞机,或者在我国境内执行公共航空运输任务的境外飞机,在运行阶段发生的未构成运输航空严重征候的征候。

(3) 通用航空征候。除执行以下飞行任务以外的航空器,在运行阶段发生的征候:
① 大型飞机公共航空运输承运人执行公共航空运输任务;
② 境外公共航空运输承运人在我国境内执行公共航空运输任务。

(4) 运输航空地面征候。大型飞机公共航空运输承运人的飞机在机场活动区内,或者境外公共航空运输承运人的飞机在我国境内的机场活动区内,处于非运行阶段时发生的导致飞机受损的征候。

3. 民用航空器一般事件

民用航空器一般事件是指在民用航空器运行阶段或者在机场活动区内发生的与航空器有关的航空器损伤、人员受伤或者其他影响安全的情况,但其严重程度未构成征候的事件。

6.1.2 事件调查目的和意义

1. 事件调查的目的

附件13《航空器事故与事故征候》指出:调查事故或征候的唯一目的是防止事故或征候。这一活动的目的不是分摊过失或责任。为了有效预防事故,事件调查应达到法律、描述、查因、预防、研究5种目的,其中最主要的是描述和查因。我国CCAR-395-R2指出:事件调查的目的是查明原因,提出安全建议,防止类似事件再次发生。

民用航空器事件调查分为技术调查与责任调查。技术调查依据CCAR-395-R2,责任调查依据493号令生产安全事故报告和调查处理条例。对于非特别重大民用航空器事故,民航局通过多部规章满足493号令要求,在按照CCAR-395-R2完成事件调查的基础上,民航局在CCAR-395-R2之外依照其他程序和业务规章对责任者完成追责;对于特别重大民用航空器事故,民航局承担事件调查技术组主要工作,并参照CCAR-395-R2完成事件调查报告,最终调查报告由国务院调查组按照493号令规定,依据各小组调查情况整合作出最终事故调查报告。

事件调查有以下目的。

1) 法律目的

即鉴定违规。鉴定事故一方面可以确定事故过程中存在违反法规的情况,有益于事故的预防;另一方面可以发现法规、标准中的规定本身不正确、不科学、不适用的部分。

2) 描述目的

即提供详细的事件过程描述。调查是一种事后工作,调查者未能看到进行中的事件,要去重构它和环绕它的条件。

事件调查的描述目的就是要真实地说明造成事故的整个事件序列的真实时空过程。

3）查因目的

即确定起因。了解事件的真实过程，并客观、公正、合理地进行推理或判断，才能鉴定出事件的原因。其中重要的问题是：不要把追查责任作为事件调查的主要目的。如果把注意力放在追究责任上面，就容易造成各种偏见而影响对事件原因的客观评述。

4）预防目的

即引出改善安全的建议。真正查清了事件的原因，就会有益于预防。如果调查能识别出一些条件，而这些条件处于相反状态，事故就不会发生，那么这个目的即可达到。通过改善这些条件，以后的事故就能得到有效预防。

5）研究目的

即提供可靠、全面的数据资料。事件研究的目的主要是要寻查事件发生的倾向和规律性，并得出从宏观上控制和预防事故的很多有益结论。基础是每一次调查都能收集到可靠、全面的真实事故数据。

事件调查是航空安全得以进步的基础。通过调查，应该知道：发生了什么？怎样发生的？为什么发生？如何处置和预防预测？从安全观点来看，失事调查的另一个非常重要的目的是"确定在可逃生坠毁事故中存在的不必要伤亡，以便改进乘员的防护设计准则"，包括驾驶员处理应急情况的技术；失事后的失火防护和预防手段、灭火和救援勤务；确定失事地点的应急定位装置的作用；快速优质的医疗护理；其他保障条件的完善和改进。

2. 事件调查的意义

安全管理工作中，对已经发生的事件进行调查分析是极其重要的一环。根据事故的特性可知，事故是不可避免的，但人们可以通过事故预防等手段减少其发生的概率或控制其产生的后果。事故预防是一种管理职能，而民航事故预防工作在很大程度上取决于事件调查。因为通过事件调查获得的相应信息对于认识危险、抑制事故起着至关重要的作用。而且事件调查与处理，特别是重特大事故的调查与处理会在相当的范围内产生很大的影响。因此，事件调查是确认事件经过，查找事件原因的过程，是安全管理工作的一项关键内容，是制定最佳事件预防对策的前提。综上，事件调查工作的意义归纳为以下几个方面。

1）提供最有效的事故预防方法

事故的发生既有它的偶然性，也有必然性。即如果潜在的事故隐患发生的条件存在，什么时候发生事故是偶然的，但发生事故是必然的。因而，只有通过事故调查的方法，才能发现事故发生的潜在条件，包括事故的直接原因和间接原因，找出其发生发展的过程，防止事故的发生。

2）制定安全措施提供依据

事故的发生具有因果性和规律性，事件调查是找出这种因果关系和事件规律的最有效的方法。只有掌握了这种因果关系和规律性，人们才能有针对性地制定出相应的安全措施，包括技术手段和管理手段，达到最佳的事故控制效果。

3）揭示隐藏风险查找管理缺陷

任何民航系统，特别是具有新设备、新工艺、新产品、新材料、新技术的系统，都在一定程度上存在着某些人尚未了解或掌握的或被人们所忽视的潜在危险。事故的发生给了人们认识这类危险的机会，事故调查是人们抓住这一机会的最主要的途径。只有充分认识了这类危险，人们才有可能防止其发生。

如前所述,事故是管理不善的表现形式,管理系统缺陷的存在也会直接影响到企业的经济效益。事故的发生给了人们将坏事变成好事的机会,即通过事件调查发现管理系统存在的问题,加以改进后,就可以一举多得,既能够控制事故,又能够改进管理水平,提高航空公司经济效益。

6.1.3 事故等级划分

在查明飞行事故的人员伤亡情况和航空器的损坏情况后,根据《生产安全事故报告和调查处理条例》(中华人民共和国国务院令第 493 号)、《民用航空器事件调查规定》(CCAR-395-R2)、《民用航空器事故调查条例(行业征求意见稿)》的规定,最终确定事故等级。

根据生产安全事故(以下简称事故)造成的人员伤亡或者直接经济损失,事故一般分为以下等级,如表 6-1 所示。

表 6-1 事故等级划分

事故等级	死亡/失踪人数	重伤人数	直接经济损失
特大事故	[30,∞)	[100,∞)	—
重大事故	[10,30)	[50,100)	≥50T,无法修复或修复费用≥60%
较大事故	[3,10)	[10,50)	≥50T,修复费用[35%,60%); [5.7T,50T),无法修复或修复费用≥60%
一般事故	[1,3)	[1,10)	≥50T,修复费用[10%,35%); [5.7T,50T),无法修复或修复费用[15%,60%); <5.7T,无法修复或修复费用≥60%

航空器运行过程中发生相撞,不论损失架数多少,一律按一次飞行事故计算。事故等级按人员伤亡总数和航空器损坏最严重者确定。人员伤亡统计应包括该次飞行事故直接造成的地面人员伤亡。航空器修复费用包括:器材费、工时费、运输费。

6.1.4 事件调查基本要求

1. 事件调查标准

国际民航组织(ICAO)将附件 13《航空器事故和事故征候调查》和国际民航组织文件《航空器事故和事故调查手册》(DOC 9756-AN/965)作为事件调查的标准,在附件 13 中对航空器事件中人员重伤、航空器损坏进行了解释,同时统一了关于航空器事故的通知、调查和报告。

人员重伤:人员在事故中受伤,自受伤之日起 7 天内需要住院 48 小时以上;或造成任何骨折(手指、足趾或鼻部单纯折断除外);或引起严重出血、神经、肌肉或筋腱等损坏的裂伤;或涉及内脏器官受伤;或有二度或三度,或超过全身面积 5% 以上的烧伤;或经证实暴露于传染物质;或受到有害辐射。

航空器受损:航空器受到损坏或结构故障,并且对航空器的结构强度、性能或飞行特性造成不利影响和通常需要大修或更换有关受损部件,但下述情况除外:仅限于单台发动机(包括其整流罩或附件)的发动机失效或损坏,或仅限于螺旋桨、翼尖、天线、传感器、导流片、轮胎、制动器、机轮、整流片、面板、起落架舱门、挡风玻璃、航空器蒙皮(例如小凹坑或穿孔)的损坏,或对主旋翼叶片、尾桨叶片、起落架的轻微损坏,以及由冰雹或鸟撞击造成的轻微损坏(包括雷达天线罩上的洞)。

我国民航事件调查相关的行之有效的法规、规章主要有:《生产安全事故报告和调查处理条例》(中华人民共和国国务院第 493 号令);《中华人民共和国安全生产法》;《中华人民共和国民用航空法》;《民用航空器事件调查规定》(CCAR-395-R2);《民用航空安全信息管理规定》(CCAR-396-R4);《民用航空安全管理规定》(CCAR-398)。

2. 事件调查原则

民航事故和征候调查应当遵循下列基本原则。

1) 独立原则。调查应当由事故调查组织独立进行,任何其他单位和个人不得干扰、阻碍调查工作。

2) 客观原则。调查应当坚持实事求是、客观公正、科学严谨,不得带有主观倾向性。

3) 深入原则。调查应当查明事件或征候发生的各种原因,并深入分析产生这些原因的因素,包括航空器设计、制造、运行、维修和人员训练,以及政府行政规章和企业管理制度及其实施方面的缺陷等。

4) 全面原则。调查不仅应当查明和研究与本次事故发生有关的各种原因和产生因素,还应当查明和研究与本次事故或征候发生无关,但在事故或征候中暴露出来的或者在调查中发现的可能会影响飞行安全的问题。

6.2 事件调查组织与设备

6.2.1 事件调查组织

由于航空运输的国际性,飞行涉及国家安全,事件调查参与方范围比较广泛,有事发国、承运人国、航空器国籍国、航空器制造国等。基于此,事件调查时必须对组织机构进行相应的规定。

根据附件 13《航空器事故与事故征候调查》规定,事件调查的组织机构分为以下 3 种情况。

1) 一缔约国的航空器在另一缔约国领土内的事故或征候

如果所涉及航空器最大重量在 2250kg 以上,出事所在国须毫不延迟地用可供利用的最适当和最迅速的方式将事故或严重事故征候的通知发给登记国、经营人所在国、设计国、制造国和国际民航组织。

登记国、经营人所在国、设计国和制造国在收到通知后,须尽快将他们所掌握的有关事故或严重事故征候所涉及航空器和机组的资料提供给出事所在国。登记国和经营人所在国也须通知出事所在国是否将任命授权代表。

经营人所在国在收到通知后,须毫不延迟地用可供利用的最适当和最迅速的方式,向出事所在国提供航空器上危险品的情况。

2) 在登记国领土内、非缔约国领土内或任何国家领土以外的事故或严重事故征候

如果涉及航空器最大重量超过 2250kg,当登记国着手对事故或严重事故征候进行调查时,须毫不犹豫地用可供利用的最适当和最迅速的方式通知经营人所在国、设计国、制造国和国际民航组织。

经营人所在国、设计国和制造国在收到通知后,须根据要求把他们所掌握的有关事故或严重事故征候所涉及机组和航空器的资料提供给登记国。经营人所在国和制造国还须通知出事所在国是否将任命授权代表。

经营人所在国在收到通知后,须毫不犹豫地用可供利用的最适当和最迅速的方式,向登记国提供航空器上危险品的详细情况。

3) 缔约国领土内的事故或征候

出事所在国须着手对事故情况进行调查并对调查的过程进行负责,但它可根据相互安排并经同意将全部或部分调查工作委托另一国进行。离国际水域上的事故现场最近的国家须提供力所能及的援助,同时还须对登记国的要求作出反应。

我国根据国际公约的相关规定,在民用航空器事故或征候的组织调查或者参与调查方面按照下列规定执行。

(1) 在我国境内发生的民用航空器事故或征候由我国负责组织调查。负责组织调查的部门应当允许航空器的登记国、运营人所在国、设计国、制造国各派出一名授权代表和若干名顾问参与调查。事故中有外国公民死亡或重伤,负责组织调查的部门应当根据死亡或重伤公民所在国的要求,允许其指派一名专家参与调查。

如有关国家无意派遣国家授权代表,负责组织调查的部门可以允许航空器运营人、设计、制造单位的专家或其推荐的专家参与调查。

(2) 在我国登记、运营或由我国设计、制造的民用航空器在境外某一国家或地区发生事故或征候,我国可以委派一名授权代表及其顾问参与他国或地区组织的调查工作。

(3) 在我国登记的民用航空器在境外发生事故或征候,但事发地点不在某一国家或地区境内的,由我国负责组织调查,也可以部分或者全部委托他国进行调查。

(4) 运营人所在国为我国或由我国设计、制造的航空器在境外发生事故或征候但事发地点不在某一国家或地区境内的,如果登记国无意组织调查的,可以由我国负责组织调查。

(5) 民航总局负责组织的调查包括:国务院授权组织调查的特别重大事故;运输飞行重大事故;外国民用航空器在我国境内发生的事故。

(6) 地区管理局负责组织的调查包括:运输飞行一般事故;通用航空事故;航空地面事故;征候;民航总局授权地区管理局组织调查的事故。

6.2.2 事件调查设备

为保证事件调查的客观、科学和及时,负责组织调查的部门应当配备必要的调查设备和装备,保证调查工作顺利进行。调查设备和装备主要分为以下几类。

1) 通信类

通信类装备,即在事件调查工作起到通信作用的装备。通信装备一般可以分为有线和无线两类,在实际的调查工作中,这两类装备配合使用,基本不会单独使用某一种。在众多通信装备中,移动电话和固定电话最为常用。而在近距离的通信中,对讲机也是一个比较常用的通信工具。如果是为了缩短空间的差距,尽快将资料传送到事故现场,则人们通常会选择使用传真机。

2) 交通类

交通类装备负责事件调查工作中的交通运输,协助调查部门更好、更快地组织工作。而在我国的事件调查队伍中,汽车是最为常见的交通装备。如果进行远距离事件调查,也可以用民航、铁路、轮船以及救护汽艇等工具。其实,只要是对救援工作有帮助的交通工具,都会被调查队伍所使用。

3）防护类

调查队伍为了更好地实施事件调查工作,需要做好相应的保护措施。因此,工作人员需要配备好个人防护装备。一般来说,个人防护装备可以分为防毒面罩、防护服、耳塞和保险带等。但是,具体选择哪些防护装备,需要根据事故现场的情况来选择。如在有毒污染的环境实施事件调查工作时,调查人员应该配备密闭型防毒面罩,防止受到感染。目前来说,工作人员常用的防护装备为正压式空气呼吸器。

4）检测类

调查人员在实施事件调查过程中配备的检测设备主要有：勘察设备（GPS 全球定位仪、激光测距仪等）、绘图制图设备、危险品探测设备（能够快速检测 γ 射线和 X 射线剂量的检测仪器；有毒气体检测仪等）以及其他必要的装备。这些检测设备对帮助调查人员分析事故原因、追踪事故过程、做出事故结论等起到重要作用。

6.2.3　事件调查组

为了查明事实情况,分析事故、征候原因,得出事故、征候结论,提出安全建议和完成调查报告,事故调查需要成立事故调查组,主要由事故调查组组长和事故调查专业小组组成。其主要工作包括：①决定封存、启封和使用与发生事故或征候的航空器运行和保障有关的文件、资料、记录、物品、设备和设施；②要求发生事故或征候的航空器的运行、保障、设计、制造、维修等单位提供情况和资料；③决定实施和解除事发现场的监管；④对发生事故或征候的航空器及其残骸的移动、保存、检查、拆卸、组装、取样、验证等有决定权；⑤对事故或征候有关人员及目击者进行询问、录音,并可以要求其写出书面材料；⑥要求对现场进行过拍照和录像的单位和个人提供照片、胶卷、磁带等影像资料。

1. 事件调查组组长

负责组织调查的部门应当委派一名调查组组长,调查组组长负责管理调查工作,并有权对调查组组成和调查工作作出决定。重大及重大以上事故的调查组组长由主任调查员担任,一般事故或征候的调查组组长由主任调查员或者调查员担任。

2. 事件调查专业小组

根据调查工作的需要,一般需要成立若干专业小组,分别负责飞行运行、航空器适航和维修、空中交通管理、航空气象、航空保安、机场保障、飞行记录器分析、失效分析、航空器配载、航空医学、生存因素、人为因素、安全管理等方面的调查工作。因此,参与事故调查人员可达到上百人。

6.3　事件调查程序

根据中国民用航空局航空安全办公室《民用航空器事故和事故征候调查程序》,事件调查的程序主要分为以下步骤。

6.3.1 通知与响应

1. 事件的报告

事件发生后,事发相关单位应当立即向事发地监管局报告事件信息;事发地监管局收到事件信息后,应当立即报告事发地地区管理局,同时通报当地人民政府;事发地地区管理局收到事故信息后,应当立即报告民航局航空安全办公室和空中交通管理局运行管理中心,并且在2小时内以文字形式上报有关事故情况。文字报告内容应当包括:①事发的时间、地点和航空器运营人;②航空器类别、型别、国籍和登记标志;③机长姓名,机组、旅客和机上其他人员的人数及国籍;④任务性质,最后一个起飞点和预计着陆点;⑤事故简要经过;⑥机上和地面伤亡人数,航空器损坏情况;⑦事件发生地点的地形、地貌、天气、环境等物理特征;⑧事故发生后采取的应急处置措施;⑨危险品的载运情况及对危险品的说明;⑩报告单位的联系人及联系方式;⑪与事故有关的其他情况。

在事故发生后12小时内,事发相关单位应当向事发地监管局填报《民用航空安全信息管理规定》(CCAR-396-R3)要求的"民用航空安全信息初始报告表",并且抄报事发地地区管理局、事发相关单位所在地地区管理局以及民航局航空安全办公室;事发地监管局应当立即将审核后的初始报告表上报事发地地区管理局;事发地地区管理局应当在事发后24小时内将审核后的初始报告表上报民航局航空安全办公室。

事件信息上报应遵照逐级上报原则,必要时允许越级上报。事发相关单位不能因为信息不全而推迟上报文字报告和"民用航空安全信息初始报告表";在上报后如果获得新的信息,则应当及时补充报告。

空中交通管理局运行管理中心收到事故信息后,应当立即报告民航局领导并通知民航局其他有关部门。

涉及军、民航的事故,民航局航空安全办公室应当向空军安全局通报。

2. 事件信息的通知

民航局空管局运管中心接到事件报告后,应按应急预案立即报告民航局领导,并迅速通知下列部门:①综合司;②航空安全办公室;③政策法规司;④飞行标准司;⑤航空器适航审定司;⑥空中交通管理行业办公室;⑦公安局;⑧运输司;⑨机场司;⑩国际合作司;⑪财务司;⑫政工办;⑬监察局;⑭工会;⑮空中交通管理局;⑯民航科学技术研究院。

民航局航空安全办公室从其他渠道获得事件信息,经核实后应及时报告民航局领导并通知空管局运管中心,同时通知事件发生地和事件航空器运营人所在地地区管理局航空安全办公室。由民航局空管局运管中心通知上述民航局有关部门。

地区管理局和监管局接到事故报告后,应按各自应急预案立即报告地区管理局和监管局领导,并迅速通知相关部门。

收到事件通知的单位和部门应当安排专人值班、确定联系人和联系电话,随时与民航局、地区管理局和监管局航空安全办公室保持联系,做好应急处置和参加事故调查的各项准备。

3. 信息渠道的畅通

在事件信息的获取、证实、报告、通知的过程中,发出和接收信息的部门和个人都应注意取得对方有效的联系方式,保证信息渠道的畅通。与事件调查有关的部门均应建立保证信息渠道畅通的工作制度和程序,并配备相应的通信和记录设备。

4. 事件信息的上报、通报

当发生重大以上事故时,经民航局领导批准,由民航局综合司向国务院办公厅报告事故情况并抄报国家安全生产监督管理总局,并在收到事故信息后 2 小时内以书面形式上报有关事故情况。需要向公安部、外交部、监察部、全国总工会等部委通报事故情况和保持联络的,由民航局有关职能部门分别负责。民航局航空安全办公室负责向全行业通报事故信息。

5. 事件信息发布

事件信息发布会由组织事故调查的部门召开。由指定的人员向公众公布事故信息。其他部门和人员不得以任何形式发布或者透露有关事故的信息。

6. 封存通知

地区管理局或监管局收到事故或征候通知后,应当立即向辖区内与事件航空器的运行及保障有关的运营人、空管、油料、运输、机场等单位发出封存通知。封存的文件、资料、样品、工具、设备等包括:①飞行日志、飞行计划、通信、导航、气象、空中交通管制、雷达等有关资料;②飞行人员的技术、训练、检查记录,飞行时间统计;③飞行人员医学资料,包括航空医学体检鉴定档案、航空人员健康记录本、航医工作记录、飞行前体检记录、既往医疗病历档案等;④航空器履历本、有关维护工具和维护记录等;⑤为航空器添加各种油料、气体的车辆、设备以及化验结果的记录和样品等;⑥航空器起动电源和气源设备;⑦旅客货物舱单、载重平衡表、货物监装记录、货物收运存放记录、危险品存放记录、旅客名单、舱位图等;⑧旅客、行李安全检查记录,监控记录和交接记录;⑨其他需要封存的文件、工具和设备。

6.3.2 事件现场应急处置

1. 现场保护

先遣人员到达现场后,应当首先与现场组织救援的部门取得联系,了解现场初始情况,对现场保护提出要求,指导现场组织救援的部门保护事故现场。

先遣人员应当妥善处理搜寻救援和现场保护之间的关系,搜寻救援阶段以抢救人员、保护财产为主,同时兼顾保护现场证据。应尽量保护现场痕迹和物证,使航空器残骸和现场物件处于事件发生时的原始状态,对应急救援导致的现场变化及时记录。

救援工作一经完成,救援人员不应当再次进入现场,救援人员和设备撤离现场时应当十分小心,防止对事故现场的破坏。

2. 证据收集

先遣人员应当及时收集、保护现场各种重要证据,对记录器和易失物证,特别注意及时拍照、采样、收集,并做书面记录。

3. 驾驶舱保护

先遣人员应向现场组织救援的部门特别强调要尽可能保持驾驶舱的原始状态。除因救援工作需要外,任何人不得进入驾驶舱,严禁扳动操纵手柄、电门、旋钮等,改变仪表指示和无线电频率等破坏驾驶舱原始状态的行为。在应急救援结束后,先遣人员应安排专人监护驾驶舱,直至向事件调查组移交。

4. 危险品防护

先遣人员应及时了解机载及运载危险品信息,掌握危险品在现场的状况,查明现场有无其他危险品存在,协同现场组织救援的部门设置专门警戒和标志,注意安全防护,并及时联系专业部门或机构予以评估。

5. 残损航空器的搬移

如果事件航空器及其残骸妨碍了其他公共设施的使用,如妨碍了铁路、公路的运输或者机场的使用而必须移动时,先遣人员应当向组织调查的部门报告,并注意做好以下工作:①移动前对残骸现场进行拍照、摄像;②移动前绘制残骸现场的草图,标明移动的主要部件、移动路径和能够确定航空器状态的各种标记、标志;③移动时应当尽可能避免对航空器及其残骸和现场痕迹的破坏,如移动航空器时应当沿其事故发生时的运动方向向前移动,移动的距离越短越好;④应当记录移动过程中航空器及其残骸和现场痕迹的损坏和变化。

6. 寻找证人

先遣人员应尽可能寻找所有的事件目击者、当事人和可能为事件提供证据的其他人员,建立名册,记录其姓名和联系方式,如果证人提供相应的证词、证据等,应予以记录,届时将其交与事件调查组。先遣人员通常不对证人进行访谈及其他有关调查活动。

7. 事件信息的补充报告

先遣人员应当与组织调查的部门保持联系,及时报告现场情况和获得的新的事件相关信息。先遣人员应及时收集和整理现场工作的有关情况,做好向事故调查组汇报的准备。先遣人员应负责协调安排事故调查组在当地的食宿及交通。为方便来往事故现场,最好安排调查组在事故现场就近住宿,住宿地需有必要的会议、通信设施及设备。

6.3.3 事件调查组准备

组织调查的部门应当及时将调查组的集结时间、地点、出行安排及联系人等信息通知调查组成员,要求其做好出发前的准备。

组织调查的部门应当指定专人负责调查组赴现场的交通安排,并将人员到达情况及时通知当地地区管理局、监管局或先遣人员,以便其安排当地交通及食宿。

如果调查组成员分批赶往事件现场,还需要指定现场联络人,负责到达人员的联系和安排。及时到达事件现场对调查工作至关重要。因此,调查组应当尽量采用包机或者航班的方式前往事件现场。如果事件发生地附近没有机场,调查组可以采用铁路运输、公路运输的方式前往事件现场。由于水路运输速度较慢,一般情况下,不建议采用水路运输的交通方式。如果事件现场较为偏远,车辆、人员不易进入,则应当考虑使用直升机进入现场。

事件调查组应当准备调查需要的文件资料,主要包括局方规章和程序、相关机型的手册、航行资料等。

调查组还应了解事件发生地的天气、地理及环境情况,视情况准备相应的衣物、防护用品和药品等行装,还可以请医疗部门针对事发地情况向调查组提供携带行装类别及数量的建议。

6.3.4　现场调查

现场调查是事件调查中重要的阶段，本阶段工作包括初始行动、现场管理、现场勘察、证据收集、残骸管理、新闻发布等。

1. 初始行动

到达现场的初始行动主要包括建立前方指挥部、建立通信与后勤保障、现场汇报与协调、调查组任务分工及调整等。

调查组到达事发地后，应当建立前方指挥部，由调查组组长或者组长指定的人员负责，对调查工作进行决策和指挥。前方指挥部应当建立在调查组住地或其附近，指挥部需设有指挥室、办公室、会议室和保密室，并配备必要的办公设备，包括通信、网络、影音播放、打印及复印设备等。办公和会议场所及设备的配备应当满足保密的要求，注意采取适当的安保措施。

如果事件现场比较偏远，应当根据需要在事发现场建立现场指挥所。现场指挥所由调查组组长指定的人员负责，代表组长指挥事件现场的勘查和现场管理工作，协调与参与现场工作的其他单位工作关系，并保持与前方指挥部联络畅通。现场指挥所应当配备必要的供电、办公、通信、交通、医疗、休息、卫生及物品存放等设施设备。现场指挥所的建立应当满足环境保护的要求。

2. 通信与后勤保障

事件调查组应建立组织调查的部门、前方指挥部、现场临时指挥所之间的通信联络，配备必要的通信设备，包括机要通信设备、卫星电话、固定电话、移动电话、对讲机（必要时使用加密对讲机）、传真机、计算机网络等。调查组组长应指定后勤保障负责人，负责协调整个调查组的后勤保障工作，包括：①为事件调查组解决交通、食宿、会议等后勤保障问题；②为事件调查组协调解决调查所需的设施、设备、文具等用品；③调查组成员医疗救护事宜等；④与事件发生地其他机构的联系。

3. 现场汇报与协调

调查组到达事发地后，应当及时听取前期工作情况汇报，明确现场工作职责，协调工作关系。

4. 听取现场前期工作汇报

听取现场应急救援组织部门、事发单位、其他有关单位及先遣人员的前期工作汇报，了解事件基本情况。汇报应当简洁明了，内容包括：①现场应急救援情况；②人员伤亡情况；③现场基本情况；④现场可能的危险源；⑤事故简要经过；⑥飞行计划和飞行实施过程；⑦与事故有关的其他情况。

5. 协调工作职责和工作关系

与参与现场工作的有关部门建立联系，明确各自职责和分工，取得他们对调查工作的支持。

①协调当地人民政府、武警、驻军，明确现场保卫的职责分工，设置现场警卫，确保残骸、痕迹及现场物件不被破坏或者丢失。②协调当地人民政府、武警、驻军，为现场勘查、残骸搬

移、挖掘、打捞等工作,协助提供必要的设施、设备及人力,包括直升机、起重设备、挖掘机械、运输车辆、破拆设备、金属探测器、潜水设备及潜水员、环境监测设备等。在某些情况下,可能还需要提供交通、食宿等方面的帮助。③与运营人确认机上是否存在危险品,提供载运危险品清单。协调当地人民政府或者机场,根据载运危险品的类型,联系有关专业部门或机构,对危险品进行评估,并采取适当的处置和防护措施。④协调当地人民政府,组织公安法医部门进行尸检及病理、毒理检验等工作。

6. 调查组任务分工及调整

调查组组长应当根据得到的事件信息和调查工作需要,主持召开调查组全体人员会议,主要内容为:①介绍调查组成员;②根据需要,建立专业小组,明确各小组职责及任务分工,指定小组组长,调整小组成员,编制人员名册及联系方式;③明确现场调查的工作任务、工作规定、工作要求、工作纪律;④提出现场安全注意事项;⑤明确现场调查工作的流程;⑥汇总各专业调查小组的需求。

现场应急救援工作结束后,调查组应当及时接管事件现场,负责现场管理,进行现场安全防护,监管航空器及其残骸。未经调查组组长同意,不得解除对航空器残骸和事发现场的监管。

调查组组长应当指定专人负责现场的管理工作。根据事件现场的具体情况设立或者更改原始警戒与保护范围,设立警戒标志,配置警戒力量。现场警戒行动服从于调查组的管理。规定现场准入人员资格和范围,统一制作发放准入证件。未经调查组组长同意,任何无关人员不得进入现场。

调查组组长应当指定专人负责现场安全防护工作,采取安全防护措施,保障进入现场工作人员的人身安全,包括:①现场安全防护负责人应当根据掌握的现场情况,评估事件现场存在的各种可能的潜在危险。必要时,联系有关部门和机构,协助进行危险源的评估、检测,并采取必要的处置、预防和防护措施。②现场安全防护负责人应当向进入事件现场的工作人员提出现场安全防护要求和注意事项。③根据现场危险源情况,调查组应当为进入现场工作的人员提供必要的安全防护装备。

进入事发现场工作的人员应当听从调查组的安排,不得随意进入航空器驾驶舱、改变航空器残骸、散落物品的位置及原始状态。拆卸、分解航空器部件、液体取样等工作应当在调查组成员的监督下进行,并事先拍照或者记录其原始状态。

事件调查组接收前期各方收集的证据;获取目击者信息;接收、复制有关部门和个人拍摄的现场照片、录像;接管有关部门封存的各种物品和资料;建立接管的各种证据、资料、物品的清单。

7. 现场勘察

调查组赴事件发生现场勘察之前,应当已经完成现场危险品检测和处理,或者告知每名调查人员现场危险存在的形式和区域。现场勘察包括一般性勘察以及各专业的调查。

1) 一般性勘察

一般性勘察的主要目的是掌握事件现场总体情况,包括事件地点测定、现场地理及环境、残骸基本情况、航空器接地接水状态、现场痕迹、绘制残骸分布图等。

(1) 事件地点测定通常以主残骸位置或者第一撞击点为基准,测量其经纬度和标高,测定其与相邻城市、机场、导航台等主要参照点的方位和距离。

(2) 判明事件现场的地形、地物、地貌特征,或者周边的环境、建筑、障碍物等情况。

(3) 残骸分布的形状及范围,残骸完整性,航空器破坏情况,航空器失火情况,主要残骸、货物、遇难者和幸存人员的位置情况。

(4) 根据航空器与地面或者障碍物的碰撞痕迹、操纵面位置和仪表指示、残骸破坏和分布情况、伤亡人员的位置和状态、当事人和目击者证词等,综合判断航空器接地、接水时的飞行状态,包括俯仰角、坡度、航向、航迹角、迎角、侧滑角、飞行速度、高度、下降率及接地(水)角度等。

(5) 查明航空器与地面、障碍物等碰撞及刮蹭的痕迹。

(6) 绘制事件现场残骸分布图,其主要内容为:事件现场的地形地貌,第一撞击地点、坠地(水)点及各种痕迹,航空器及其主要部件、发动机位置,遇难及幸存人员位置,航迹上的主要散落物,图例和说明等。现场残骸分布图的主要形式为直角坐标图和极坐标图。

2) 专业调查

(1) 飞行运行调查。对飞行、乘务、签派人员技术资质、经历、培训及近期执勤和休息,飞行准备、飞行经过、机组操作处置,运行控制,运行管理、资料文件等情况进行调查。

(2) 空中交通服务(管理)调查。对空管人员资质、经历、培训及近期执勤和休息,管制工作经过,管制工作录音,管制(监视)雷达视频录像,通信导航,飞行计划,管制设备,航行情报服务,管制工作文件等情况进行调查。

(3) 航空器基本情况调查。查明航空器国籍登记证、适航证、无线电台执照的情况;查明航空器机体、发动机、螺旋桨的型号、生产日期、使用小时数和循环数/起落数;调查航空器运营历史。

(4) 航空器系统调查。对操控、燃油、液压、自动飞行、起落架、电源、防火、空调、通信、导航、仪表、灯光、氧气、除(防)冰等系统的工作状态进行调查。

(5) 动力装置调查。对发动机及辅助动力装置(APU)的工作状态进行调查,包括非包容损伤、叶片、进气道、燃油、滑油、点火、指示、反推装置、控制系统与火警/灭火装置、螺旋桨等。

(6) 航空器结构调查。对航空器的结构进行检查,完成航空器残骸识别,确定航空器完整性和损坏情况,建立航空器结构破坏顺序和失效模式等。

(7) 航空器适航维修调查。对航空器的设计、制造、维修等情况进行调查,以确定航空器在事故发生前的适航性。

(8) 机场调查。对机场助航设施设备、场道及停机坪状态、机场及机场周边障碍物、标志标记牌、特种车辆、机场照明、机场自然和地理环境及机场资料等进行调查。

(9) 航空气象调查。对起降、备降机场、飞行空域、航线及事故现场有关的气象预报,实况、危险/灾害性天气,气象记录、本地区气象特点、气象设施设备以及气象工作人员资质等情况进行调查。

(10) 运输调查。调查内容包括:①营运人的基本信息;②营运人的经营项目和范围与本次飞行是否相符;③货物代理机构的资质及货物代理的工作情况;④配载人员的资质、经历、培训及在本次飞行营运中的工作情况;⑤机载货物、邮件、行李的品名、数量、重量、载重平衡情况,装载及固定情况,与文件规定的符合性;⑥事故现场机载货物、邮件、行李的情况,与原始记录的符合性;⑦查明机上危险品和违禁物品情况。

(11) 飞行记录器调查。飞行记录器的基本情况调查,对飞行记录器进行搜寻及外观检查,对飞行数据记录器进行译码分析,对舱音记录器进行辨听和文字资料整理。现场尽可能收集快速存取记录器、非易失性存储介质等机载记录装置。制作事件数据综合分析图表,必要时制作模拟仿真。

(12) 生存因素调查。对航空器的适坠性、机上应急设备状况及使用、机上乘员情况、伤亡情况及原因、身源、尸体检验、紧急撤离执行情况、客舱安全的执行情况及应急搜寻救援实施情况等进行调查。

(13) 人为因素调查。对飞行、机务、空管等运行相关人员的工作行为表现进行调查,对个人生理状态、心理状态、软硬件环境、团队协作、组织管理等相关影响人员行为表现的因素进行分析。

(14) 航空医学调查。对飞行机组人员的既往健康状况、心理特点、生活相关事件、药物及酒精使用情况等进行调查,确定事故发生与飞行机组成员健康状况的关系。

(15) 非法干扰调查。对劫机、纵火、炸机、破坏及安检、航空器监护等进行调查。

(16) 组织管理调查。搜集与事件有关的组织及其管理方面的有关资料,包括营运人、维修机构、空中交通服务部门、机场管理部门、航空气象服务部门、航空器制造商、审定和执照颁发部门以及民航监管部门等。

在上述有关调查中,应当针对因部门组织管理过程中的缺陷和不足而对事故产生的不良影响进行着重调查,包括安全文化、资源和财务方面的能力、管理政策和措施、内部和外部的联系以及审定、安全监督和管理框架等。

8. 残骸处理

1) 现场残骸的处置

残骸的收集,应当尽量查找和回收航空器的所有残骸,并集中到指定地点。残骸收集过程中应当记录其来历和接收时的状态,注意避免残骸的二次损坏。

可能为查明事件原因提供证据的残骸都应当作为重要残骸,例如有疲劳断口的零部件、异常的损伤机件、有空中起火或者爆炸特征的构件,以及所有能反映飞行状态、操纵面位置、发动机状态等残骸。对重要残骸应当采取重点保护措施。

对有污染的重要残骸应当由专业人员进行处理,去除可能有腐蚀性的污染物,对容易腐蚀的部位加以保护。处理时不应当改变其原始状态。对散落的电门、灯泡、仪表等小件重要残骸应当分别装入包装袋内,袋上注明发现位置和状况。其他重要残骸也要用标签加以必要的说明。

2) 残骸的运输

残骸运输时,应当注意避免受到新的损伤。大件残骸可以分解后运输,但分解时要选择与事故原因无关部位,并尽可能少地改变其原始状态。残骸在分解和运输中造成的损坏和变化情况应当详细记录。残骸的分解、装运必须在事故调查组监控下进行。

3) 残骸的保管

现场调查结束后,残骸应当妥善保管,特别是重要残骸,要统一保管在事件调查部门指定的单位或者机构。未经组织事件调查部门的批准,任何单位和个人不得擅自处理残骸。调查工作结束后,事件调查部门将残骸移交给残骸所有人。

4）航空器水下残骸定位和打捞

航空器如发生水上事件，可参照其飞行计划、雷达航迹及目击者提供的有关资料确定其落水位置，并协调具备水下侦测及定位能力的有关单位和部门，提供必要的舰船或者航空器进行现场勘测和定位。

（1）确定水下航空器残骸的位置

一旦确定航空器残骸坠入水中，调查组应根据需要协调军队、打捞部门或者其他国内外机构的专家共同调查，以确保尽快定位并打捞残骸。如果水深低于60m，可以使用潜水员进行搜寻。如果残骸处于深水中，或者水下条件恶劣，潜水员很难工作时，应考虑使用如下设备：①用于寻找飞行记录器上水下定位信号的水下设备；②水下照相机和摄影机；③侧向扫描声呐设备；④载人的或者无人潜水器。

搜寻并打捞水下航空器残骸是一项非常专业化的工作，需要经验丰富的人员和专门的设备。调查组应当尽早与搜寻、打捞的专业部门、单位协调，以免延误记录器和残骸的定位及打捞工作。

（2）打捞残骸

调查组应根据事件情况和事件发生位置决定是否打捞残骸。如果残骸有可能包含重要的证据，调查组应当采取必要的措施，以确保立即进行残骸打捞工作。必要时调查组应与潜水员或者打捞部门进行沟通、配合，对其进行必要的讲解说明、提出明确的打捞要求和注意事项。打捞前应对各种残骸的状态、残骸与电缆或者管线的连接情况以及为打捞作业而切割这些连接物的情况进行记录。如果现有技术难以完成打捞工作，调查组则可以决定终止残骸的打捞。

（3）绘制水下残骸分布图

确定了水下航空器残骸的位置后，根据事件情况和调查工作需要，绘制水下残骸分布图。

（4）海水中残骸的保护

残骸一旦坠落在海水中，打捞工作应当尽快完成，以防止残骸中的镁质部件可能被海水溶解。残骸一旦被捞出，应用淡水彻底冲洗。对需要做金属镜像检查的零部件应当做进一步的防护，例如：涂防水剂、在断口表面涂抹一层滑油或者羊毛脂类的防腐剂等。但是，需要对有机物覆层，如油烟覆层或者污点进行分析时，则不应使用有机防护物质。应该使用淡水冲洗，随后晾干。部件完全晾干后，应该被封入一个装有中性干燥剂（如硅胶）的塑料袋中。在飞行记录器专业人员接收前，落水的磁带式飞行记录器不应在事故现场进行干燥处理，应浸没在淡水中保存。

5）现场拍照

事件现场的拍照和摄像工作应当尽可能在事件发生后无人移动和触动残骸的情况下，尽早地一次性完成。调查组组长应当指定专人统一负责事件现场的拍照和摄影，拍摄小组应当由一人负责拍照、一人负责摄像，并与飞行、适航、公安、运输等专业小组的勘察工作相结合。各专业小组可根据需要补拍其他照片。拍摄人员应当预先拟定拍摄计划，明确拍摄意图，记录拍摄内容、位置及方向。应当对事故现场进行全面完整的拍摄，并特别注意对调查事故原因有参考价值的残骸进行详细拍摄。

拍照人员应当对所拍的影像作记录，并整理拍摄资料以便编辑制作事件现场勘察相册和录像资料。与事件原因有关的照片,应当作为证据列为事件调查报告的一部分。

对所拍摄的照片和影像不应进行除曝光量调整、图像大小裁减外的拍摄后期处理。现场拍摄时应当注意:电子相机的系统时间的校对;重要的照片的保密要求;现场的照片不应由个人保存,应当存档;所有现场物品移动前要拍照,特别注意地面的痕迹的记录。

拍摄人员可以根据需要对事件航空器的相同机型的相同位置或者相同部件进行拍摄以便进行比较。调查组应当协调现场有关单位或者个人,根据调查需要获取以下影像资料:①现场救援和灭火过程的照片、影像副本;②任何可能进行过拍摄的人员的影像资料;③机场、空管部门其他能够获取的监控影像资料;④事件现场的航拍资料。航拍资料对于事故现场的整体了解,航空器或者残骸的分布以及与现场周边的相对位置关系的掌握都有着重要的作用。调查组应当根据事件现场的实际情况,与有关部门进行协调安排航拍事宜。

6) 调查工作进展会议

调查组组长应当根据现场调查需要,随时召集调查工作进展会议,会议内容包括:①各专业小组组长汇报当日收集的事实信息;②各专业小组次日工作重点及计划;③需要其他专业小组的协查事项;④现场调查工作中的难点和问题;⑤需要调查组协调解决的事项;⑥其他。

调查组工作进展会通常由调查组成员参加。如有需要,由调查组组长决定是否让调查参与方的人员参加会议。调查组组长应当指定专人负责详细记录调查组工作进展会议的内容以及对得到的事实信息和各种文件、资料等进行登记、分类和妥善保管。调查组组长应当根据现场调查工作进展情况向负责组织调查的部门上报调查工作简报。

7) 事件信息发布

民航局新闻发言人或者由民航局指定的人员负责事件信息的发布工作。调查组成员和参与调查方的任何人员均不得擅自向外界发布任何事实信息和调查工作进展情况。调查组组长有权将擅自发布信息的调查组成员或者参与调查的人员从调查组和参与调查人员中除名。

8) 结束现场调查

现场调查工作结束后,调查组应当对事件现场调查阶段进行总结,撤离现场并解散现场指挥部、解除现场监管、清退租借的设备、处置残骸、制订下一步工作计划等。

6.3.5 实验验证

对于现场调查中尚存的疑点或尚需证实的信息,需要在整理分析现场调查获得的信息、资料、证词、证据的基础上,进行必要的实验验证,以进一步取得更加充分的信息,为事故原因分析提供完整依据。实验验证是事故调查中获得事实信息的重要手段。

实验验证项目通常包括飞行数据验证分析、飞行模拟、仿真再现、失效分析、非易失性存储器(non-volatile memory,NVM)数据分析、机载设备测试、航空器系统检测、航空器性能验证、航化产品理化性能检测、雷达数据验证分析、残骸拼接检查等。实验验证工作通常需要使用特定的设备、系统或测试平台,由具有适当资格的专职技术人员操作,在专业技术机构进行。虽然如此,但整个实验验证项目应当在调查组的监督管理下进行。

实验验证的程序一般包括项目确定、机构选择、人员选派、实验件获取、实验件包装运输、实验计划方案制订、实验验证实施、实验数据分析、实验报告编写等。

1. 项目确定

各专业小组组长应当根据本小组的职责和任务,组织小组成员及有关专家,研究小组现场调查中尚存的疑点或尚需证实的信息,向调查组组长提出所需进行的实验验证项目,并负责制订实验验证项目的初步计划,包括实验目的、实验内容、实验机构、时间地点、拟定人员、经费预算等。

调查组组长应当综合考虑调查需要、工作进展、可用资源、实验成本等因素,组织人员研究审议各小组提出的实验验证项目的必要性和初步计划的可行性,决定是否批准进行实验验证的项目。

2. 机构选择

调查组应当考虑实验验证项目的任务要求、计划安排和时间经济成本等因素,选择合适的实验机构实施实验。实验机构应具备合格的资质、实验所需的技术能力、设施设备、专业技术人员,并愿意承担实验验证任务。实验验证项目应当优先选择在中立机构或者与事故没有直接利害关系的机构进行。这类机构通常包括调查部门的实验室,国家认证的相关专业实验室,研究机构或院校的实验室,独立维修机构等。但是,对于一些需要使用专门设备或系统的特定实验验证项目,上述机构有时不具备足够的设施设备和技术能力,而当航空器的设计、制造、维修部门等具备相应实验能力时,则可以考虑选择这些机构,那里有适用的特殊设备和训练有素的技术人员。

还有一些实验验证项目,如飞行模拟验证、设备检测、性能检验、系统测试等项目,可以选择在航空公司、空管部门、机场,以及培训、维修、服务保障等机构进行,这些机构通常有与事故航空器相同或相关的机型、模拟机、系统、检测设备等。除非与事件相关的机构具有独有的能力或条件,或者时间和经济成本不允许,否则,实验验证应当尽可能选择在其他机构进行。一些系统、设备的功能测试或模拟实验可以选择在同机型、同配置的飞机上进行,有些甚至需要进行实际飞行实验。出于费用、技术能力及承担风险等因素考虑,这些实验验证通常选择由事发航空公司或航空器的设计、制造部门共同参与或者协助进行。

3. 人员选派

调查组组长应当指派一名实验验证项目的负责人,并确定其他参加实验的人员,初步人选应当由相关专业小组提出。项目负责人通常由调查组成员担任,其他人员可以是能够为实验提供技术帮助的专家、顾问。

如果调查组内没有合适的人选,组长可以从调查组以外选派负责人,但该人选应当是组织事件调查部门的人员,或者是组织事件调查部门聘请的专家。如果调查条件不适合实验验证项目负责人及其专家顾问亲自赴实验机构监督参与实验,实验工作可以委托实验机构进行。项目负责人可以通过信函、邮件等方式,向实施实验验证机构提出实验任务和要求,审查其制定的实验方案,或共同商定实验方案,以便对实验验证工作进行管理。

如果航空器的登记国、运营人所在国、设计国、制造国(统称参加方)参加了调查工作,调查组组长应当询问其是否派人参与实验。如果参与,参加方需要派出能够对实验提供技术帮助的专家、顾问。如果参加方有实验验证工作所需的设施设备或者技术特长人员,调查组组长可以要求参加方参与实验验证工作。参加方派出的专家、顾问应服从实验验证项目负责人的管理。

如果实验验证工作在参加方以外的国家进行,调查组组长可以根据实验验证工作的需要,决定是否邀请实验验证机构所在国的航空事故调查机构参与或协助实验验证工作。

4. 实验件现场获取

许多实验验证工作需要从事件现场获取航空器零部件及其残骸作为实验件。现场获取实验件时必须格外小心,以保护好实验证据,基本要求包括以下内容。

获取实验件前,应当对实验件在现场的状态及其周围环境进行记录。拆取实验件前应当标注实验件在机上的位置,特别是设备、管路、线路、结构件上的标牌、标志、标记等要尽可能保留。实验件应尽可能完整地取下,并尽量多地包含与其相连的系统部件,以便为后续实验提供更多的状态信息。对相关部件的共同实验将会比单个部件实验获得全面和准确的结果。实验件应当尽可能保持原状,拆取时有关部分最好采用拆卸的方式,而不是切割。如果实验件及其相关部分太大,不宜拆卸或者运输,可以进行适当的分解、切割。分解、切割前还要再次拍照,记录其原始状态。切割时应从不重要的部位或不影响实验验证结果的部位进行。分解切割时应当注意现场安全。

实验件的拆取过程必须始终在调查组的控制下进行,特别是当需要调查组以外的其他人员协助拆取时,必须有调查组成员进行全程监督。拆下的实验件要加以妥善保护,防止受到二次损坏或者证据遭受破坏。对于需要分析的断口要特别注意保护;对于易受腐蚀的部件要及时采取防腐措施;对于电子电器设备要注意防止静电、磁场等破坏;不要忽视对表面痕迹、漆层、烟迹、灰迹、颜色等的保护,它们经常是极其重要的证据;对于易受挤、压、弯、折等机械损坏的脆弱部件要加以妥善包装。

拆下的实验件要及时挂、贴挂签、标签,并标注其名称、件号、序号、事故编号、拆取日期时间等信息。调查组应该保存一份所有实验件的清单。应当视情况对实验件进行必要的检查,保证送交实验的零部件无毒无害。

5. 实验件包装运输

为保证调查进度,应当选择尽可能安全快捷的方式,将实验件运送至实验机构。运输实验件时应当进行妥善包装,以最大限度地避免运输过程中的损坏。应该特别注意使用适当的包装材料保护断口,避免断口因表面接触或与其他零件碰撞而损坏。

要尽一切可能使用专用支架和包装箱运输动力装置。其他重型部件,如飞行控制助力器、平尾螺杆作动组件和传动装置等,应当置于分隔开的包装箱内予以防护。应当在包装箱内装上垫块和拉条,以固定实验件,防止其在运输过程中移动。较小、较轻的部件可以一起运输,可将几个部件放在一个箱子里,但应当防止它们相互碰撞。极轻的元件可装在厚实的瓦楞纸箱内,里面塞满填充材料,防止在运输中因操作不当造成损坏。电子线路板等应当装入防静电袋。应当在所有包装箱上贴上标签,留下联系方式。每一包装箱应当开列装箱清单,一式两份,一份贴于包装箱上,一份调查组保留。必要时在包装箱明显位置粘贴或者标注"易碎""防潮""勿压""勿倒置"等标志。

如果实验件属于危险品范围,应当视其种类按照危险品运输的相关规定进行相应包装和运输。包装箱开口处应当粘贴调查专用封条,注明"未经许可,禁止拆除"。实验件运至实验机构后,应当在实验验证项目负责人在场的情况下开箱。如果实验负责人不能到场,或者实验以委托方式进行，负责人应当以书面授权方式，通知承担实验的机构自行开箱。开箱时应当检查包装箱外观是否损坏，并检查、记录实验件开箱时的状态。除一些大型或者重型的实验件必须托运或者交运以外，调查组最好派人携带实验件送至实验机构。如果采用托运的方式应当选择资质可靠、信誉服务好的承运单位办理。较好的方式是选择一家公司提供门到门的一站式服务，以避免因多家参与，中间环节过多引起的麻烦。托运手续办妥后应当及时通知实验机构注意接收，并跟踪实验件到达的情况。向境外实验机构运输实验件时，可以请有资质的公司代为办理海关出入的手续。附件9《简化手续》提供了一些关于便利通关的指导。有些国家的海关有便利事故调查实验件通关的协定，必要时可以请有关国家的调查机构协助办理。

6. 实验计划方案制订

为尽快实施实验，争取调查时间，实验负责人应当尽早与承担实验验证的机构联络协调，告知实验目的、实验项目、实验件状况等信息，以便该机构预先做出初步计划，并安排实验，准备所需要的人员、场所、设施、设备、工具、器件、材料等。实验负责人还应当与准备派人参加实验的参加方协调，确定最后的实验计划。实验机构所在国家的调查机构通常能够协调安排实验，并在实验进行时为组织提供帮助，实验负责人应当充分利用国家调查机构提供的资源。实验负责人应当组织参加实验的相关人员与实验机构的人员共同拟定详细实验方案。拟订方案时，调查人员应当首先向实验人员说明实验的背景、目的、项目、类型和范围，尽可能多地提供实验件现场状态以及与其相关的环境状况信息，以及有关零部件的详细履历，包括：①件号、序号；生产日期、装机日期；②累计使用时间；③上次大修或检修后的使用时间；④以往的故障记录或使用困难报告；⑤修理报告、检测记录；⑥有助于说明零部件失效的其他相关信息。

调查人员还可以提出他们的意见或者存在的疑问。调查人员提供的信息，仅为实验人员提供参考，实验人员仍应探查所有有关方面。实验人员可以按照上述需求和信息，根据其设施设备和人员技术能力等情况，拟定详细实验方案、步骤、程序等。实验方案最后应当由负责人进行审查认可，以确保其适宜性。根据实验进展情况，经负责人同意，实验方案可以在实验过程中进行调整或修改。

7. 实验验证实施

实验环境应尽可能采用或者模拟事件时的条件和状态。实施实验前，实验负责人应当督促实验人员做好各项技术准备和安全防范工作。实验的操作和记录工作主要由实验机构的人员进行，参加实验工作的调查人员也应作必要的记录。应当采用多种方式真实详细地记录实验过程的每一步骤，包括实验条件、状态、操作、现象、数据或结果等。

实验中发现的所有偏差应拍摄和记录在案，并说明它们对有关系统或部件运行的影响。应该注意：实验程序中所要求的容差可能仅适用于新的或大修过的部件，使用过一段时间的部件可能会超出这些容差。根据某些偏差的性质，可能需要在完成实验后，进一步分解某一部件，以查明失效原因。在分解前和分解中，应进行拍照记录。实验期间实验件应当妥善保管，尽量不采取破坏性的实验方法，保持其事件时的状态，以便后续调查工作使用。进行各种模拟实验时，应当考虑模拟机、模拟系统、模拟平台等的设置、构型、性能、参数等方面，与事件航空器及其零部件在实际使用中的差异,并注意分析差异对实验状态、现象、数据和结果的影响。实验室检测并不局限于按照常规进行的标准检测,有时还需要进行超出规范的特殊测试,以确定实验件的实际性质。根据事故现象和实验需求,有时还需要调查人员设计一些特定的检测项目,以深入剖析实验件在事发时的各种状况或者实际性能。功能多样的特定实验设备可以帮助调查人员对各种不同的失效进行模拟分析。

8. 实验报告编写

实验完成后,调查人员和实验人员应该对实验记录进行核实,对实验结果进行分析讨论。应当由实验机构的人员编写实验报告,并由实验机构有资质的人员签署后,提交实验项目负责人。实验结束后,调查人员应当将实验件、报告、资料、数据等收集带回。项目负责人应当向实验方声明:依据国际民航公约和中国民航事件调查相关规定,有关实验的一切记录、结果、结论、报告等信息完全为事件调查组所有,只能由事件调查组对外发布。未经调查组许可,实验方不得向任何单位、个人及公众传播或发布相关信息,或将其挪作他用。

6.3.6 调查报告

调查报告是调查组以书面的形式将事件发生的过程、基本事实情况、原因分析、调查结果和事件结论最终认定以及针对存在的问题、隐患提出安全方面的建议进行的全面叙述和论证。

调查报告不仅对事件发生全过程要进行全面的描述,还要详细地涵盖调查所有的相关问题。不仅对事件产生的原因要进行全面、深入、科学、细致的分析,还要对事件结论进行准确或者恰如其分的阐述,更重要的是针对该起事件提出针对性较强,具有更广泛现实和深远意义的安全建议。

调查报告通常是组织调查的部门依据各专业小组的报告编写而成。调查组组长负责按照统一的标准、格式、内容和要求编写报告,并对报告的完整性和质量负责。

1. 专业小组报告

专业调查小组完成现场调查和专项试验、验证后,专业调查小组组长应当组织小组成员对掌握的各种证据和事实进行认真的研究分析,并完成小组调查报告。

专业小组报告应当包括以下内容。

(1) 本小组组长和成员的姓名、职务/职称、所属部门及具体负责的调查工作。

(2) 本小组调查活动的主要过程。

(3) 进行调查所获得的所有事实,不能因认为与事件无关而舍弃某些事实。

(4) 所进行的各种检查、鉴定、试验及其正式报告。

(5) 分析各种事实与事件的关系。

(6) 影响飞行安全的其他因素。

(7) 调查中尚未解决的问题。

(8) 调查中采用的新的、有效的调查技术。

(9) 安全建议。

小组报告草案应当送至小组中的每位成员审阅,并由所有成员签名。在小组调查中如果存在不同意见,应当将该意见作为小组报告的附件上报,由调查组组长召集有关部门和人员协商解决。

各专业调查小组报告完成后,调查组组长应当主持召开小组报告评审会。小组报告评审会的目的是在编写事件调查报告前,审查专业调查小组的调查工作是否完成,审查小组报告的全面性和准确性,解决专业小组调查中存在的不同意见。小组报告评审会由各专业调查小组组长和调查组组长指定的调查人员参加。调查组组长可以在小组报告评审会上组织对事件发生原因进行讨论分析,并征询对事件调查报告的意见和建议。

2. 最终调查报告

调查组长在研究专业调查小组报告和完成事件分析的基础上,负责组织编写事件调查报告草案。

调查报告草案应当由事件调查组组长、各专业调查小组组长签署。不同意见可以列为事件调查报告草案的附件。

调查报告草案完成后,由调查组组长提交给组织事件调查的部门审议。审议程序应当包括调查中查明的事实信息、事件原因分析及主要依据、事件结论、安全建议、各种必要的附件、调查中尚未解决的问题。

3. 国内征询意见

事件调查报告草案完成后,组织事件调查的部门可以向下列有关单位和个人征询意见。
(1) 参与事件调查的有关单位和个人。
(2) 与发生事件有关的当事单位和当事人。
(3) 事件调查组组长认为必要的其他单位和个人。

被征询意见的国内单位和个人应当在收到征询意见通知后30天内,以书面形式将意见反馈给组织事件调查的部门。对事件调查报告草案持有不同意见的,应当写明观点,并提供相应的证据。

4. 国外征询意见

根据附件13《航空器事故与事故征候调查》的规定或者国际双边协议的规定,组织事件调查的部门应当将一份完整的报告草案提供给参与事件调查的国家和航空器登记国、运营人所在国、设计国和制造国,征询对报告的意见,并说明:对报告的任何意见应当在发出报告之日起的60天内(双边协议约定的除外),以书面形式反馈给组织事件调查的部门,否则,将被视为无意见。超过60天期限提出的意见除提前声明外,原则上不予接收。上述对外联络事宜由民航局事件调查职能部门负责办理。

5. 反馈意见处理

组织事件调查的部门应当将收到的反馈意见交给事件调查组研究。事件调查组组长应当决定是否对事件调查报告草案进行修改。事件调查报告草案及其修改草案、征询意见及其采纳情况应当一并提交组织事件调查部门审议。不能被采纳意见,可将其意见原文收入事件调查报告的附录中,并将不能被采纳的理由通报意见方。

6. 最终审查

上述工作完成后,组织事件调查的部门负责对事件调查报告草案进行最终审查。最终审查是对事件调查报告草案进行权威的、全面的、结论性的审查,也是对事件调查工作的全面检查。

最终审查会可以采用答辩的方式进行,由事件调查组组长负责说明和解释事件调查报告草案的内容和调查工作的进行过程,并回答有关问题。

事件调查报告应当在会议召开前提前送达最终审查会委员,以便审查委员对报告进行认真详细的阅读。经过对审查会提出的意见进行修改后,事件调查报告可以最终定稿。组织调查的部门负责审议调查报告草案,决定进行补充调查或者重新调查。

民航局对地区管理局提交的调查报告审查后,可以要求组织调查的地区管理局进行补充调查,也可以由民航局重新组织调查。

7. 报告期限

事件调查报告应当尽早完成。由地区管理机构组织的事件调查应当由地区管理机构在事件发生后 6 个月内向民航局提交事件调查报告;由民航局组织的事件调查应当在事件发生后 12 个月内由民航局向国务院或者国务院事件调查主管部门提交事件调查报告。不能按期提交事件调查报告的,应当向接受报告的部门提交书面的情况说明。

8. 事件调查报告的批准和发布

由国务院或者国务院授权部门组织的事件调查,事件调查报告由国务院或授权部门批准和发布,民航局转发;由民航局或地区管理局组织的事件调查,事件调查报告由民航局批准,并负责统一发布。

根据附件 13《航空器事故与事故征候调查》的规定,民航局应按时向国际民航组织送交事件调查报告。调查报告经国务院或者民航局批准后调查即告结束。

6.3.7 安全建议

安全建议是指对在事件调查过程中发现对事件发生有重要影响的问题以及虽无影响但对安全构成威胁的隐患提出改进意见和纠正措施。

提出安全建议是事件调查的重要工作之一,是事件调查报告的重要组成部分,安全建议可以起到防止相同原因事件的发生和预防、警示其他原因事件发生的作用。因此,提出具有针对性、及时性、全面性、可操作性和系统性的安全建议是至关重要的。在调查的任何阶段,负责组织调查的部门应当及时向有关国家和部门以及国际民航组织,提交加强航空安全的建议。

收到安全建议的有关部门和单位,应当将安全建议的落实情况向负责组织调查的部门报告。负责组织调查的部门应当将安全建议的落实情况告知提出建议的国家。

本章以民航西南地区管理局组织的民用航空器事故和征候调查活动程序为例,当参加民航局的调查组或其他调查组调查活动时,按调查组要求进行,如图 6-1 所示的活动。

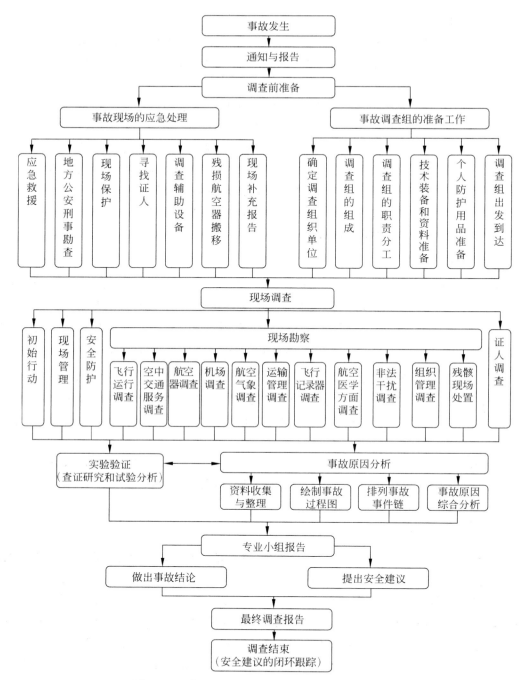

图 6-1　国内民用航空器事故和征候调查活动程序

第7章

安全绩效管理

安全绩效管理是民航安全管理体系(SMS)极其重要的组成部分,是民航生产经营单位(国际民航组织称为"服务提供者")实时评估其自身安全状况并采取行动改进安全水平的有效手段。安全绩效管理以体系建设为基础,通过核心风险和关键过程控制,能够用于测量企业的战略和安全目标是否落地、安全管理体系是否有效实现其设计功能、风险管理是否达到效果、组织和个人安全能力是否达标、安全文化发展是否符合倡导或努力方向。同时,安全绩效管理能够为民航生产经营单位标明其安全水平的纵向发展态势和行业横向对比状况。此外,安全绩效管理也是国家对民航生产经营单位安全生产实施行政监管的重要抓手,并对当前我国民航基于精准监管原则,有效开展差异化监管,推动民航治理体系和治理能力现代化建设具有重要作用。因为安全绩效管理对民航安全管理的特殊意义,国际民航组织和我国都对安全绩效管理的地位、框架和内容用法规规章和手册文件进行了明确规定。本章将主要围绕安全绩效管理的背景和意义、相关概念的内涵及特性等阐述安全绩效管理的基础知识,并着重阐述安全目标、安全指标、安全行动计划及绩效改进、安全绩效应用等安全绩效管理的主要过程,最后以理论和案例结合的形式,展开安全绩效管理过程示例。

7.1 安全绩效管理概述

7.1.1 安全绩效管理背景和意义

1. 安全绩效管理是国际民航组织的要求

2013年11月14日,国际民航组织发布的附件19《安全管理》第一版正式生效,并于2016年7月11日发布了第二版。2019年11月7日起,附件19《安全管理》第二版适用。该附件在国家安全方案(SSP)的四个组成部分之一的"国家安全风险管理"里明确要求"各国必须要求在其管辖之下的服务提供者实施安全管理体系(SMS)"。其所指的服务提供者包括培训机构、从事国际商业航空运输的飞机或直升机运营人、维修机构、负责航空器型号设计或制造机构、空中交通服务提供者、获证机场运营人共六类。同时,该附件的附录2"安全管理体系(SMS)框架"的"3.1安全绩效监测和评估"明确要求"3.1.1服务提供者必须制定并保持一项措施,已核验该机构的安全绩效并验证安全风险控制措施的有效性。3.1.2服务提供者的安全绩效必须参照管理体系的安全绩效指标与安全绩效目标进行核验,以支持本机构的安全目标"。由此可见,安全绩效能够帮助验证风险控制的有效性,进而校验 SMS 的实施效能。此外,国际民航组织《安全管理手册》(Doc 9859)第四版的"第 4 章安全绩效管理"中明确提出"安全绩效管理是国家安全方案和安全管理体系运行的核心。若实施得当,它将帮助组织架构确定其活动和过程是否有效发挥作用以实现其各项安全目标"。

2. 安全绩效管理是中国民航的要求

与此同时,作为国际民航组织的一类理事国,中国一直高度重视民航安全,安全水平世界领先。基于此,中国不仅积极参与了附件 19《安全管理》的起草制定工作,并在 2015 年发布了《中国民航航空安全方案》,落实了附件 19《安全管理》关于国家安全方案(SSP)的要求,其中就包括了安全绩效管理内容。2018 年 3 月,中国民航颁布并实施了《民用航空安全管理规定》(CCAR-398),规定我国民用航空安全管理应当坚持安全第一、预防为主、综合治理的工作方针。且规定了民航生产经营单位应当依法建立并运行有效包括安全绩效监测与评估在内的安全管理体系。同时,CCAR-398 第十一条规定"民航生产经营单位应当实施安全绩效管理,并接受民航行政机关的监督"。我国民航在规章符合性安全管理方式的基础上补充了基于安全绩效的安全管理方式,实现了安全绩效管理有法可依、有章可循。

3. 安全绩效管理是企业安全管理发展的需求

根据安全管理的重点关注的方向、技术手段和理念的发展,民航安全管理先后历经了技术时代、人因时代、组织时代、全系统时代。民航安全管理的每一个时代,都反映出了国家或民航生产经营单位对民航安全发展的迫切需求。当前,民航生产经营单位要实现预期的安全目标,必须采取有效的措施对可能导致风险演化事件的危险源进行有效管控。通常情况下,在生产过程中,民航生产经营单位管理层要获知当前企业自身的安全状况,可利用的手段包括事件报告与调查、定期或不定期的安全或危险报告、安全监察或审计、运行数据或安全趋势分析等。这几种获知安全状况的手段也分别对应了不同类型的安全管理方式,分别为事后型、被动型、主动型、预测型。从对安全状况或危险源控制状况信息获取的全面性与时效性以及对安全管理水平保障的有效性来看,我们认为预测型管理的效果最理想、主动型管理的效果较好、被动型管理的效果一般、事后型管理的效果最差。安全绩效管理即属于面向安全生产全过程的预测型管理手段,能够帮助民航生产经营单位的管理层全过程实时监测和控制安全风险、获知自身企业的安全状况、有效决策风险控制措施、有效消除或管控危险源,进而实现安全生产目标。随着全球国民经济水平和社会对安全认知的不断发展,安全已经成为人民群众对美好生活向往的内在需求。采取更加有效积极的安全管理手段,不断提升生产安全水平、追求安全与效益的高质量发展,是民航生产经营单位对实施安全绩效管理的必然需求和选择。

4. 安全绩效管理的目的和意义

安全绩效管理的主要功能是监测和衡量其管理安全风险的成效。而对民航生产经营单位而言,实施安全绩效管理的目的是促进安全目标实现。

安全绩效管理之所以能够实现其功能和目的,就在于其对组织机构而言能够提出并回答有关安全管理的 4 个最重要问题。

(1)组织机构的最高安全风险是什么?通过对航空事故和征候数据的审查,以及进行预测分析,可以帮助组织机构查明和确定新出现的风险。

(2）在安全目标方面，组织机构想要达到的目标是什么？需要解决的主要安全风险是哪些？安全绩效管理不仅可以帮助明确其面临的安全风险，还能促进组织机构确立安全目标。

（3）组织机构如何知道它是否正朝着其安全目标取得进展？通过建立一系列针对安全风险控制措施效用监测和衡量的安全绩效目标、安全绩效指标以及相对应安全触发点（安全绩效指标预警阈值），帮助组织机构及时获知安全风险控制所达到水平或所处的状况及安全状况，通过对比分析，即可明确组织机构当前的安全状况与既定安全目标的符合程度。

（4）需要什么样的安全数据和安全信息来做出明智的安全决策，包括组织机构的资源分配？安全绩效管理的有效实施需要大量的安全数据，因而需要组织机构建立一个不断发展的安全数据收集和处理系统，在此基础上开展有效的安全数据分析。而安全数据收集和处理系统和安全数据的分析能力就能极好地帮助组织机构有效获取安全信息，从而为其安全决策及执行决策所涉及的资源分配提供参考和支撑。

安全绩效管理的目的和意义是紧密衔接的。安全绩效管理的目的是促进安全目标实现。因此，要实施安全绩效管理，首先要明确的就是组织的安全目标是什么。既然安全是将风险减少或控制在一个可接受的水平，那么安全目标的确立过程就必须对所要面对的风险进行识别、分析、评估并明确控制措施。在明确了安全生产的主要风险以后，就需要组织机构确立控制风险的措施，并对风险控制措施的效用进行监测和衡量，这也就需要组织机构有针对性地建立科学合理的安全绩效指标体系及预警评估原则。为了实现安全绩效管理指标体系对风险控制措施效用的监测和衡量，就必须进一步建立一个不断发展的安全数据收集和处理系统，并不断建设和改进相应的安全数据分析能力。整个过程有机链接、有效运转，从而实现安全绩效管理对安全目标实现的有效促进。正是因为安全绩效管理具有如此重要的功能和积极意义，才能很好地推动当前的安全管理从反应型、被动型、主动型向基于数据分析、信息驱动、趋势预测的事前预测型转变。

7.1.2　安全绩效管理内涵和特性

在附件 19《安全管理》的中英文版本中，安全绩效管理对应的英文是 safety performance management。安全绩效管理可以简单地理解为"安全＋绩效＋管理"。这是因为，安全是绩效管理关注的对象，其与公众广为熟悉的生产绩效、绩效考核等有明显区分，前者关注的是安全状况，后者关注的是生产状况；绩效是安全管理的方法或手段，即安全管理需要有效的绩效工具，安全状况或安全管理水平到底好不好，需要进行绩效测评；管理是安全绩效的体系表征，不仅表征了安全绩效自上而下的管理驱动，也说明安全绩效管理并不是单一的技术手段或计算方法，而是综合目标、指标、监控、测量、评价、识别行动、分析、改进等多流程衔接且有效运转的系统方法。

1. 安全

国际民航组织对航空安全的定义为：将与航空器运行相关或直接支持航空器运行的航空活动的相关风险减少并控制在一个可接受水平的状态。首先，从这个定义我们知道航空安全关注的是以航空器活动为核心的航空活动安全，这也是本章所介绍的安全绩效管理的行业范畴。航空活动的运行特点和复杂性决定了其安全管理体系与其他交通运输方式或其他生产行业虽有相近之处,但更加独具特点。其次,通过这个定义我们知道航空安全关注的对象是风险,其目标是将风险减少并控制在一个可接受水平的状态。由此也可以看出航空安全要求的是相对安全,而不是绝对安全。即意味着航空安全不是要追求完全消除风险或"零风险",而是基于针对风险控制的安全投入和所产生效益平衡或相对最优地将风险减少并控制在一个可接受水平。最后,这个定义也告诉我们,航空安全的水平或状态并不是一成不变的,而是会随着安全科学技术的进步、国家经济和航空生产活动的发展及社会或组织对安全的认知和接受水平提升而变化的,这也体现了安全绩效管理的持续改进理念。

2. 安全绩效

关于绩效,我国现代汉语词典对其的释义为建立的功劳和完成的事业、重大成就。而其对应的 performance 既有表现、性能的意思,又有履行、执行的含义。综合绩效和其所对应英文单词的释义发现,绩效既有结果型的性能、成就、完成的活动等含义,也有过程型的履行、执行、进行的活动等含义。对于安全绩效管理而言,到底是应该更多关注结果产出还是行为过程呢?还是要实现既关注结果的产出又关注行为的过程?实际上,经过大量的研究和长期的实践表明,绩效侧重于结果/产出或侧重于过程/行为都各有优缺点。绩效侧重于结果/产出的时候,绩效易于评估,容易在组织中营造"结果导向"的文化与氛围,但缺点是在未形成结果前,无法感知当前状态和发展趋势,容易造成过程投入和管理疏忽;绩效侧重于过程和行为的优点是能及时获知所关注对象的状态变化或组织中个体的活动信息,但缺点是可能会过分强调工作方法和步骤,容易导致对实际工作成效的忽视。实际上,要做好绩效,应该既要关注结果产出又要注重行为过程。

附件19《安全管理》和《安全管理手册》(Doc 9859)第四版对安全绩效的定义是:由其安全绩效目标和安全绩效指标界定的国家或服务提供者的安全业绩。根据中国民用航空局规章《民用航空安全管理规定》(CCAR-398),我国对安全绩效的定义是:安全绩效是指安全管理体系的运行效果,用一套安全绩效指标衡量。国际民航组织关于安全绩效的定义侧重于描述安全绩效的作用机理/过程,说明了安全绩效的核心内容是安全绩效目标和安全绩效指标进行安全业绩的界定。实际上安全绩效被广泛认为是有效的安全管理手段,就是因为安全绩效能够利用一系列安全绩效目标及与之相对应的安全绩效指标监测衡量组织的安全状况,并且这一过程是实时的、动态的和客观的。实时是指安全绩效的监测衡量是伴随安全生产全过程的,既不是事先的,也不是事后的,而是会随着安全生产的进行及状况变化而进行和变化。动态不仅指安全绩效目标和安全绩效指标的输出结果会发生变化,而且安全绩效目标和安全绩效指标本身也会发生变化,例如安全目标的具体内容、数值,安全绩效指标的类型、预警阈值等,也都是会随着时间或生产情况进行调整变化的。客观是指安全绩效的目标和指标确立、监测预警方法、评价考核原等明确后,安全绩效的运行过程及输出是不受个人或组织差异影响的。与之相对的是,我国对安全绩效的定义既描述了安全绩效在安全管理体系中的地位,又同国际民航组织对安全绩效的定义一样描述了安全绩效的作用机理。其中,安全绩效是安全管理体系的运行效果,实际上进一步明确了安全绩效不但是安全管理体系的重要内容,也是安全管理体系效用的衡量手段或表征。同时,这样说明安全绩效的目的是促进更高水平的安全运行。由此可见,国际民航组织和我国对安全绩效的定义表述虽略有不同,但含义是一致的,都明确了安全绩效是国家和服务提供者的安全业绩或者运行效果,都明确了安全绩效需要利用安全绩效目标和安全绩效指标进行界定或衡量。

3. 安全绩效管理

国际民航组织在 2018 年 7 月发布了《安全管理手册》(Doc 9859)第四版,其是对附件 19《安全管理》相关标准和建议措施的落实的经验总结和具体指导。其对安全绩效管理的描述是:安全绩效管理是国家安全方案和安全管理体系运行的核心。若实施得当,它将帮助组织机构确定其活动和过程是否有效发挥作用以实现其各项安全目标。安全绩效管理是通过确定用于监测和衡量安全绩效的安全绩效指标来进行的。通过确定安全绩效指标,获得的信息将使高级管理层得以了解当前的情况并支持决策,包括决定是否需要采取行动来进一步缓解安全风险,以确保组织机构实现其各项安全目标。从国际民航组织对安全绩效管理的定义可以知道以下三点:一是安全绩效管理是国家安全方案和安全管理体系的核心,意味着国家安全方案和安全管理体系能否发挥各自应有的作用,有效控制安全风险主要取决于安全绩效管理。二是安全绩效管理要发挥功能,需要且必须通过确立一系列的安全绩效指标来实现,这也说明了安全绩效指标对于安全绩效管理的重要性。三是安全绩效管理对安全风险的控制和安全目标实现的促进作用,是通过安全绩效指标的监测和衡量进而影响安全风险的缓解措施而实现的。

我国民航在 2017 年 4 月发布了《民航生产经营单位安全绩效管理指导手册》(MD-AS-2017-01),其对安全绩效管理的定义是:对组织的安全绩效进行监测和评估,对组织中影响安全状态的因素进行管理,使组织的安全状态达到可接受的安全水平。我国民航对安全绩效管理的定义明确了安全绩效管理的主要任务和目标。其主要任务是对组织的安全绩效进行监测、评估和对组织中影响安全状态的因素进行管理,目标是使组织的安全状态达到可接受的安全水平,也可简单概括为安全绩效管理的功能就是评估安全状态、预警安全问题、采取安全行动,以提升安全水平。

4. 国家安全方案

国家安全方案是一个国家控制和管理安全的管理系统,也常常被称为国家层面的安全管理体系(SMS)。附件 19《安全管理》第二版对国家安全方案的定义是:旨在提高安全的一套完整的规章和行动。国家安全方案是国际民航组织自 2007 年起,陆续对《国际民用航空公约》附件 1、6、8、11、13、14 和 18 进行修订时,要求各缔约国建立并实施的。2013 年国际民航组织发布的附件 19《安全管理》第一版进一步明确:各国要制定和实施国家航空安全方案,以便民用航空安全绩效达到可接受水平,并确定了 SSP 四大框架及相关要素。2016 年 7 月,国际民航组织发布了附件 19《安全管理》第二版,2018 年国际民航组织发了《安全管理管理手册》(Doc 9859)第四版。其进一步明确国家安全方案的目的是:①确保国家建立有效的立法框架,并且有配套的具体运行规章;②确保相关国家航空当局在安全风险管理与安全保证上开展协调和协同努力;③支持服务提供者安全管理体系的有效实施和与之适当交互;④促进监测和衡量国家航空业的安全绩效;⑤保持和(或)持续提高国家的总体安全绩效。附件 19《安全管理》第一、二版关于国家安全方案的四大支柱及主要内容,如表 7-1 所示。中国民航现行的《中国民航航空安全方案》是中国民用航空局于 2015 年按照附件 19 第一版关于国家安全方案的框架和主要要素制定的。需要注意的是,《中国民航航空安全方案》就是我国民航监管的国家安全方案。我国《民用航空安全管理规定》(CCAR-398)中明确定义"民航航空安全方案,是旨在提高安全的一套完整的法律、行政法规、规章和活动"。对比可以发现,我国的这一定义与国际民航组织对国家安全方案的定义是一致的。只是在描述上,我国将国际民航组织所称的规章具体为法律、行政法规、规章,在实质上与国际民航组织关于国家安全方案的标准和建议保持了完全一致。中国民航的国家安全方案框架如表 7-2 所示。

表 7-1 国家安全方案（SSP）的 4 个组成部分及内容/要素

A. 附件 19《安全管理》第二版

组 成 部 分	内　　　容
国家安全的政策、目标及资源	基本航空立法
	具体运行规章
	国家系统与职能
	合格的技术人员
	技术指导、工具及提供重要的安全信息
国家对安全风险的管理	颁发执照、合格审定、授权和批准的义务
	安全管理体系义务
	事故和事故征候调查
	查明危险和评估安全风险
	安全风险管理
国家的安全保障措施	监察的义务
	国家安全绩效
国家的安全推广措施	内部交流和传播安全信息
	外部交流和传播安全信息

B. 附件 19《安全管理》第一版

组 成 部 分	要　　　素
安全政策与目标	立法框架
	安全职责和责任
	事故和事故征候调查
	执法政策
安全风险管理	对民航生产经营单位 SMS 的要求
	对民航生产经营单位的安全绩效认可
	对 SMS 的相关要求定期评审
安全保证	外部培训、安全信息的沟通和发布
	安全数据的收集、分析和交换
	基于安全数据分析确定重点关注的监管领域
安全促进	内部培训、安全信息的沟通和发布

表 7-2 《中国民航航空安全方案》的 4 个组成部分及要素

组 成 部 分	要　　　素
国家安全的政策与目标	国家安全的立法框架
	国家的安全责任和问责制
	事故和事故征候调查
	执行政策

续表

组成部分	要素
国家对安全风险的管理	对服务提供者安全管理体系的安全要求
	关于服务提供者安全绩效的协议
国家的安全保障措施	安全监督
	安全数据的收集、分析和交流
	根据安全数据侧重对具有更大安全关切或需要的领域进行监督
国家的安全推广措施	内部培训、交流和传达安全信息
	外部培训、交流和传达安全信息

5．安全绩效管理特征

从安全绩效管理的作用机理上看，安全绩效主要具有三大特征。

1）结果与过程双注重

即安全绩效管理既注重行为的结果也重视行为的过程。只单方面地关注结果或行为都不利于安全管理水平的保证和促进。在实践中，往往容易存在组织机构的安全管理只注重结果而忽视行为或过程，反之的情况则极少出现。如果组织机构只关注风险失控导致的事件，忽视了对风险控制措施效用的监测和衡量，就无法及时获知风险状况，除了按照事件调查的报告和以往的安全管理经验，无法更好地从制度、政策、责任、程序、技术、管理等多方面制定协同配合的风险控制措施，也无法在原有基础上较大幅地提升组织机构的安全水平。

2）定性与定量相结合

安全绩效管理既体现事物的定性特征更反映事物定量的特征。在安全绩效管理中，定性与定量是同时存在的。尤其是在安全绩效管理对风险控制措施的效用及安全状况进行评估时既会采用定性指标也会采用定量指标。比如：航空公司的事故率、征候率都是定量指标，而人员培训完成情况、手册对规章的符合情况、某一时段某部分的安全状况评级等往往是定性指标。但通常情况下，安全绩效管理为了有效实现其对风险控制控制效用的监测和衡量，定量指标采用的较多。而且在实际操作过程中，安全绩效目标和安全绩效指标也会努力将定性的关注对象尽可能转化为定量的指标。

3）成效与资源相结合

安全绩效管理既要求测量组织的工作条件和方法，也要求测量组织的工作成效和成果，同时结合安全绩效管理的风险控制措施效能测量与衡量功能，实际上安全绩效管理优先关注的是较高风险的环节，其对资源配置的不同侧重也正是基于此进行的。

7.1.3 中国民航安全绩效管理历程

国际民航组织（ICAO）在 2008 年要求各缔约国按照《国际民用航空公约》附件的要求，建立并实施国家航空安全方案（SSP）和安全管理体系（SMS），而安全绩效管理是 SSP 和 SMS 的重要内容。2008 年年底，中国香港国泰航空开始开展安全绩效管理工作，到 2012 年年底建成了较为全面的全公司安全绩效管理体系。2010 年，中国民用航空局首先在中南地区管理局选取了多家航空公司、机场及所在地监管局开展安全绩效管理试点工作。2014 年，民航局又选择华夏航空具体开展航空公司安全绩效管理试点工作。2015 年年初，民航局发布了《中国民航航空安全方案》和《关于开展行业安全绩效管理试点工作的通知》,启动了全行业安全绩效管理试点工作。2017年,民航局发布了《民航安全绩效管理推进方案》,将中国民航安全绩效管理推进工作分为三个阶段:2017年为初级阶段,本阶段要建立民航生产经营单位适用的安全绩效管理机制,试行基于安全绩效的监管工作;2018年为中级阶段,本阶段要建立适用的基于安全绩效的监管机制;2019—2020年为高级阶段,本阶段要持续完善安全绩效管理机制和基于安全绩效的监管机制。从初级阶段到高级阶段,民航生产经营单位的安全绩效管理效能和局方基于安全绩效的监管效能逐步提升,同时,局方的安全监管工作量将逐步减少。中国民航安全绩效管理发展历程如图7-1所示。

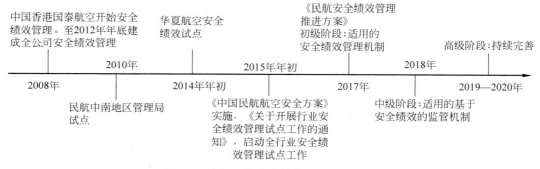

图 7-1 中国民航安全绩效管理发展历程

7.1.4 安全绩效管理与安全管理和风险管理的关系

1. 安全绩效管理与安全管理的关系

国际民航组织定义了安全管理体系(SMS)的四大支柱和12个要素,安全绩效管理的框架及内容见表7-3。其中安全绩效管理属于安全管理体系四大支柱之一的安全保证中的第8个要素。

表 7-3 安全管理体系(SMS)的框架及内容

框 架	内 容
安全政策与目标	1. 管理承诺
	2. 安全责任义务和责任
	3. 任命关键的安全人员
	4. 协调应急预案的制定
	5. 安全管理体系文件
安全风险管理	6. 危险源识别
	7. 安全风险评估与缓解
安全保证	8. 安全绩效监测与测量
	9. 变更管理
	10. 持续安全改进安全管理体系
安全促进	11. 培训与教育
	12. 安全沟通

附件19《安全管理》第二版附录2安全管理体系(SMS)的框架在"3.1安全绩效监测和

评估"中，服务提供者必须核验组织的安全绩效并验证安全风险控制的有效性。由此可见，基于安全绩效的监测和评估方式，为基于风险的安全管理提供了更为广阔的思路和空间，帮助验证风险控制的有效性，进而检验 SMS 的实施效能。同时，为了有效地实施 SSP 和 SMS，需要在规章符合性安全管理方式的基础上补充基于安全绩效的安全管理方式。在相关数据的收集和分析支持下，安全绩效管理不仅能够保证安全水平，还能够最大限度地实现安全与效益的平衡。

安全绩效管理的基础是建立一套适用于衡量生产经营单位安全状态、验证 SMS 实施效能的安全绩效指标。因此，安全绩效指标的设计应同时注重运行过程和安全结果，除了对各等级事件数量、人员伤亡数量等结果进行事后的统计，还需对管理者的安全承诺、员工的安全行为、安全培训的效果等对安全运行有重大影响的因素进行评估，才能全面、科学、合理地检验 SMS 的实施效能。

尽管部分安全绩效指标衡量的是人为差错，但这类指标反映的不是某个体的人为差错，而是系统在人为差错控制方面的效果和管理上存在的缺陷，指标值的波动同样体现了整体安全行为的变化，其背后的原因分析必然要采用系统安全的分析方法。只有从系统的角度开展安全绩效管理工作，才能在验证 SMS 实施效能的同时，确保持续安全水平，促进 SMS 发挥更大的作用。

总之，安全绩效管理是 SMS 的重要组成部分，是验证和检验 SMS 实施效能的重要手段。国家安全方案和 SMS 中的安全风险管理和安全保证有关要素要逐步通过基于安全绩效的方式而不是单纯的基于规章符合性的方式进行管理，以提升安全管理，更好地实现国家安全方案和 SMS 的目的。

2. 安全绩效管理与风险管理的关系

安全绩效管理与风险管理之间的联系在于：

（1）安全绩效管理对安全风险的作用机理。民航生产经营单位通过实施安全绩效管理能够监测和衡量其对安全风险的控制措施是否有效、获知其生产安全状况，进而帮助其决策并采取下一步风险控制措施，并在其采取措施后获取所采取措施的效用反馈。安全绩效管理是在不断地风险监测、衡量进而获知安全状况、决策并采取风险控制措施、风险控制措施效用监测反馈、再衡量并获知安全状况等循环往复中，持续改进风险控制水平和安全状况，进而实现安全目标。

（2）安全风险对安全绩效管理的意义。安全风险是安全绩效管理建设和实施的针对目标，是安全绩效管理主要内容，如安全目标、安全绩效指标等制定的重要参考。实际上，通过本章后续内容我们会知道，安全绩效指标设立优先要考虑的就是组织机构面临的安全风险是什么，尤其是要重点关注关键风险或最高风险。

7.1.5 安全绩效管理过程

安全绩效管理的主要过程包括定义/改进安全目标、定义/改进安全绩效指标、监控和测量安全绩效、识别所需的行动。安全绩效管理能够良好运转的基础是安全数据收集和处理，其关键是组织自上而下的推动力。安全绩效管理的过程如图 7-2 所示。

图 7-2 较好地诠释了安全绩效管理过程以及其与安全信息、安全分析和安全促进的联

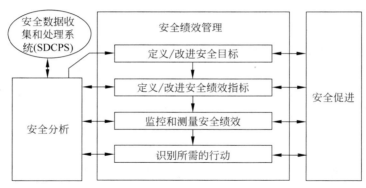

图 7-2 安全绩效管理过程示意图

系。结合前述知识可知,安全绩效管理的功能是监测和衡量风险控制措施的效能,其目的是促进安全目标实现。而民航安全就是要将航空活动的风险降至并控制在一个可接受水平的状态。因此,我们也可理解为民航安全绩效管理的目的就是促进组织机构将安全风险降至并控制在一个可接受水平的状态。

实际上,安全绩效管理全过程都与安全分析紧密相关。首先,定义/改进安全目标、定义/改进安全绩效指标需要通过分析组织机构面临的关键风险或主要风险。比如针对防止事故、征候等设置的安全目标及相应的安全绩效指标。其次,监控和测量安全绩效就是监控和测量组织机构的安全业绩是否达到预期设立的安全目标,即是否有效地将组织机构的安全风险控制在一个可接受水平的状态,进而体现组织机构的安全风险控制是否有效。这个过程需要进行安全绩效指标预警、安全绩效状态评价等安全分析工作。同时,进行安全绩效监控和测量后,针对当前安全状况特别是安全风险控制效果差、安全风险所处水平为组织机构不可接受时,都需要利用安全分析查找前期风险控制措施效果差的原因;并明确当前应该采取的行动即新的风险控制措施。需要特别注意的是,安全绩效管理必须建立在优良的安全数据收集和处理能力之上。当前,我国民航通过多种举措不断优化提升安全数据收集和处理能力,比如建立健全了强制报告、自愿报告、安全举报、飞行品质监控基站等安全数据收集渠道,民航安全生产经营单位也都针对安全绩效管理陆续建立了安全信息管理系统。另外,安全绩效管理的对象既包括组织绩效又包括个人或员工绩效。优良的安全绩效管理需要组织和员工的充分认知、积极参与,这就需要利用教育、培训等安全促进措施来进行保障。

7.2 安全目标

7.2.1 安全目标内涵与特性

1. 安全目标的内涵

附件 19《安全管理》、《安全管理手册》(Doc 9859)第四版对安全目标的定义为国家安全方案或服务提供者安全管理体系将取得的安全成就或预期结果的简短、高级别说明,并注释:安全目标是根据组织的最高安全风险制定的,在随后制定安全绩效指标和短期目标时应加以考虑。实际上,安全目标可以简单概括为组织确定的某一个周期内预期要取得安全业绩,或者说组织要努力追求的安全水平。安全目标为组织机构的安全绩效管理指明了方向。例如,根据中国民航发展"十三五"规划,到 2020 年,中国民航的运输航空每百万小时重大及以上事故率低于 0.15。这一安全目标就是中国民航生产经营单位要努力追求的方向和目标。正因为安全目标为组织机构的活动提供了方向,因此其应与组织机构的安全政策保持一致。此外,安全目标可为安全相关决策提供可靠依据,并有助于将安全优先事项传达给全体人员和整个航空界。

安全目标为安全绩效管理过程提供了战略方向,并为安全相关的决策提供可靠的依据。为了提高安全绩效,组织机构在修改政策或过程或进行资源分配时,都应当首先考虑安全目标。

2. 安全目标的特性

安全目标为组织的活动和安全绩效管理过程提供了战略方向,能够明确传递安全的优先事项。

从前述安全绩效管理的内涵和特性可知,安全目标既可以是过程导向的,也可以是结果导向的。过程导向是指从期望操作人员开展的安全行为或组织机构为控制安全风险而采取的行动的绩效方向加以说明。例如,民航生产经营单位关于安全信息报告的目标,每千小时安全信息报告数量或有效安全信息报告率。结果导向是指包含遏制事故发生或运行损失方面的行动和趋势。例如,我国民航"十三五"规划明确的关于运输航空安全业绩的目标,运输航空每百万小时重大及以上事故率。安全目标示例如表 7-4 所示。

表 7-4 安全目标示例

目标属性	对　　象	示　　例
过程导向	国家或服务提供者	强化安全信息报告水平
结果导向	服务提供者	降低不良停机坪安全事件的发生率(高层)或以上一年为基准,减少每年不良停机坪安全事件的数量
结果导向	国家	减少运输航空每百万小时重大及以上事故率

整套安全目标应包括过程导向和结果导向两种目标的组合。在安全绩效管理的实践过程中,国家层面的安全目标往往以结果导向为主,而民航生产经营单位的安全目标常以过程导向和结果导向结合。

3. 可接受的安全绩效水平

组织机构在设立安全目标时,必定会涉及承接并落实上级组织机构尤其是国家制定的安全目标,进而确立自身要努力实现的安全绩效水平。在中国民航的安全绩效管理实践中,中国民用航空局每年都会发布行业的安全目标。民航局行政主管部门会与民航生产经营单位以签署安全生产责任书的形式明确民航生产经营单位在该年度要达到的安全目标。在此基础上,依据国家发布的安全目标,并充分结合自身实际情况,我国民航生产经营单位会制定不低于国家安全目标要求的安全目标,并与其内部所属的包括部门或个人签订安全生产责任书,其中就包括民航生产经营单位所制定的安全目标。通过这个过程,我们发现国家制定的安全目标会逐层地依次落实为民航生产经营单位及其所属部门或员工的安全目标。在安全绩效管理当中,国家所制定的安全目标就是国家要达到的安全绩效水平,通常,这也被称为可接受的安全绩效水平(acceptable level of safety performance,ALSP)。

国际民航组织关于可接受的安全绩效水平的定义为:国家当局按照其国家安全方案的规定,商定国家民航系统要达到的以安全绩效目标和安全绩效指标表示的安全绩效水平。我国《民用航空安全管理规定》(CCAR-398)对其的定义为:以安全绩效目标和安全绩效指标表示的,按照中国民航航空安全方案中规定的,或者民航生产经营单位按照其安全管理体系中规定的安全绩效的最低水平。

从国际民航组织和我国关于可接受的安全绩效水平的定义可知:

(1)可接受的安全绩效水平是由国家民航行政主管部门制定的,是国家关于民航在某一时期内的安全目标。

(2)可接受的安全绩效水平是民航生产经营单位必须要努力实现的,是制定其自身安全目标或所要追求的安全绩效水平的依据。

(3)需要特别明确的是,可接受的安全绩效水平是民航生产经营单位要实现的安全绩效最低水平。民航安全生产经营单位的安全目标不能低于可接受的安全绩效水平。在安全绩效管理中,必须要纠正或避免将可接受的安全绩效水平当成所要追求的安全绩效最高水平的错误理念。

在我国,中国民用航空局负责制定并发布年度可接受的安全绩效水平,确定民航安全的工作目标和重点任务。基于此,民航局各职能部门制定下发行政检查大纲或者行政检查要求,民航地区管理局开展辖区民用航空运行安全监管工作。2017—2019年中国民用航空局发布的安全目标也就是中国民航全系统的可接受的安全绩效水平,如表7-5所示。

表7-5　2017—2019年中国民航安全目标

指 标 名 称	2019年目标	2018年目标	2017年目标
运输航空百万小时重特大事故率十年滚动值	≤0.15	≤0.15	≤0.15
运输航空亿客公里死亡人数十年滚动值	≤0.014	≤0.014	≤0.014
运输航空重大以下事故率三年滚动值	≤0.38	≤0.38	≤0.38
空防事故	防止	不发生	不发生
通用航空事故万架次率	≤0.36	≤0.36	≤0.20
通用航空死亡事故万架次率	≤0.18	≤0.18	≤0.10
重大航空地面事故	防止	防止事故	防止事故
特大航空器维修事故	防止	防止事故	防止事故
重大以下航空地面事故万架次率	≤0.03	≤0.03	≤0.03
运输航空征候万时率	≤0.60	≤0.60	≤0.50
运输航空人为原因征候万时率	≤0.14	≤0.14	≤0.14
运输航空严重征候万时率	≤0.10	≤0.10	≤0.10
运输航空机械原因征候万时率	≤0.16	≤0.16	—
地面征候万架次率	≤0.10	≤0.10	≤0.10
空管原因征候万架次率	≤0.05	≤0.05	≤0.05
机场原因征候万架次率	≤0.08	≤0.08	≤0.08
油料原因征候万架次率	≤0.01	≤0.01	≤0.01

7.2.2 安全绩效目标

1. 安全绩效目标的内涵

（1）安全绩效目标。国际民航组织对安全绩效目标的定义是：安全绩效目标指国家或服务提供者为某一安全绩效指标设定的、在某一特定时期与安全目标相一致的计划或预期目标。我国对安全绩效目标的定义是：安全绩效目标是指安全绩效指标在一个特定时期的计划或者预期目标。

（2）安全绩效目标值。安全绩效目标值是安全绩效指标在一特定时期的预期目标。

2. 安全绩效目标的特性

安全绩效目标对安全绩效管理方面所期望的短期和中期成果进行界定。它们作为"里程碑"，使人们相信组织机构正努力朝着实现其安全目标前进，并提供一种可衡量的方法来证实安全绩效管理活动的有效性。如果组合在一起的安全目标、安全绩效指标和安全绩效目标是具体的、可衡量的、可实现的、相关的和及时的，则组织机构便能够更有效地展示其安全绩效。安全绩效目标的特性包括：

（1）安全绩效目标是对安全目标在时间上的细化分解，且必须与上级安全目标承接保持一致。

（2）安全绩效目标是对应具体安全绩效指标的。安全绩效目标必须与安全绩效指标结合使用。即只要使用安全绩效目标，就必须要有对应的安全绩效指标。但在进行安全趋势监测时，有时只需要使用安全绩效指标，而不需要使用安全绩效目标。

（3）安全绩效目标是某一时段内安全绩效管理所期望达到的成果，其也可验证某一时段内安全绩效管理是否有效。

7.2.3 安全绩效目标设立

1. 安全绩效目标设立注意事项

（1）针对主要风险。设定安全绩效目标时应考虑到当前的安全风险水平、安全风险容忍度以及特定航空部门有关安全的期望等因素。

（2）明确职责。确立安全绩效目标时，必须明确安全绩效目标的适用对象和具体内容，明确安全绩效目标完成的责任主体，避免部门和组织机构之间产生安全绩效目标责任的问题。

（3）合适的任务目标。在确定设立安全绩效目标之前，应该考虑对于相关航空部门什么是现实可行的，并在可获得历史趋势数据的情况下，考虑特定安全绩效指标的最近表现。

（4）鼓励期望的行为。安全绩效目标可以改变行为，并有助于取得期望的结果。尤其当目标的实现与工作绩效奖励挂钩时，有利于促进组织机构和员工的工作积极性。因此，安全绩效目标的设立应该促进组织机构和个人做出合理决策和提高安全绩效的积极行为。

（5）避免不良行为。在选择安全绩效目标时，要考虑潜在的非预期行为。比如，关于安全信息报告的安全绩效目标如果只简单考虑了安全信息报告的数量，而未考虑有效报告率，就可能导致员工为了完成报告而报告，造成组织机构获取大量无关或无效信息。

（6）安全绩效目标考核。组织机构实现了既定的安全绩效目标并不总是表明组织机构的安全绩效有所提高。组织机构需要考虑安全绩效目标是在什么情况下实现的。即针对组织机构的生产或运行规模、环境、人员队伍、技术变更或新技术应用等多方面的情况变化,安全绩效目标也需要进行调整。例如,某航空公司因机队规模和航线调整导致起降架次有了大幅增加,但如既定的年度安全信息报告数量的安全绩效目标值未进行调整,仍保持既定要求,即使考核时完成了安全绩效目标,也并不能说明安全绩效改善。

2. 设立原则

安全目标和安全绩效目标的设定一般遵循 SMART 原则。SMART 原则是目标管理的产物,其功能是为了制定合理的目标。实际上,安全绩效管理就是目标管理在安全领域的应用和发展。为了确保安全目标设定的科学合理,能够切实促进安全绩效管理,保障安全水平,在进行安全目标指标设定时,需要注意有效运行 SMART 原则。SMART 原则的主要内容,如图 7-3 所示。

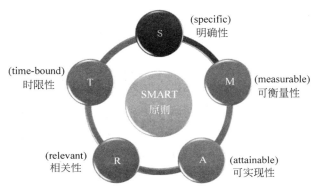

图 7-3 SMART 原则

SMART 原则的 "S""M""A""R""T" 5 个字母所对应的英文全拼及意义分别是 "specific"(明确的)、"measurable"(可衡量的)、"attainable"(可实现的)、"relevant"(相关的)、"time-bound"(有时间限制的)。SMART 原则所代表的安全目标设立的 5 条原则分别是:

1) 明确性

安全目标所描述的内容是必须明确具体的,安全目标能够清楚的说明组织或个体所需完成的行动方案。比如对于偏出或冲出跑道事件,如果安全目标设立成"减少偏出或冲出跑道数量",这种对目标的描述就很不明确,就不能将安全目标传达给组织成员。如果设置为"到 2022 年,每百万架次偏出或冲出跑道数量减少 50%",就能让组织机构全体成员清楚地知道安全目标到底是什么,以此确立安全工作计划和行动方案。

2) 可衡量性

可衡量性就是指目标应该是明确的,而不是模糊的,应该有一组明确的数据作为衡量是否达成目标的依据。如果制定的目标没有办法衡量,就无法判断这个目标是否实现。在制定安全目标时要尽可能地量化,以便安全目标可以被有效地衡量。比如,对于安全培训执行情况,如果安全目标设置为"进一步优化安全培训执行",这样的安全目标就会让组织成员不明白安全目标到底是什么,到底要将安全培训优化执行到什么地步,是不是只要进行了培训,不管效果好坏都可以叫"进一步优化"。这样所导致的后果就是安全目标的设立并不能促进安全绩效的改善。

3) 可实现性

可实现性是指安全目标是可达成或可实现的。安全目标设置要坚持全员参与、上下承接、左右沟通,使拟定的安全目标在组织各个层级之间达成一致。安全目标既要适度合理,不能太容易实现,使安全工作内容饱满,也要具有可达性,不能太难甚至根本无法完成,最好是需要经过一定努力方可实现。针对这一点,有一句形象的比喻,可以制定出跳起来"摘桃"的目标,但不能制定出跳起来"摘星星"的目标。

4) 相关性

相关性是指安全目标要与职责相关、要与上级总体安全目标相关。如果安全目标与职责无关或者相关度很低,那么这个安全目标即便达到了,意义也不大。比如:根据中国民航"十三五"规划,到 2020 年,中国民航运输航空每百万飞行小时重大及以上事故率低于 0.15。从职责相关性角度出发,这个安全目标是中国民航的安全目标,而不是铁路、公路等其他交通运输方式的安全目标。并且,从安全目标上级层级衔接角度出发,中国民航生产经营单位的安全目标都必须承接国家总体安全目标。

5) 时限性

安全目标的时限性就是指安全目标是有时间限制的。对于没有时间限制的安全目标是没有办法进行考核的,或者会带来不同组织机构之间考核的不公平。实际上,没有时间限制的目标几乎跟没有制定目标没什么区别。

总之,安全目标和安全绩效目标的制定必须符合上述原则,五个原则缺一不可。SMART 原则可以简单概括为:安全目标必须是明确的(specific),安全目标必须是可衡量的(measurable),安全目标必须是可实现的(attainable),安全目标必须和其他目标具有相关性(relevant),安全目标必须具有明确的时间限制(time-bound)。

3. 确定安全绩效目标步骤

1) 确定安全绩效目标值

民航安全生产经营单位的安全绩效目标值应以其上一年度相关安全绩效指标的实际绩效值为基础确定,不能突破局方确定的安全目标,且原则上要比其上一年度实际绩效有所改进。

确定安全绩效目标值时必须要明确的内容如下。

(1) 长期目标和短期目标。长期目标包括三年或五年的安全绩效目标,此类目标具有一定的战略意义,是制定短期安全绩效目标的基础,短期目标包括一年或半年的安全绩效目标,此类目标具有很强的可操作性。

(2) 安全绩效目标层级关系。下一级安全绩效目标应与上级安全绩效目标相衔接,不得突破上一级安全绩效目标。

(3) 历史安全绩效水平。应定期开展安全绩效水平统计分析,将 1～3 年的历史数据作为制定下一阶段安全绩效目标的依据。

(4) 安全绩效指标的类型。对于低后果类安全绩效指标,可能没有安全绩效指标的历史数据,则可以完善数据收集的方式方法,持续收集一段时间之后,再根据相关数据进行推算。

(5) 运行量及可预期的变化。制定安全绩效目标时要充分考虑在未来一个时期内运行量的变化,作为制定安全绩效目标时的考虑因素。

(6) 运行环境的变化。如果在未来一个时期内，运行环境有可能发生变化，则应考虑可能由此引发的安全风险，作为制定安全绩效目标的考虑因素。

(7) 安全保障能力。在制定安全绩效目标时，应充分考虑行业和生产经营单位保障安全、应对风险的能力，包括资金投入、人员配备、设施设备、安全管理等。

(8) 安全绩效指标的监控周期。在确定安全绩效目标时，应根据实际运行量确定绩效监控的周期，对于运行量小的单位，周期可以长一些，对运行量大的单位或比较容易接近警戒值的，监控周期可以短一些。

2) 确定安全绩效警戒值

民航生产经营单位的警戒值应根据安全绩效指标上年度实际绩效、本年度目标值以及相关的安全风险水平确定，对相关安全风险不可控或不可接受的趋势作出准确预警。

安全绩效警戒值可以综合考虑数据监测难度、安全费效比、安全绩效指标度量参数特点等因素，将其设定在接近安全绩效目标值的任何阶段。在确定安全绩效警戒值时至少应明确的内容包括：

(1) 警戒值的设定方法。目前最常用的方法是偏差区间法、标准偏差法，另外还有专家评判、历史数据分析、横向比较等方法。

(2) 警戒值的监测周期。警戒值的监测周期小于目标值的监测周期，可为周、月或季度等，监测周期越短对该指标状态的预警越灵敏。

(3) 警戒值的预警规则。即在什么情况下进行预警，如：任何单个监测数据点在3个标准偏差线之上，两个连续监测数据点在两个标准偏差线之上，3个连续监测数据点在1个标准偏差线之上就进行预警等。

(4) 触发警戒值后的管控措施。要明确规定触发不同类型警戒滞后的风险控制措施。

4. 安全绩效目标示例

安全绩效目标或安全绩效指标设置需考虑的通用情形一般包括设备结构损害或人员伤亡的事件、可能导致事故发生的运行环境事件、自愿报告率、强制报告率等。需要注意的是，安全绩效目标不是一成不变的，需要根据实际情况的变化，考虑作出相应合理的调整，尤其是当生产经营单位的安全目标改变或者风险情况发生变化时。

一般情况下，安全绩效目标的设置可通过设定与高级别安全目标一致的具体目标而进行。首先，制定与安全绩效指标一致的高级别总体安全目标，其次，在建立基线安全绩效的基础上，确定合理的改进水平。改进水平可以以特定目标（例如减少百分比）或积极的趋势为依据。

为了更清晰地说明安全目标、安全绩效目标和安全绩效指标，举例如下：

假定某航空公司在2018年记录到每百万起降架次有100次偏离跑道。为有效提升安全水平，确立了到2022年将偏离跑道次数减少50%的安全目标，并为此制定了具体的有针对性的行动和相关时间表。

为了监测、衡量和报告安全目标完成的进展情况，该航空公司选择了"每年每百万起降架次的偏离跑道次数"作为安全绩效指标。假定航空公司机队规模、队伍情况、航班数量等生产运行情况保持不变的情况下，为了能够确保到2022年能够顺利实现此安全目标，该航空公司制定了与此安全目标一致的细化的安全绩效目标，即在2019—2022年的四年间，每年每百万架次偏出或冲出跑道的数量平均减少12.5%。根据安全目标所确立的各年度安全绩效目标情况如图 7-4 所示,图中：

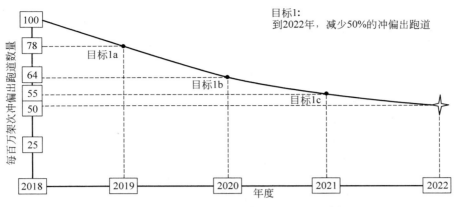

图 7-4　安全目标与安全绩效目标关系示例

(1) 基于 SMART 原则的安全目标 1 是"到 2022 年,偏离跑道率下降 50%"。
(2) 安全绩效指标是"每年每百万起降架次的偏离跑道次数"。
(3) 对安全目标分解到 2019—2022 年的四个年度,相当于到 2022 年,每年偏离跑道次数减少约 12%,即可得到每年度的安全绩效目标：
① 安全绩效目标 1a 是"2019 年每百万起降架次的偏离跑道次数少于 78 次"；
② 安全绩效目标 1b 是"2020 年每百万起降架次的偏离跑道次数少于 64 次"；
③ 安全绩效目标 1c 是"2021 年每百万起降架次的偏离跑道次数少于 55 次"。
安全绩效警戒值的设立和预警见 7.5 节。

7.3　安全绩效指标

随着安全管理理论的不断发展,以事故、征候等高后果指标来衡量安全状态的做法已不能全面、准确地掌握组织机构的安全状态,而需要一套系统、科学的指标体系来评估组织的安全状态。在反映安全结果的同时,暴露出运行和管理过程的问题。

7.3.1　安全绩效指标概述

1. 安全绩效指标的内涵

国际民航组织和我国对安全绩效指标的定义为：用于监测和评估安全绩效的以数据为基础的参数。

安全绩效指标是安全绩效管理实现监测的具体手段,可以帮助组织机构了解其是否有可能实现其安全目标。安全绩效指标的内容应该包括：
(1) 对安全绩效指标所衡量对象的说明。
(2) 安全绩效指标的目的(该指标旨在管理什么以及向谁提供信息)。
(3) 测量单位及关于其计算的任何要求。
(4) 由谁负责收集、验证、监测、报告安全绩效指标和就此采取行动。

(5) 应在哪里或如何收集数据。
(6) 安全绩效指标数据的报告、收集、监测和分析的频率。

2. 安全绩效指标的特性

(1) 相关性，即安全绩效指标应该与它们旨在表明的安全目标有关。安全绩效指标的作用是监测和评估安全绩效，而安全绩效是以安全目标为导向。也可以说，安全绩效指标就是监测和评估组织的安全运行状况是否能实现或达到预期的安全目标。因此，安全绩效指标必须有效承接组织的安全目标。

(2) 可监测性，即安全绩效指标必须是可监控的。安全绩效指标的选择取决于可定量衡量的可靠数据的可获得性。一是安全绩效指标的设立必须以可获得的数据为基础，没有可收集的数据，安全绩效指标也就无法监测并实现其功能。但是在安全绩效管理工作开展的初期，可根据所涉及安全绩效指标的重要性和意义，建立某些新的安全绩效指标检测数据的获取途径和方式，以收集安全绩效指标检测所需数据。二是数据的客观真实和数量体量很大程度上决定了安全绩效指标的效用。正因为以上两点，安全绩效管理才被确立为以数据为驱动的管理方式。

(3) 可衡量性，安全绩效指标必须是可衡量的。安全绩效指标只有可衡量，才能实现其监测和评估安全绩效的功能。这种衡量既可以是定性的，也可以是定量的。定量指标通常以数量而不是质量来衡量，而定性指标是描述性的，通常以质量来衡量。因为定量指标更容易计数和比较，故认为定量指标优于定性指标。在民航安全管理领域，大多使用定量指标。定量指标如飞行小时率、飞行架次率，定性指标如安全审核工作是否按时完成、安全培训工作是否如期开展。为了安全绩效指标衡量方式的统一，应尽量将定性衡量的指标也转化为定量衡量的指标，如安全审核工作完成率、安全培训工作执行率等。

定量的安全绩效指标可以表示为数字或比率。在某些情况下，用数字表示就足够了。但是，如果活动水平波动，则仅使用数字可能会造成对实际安全状况产生扭曲的影响。例如，空中交通管制部门在7月份记录了3次高度偏离，在8月份记录了6次高度偏离，那么可能引起人们对安全绩效显著恶化的极大担忧。但8月份的起降架次可能是7月份的两倍，这意味着每起降架次的高度偏离的比率是下降了而不是增加了。因此，当指标相关的情况发生波动时，应采用比率。此外，适当情况下，定量指标采用比率形式对安全绩效水平进行衡量时，可以实现对安全绩效标准化度量，而不受活动体量的限制。尤其是在进行不同组织机构的安全绩效水平对比时，采用标准化度量至关重要。

(4) 可调整性，即安全绩效指标必须是可调整的。安全绩效指标和安全目标、安全绩效目标是根据组织机构的实际情况制定的，受发展规模、经济状况、技术能力、安全投入、风险类别、组织体制等因素的影响，在满足上级管理部门对安全绩效管理基线要求的前提下，不同组织的安全绩效指标体系会存在一定的差异性。同时，与安全绩效目标一样，安全绩效指标也不是一成不变的，需要组织机构根据安全生产所涉及的"人-机-环-管"等方面状况变化及由此而带来的风险、安全目标的变化而变化。

3. 安全绩效指标的层级

组织机构一般包含多个层级，如公司、部门、科室等。安全绩效指标的建立也应从上至下涵盖组织的不同层级。至少应将公司整体的安全绩效指标和目标分解至各部门。

各层级之间的安全绩效指标和目标相互关联，即下一层级指标是上一层级指标的分解和细化，下一层级目标的实现能够保证上级层级目标的实现。不同层级之间安全绩效指标的衔接如图 7-5 所示。

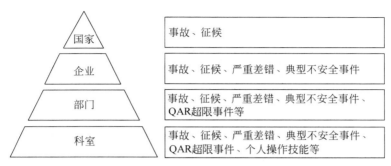

图 7-5　不同层级之间安全绩效指标的衔接示意图

4. 安全绩效指标的分类

按照指标所描述事件的阶段划分，国际民航组织将安全绩效指标分为事后指标和事前指标，有时也分别被称为滞后指标和领先指标。事后安全绩效指标衡量已经发生的事件，也被称为"基于结果的安全绩效指标"，通常是组织机构想要避免的负面结果。事前安全绩效指标衡量为提高或维护安全而正在实施的过程和输入，也被称为"活动或过程安全绩效指标"，因为它们监测和衡量可能导致或促成特定结果的条件。因为事前指标关注的过程或输入，都属于组织机构的管理活动范畴，所以事前指标有时也被称为管理指标。以飞机鸟击事件为例，驱鸟、除草等活动的执行情况就可以列为事前指标。而鸟击事件就为事后指标。针对偏出或冲出跑道事件，事前指标可以是受过稳定进近程序训练的飞行员百分比，事后指标可以是每百万架次偏出或冲出跑道架次，其前兆事件指标可以是每千架次不稳定（或违反规定）进近架次。

基于事件或后果发生的概率和严重程度，事后指标又可分为低概率/高严重度指标和高概率/低严重度指标。低概率/高严重度指标通常针对事故或严重征候，例如由于鸟击造成的飞机或发动机损伤。高概率/低严重度指标的后果不一定表现出来，有时也被称为前兆指标，例如雷达探测到鸟类、飞行区发现鸟等。低概率/高严重度指标所代表的事件虽数量少且容易统计，但当组织或系统未发生低概率/高严重度指标所代表的事件时，并无法充分证明组织的安全水平高或系统是安全的，尤其当组织和系统处于临近事故或严重征候发生时。这也正是安全管理方式转变为以指标体系来评估组织的安全业绩的原因。中国民航一直坚持安全隐患"零容忍"、大力开展安全隐患排查治理，也就是将对民航生产经营单位的安全管理瞄准高概率/低严重度的安全隐患。安全绩效指标分类如图 7-6 所示。

中国民航直接将安全绩效指标分为三类，分别是高后果指标、低后果指标和安全管理类指标。

（1）高后果指标：监控和衡量发生严重后果事件的安全绩效指标，如事故或征候。高后果指标有时被称为反应性指标。

（2）低后果指标：监控和衡量发生较小后果事件或活动的安全绩效指标，如其他不安全事件、差错事件、过程状态偏差等。低后果指标有时被称为主动性、预测性指标。

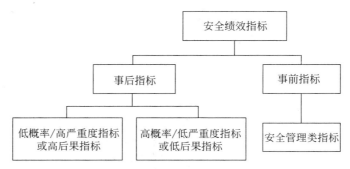

图 7-6　安全绩效指标分类

（3）安全管理类指标：监测和衡量组织在安全管理方面工作开展情况、工作能力和效果的安全绩效指标，如安全检查执行情况、安全培训完成情况等。

安全绩效指标示例及样例分别如表 7-6、表 7-7 所示。

表 7-6　安全绩效指标示例

高后果指标	事故、严重征候、一般征候发生率/数量
	严重违规违章事件发生率/数量
低后果指标	一般不安全事件发生率/数量
	较轻违规违章事件发生率/数量
安全管理类指标	安全检查执行情况，安全培训完成情况
过程类指标	主要指对后果类指标进行分解、细化后，能够反映运行过程中的差错或偏离状况的指标（1150ft 不稳定进近万架次率——偏出或冲出跑道）
定量指标	航班正常率、飞行小时生产率
定性指标	安全培训是否按时开展、安全审核是否按时完成

表 7-7　安全绩效指标样例

管理目的	绩效指标	指标类型	指标来源	关联危险源	度量单位	计算公式	目标值	目标控制周期	预警规则	监测周期	监控信息来源	行动计划
杜绝擦机尾事件	抬头速度过大	运行过程类	不安全事件分析	××危险源	千架次率	发生次数/千架次数	不超 1	年度	高于 1	每月	飞行品质监控	略
	着陆俯仰角大	运行过程类	不安全事件分析	××危险源	千架次率	发生次数/千架次数	不超 0.6	年度	高于 0.5	每月	飞行品质监控	略
减少剐碰飞机事件	车辆设备带故障运行	运行过程类	不安全事件分析	××危险源	发生次数	发生次数	不超过 5	年度	发生 2 次及以上	每季度	地面服务检查信息	略
	违规装卸	运行过程类	不安全事件分析	无	发生次数	发生次数	不超过 5	年度	前三个月小于 92%	每月	SMS 办公室统计	略

续表

管理目的	绩效指标	指标类型	指标来源	关联危险源	度量单位	计算公式	目标值	目标控制周期	预警规则	监测周期	监控信息来源	行动计划
提高安全管理能力	风险控制措施实施情况	安全管理类	SMS关键因素	无	措施实施率	措施实施数量/措施总数	达到90%以上	年度	前三个月小于92%	每月	SMS办公室统计	略
	安全检查完成情况	安全管理类	SMS关键要素	无	检查完成率	检查完成数量/应完成数量	达到95%以上	年度	小于97%	每季度	SMS办公署统计	略

7.3.2　关键绩效指标

在安全绩效管理领域常选择使用关键绩效指标方法。关键绩效指标即抓住影响安全目标实现的主要因素(主要风险)而确定的指标。此方法的基础是二八法则,也被称为帕累托法则、关键少数法则等。1897年,意大利经济学者帕累托发现:财富在人口中的分配是不平衡的,社会上20%的人占有80%的社会财富。由此延伸出:80%的工作任务是由20%的关键行为完成的,抓住了20%的关键,就抓住了主体。这就是关键绩效指标方法的理念。

关键安全绩效指标是指对安全状态的衡量需要一套系统、科学的安全绩效指标体系,但是在安全绩效管理中不可能对所有与安全绩效有关的指标进行识别、衡量和管理。因此,为了节约管理成本,同时达到对安全状态进行管理的目的,基于二八法则,需要在安全绩效指标中识别有代表性的关键安全绩效指标(key safety performance indicator,KSPI),通过对关键安全绩效指标的衡量与管理,达到对安全状态进行管理的目的。

关键绩效指标的确立主要是考量安全面临的主要风险。因此,确立关键安全绩效指标首先要明确系统的主要风险,其次才是针对风险可能导致风险演化为事件的危险源及其控制措施设立关键绩效指标。通常情况下,民航安全生产经营单位可以基于事故或征候的历史数据、安全管理的理论模型、风险识别、危险源辨识等方法查明主要风险,进而确立企业的关键安全绩效指标。航空公司面临的主要风险包括发动机空中停车、偏出或冲出跑道、可控飞行撞地、剐碰飞机、跑道侵入、擦机尾等。因此,航空公司的关键安全绩效指标也需要针对这些关键风险进行设立。需要注意的是,关键绩效指标的"关键"二字,即意味着其数量不会太多,不能所有绩效指标都设立为"关键"。同时,为了更好地发挥关键安全绩效指标的作用,其数量也不能太多,否则无法进行有效的监测和预警。

7.3.3　安全绩效指标与目标的联系和区别

1. 安全绩效指标与目标的联系

安全绩效目标是指安全绩效指标在一个特定时期的计划或者预期目标。安全绩效指标是用于监测和评估安全绩效的以数据为基础的参数。对比安全绩效目标与安全绩效指标的定义可以知道，安全绩效目标和安全绩效指标是紧密联系的，安全绩效指标是安全绩效目标的基础，安全绩效目标是安全绩效指标的目标。两者所针对的安全管理的目的或对象是一致的，描述的内容也基本是一致的。安全绩效指标"每百万起降架次的偏离跑道次数"与安全绩效目标"2019年每百万起降架次的偏离跑道次数少于78次"都是为了有效管理"偏出或冲出跑道"这一安全风险，内容描述是基本一致的。因此我们也可以理解为"安全绩效目标＝安全绩效指标＋目标值"。

2. 安全绩效指标与目标的区别

1) 设计原则差异

安全绩效指标的主要功能是监测和评估，其不具备安全目标所要求的目标导向作用。因此，不同于安全目标设计必须满足的SMART原则，安全绩效指标的设计原则不要求可实现性、时限性，只强调明确性、可衡量性、相关性。为了有效发挥安全绩效指标的监测和评估作用，虽然安全绩效指标不强调时限性，但是安全绩效指标设计时仍然必须明确监测周期。

2) 考核或监测周期差异

安全绩效指标的监测周期小于或等于安全绩效目标的考核周期，或者说安全绩效指标的监测频次大于或等于安全绩效目标的考核频次。在图7-4所示案例中，安全绩效目标的周期采用年，而安全绩效指标的监测周期则宜采用月或季度。

3) 数据体量差异

安全绩效目标在某一个周期内是唯一的，而安全绩效指标的数据体量是监测周期决定的，监测周期越短，监测频次越高，安全绩效指标的数据体量就越大。因此，安全绩效目标的数据体量要小于安全绩效目标。通常情况下，安全绩效指标值的数量为安全绩效目标的考核周期与安全绩效指标监测周期的比值。在图7-4所示案例中，某年度安全绩效目标值只有一个，而安全绩效指标值则有多个。

4) 数值获取方式差异

安全绩效目标的数值是组织机构设定的，而安全绩效指标的数值是监测实际生产情况而得来的。在图7-4所示案例中，安全绩效目标"2019年每百万起降架次的偏离跑道次数少于78次"是组织设定的，是人为的。而安全绩效指标"每百万起降架次的偏离跑道次数"在每一个监测周期的数值是根据实际的民航生产情况而获得的。

7.3.4 安全绩效指标设计

1. 指标设立关键要素

在实际操作层面，安全绩效指标设置通常需要考虑的问题包括但不限于：

（1）设置该安全绩效指标的原因。主要包括设立该安全绩效指标的目的、该安全绩效指标的定义、该安全绩效指标实施能有效激励或改善哪些方面的工作。

（2）安全绩效指标是否与公司整体指标体系一致。主要考虑安全绩效指标对组织安全目标的支撑、与相关安全绩效指标的承接和关联（比如，针对安全信息自愿报告，每万架次自愿报告信息数量指标就与每万架次自愿报告有效信息占比就是相关联的）。

（3）安全绩效指标所需的数据来源是否有保障。主要考虑数据收集的渠道、数据收集的效率和体量。

(4) 安全绩效指标是否可以被准确测量。主要考虑安全绩效指标数据的可靠度、指标能否定量、能否被广泛应用。

(5) 安全绩效指标监测需要付出的成本。主要基于安全成本与效益平衡角度考虑安全绩效指标监测所需付出的人力、物力成本。

此外,在安全绩效指标设置时,必须避免一些不恰当的指标情形(见表7-8)和指标不可评估的情形(见表7-9)出现。

表 7-8　安全绩效指标设置时应当避免的不恰当指标情形

不恰当的指标	恰当的指标
以过程或活动形式来表达	以最终结果来表达
没有具体的完成期限	在确定的时间内完成
对期望达到的目标定义模棱两可	确定目标完成的形式
理论化或理想化	从组织的管理实际出发
没有真正的结果	对公司的成功很重要
过于简练、不清楚或太长太复杂	尽可能地用数字精确说明
重复,一项陈述中包含两个或两个以上承诺	一项陈述只限一个重要的承诺

表 7-9　安全绩效指标设置时应当避免的不可评估指标情形

不可评估的指标	可评估的指标
获得较高的利润	在本年末实现利润增长 15%
大幅提高生产率	在不增加费用和保持现有质量下,本季度的生产率比上季度增长 10%
提高产品质量	产品抽查不合格率低于 3%
经常与下属沟通	主管每周与下属沟通时间不少于 2h
维持计算机网络系统的稳定性	由于技术问题网络中断次数每季度不超过 1 次
保证设备正常运转	设备每次维修时间不超过 1h

2. 指标设立途径

安全绩效指标一般可以从事件的调查分析、行业/公司历史运行数据分析、危险源辨识和分析、SMS 关键要素、管理要求等途径进行设立。

(1) 事件调查分析:根据事件的调查结果,反推事件产生的中间过程和主要原因,将可监控、可衡量的中间过程设定为安全绩效指标。如通过"危险接近/飞行冲突"事件调查结果,反推出可能的过程环节"调错飞行高度",则可设定"调错飞行高度"为低后果指标。

(2) 行业/公司历史运行数据分析:统计分析已发生的事故、征候、一般事件、差错和违规等,找出频发的事件类型、差错类型等作为安全绩效指标。

(3) 危险源辨识和分析:首先,辨识出可能导致风险发生的主要危险源;其次,分析危险源转化为危险结果的路径,识别其中的关键过程和环节,将识别的可监控、可衡量的中间过程设定为安全绩效指标。

(4) SMS 关键要素:根据 SMS 要素要求,设定安全绩效指标。如根据 SMS 要素"4.1 培训和教育",设定安全绩效指标"安全培训完成率"等。

(5) 管理要求:根据民航生产经营单位自身的安全管理政策或要求,设定安全绩效指标。如根据公司政策"为安全管理提供必要的资源",设定安全绩效指标"合理资源需求的落实率"。

3. 安全绩效指标设计方法

1) 高后果类安全绩效指标设计方法

高后果类安全绩效指标设计通常依据历史运行数据分析、安全绩效目标分解。

(1) 历史运行数据分析。统计分析整个民航业已发生的事故、征候、一般事件等事件，针对事件类型设置安全绩效指标。例如：针对事故设置每百万飞行小时重大及以上事故率；针对重着陆、偏出或冲出跑道事件，分别设置每万架次重着陆事件率、每万架次偏出或冲出跑道率/数等。

(2) 安全绩效目标分解。因为安全绩效目标都需要对应的安全绩效指标，才能实现安全绩效的监测和衡量功能，所以民航生产经营单位也可根据安全绩效目标尤其是可接受的安全绩效水平的要求，设立相应安全绩效指标。在实践中，民航生产经营单位所签署的安全生产责任书通常明确约定了安全绩效目标和指标。

2) 低后果类安全绩效指标设计方法

(1) 正向分析法。正向分析法是指通过系统和工作分析分解系统及活动/流程，识别可能导致活动/流程不正常的危险源，进一步推导出危险源可能导致的不正常活动/状态，直到最终的危险后果；将不正常活动/状态设为低后果类安全绩效指标。从危险源到危险后果的分析方法，主要包括事件树分析、危险与可操行分析、结构化假设分析等。

(2) 反向分析法。反向分析法是指从重点事件后果(如可控飞行撞地、偏出或冲出跑道等)着手，反向推导可能的不正常活动/状态，以及可能的直接原因和间接原因；将不正常活动/状态设为低后果类安全绩效指标。从危险后果到危险源的分析方法，主要包括事故树分析、故障树分析、Reason 模型、SHELL 模型等。

正向分析法和反向分析法的对比如表 7-10 所示。

表 7-10 正向分析法和反向分析法对比

过程分析	优 势	劣 势	适 用 范 围
正向	能够识别全面的不安全活动/状态以及危险源，设定全面的安全绩效指标	重点不突出，安全绩效监测实施难度大	初始事件一般为危险源或危险源作用路径上的事件
反向	能够识别关键的危险源，设定关键的安全绩效指标，安全绩效监测可操作性强	不能确定全面的不安全活动/状态以及危险源	顶事件一般为危险后果或危险后果的出发事件

3) 安全管理类安全绩效指标设计方法

(1) 安全管理体系要素法。是指按照 SMS 的 12 个要素，依次设计衡量各要素建设实施情况的安全管理类指标，如针对管理者承诺，可设计安委会出席率等指标。

(2) 系统要素法。是指按照职责、授权、程序、工具、人员、落实、控制及效果等系统要素，依次设计衡量各要素建设实施情况的安全管理类指标，如针对安全检查工作的落实情况，可设计安全检查工作完成率等指标。

4. 安全绩效指标权重

1) 内涵与特性

为了能够实现安全绩效管理的趋势预警、状态评价、绩效考核等功能，安全绩效指标必须被赋予相应的权重。权重是指安全绩效指标相对于安全绩效指标体系的重要程度,其体现的不仅仅是某一指标所占的百分比,而更是强调了指标的相对重要程度或重要性。即,权重就是安全绩效评估指标在评估体系中的重要性,是每个绩效评估指标在整个指标体系中重要程度的体现。

安全绩效指标权重具有以下特征。

(1) 绩效指标必须要有权重。
(2) 绩效指标的权重是唯一的。
(3) 权重突出了绩效目标的重点,直接影响下级工作重点。
(4) 各指标或目标的权重比例应该呈现明显差异,避免平均主义。
(5) 绩效指标越重要,权重越大。
(6) 在安全绩效指标体系中,往往事后指标的权重大于事前指标的权重。
(7) 所有关键绩效指标或每层级绩效指标的权重之和为100%(1)。

2) 指标权重设计方法

指标权重的确定方法有很多,常见的有经验法(头脑风暴法)、层次分析法(analytic hierachy process,AHP)、属性层次模型法(attribute hierachical model,AHM)、德菲尔法(Delphi)、对偶加权法、倍数加权法、权值因子判断法、模糊 Borda 法等(见表 7-11)。本章不具体介绍每一种方法的原理。

表 7-11　常见的指标权重确定方法

序号	名称	主要原理
1	经验法/头脑风暴法	依靠历史数据或专家经验或集中研讨确定各指标或目标权重
2	层次分析法(AHP)	比较适合于具有分层交错评价指标的目标系统,而且目标值又难于定量描述的决策问题
3	属性层次模型法(AHM)	无结构的层次分析法,对判断矩阵一致性的要求很低
4	德菲尔法(Delphi)	将提出的问题和必要的背景材料,用通信的方式向有经验的专家提出,然后把他们答复的意见进行综合,再反馈给他们,如此反复多次,直到认为意见合适为止
5	对偶加权法	各要素进行比较并列表,对比重要性赋值 1 或 0,然后借助次序量表、等距量表、正态分布等确定各要素权重
6	倍数加权法	选出最次要或最具代表性要素作为基准设为 1,其他要素进行一一对照,按照重要性进行倍数赋值,归一化处理后得到权重
7	权值因子判断法	由专家组制定和填写权值因子判断表,根据权值因子判断表来确定权重值
8	模糊 Borda 法	按照专家对要素重要性的打分,确定各要素的有限次序,然后计算各要素权重

5. 安全绩效指标设计示例

1) 正向分析法设计安全绩效指标示例

利用事件树分析方法,按时间顺序描述事件过程和结果,正向设计安全绩效指标,具体示例如图 7-7 所示。

假设初始事件为"餐车固定装置失效",可以将该初始事件可能导致的最严重的后果设定为安全绩效指标,即"起飞、着陆期间餐车冲出,导致人员受伤",而"起飞、着陆期间餐车冲出,导致人员受伤"事件可以作为一个低后果类安全绩效指标。

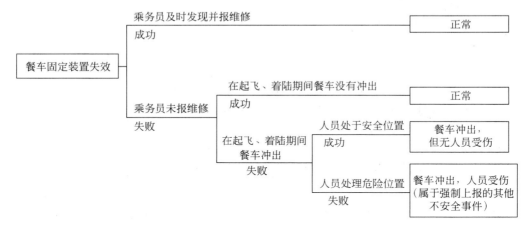

图 7-7　正向分析法设计安全绩效指标示例

2)反向分析法设计安全绩效指标示例

利用简化的事故树方法对冲出/偏出跑道事件进行分析,反向设定安全绩效指标,具体示例如图 7-8 所示。

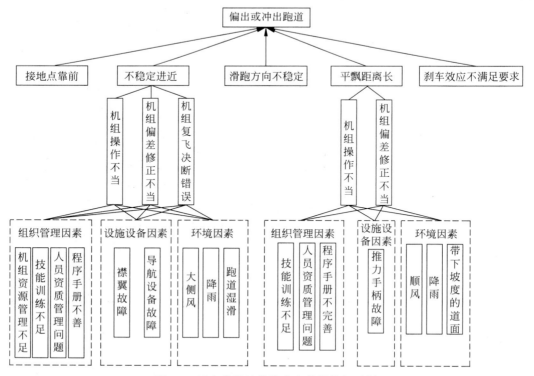

图 7-8　反向分析法设计安全绩效指标示例

顶事件即"偏出或冲出跑道"可设定为高后果类安全绩效指标,将下一层级的"接地点靠前""不稳定进近""滑跑方向不稳定""平飘距离长""刹车效应不满足要求"等设定为低后果类安全绩效指标。同时,可以从直接原因和间接原因中识别危险源,如人员操作类、组织管理类、设备设施类、环境因素类的危险源,以开展风险管理工作。

3) 安全管理类安全绩效指标设计示例

安全管理类安全绩效指标可根据生产经营单位的安全管理目的进行设定,具体示例如表 7-12 所示。

表 7-12 安全管理类安全绩效指标设计示例

安全管理目的	安全绩效指标
确保高层管理者履行安全管理职责	安委会出席率
提升报告文化	合理资源配置类问题的解决落实率
	强制报告事件数
	强制报告事件的风险值
	强制报告事件迟报率
	自愿报告事件
	自愿报告事件的风险值
满足局方要求	局方检查/审核/审计发现问题率
确保安全管理的开展	安全检查完成率
	风险管理完成率
	安全培训教育完成率

7.4 安全行动计划及绩效改进

7.4.1 安全行动计划制订

民航生产经营单位应针对建立的安全绩效指标,制订安全行动计划,以采取相应的管理方式和手段,有效地控制生产运行的安全状态,从而确保实现每一安全绩效指标的目标值,最终实现企业的总体安全目标。

1. 制订安全行动计划需考虑因素

在确定安全行动计划时,应至少考虑以下几方面的因素。

1) 安全绩效指标的特点

针对部分高后果类安全绩效指标,如征候率、人员伤亡率等,很难制定细化的安全行动计划,而只能确定安全工作的主要方向和内容。而针对重点控制的事件类型(如可控飞行撞地、跑道侵入等)或低后果类安全绩效指标,则应制订细化、可操作的安全行动计划,保证安全绩效目标的实现。

2) 安全绩效指标关联的危险源

若某个安全绩效指标与危险源是关联的,则针对该项安全绩效指标制订的安全行动计划可等同于关联危险源的风险控制措施。

3)安全保障资源

在制订安全行动计划时应充分考虑行业和生产经营单位保障安全、应对风险的资源,包括资金投入、人员配备、设施设备、安全管理等。

2. 安全行动计划内容

安全行动计划的内容应至少包括以下几方面。

(1)对应安全绩效指标的措施内容。
(2)具体措施的实施计划。
(3)落实措施的责任单位/人员。
(4)落实措施的资源需求。
(5)措施落实的时限要求。
(6)措施落实的监管单位/人员。
(7)措施落实的情况。
(8)措施落实的效果。

安全行动计划样表如表 7-13 所示。

表 7-13 安全行动计划样表

一级安全绩效指标	二级安全绩效指标	安全绩效目标	安全行动计划	责任单位/人员	实施期限	资源需求	监管单位/人员	安全行动计划实施状态	安全绩效目标定期评估结果	备注

7.4.2 明确安全绩效监测

在确定安全绩效目标、设定安全绩效指标、制订安全行动计划之后,应为每个安全绩效指标确定安全绩效监控的信息来源和监控频次,持续开展安全信息的收集、分析、统计工作,对安全行动计划落实情况和每个安全绩效目标的实现情况进行监测,及时发现安全绩效指标的不良安全趋势以及安全绩效目标可能无法实现的情况。

1. 安全绩效指标监测频次

安全绩效指标的监测频次视具体安全绩效指标特点及监测数据的获取周期,可设置为一年一次、半年一次、每季度一次或每月一次。

2. 安全绩效指标监测方法

安全绩效指标的监测方法主要包括目标值监测、趋势监测、警戒值监测等。

(1)目标值监测。即按照所设定的安全绩效目标值,根据信息收集、分析的结果,监测安全绩效指标是否达到安全绩效目标值的要求。

(2) 趋势监测。即通过安全信息的收集、分析,对安全绩效指标的发展趋势进行监测,当安全绩效指标的发展趋势出现恶化时,应及时采取纠正和预防措施。

(3) 警戒值监测。即为每个安全绩效目标设定一个或多个警戒值,当安全绩效指标触发了警戒值时,应及时采用纠正和预防措施。针对触发不同等级的警戒值,可有针对性地采取不同等级的应对措施。

3. 安全绩效监测的信息来源

(1) 强制报告事件信息。
(2) 自愿报告事件信息。
(3) 日常运行信息,如飞行品质监控信息、特种车辆运行数据等。
(4) 不安全事件调查信息。
(5) 安全检查信息。
(6) 内部审核、内部评估信息。
(7) 外部监察、外部审计、外部审核信息等。

7.4.3 安全绩效改进

安全绩效管理的目的不仅是评估安全绩效目标是否实现,更重要的是通过安全绩效管理的过程,实现对组织安全绩效的持续改进。

安全绩效的改进可分为三个层面:下一监测周期的安全绩效水平的改进、安全绩效指标和目标体系的改进、安全绩效管理体系的改进。

1. 安全绩效水平改进

针对安全绩效监测中发现的不良安全趋势、突破警戒值以及安全绩效目标无法实现的情况,需要开展深入的原因分析,查找不良安全趋势、突破警戒值及安全绩效目标未能实现的根本原因,进而对安全行动计划进行修订完善或加强安全行动计划的落实和监督,达到提升组织安全绩效的目的。

2. 安全绩效指标和目标体系的改进

(1) 安全绩效指标体系的改进。在下一个监测周期,可以根据内部环境(包括部门职责、人员结构、运行环境、工作环境等)和外部环境(包括局方新颁布规章、新的运行规范等)变化,评估安全绩效指标已不符合实际运行的情况,以对安全绩效指标体系进行调整。

(2) 安全绩效目标体系的改进。在下一个监测周期,可以根据内部环境和外部环境的变化,评估安全绩效目标设置的合理性,以对安全绩效目标进行调整。

3. 安全绩效管理体系的改进

民航生产经营单位应定期对安全绩效管理体系进行评审和改进,评审内容至少应包括:
(1) 安全绩效管理的制度程序。
(2) 安全绩效管理的组织机构。
(3) 安全绩效管理的技术方法。
(4) 安全绩效指标和目标体系的适宜性和有效性。

(5) 安全绩效管理的效果。

在安全绩效管理体系评审之后,进一步修订完善安全绩效管理方案,持续改进安全绩效管理工作。

7.5 安全绩效监测预警

安全绩效管理之所以被广泛推行,其原因之一就在于能够实现安全管理的趋势预警,为系统风险防控和组织安全能力建设提供预先信息。其趋势预警是通过监测指标在时间线的变化规律,结合提前预设的指标预警阈值进行的。

安全绩效趋势预警的关键是警戒值的设定。民航生产经营单位的警戒值应根据安全绩效指标上年度实际绩效、本年度安全绩效目标值以及相关的安全风险水平确定,对相关安全风险不可控或不可接受的趋势作出准确预警。安全绩效警戒值可以综合考虑数据监测难度、安全费效比、安全绩效指标度量参数特点等因素,将其设定在接近安全绩效目标值的任何阶段。在确定安全绩效警戒值时,应至少考虑以下几方面的因素。

(1) 设定方法。本章仅介绍两种比较常用的趋势预警方法:偏差区间法、3西格玛(σ)标准偏差法。此外,警戒值的设定方法还有专家评判法、历史数据分析法、横向比较法等。

(2) 警戒值的监测周期。警戒值的监测周期应小于目标值的监测周期,可为周、月或季度等,监测周期越短对改指标状态的预警越灵敏。

(3) 预警规则。即在什么情况下进行预警。确定警戒值和监测后,必须明确指标的监测周期。

(4) 触发警戒值后的管控措施。在实施安全绩效监测和预警时,必须要明确规定触发不同类型警戒滞后的风险控制措施。

7.5.1 偏差区间法

偏差区间法就是通过对比安全绩效目标运行过程中实际的监测值/实际值与组织机构所预期的安全绩效目标值的数量关系,从而判定绩效指标所代表的风险或事件的发展趋势,以此给出预警。依据预警分级的理念,一般设置多个偏差区间,不同的偏差区间代表的预警等级不同。民航各生产经营单位可以根据自身的情况,自行设定偏差区间。

1. 偏差区间的确定

(1) 目标值的确定。根据可接受的安全绩效水平、历史运行数据等多种方法确定安全绩效目标值。

(2) 偏差区间。表7-14和表7-15分别给出了国内某航空公司A和某航空公司B在安全绩效管理中所采用的两种不同的偏差区间。

表7-14 A航空公司安全绩效预警偏差区间

预警等级	蓝色	黄色	橙色
预警/偏差区间	$0.9T \leqslant M < 1.3T$	$1.3T \leqslant M < 2T$	$M \geqslant 2T$

表 7-15　B 航空公司安全绩效预警偏差区间

预警等级	蓝色	黄色	橙色
预警/偏差区间	$0.9 \leq M < 0.9T*1.8$	$0.9T*1.8 \leq M < 0.9T*3.6$	$M \geq 0.9T*3.6$

表 7-14 和表 7-15 中，M（取自 measure 首字母）为月度实际监测值，T（取自 target 首字母）为安全绩效目标值。

针对不稳定进近所设的"1150ft 不稳定进近万架次率不超过 4.78"这个安全绩效目标可知，安全绩效目标值 $T=4.78$。表 7-16 和表 7-17 分别给出了应用两种不同的偏差区间进行安全绩效目标预警的示例。

表 7-16　A 航空公司偏差区间预警示例

关键危险源名称	部门指标（安全绩效目标）	预警值/偏差值（蓝色）	预警值/偏差值（黄色）	预警值/偏差值（橙色）	指标类型
不稳定进近	1150ft 不稳定进近万架次率不超过 4.78	[4.302,6.214)	[6.214,9.56)	[9.56,∞)	行为/过程型指标

表 7-17　B 航空公司偏差区间预警示例

关键危险源名称	部门指标（安全绩效目标）	预警值/偏差值（蓝色）	预警值/偏差值（黄色）	预警值/偏差值（橙色）	指标类型
不稳定进近	1150ft 不稳定进近万架次率不超过 4.78	[4.302,7.744)	[7.744,15.487)	[15.487,∞)	行为/过程型指标

2. 监测周期

因为运行规模直接影响数据发生和收集的体量，因此监测周期的确定需要针对安全绩效指标类型并结合航空公司的运行规模进行考量。一是针对安全绩效指标类型考量指标监测周期：安全绩效指标要求的数据发生较少，则需要设置长一点的监测周期，比如事故率、征候率等高后果指标的监测周期；要求的数据发生较多，则需设置短一点的监测周期，如不稳定进近率等低后果指标的监测周期。二是通常情况下，运行规模大的航空公司，运行数据体量大，适宜选择相对短一点的监测周期；运行规模小的航空公司，运行数据体量相对较小，适宜选择相对长一点的监测周期。

3. 预警规则

如果在监控周期内，某项监测的安全绩效目标值出现以下任意一种情况，则触发告警。
(1) 安全绩效目标值处于红色预警区间。
(2) 安全绩效目标值连续 2 个统计区间（或监测周期）处于橙色或以上预警区间。
(3) 安全绩效目标值连续 3 个统计区间（或监测周期）处于蓝色或以上预警区间。

7.5.2　标准偏差法

3 西格玛（σ）标准偏差法的理念和目标偏差区间法基本一致，唯一的不同之处在于确定偏差区间的方法不一样。3σ方法主要基于大量样本数据的正态分布或近似正态分布。3σ方法原理为：

(1) 数值分布在$(\mu-\sigma,\mu+\sigma)$中的概率为0.6826。

(2) 数值分布在$(\mu-2\sigma,\mu+2\sigma)$中的概率为0.9544。

(3) 数值分布在$(\mu-3\sigma,\mu+3\sigma)$中的概率为0.9974。

(4) Y的取值几乎全部集中在$(\mu-3\sigma,\mu+3\sigma)$区间内，超出这个范围的可能性仅占不到0.3%。

以某航空公司本年度征候率的目标值和警戒值的设置为例。图7-9为某航空公司2020年的月征候率及平均值，图7-10为某航空公司2021年的月征候率及目标值。

1. 确立安全绩效目标值

如图7-9所示，根据2020年的月征候率，得到了月征候率的平均值。基于绩效改进的理念，确立了2021年的月征候率的平均值较2020年的月征候率平均值降低5%的目标，从而得到了2021年的月征候率目标值。

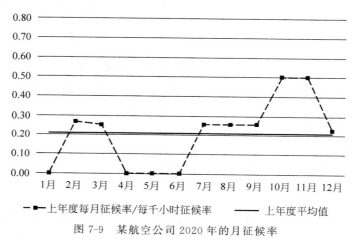

图7-9 某航空公司2020年的月征候率

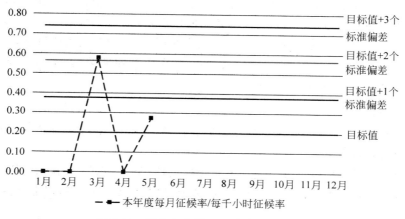

图7-10 某航空公司2021年的月征候率

2. 安全绩效警戒值的设定

1) 警戒水平的设置

本年度的警戒水平是以去年同期绩效为基础,具体是以去年的月绩效数据点的平均值和标准偏差形成警戒线。如图7-11所示三条警戒线分别为目标值+1倍标准偏差σ、目标值+2倍标准偏差σ和目标值+3倍标准偏差σ。对应偏差区间预警方法,可以理解为:应用标准偏差法时,蓝色预警区间为与目标值相差1~2个标准偏差以内区域,黄色预警区间为与目标相差在2~3个标准偏差以内,橙色预警区域为与目标相差在3个标准偏差以上。偏差σ的计算公式为

$$\sigma = \sqrt{\frac{\sum(x-\mu)}{n}} \tag{7-1}$$

式中　x——每个数据点的值,本例中即为每月的征候率;

　　　n——数据点的个数,本例以去年度的月征候率作为运行历史数据确定安全绩效目标值和警戒值,故n为12;

　　　μ——所选取的历史数据点的平均值,本例中即为去年的月征候率平均值。

关于平均值μ、标准偏差σ的确定也可分别采用微软办公软件Excel里的"Average""STDEVP"公式获得。

2) 监测周期的确定

本例中所选择的监测周期为月。

3) 预警规则的设定

若本年度内发生以下任何情况之一,就进行预警:

(1) 任何单点在3倍标准偏差线之上。

(2) 2个连续点在2倍偏差线之上。

(3) 3个连续点在1倍偏差线之上。

在发出预警后,应采取适当的措施,如开展进一步的分析,确定风险过高的原因,以及应采取何种控制措施来解决这种不可接受的趋势。

但是在运用3西格玛(σ)准则时需要注意,它是以足够大量和充分的测量数据为前提的。因此,在测量次数较少的情况下,比如航空公司没有大量的历史数据和监测数据情况下,用此方法的偏差会较大,准确度和可靠性较差。

附录　安全绩效管理术语表

1. 我国《民用航空安全管理规定》(CCAR-398)规定,民航生产经营单位是指在中华人民共和国境内依法设立的民用航空器经营人、飞行训练单位、维修单位、航空产品型号设计或者制造单位、空中交通管理运行单位、民用机场(包括军民合用机场民用部分)以及地面服务保障等单位。

2. 国际民航组织所称的服务提供者主要包括六类,分别是:

(1) 附件1《人员执照的颁发》:经批准的培训机构;

(2) 附件6《航空器的运行》:经批准从事国际商业航空运输的飞机或直升机运营人;

（3）附件6《航空器的运行》：经批准的维修机构；

（4）附件8《航空器适航性》：负责航空器型号设计或制造机构；

（5）附件11《空中交通服务》：空中交通服务提供者；

（6）附件14《机场》：获证机场运营人。

3. 《民用航空安全管理规定》(CCAR-398)发布时间2018年3月13日,生效时间2018年3月16日。我国《民航生产经营单位安全绩效管理指导手册》(MD-AS-2017-01)发布时间2017年4月13日,其对安全绩效的定义与国际民航组织的定义一致。

4. 《民用航空器事件调查规定》(CCAR-395-R2,2020年4月1日施行)将民用航空器事件(简称事件)分为民用航空器事故(简称事故)、民用航空器征候(简称征候)以及民用航空器一般事件(简称一般事件)。

5. 附件19《安全管理》和《中国民用航空安全管理规定》(CCAR-398)对国家安全方案的定义为：目的旨在提高安全的一套完整的规章和行动。我国的国家安全方案由中国民航局于2015年发布,即《中国民航航空安全方案》。国家安全方案是一个国家控制和管理该国航空活动安全的系统,又被称为国家层面的安全管理体系(SMS)。

6. 第一版将国家安全方案四个组成部分的具体约定称为"要素",第二版将国家安全方案四个组成部分的具体约定称为"内容"。

7. 目标管理是以目标为导向,以人为中心,以成果为标准,而使组织和个人取得最佳业绩的现代管理方法。目标管理亦称"成果管理",俗称"责任制"。是指在企业个体职工的积极参与下,自上而下地确定工作目标,并在工作中实行"自我控制",自下而上地保证目标实现的一种管理办法。

第8章

民航应急管理

8.1 应急管理概述

8.1.1 应急管理沿革

1. 应急管理的概念

应急管理作为突发事件的孪生概念已被广泛应用于公共管理领域。应急管理概念是随着冷战的结束,由民防衍生而来。美国在第一次世界大战中建立了民防制度,用以避免美国公民受到战争的打击。1979年,美国联邦应急管理署的建立标志着美国政府正式将救灾和民防整合成为应急管理。

应急管理可以简单理解为处置和规避风险的学科,它涉及突发事件的预防与应急准备、监测与预警、应急处置与救援、事后恢复与重建等各个阶段。在2005年美国南方遭遇"卡特琳娜"飓风侵袭致灾后,美国政府于2006年颁布实施《"卡特琳娜"飓风后应急管理改革法案》,其中将应急管理定义为:应急管理是协调、整合所有必要的资源,建立、维持和提高应对各种自然灾害、恐怖袭击或者其他人为灾害的能力,以便有效防范、应对各种突发事件,缓解或消除其带来的不利影响的政府职能。应急管理分为广义和狭义。广义的应急管理是指为了应对突发事件,国家和政府在突发事件的各个阶段中,针对每个阶段的特征,实行全主体、全威胁要素和全过程的全方位动态管理活动。而狭义的应急管理则仅指在突发事件的应急响应阶段的动态管理活动。通常所指的应急管理,多指广义的应急管理,即它贯穿于突发事件的各个阶段,是对突发事件的全方位、全过程的动态管理活动。

1)应急管理的主体

应急管理主体主要包括政府部门和商业化救援机构。由于政府部门建立了较为完善的通信体系,能够在突发事件发生后第一时间内得到报警信息,随后在应急救援过程中发挥领导作用。政府部门通过协调各方面力量,调配各类资源,组织实施救援,往往处于应急救援工作的核心地位。近年来国内外出现了一些专业性很强的商业救援机构,这些机构往往与保险公司、医院及车辆维修企业密切合作,向参保的人员和特定人群提供应急救援服务。

2)应急管理的客体

为了充分认识和正确描述突发事件,可以将突发事件分类、分级,通过建立一个坐标系来描述各种不同类型及危害程度不同的突发事件。其横轴是分类,纵轴是分级。应当明确,这种分类和分级是静态的,它主要是相对于初始灾害而言,因而也是相对的。在突发事件发生、发展的全生命周期中,不同类型的突发事件可能相互渗透和交织,可能相互转化,其危害程度也可能发生变化。

2. 美国应急管理发展历程

200 多年来,美国的应急管理史是一部灾害推进立法、促进体制机制演变的历史。联邦政府与各级政府在总结现有体系的基础上,逐步建立起应急管理体系,以适应社会、经济与环境的发展。时至今日,美国的应急管理体系仍在不断完善。

1) 灾害管理初期:19 世纪初至 20 世纪 50 年代

联邦政府参与应急管理可追溯至 19 世纪初。当时,地方政府在救灾援助中承担主要责任,当资源及能力不足时通常向州政府请求援助,但大多数州政府不能或不愿提供太多帮助。联邦政府亦存在类似问题,关于应急管理当时并没有明确的法规政策,联邦政府不清楚是否应该干预。1803 年,一场大火摧毁了新罕布什尔州的一个社区,国会通过一项法律,向该镇提供财政援助,此案为联邦政府首次参与地方救灾。随后的一个多世纪中,国会通过个案立法 100 多次,为灾害恢复提供资金。20 世纪 30 年代,联邦政府开始投资应急管理领域。《1934 年防洪法》授权陆军工程师兵团设计和建造防洪工程。田纳西流域管理局(TVA)随后成立,其主要功能是水电开发及防洪减灾。此外,重建金融公司和公共道路局被授权为公共设施的灾后修复、重建提供救灾贷款。

2) 国家级应急管理的形成:20 世纪 70 年代

1970 年,联邦应急管理的各种职能分散在多个联邦部门和机构,包括商务部(气候、预警及消防)、综合事务管理局(行政持续、储备、联邦准备)、财政部(进口调查)、核管理委员会(发电)和住房和城市发展部(洪灾保险和救灾)。军队中还有民用防备代办处(核攻击)及美国陆军工程师兵团(洪水控制)。参与风险和灾害管理的联邦机构有上百个之多。20 世纪 60 年代的飓风"贝茜"、飓风"卡米尔"及 1971 年圣费尔南多的地震促使美国国会颁布《1974 年救灾法》。该法案建立了总统灾害发布的程序,并赋予住房和城市发展部自然灾害应对及恢复权力,包括应急响应、临时住房与协助。该权力由全国洪水保险计划和联邦灾害援助管理局实施。灾害管理职能的分散模式延伸至州以及地方政府一级,多机构的参与使得应急响应及管理混乱不堪。州政府民防主任协会发起倡议,要求成立一个专门联邦机构统一灾害应急管理。宾夕法尼亚州三里岛发生的核电站事故进一步加快了建立联邦统一应急管理机构的进程。1978 年 6 月 19 日,时任总统卡特将 3 号重组计划转交国会。该计划明确提出将减灾、备灾与应急行动归并为一个联邦紧急管理机构,设立联邦紧急管理局(FEMA),FEMA 的主任直属总统领导。

3) 防核预案与民防的重现:20 世纪 80 年代

20 世纪 80 年代早期与中期没有发生重大自然灾害,却对 FEMA 提出了许多挑战。FEMA 由许多独立部门分工运作,在国会批准设立 FEMA 时没有要求各部门对灾害采取协调一致的反应。1982 年,时任总统里根任命具有反恐准备和培训背景的癸佛瑞达将军为 FEMA 主任,其按照行政政策并结合自身的背景重组了 FEMA,将应对核攻击作为当务之急,重新调整了 FEMA 的内部资源分配,寻求增加预算,以加强和提高 FEMA 对国家安全的责任。20 世纪 80 年代末期,FEMA 内部士气低落,领导层不和,资金支配冲突不断,与州和地方各级机构的矛盾重重。1989年接连发生两次破坏性自然灾害,FEMA在两次灾害中的迟缓响应使其继续存在的必要性受到质疑。

4) 综合灾害管理时期:20世纪90年代

1992年,时任总统克林顿任命的威特(James Lee Witt)为陷入困境的FEMA带来了崭新的领导风格。威特是FEMA的第一位具有实际应急管理经验的主管,他所做的最重要的政策调整是将以防核为主的应急管理方针转变为综合减灾方针,即综合管理所有自然及人为灾害。威特的领导能力以及他所做的改革经历了一系列自然灾害的检验。1993年,中西部大洪水导致9个州的重大损失,FEMA对其的成功应对,为将应急管理的重点从灾后恢复转变为灾前减损提供了契机。1995年4月的俄克拉荷马市爆炸案是美国应急管理演变的转折点,这一事件将国家防恐准备提到议事日程。1995年的《南恩-卢格法》提出了反恐管理牵头机构的问题,FEMA高管由于没有迅速领衔这一职责而备受指责,导致在20世纪90年代末,几个不同机构和部门制定了各自的反恐计划。而反恐事件的领导机构,包括火灾、警察、应急管理或应急医疗服务等并未明确。州政府希望FEMA引领其责,而FEMA的领导层迟疑不决,因处理诸如化学、生物和其他大规模毁灭性武器等具体问题所需的资源和技术超出了当时应急管理的范围。截至20世纪末,FEMA成为世界上公认的卓越应急管理机构,其模式被多个国家效仿。

5) 反恐主导时期:21世纪初

2011年,时任总统布什任命没有应急管理经验的奥博为FEMA主任。奥博上任后重组FEMA并重新设立国家防备办公室,该办公室最早创建于20世纪80年代,为第三次世界大战而设立,于1992年取消。重建后,该办公室的主要职责是应对恐怖主义袭击。"9·11"事件发生后,FEMA迅速启动联邦方案,在短时间内将数百名联邦应急人员派往纽约和弗吉尼亚州开展应急行动,证明了美国联邦应急响应系统的高效强健。2002年11月25日,布什总统签署《2002国家安全法》,任命汤姆·里奇为国家安全部部长。该法案授权对联邦政府进行大改组,旨在保护美国免遭恐怖袭击,减少面对恐怖威胁的脆弱性,并尽量减少潜在的恐怖主义袭击和自然灾害所造成的损害。国家安全部于2003年1月24日正式成立,由22个联邦机构、17.9万名员工组成,下属5个分支:边境和运输安全局(BST)、信息分析和基础设施保护局(IAIP)、应急准备及响应局(EP&R)、科学技术局(S&T)、行政管理局。应急准备及响应局基本由原FEMA人员组成。

6) 重大改革时期:2010年至今

2011年日本东部大地震发生后,美国政府未雨绸缪,迅速对自身的应急管理体系作了大幅改革,即"2011版"美国应急管理改革。2011年3月30日,在日本大地震发生19天后,时任总统奥巴马签发了《总统政策第8号指令》(以下简称"PPD-8"),旨在应对美国面临的国内综合性国家安全问题。截至2014年7月底,此次应急管理体系的结构性、系统性调整工作基本完成,其应急管理体系的逻辑性、战略性、针对性、一体性、可控性均显著增强。PPD-8对全国准备目标与准备系统等做出了具体部署,加强准备工作成为应急管理体系改革的基本导向,并提出明确要求与考核指标。

3. 我国应急管理发展历程

我国自古以来就是自然灾害多发频发的国家,在应对灾害的漫长岁月中,逐渐形成了"居安思危,思则有备,有备无患""安不忘危,预防为主"等丰富的应急文化。自新中国成立以来，我国应急管理工作应对的范围逐渐扩大，由自然灾害为主逐渐扩大到自然灾害、事故灾难、公共卫生事件和社会安全事件等方面，应急管理工作内容从应对单一灾害逐步发展到需要综合协调的复杂管理，其发展历程大致可分为四个阶段。

1）新中国成立之初到改革开放之前，单项应对模式

在"一元化"领导体制下，我国建立了国家地震局、水利部、林业部、中央气象局、国家海洋局等专业性防灾减灾机构，一些机构又设置若干二级机构以及成立了一些救援队伍，形成了各部门独立负责各自管辖范围内的灾害预防和抢险救灾的模式，这一模式趋于分散管理、单项应对。该时期我国政府对洪水、地震等自然灾害的预防与应对尤为重视，但相关组织机构职能与权限划分不清晰，在应对突发事件时，政府实行党政双重领导，多采取"人治"方式，应急响应过程往往是自上而下地传递计划指令，是被动式的应对。

2）改革开放之初到2003年抗击"非典"，分散协调、临时响应模式

该时期，政府应急力量分散，表现为应对"单灾种"多，应对"综合性突发事件"少，处置各类突发事件的部门多，但大多部门都是"各自为政"。为提高政府应对各种灾害和危机的能力，中国政府于1989年4月成立了中国国际减灾十年委员会，后于2000年10月更名为中国国际减灾委员会。1999年，时任总理朱镕基提出政府建立一个统一的社会应急联动中心，将公安、交管、消防、急救、防洪、护林防火、防震、人民防空等政府部门纳入统一的指挥调度系统。2002年5月，广西南宁市社会应急联动系统正式运行，标志着"应急资源整合"的思想落地。在此阶段，当重特大事件发生时，通常会成立一个临时性协调机构以开展应急管理工作，但在跨部门协调时，工作量很大，效果不好。这种分散协调、临时响应的应急管理模式一直延续到2003年"非典"疫情爆发。

3）2003年"非典"疫情后至2018年年初，综合协调应急管理模式

2003年春，我国经历了一场由"非典"疫情引发的从公共卫生到社会、经济、生活全方位的突发公共事件。应急管理工作得到政府和公众的高度重视，全面加强应急管理工作开始起步。2005年4月，中国国际减灾委员会更名为国家减灾委员会，标志着我国探索建立综合性应急管理体制。2006年4月，国务院办公厅设置国务院应急管理办公室（国务院总值班室），履行值守应急、信息汇总和综合协调职能，发挥运转枢纽作用。这是我国应急管理体制的重要转折点，是综合性应急体制形成的重要标志。同时，处理突出问题及事件的统筹协调机制不断完善，国家防汛抗旱总指挥部、国家森林防火指挥部、国务院抗震救灾指挥部、国家减灾委员会、国务院安全生产委员会等议事协调机构的职能不断完善。此外，专项和地方应急管理机构力量得到充实。国务院有关部门和县级以上人民政府普遍成立了应急管理领导机构和办事机构，防汛抗旱、抗震救灾、森林防火、安全生产、公共卫生、公安、反恐、海上搜救和核事故应急等专项应急指挥系统进一步得到完善，解放军和武警部队应急管理的组织体系得到加强，形成了"国家建立统一领导、综合协调、分类管理、分级负责、属地管理为主"的应急管理体制的格局。这种综合协调应急管理模式应对了汶川特大地震、玉树地震、舟曲特大山洪泥石流、王家岭矿难、雅安地震等一系列重特大突发事件，但也暴露出应急主体错位、关系不顺、机制不畅等一系列结构性缺陷，而这需要通过顶层设计和模式重构完善新形势下的应急管理体系。

4）2018年年初开始，综合应急管理模式

2018年4月，我国成立应急管理部，将分散在国家安全生产监督管理总局、国务院办公

厅、公安部、民政部、国土资源部、水利部、农业部、国家林业局、中国地震局及国家防汛抗旱指挥部、国家减灾委员会、国务院抗震救灾指挥部、国家森林防火指挥部等部门的应急管理相关职能进行整合,以防范化解重特大安全风险,健全公共安全体系,整合优化应急力量和资源,打造统一指挥、专常兼备、反应灵敏、上下联动、平战结合的中国特色应急管理体制。

纵观我国应急管理工作发展历程,从单项应对发展到综合协调,再发展到综合应急管理模式,我国应急管理工作理念发生了重大变革,即从被动应对到主动应对,从专项应对到综合应对,从应急救援到风险管理。当前,我国应急管理工作更加注重风险管理,坚持预防为主;更加注重综合减灾,统筹应急资源。现代社会风险无处不在,应急管理工作成为我国公共安全领域国家治理体系和治理能力的重要构成部分,明确了应急管理由应急处置向防灾减灾和应急准备为核心的重大转变。这个变革将有利于进一步推动安全风险的源头治理,从根本上保障人民群众的生命财产安全。

8.1.2 我国应急管理方式

1. 突发事件

1) 突发事件的定义

突发事件,常与紧急事件、危机事件、紧急事态等表达近似。世界各国在相关立法活动中对这一特殊"非常状态"的描述不尽相同,但在内涵上大致是近似的。比较典型的是欧洲人权法院对"公共紧急状态"的解释,即"一种特别的、迫在眉睫的危机或危险局势,影响全体公民,并对整个社会的正常生活构成威胁"。再如美国对突发事件的定义大致可以概括为:由总统宣布的、在任何场合、任何情景下,在美国的任何地方发生的需联邦政府介入,提供补充性援助,以协助州和地方政府挽救生命、确保公共卫生、安全及财产或减轻、转移灾难所带来威胁的重大事件。联合国人道主义事务部对突发事件的定义是:突然发生、往往无法预见,需要迅速采取措施减少不利影响的事件。

我国国务院于2006年1月8日颁布的《国家突发公共事件总体应急预案》中,对"突发公共事件"的定义是:"突然发生,造成或者可能造成重大人员伤亡、财产损失、生态环境破坏和严重社会危害,危及公共安全的紧急事件。"2007年8月30日全国人大颁布通过的《中华人民共和国突发事件应对法》中,将"突发公共事件"统一改称"突发事件",并将其定义修改为:"突然发生,造成或者可能造成严重社会危害,需要采取应急处置措施予以应对的自然灾害、事故灾难、公共卫生事件和社会安全事件。"这一定义更加简洁、明确地界定了突发事件的内涵与外延。

2) 突发事件的特征

(1) 突发性。也即意外性,是指对于突发事件是否发生、在何时何地发生、以什么样的方式爆发,以及爆发的程度等情况,人们事先无法预测,难以准确把握。任何事物通常会有一个由量变到质变的萌生、形成和发展的过程;正因如此,在一定程度上,事物具有的"可知性"是现代科学得以产生和发展的认识论基础。比如作为大气科学的一个分支,"气象学"可以理解为是一门把大气当作研究的客体,从定性和定量两方面来说明大气特征的学科,它主要研究大气的天气情况和变化规律;有了对这种变化规律的把握,人们就可以对未来的天气变化情况进行预报。但突发事件的起因、规模、事态的变化、发展趋势以及事件影响的深度和广度往往无法事先描述和确定,也难以预测,这就反映了突发事件具有极大的偶然性和随机性。也正因为这种突发性,使它在较短的时间内迅速成为社会关注的焦点和热点,并产生巨大的震撼力和影响力。

(2)复杂性。首先,复杂性体现在造成突发事件的原因往往相当复杂。有纯自然因素造成的突发事件,如自然灾害;有人为因素造成的突发事件,如政治事件、经济危机、军事冲突、恐怖袭击等;还有一些是自然因素和人为因素共同影响而造成,如2003年爆发的"非典"疫情、2020年年初暴发的新冠肺炎疫情。目前的研究都表明,引发疫情的病毒最早可能是因为人类非法捕猎野生动物,从而导致病毒的自然宿主或中间宿主的野生动物传染到人。

其次,复杂性还体现在突发事件的影响后果是复杂的。突发事件往往影响地域广、涉及人员多,且容易引发"多米诺骨牌"效应和涟漪效应,原本影响力只局限在一地、一行业的突发事件可能会波及其他地区、其他行业;而地方性的突发事件可能演变为区域性的突发事件,甚至国际性突发事件;一种性质或类型的突发事件还可能引发或演变为其他类型的突发事件等;在当今全球化、信息化的世界里更是如此,如2020年上半年暴发的新冠肺炎疫情,从起于湖北武汉一地,随着人员流动尤其是适逢春节假期的全国范围密集人员流动,很快在各省区引起不同程度暴发。突发事件容易引发连锁反应,进而演变成综合性社会危机的这种特点,也增加了其应对、处置的难度。

(3)破坏性。传统上认为,突发事件的后果是以人员伤亡、财产损失为标志,突发事件的性质和规模、影响范围的大小及时间长短不同,会造成不同程度的破坏,即后果的严重度不同。随着人类科学技术的进步,生产及社会生活各个领域、环节、人群之间的联结日益广泛和深入,社会运行的各种系统也日益庞大和复杂(如包括交通、能源、通信、给排水等在内的现代城市生命线系统),单位物理空间上发生的突发事件造成不利影响和破坏性后果,或者系统的单个部件发生故障引发整个系统的运行故障的可能性越来越大。因此,《突发事件应对法》对突发事件的定义中,强调突发事件需要采取应急措施予以应对,其意义在于从突发事件的发生机理来说,若不加以应对,则突发事件可能会引发连锁反应,导致破坏程度的加深,或社会系统无法恢复正常运行状态。

随着对突发事件的本质认识越来越深入,人们发现,突发事件的破坏性不只表现在人员的伤亡、组织的危机或财产的损失、环境的破坏这些直接损害;在现代网络社会,尤其是网络新媒体的普及,突发事件的影响范围通过媒体传播可能无限扩张,造成对社会心理和个人心理的破坏性冲击和"恐慌效应""信任危机"的蔓延,这种间接损害往往难以测定,因而更加难以预防。

(4)紧迫性。突发事件爆发突然,要求马上做出正确而有效的应急反应,在时间的快速性上对应急管理者提出了很高的要求,可谓刻不容缓、一刻千金。事件的影响发展、扩散快速,需要及时拿出对策、采取非常态措施,以避免事态进一步恶化,造成更大损失。

(5)不确定性。不确定性实际上也构成突发事件复杂性的原因之一。这种不确定性包括事件发生的地点、时间、状况及严重程度等。突发事件爆发前可能有一些征兆,但又具有一定的偶然性,在信息严重匮乏的情况下,人们一时难以把握事件发展方向,对其性质也一时难以做出客观、准确的判断。因此,只能根据既有信息和有限的经验来加以判断并采取应对措施,一旦处理不当就可能导致事态进一步扩大。因此,突发事件应急管理往往既是机遇,也是挑战。

3) 突发事件分类

根据事件的不同属性,对突发事件的分类也有所不同。由于不同突发事件发生的原因、处置的措施、技术手段以及责任部门都不尽相同,因此分类的目的在于明确责任体系,更加便捷地处置突发事件中的专业性、技术性问题。分类是应急管理工作的基础,只有首先确定事件的类别,才能更快速地找到处理问题的应对方案。因此,认真研究、合理确定突发事件的类别,对于明晰职责、制定预案、科学组织应急救援、整合应急资源具有重要意义,是做好突发事件应急管理的基础性工作。

(1) 我国目前通行的突发事件分类标准主要是依据《国家突发公共事件总体应急预案》中的规定,根据突发事件发生的原因、机理、过程、性质和危害对象的不同,将突发事件分成四类,如表 8-1 所示。

表 8-1 我国突发事件分类及示例

类　　别	包 含 小 类	示　　例
自然灾害	主要包括水旱灾害、气象灾害、地震灾害、地质灾害、海洋灾害、生物灾害和森林草原火灾等	台风、雪灾、地震、泥石流、火山爆发等
事故灾难	主要包括工矿商贸等企业的各类安全事故、交通运输事故、公共设施和设备事故、环境污染和生态破坏事件等	化工企业毒气、毒液泄漏事故、空难、地面塌陷、建筑物倒塌、水污染事件
公共卫生事件	主要包括传染病疫情、群体性不明原因疾病、食品安全和职业危害、动物疫情,以及其他严重影响公众健康和生命安全的事件	"非典"疫情、新冠肺炎疫情、群体食物中毒、猪流感疫情、假药伤害事件等
社会安全事件	主要包括恐怖袭击事件、经济安全事件和涉外突发事件等	"9·11"事件、公共场所爆炸案件、人质劫持事件、2019 年香港暴乱事件等

(2) 按照突发事件影响的空间广度,可分为全球性、全国性和地区性三类。全球性突发事件通常是由环境、难民、毒品等全球性问题引发出来的全球化产物,如全球气候变化、国际恐怖主义、毒品集团跨国犯罪、非典疫情和新冠肺炎疫情、全球性金融危机和经济危机等。全国性及地区性突发事件,如美国的"9·11"事件、日本阪神大地震、我国的汶川大地震等。

(3) 按突发事件影响的社会生活领域来划分,可分为政治性突发事件(如政变、选举丑闻、政治动乱等)、经济性突发事件(如 1997 年的亚洲金融风暴、1929 年美国的大萧条等)、民族宗教突发事件(如印度教派冲突、1965 年和 1992 年美国洛杉矶大骚乱等)、自然生态性突发事件等。

2. 应急管理阶段

应急管理包括预防、准备、响应和恢复四个阶段,是一个动态的过程。尽管在实际情况中,这些阶段往往相互交叉,但每一阶段仍然有其明确的目标,而且每一阶段又是构筑在前一阶段的基础上,因而预防、准备、响应和恢复的相互关系,就构成了电网事故应急管理的循环过程。

在应急管理中,预防有两层含义:一是事故的预防工作,即通过安全管理和安全技术等手段,就可能防止事故发生;二是在假定事故必然发生的前提下,通过预先采取的预防措施,达到降低或缓解事故的影响或后果的严重程度。当发现有事故迹象、事故隐患或危险、有害因素出现时,立即主动采取有效措施,避免故障扩大为事故或使事故损失减为最小。从长远看,低成本、高效率的预防措施是减少事故损失的关键。

应急准备是应急管理过程中一个极其关键的过程,它是针对可能发生的事故,为迅速有效地开展应急行动而预先所做的准备,包括应急体系的建立,有关部门和人员的职责落实,预案的编制、应急设备(设施)与物资的准备和维护等。从事故防范的效果来讲,有准备比无准备发生事故的概率低,早准备比迟准备防范的效果好。为此,应急准备应做到"未雨绸缪,常备不懈"。

应急响应是指万一发生危情或事故时,有关领导、运行或现场工作人员应立即采取有效的应急与救援行动,其目的是尽可能减少灾害损失,及时抢救受害人员,最大限度控制事故、事态并力争消除事故。为此,应急响应应做到"积极响应、积极互动、主动参与、及时处置、及时消除";尤其是涉及生命与设备安全的较大问题时,应立即采取正确并有针对性的措施进行整改,绝不能让危情、灾害或隐患放大、扩散、演变,或者造成更大的灾害和损失;绝不能坐视不管,掉以轻心,相互推诿,心存侥幸,延误或丧失求援的有利时机。同时,应急响应还包括在日常设备检查和运行管理中,一旦检查发现有事故隐患苗头、故障迹象或问题时,应及时处置,绝不能让危害和隐患积聚、相互作用,最后演变为灾难。

恢复是指在事故发生后,迅速采取措施消除事故的影响和不良状态,恢复到事故前的正常状态,避免出现新的紧急情况和事态的扩大,包括汲取事故和应急救援的经验教训。

1) 预防阶段

预防阶段是为预防、控制和消除事故对人类生命、财产和环境的危害所采取的行动。内容与应对措施为:安全法律、法规、标准,灾害保险,安全信息系统,安全规划,风险分析、评价,建筑物安全标准、规章,安全监测监控,公共应急教育,安全研究,强制性措施等。

2) 准备阶段

准备阶段是事故发生之前采取的行动,目的是应对事故发生而提高应急行动能力及推进有效的响应工作。内容与应对措施:建立安全生产事故灾难应急救援组织体系;整合应急救援力量,主要包括消防队、专业应急救援队伍、生产经营单位的应急救援队伍、社会力量、志愿者队伍及有关国际救援力量等;国家政策;应急预案(计划);应急通告与报警系统;应急医疗系统;应急救援中心;应急公共咨询材料;应急培训、训练与演习应急资源;互助救援协议;特殊保护计划;实施应急救援预案。

3) 响应阶段

响应阶段是事故发生前、发生期间和发生后立即采取行动的阶段,目的是保护生命,使财产损失、将环境破坏减到最低程度,并有利于恢复。内容与应对措施:启动应急报警系统,启动应急救援中心,提供应急医疗援助,报告有关政府机构,对公众进行应急事务说明、疏散和避难,搜寻和营救。

4) 恢复阶段

恢复阶段是使生产、生活恢复到正常状态或得到进一步的改善。应对措施:清理废墟,损失评估、消毒、去污,保险赔付,应急预案的复查,灾后重建。

3. 一案三制

1) 应急管理预案

应急预案又称"应急计划",它是针对可能的突发事件,为保证迅速、有序、有效地开展应急救援行动,降低事件损失而预先制订的有关计划或方案。它是在辨识和评估潜在的重大危险、事件类型、发生的可能性、发生过程、事件后果且影响严重程度的基础上,对应急机构与职责、人员、技术、装备、设施(备)、物资、救援行动及其指挥与协调等方面预先做出的具体安排。

按照突发公共事件的类型,应急预案分为自然灾害类应急预案、事故灾难类应急预案、公共卫生类应急预案和社会安全事件类应急预案,如图 8-1 所示。

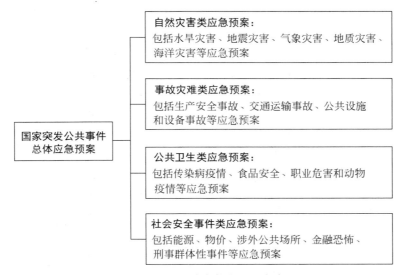

图 8-1 突发公共事件应急预案类型

2)应急管理体制

应急管理体制是指为保障公共安全,有效预防和应对突发事件,避免、减少和减缓突发事件造成的危害,消除其对社会产生的负面影响,而建立起来的以政府为核心,其他社会组织和公众共同参与的组织制度体系。

应急管理体制是现代应急管理中管理主体的组织形式,是应急管理活动中管理者履行应急管理职能,实现应急管理目标的组织保证。从这个意义上说,应急管理体制可以理解为:在人员分工和功能分化的基础上,使应急管理者群体中各个成员担任不同职务,承担不同职责,赋予其不同权力,共同协作,为实现应急管理共同目标而组织起来的管理系统。

与传统的行政管理体制不同,应急管理体制是一个开放的体系结构,由许多具有独立开展应急管理活动的单元构成。这些单元既可以独立承担某类突发事件的应急处置工作,又可以彼此组合形成更强的应急复合体,甚至可以作为国家和地区公共安全应急管理体系中的一部分。从整体上看,应急管理体制应当是一种模块化结构,可针对不同类别、不同级别、不同区域的突发事件,快速灵活地构建起管理组织架构,根据应急管理的规划目标,设计和建立一套组织机构和职位系统,确定其职权关系,使其内部紧密联系,以确保整个组织结构的有效运行。

《中华人民共和国突发事件应对法》第四条明确规定了我国的应急管理体制的建设要求,即国家建立统一领导、综合协调、分类管理、分级负责、属地管理为主的应急管理体制。这既明确了突发事件应急管理体制建设的原则,也明确了突发事件应对的职责。2006 年党的十六届六中全会作出的《中共中央关于构建社会主义和谐社会若干重大问题的决定》，明确提出要"建立健全分类管理、分级负责、条块结合、属地为主的应急管理体制"。此后，国务院在《"十一五"期间国家突发公共事件应急体系建设规划》中再次重申，在"十一五"期间要"形成统一领导、分类管理、分级负责、条块结合、属地为主的应急管理体制"的工作要求。

（1）统一领导。在突发事件应对处理的各项工作中，必须坚持由各级人民政府统一领导，成立应急指挥机构，对应对工作实行统一指挥。各有关部门都要在应急指挥机构的领导下，依照法律、行政法规和有关规范性文件的规定，开展各项应对处理工作。突发事件应急管理体制，从纵向看，包括中央、省（自治区、直辖市）以及市、县地方政府的应急管理体制，实行垂直领导，下级服从上级；从横向看，包括突发事件发生地的政府及各有关部门，形成相互配合，共同服务于指挥中枢的关系。只有这样，才能保证步调一致，行动一致，构筑一张严密的防控网络。

（2）综合协调。在突发事件应对过程中，参与主体是多样的，既有政府及其政府部门，也有社会组织、企事业单位、基层自治组织、公民个人甚至还有国际援助力量，要实现"反应灵敏、协调有序、运转高效"的应急机制，必须加强在统一领导下的综合协调能力建设。应对突发事件综合协调，首先，要明确有关政府和部门的职责，明确不同类型突发事件管理的牵头部门和单位，其他有关部门和单位提供必要的支持，相互协同运作。其次，综合协调人力、物力、技术、信息等保障力量，形成统一的突发事件信息系统、统一的应急指挥系统、统一的救援队伍系统、统一的物资储备系统等，以整合各类行政应急资源。最后，综合协调各类突发事件应对力量，形成"各部门协同配合、社会参与"的联动工作局面。

（3）分类管理。由于公共危机有不同的类型，每一种类型产生的原因、表现的方式、涉及的范围等都各不相同，因此，在集中统一的指挥体制下还应该实行分类管理。从管理的角度看，每一大类的突发事件，应由相应的部门实行管理，建立一定形式的统一指挥体制。但是重大决策必须由政府行政主要领导作出。这样，便于统一指挥，协调各种不同的管理主体。不同类型的公共危机日常管理应该依托相应的专业管理部门，由专业管理部门收集、分析、报告信息，为政府决策机构提供有价值的决策咨询和建议。

（4）分级负责。各类突发事件的性质、涉及的范围、造成的危害程度各不相同，首先，应由当地政府负责管理，实行分级负责。对于突发事件的处置，不同级别的突发事件需要动用的人力和物力是不同的。无论是哪一级别的突发事件，各级的政府及其所属相关部门都有义务和责任做好预警和监测工作，地方政府平时应当做好信息的收集、分析工作，定期向上级机关报告相关信息，对可能出现的突发事件作出预测和预警。其次，要根据历史经验和可能出现的情况，编制突发事件应急预案，组织预案的演练和对公务员及社会大众进行危机意识和相关知识的教育和培训工作。分级负责明确了各级政府在应对突发事件中的责任。

如果在突发事件应对过程中发生了重大问题，造成了严重损失，必须追究有关政府和部门主要领导及当事人的责任。对于在突发事件应对工作中不履行职责，行政不作为，或者不按法定程序和规定采取措施应对、处置突发事件的，要对其进行批评教育，直至对其进行必要的行政或法律责任追究。对于迟报、瞒报、漏报、谎报重要信息的，也要追究相关人员的责任，根据责任大小，给予有关责任人行政处分；构成犯罪的，要依法追究其刑事责任。

（5）属地管理为主。强调属地管理为主，是因为突发事件的发生地政府的迅速反应和正确、有效应对，是有效遏制突发事件发生、发展的关键。因此，必须明确地方政府是发现突发事件苗头、预防发生、首先应对、防止扩散（引发、衍生新的危机）的第一责任人，赋予其统一实施应急处置的权力。出现重大突发事件，地方政府必须及时、如实向上级报告，必要时可以越级上报；同时根据预案马上动员或调集资源进行救助或处置；如果出现本级政府无法应对的突发事件时，应当马上请求上级政府直接管理。实行"属地管理为主"，让地方政府能迅速反应、及时处理，是适应"反应灵敏"突发事件应对工作的必然要求。属地管理为主不排除上级政府及其有关部门对其工作的指导，也不能免除发生地其他部门的协同义务。

3）应急管理机制

应急管理机制涵盖了突发事件事前、事发、事中和事后四个环节，是突发事件全过程中各种系统化、制度化、程序化、规范化和理论化的方法与措施。《国家突发公共事件总体应急预案》中提出，要形成统一指挥、反应灵敏、功能齐全、协调有序、运转高效的应急管理机制。

从内涵看，应急管理机制是一组建立在相关法律、法规和部门规章之上的政府应急管理工作流程，能展现出突发事件管理系统中组织之间及其内部相互作用关系；从外在形式看，应急管理机制体现了政府应急管理的各项具体职能；从功能作用看，应急管理机制侧重在突发事件防范、处置和善后处理的整个过程中，各部门和单位应科学地组织和协调各方面的资源和能力，以更好地防范与应对突发事件。

应急管理机制通过对应急管理流程和工作内容的统一，从而实现在统一全国应对突发事件方法和手段的基础上，全方位调集与整合资源，实现应急管理行动的协调统一。围绕着有效应对突发事件，应急管理机制包括预防与应急准备、检测与预警、应急处置与救援以及恢复与重建四个方面。

预防与应急准备是应急管理中防患于未然的阶段，也是应对突发事件的重要阶段，体现预防为主，预防与应急并重，常态与非常态相结合的原则。在突发事件发生前，应急管理相关机构为消除或降低突发事件发生的可能性及其带来的危害采取的一系列风险管理行为，通过预案编制管理、宣传教育、培训演练、应急能力和脆弱性评估等，做好各项基础性、常态性的管理工作，从更基础的层面改善应急管理。预防与应急准备阶段包括社会管理机制、风险防范机制、应急准备机制、宣传教育培训机制和社会动员机制。

监测与预警是预防与应急准备的逻辑延伸，突发事件的早发现、早报告、早预警，是有效预防、减少突发事件的发生，控制、减轻和消除突发事件引起的严重社会危害的重要保障。主要是根据有关突发事件过去和现在的数据、情报和资料，运用逻辑推理和科学预测的方法与技术，对某些突发事件出现的约束条件、未来发展趋势和演变规律等进行科学的估计和推断，通过危险源监控、风险排查和重大风险隐患治理，尽早发现突发事件产生的苗头，及时预警，降低事件产生的概率和可能造成的损失。

应急处置与救援是应对突发事件最关键的阶段。在自然灾害、事故灾难、公共卫生事件、社会安全事件发生后，快速反应、有效应对，通过采取一系列措施，防止事态扩大和次生、衍生事件的发生，最大限度地保障人民生命财产安全，最大限度地减少突发事件造成的损失。

4）应急管理法制

应急管理法制是中国特色社会主义法制体系建设的重要组成部分，同时也是国家治理体系和治理能力现代化的重要内容和基本保障。应急管理法制是在紧急状态下法律法规的具体表现形式，由于存在紧急与正常两种截然不同的状态，在正常社会状态下运行的法律法规是无法完全覆盖紧急状况下的所有特殊情况的,需有应急管理法制来填补这些空白,加强我国应急管理综合治理能力。应急管理法律法规是一个国家在非常规状态下实行法治的基础,是一个国家应急管理的依据,也是一个国家法律体系和法律学科体系的重要组成部分,其包括国家发布与应急管理活动相关的各项法律、法规、规章。

一般而言,应急管理法制分为狭义应急管理法制和广义应急管理法制。狭义的应急管理法制是指针对突发事件及其引起的紧急情况,制定或认可的处理国家权力之间,国家权力与公民权利之间,公民权利之间各种社会关系的法律规范和原则的总称,其核心和主干是宪法中的紧急条款和统一的突发事件应对。而广义的应急管理法制包括国家颁布与应急管理活动相关的法律法规、运行规章、规范性文件和标准规范。

8.2 民航应急管理

8.2.1 民航应急管理法规

1. 民航应急管理法律法规体系框架

《中华人民共和国突发事件应对法》和《国家应对突发公共事件总体预案》发布以来,民航局围绕"一案三制"建设,逐步积极推进应急管理工作,取得了一些成绩。自2010年以来陆续发布了《中国民用航空应急管理规定》《中国民用航空突发事件总体应急预案》《关于调整民航局突发事件应急工作领导小组成员单位工作职责的通知》等文件,指导民航管理部门及各企事业单位开展应急管理工作,在法制、体制、机制和预案体系建设方面均取得了实质性的进展。然而,现有的法律法规等规范性文件原则性较强,侧重于对民航管理部门的约束,企业在具体实施中不具可操作性。

自《中国民用航空应急管理规定》颁布实施以来,民航局于2014年正式成立应急管理监察员队伍,落实该规定的监督执法工作。基于此,《中国民用航空监察员管理规定》(CCAR-18-R3)于2014年7月1日正式发布实施,并将应急管理列为安全监管类监管专业之一,负责监督检查和指导民航企事业单位的应急工作。我国民航应急管理行政执法监督管理从法律法规体系、应急管理监察员队伍、行政检查事项等方面开展了一些工作。目前我国民航应急管理法律法规体系框架逐步建立。从国家体系而言,民航部门规章严格依据国家宪法、法律、行政法规,并在此基础上出台了一系列的规范性文件。从行业专业角度而言,民航部门规章参考国际条例的要求,遵守《国际民用航空公约》及附件的内容。近年来,民航企事业单位逐步实现属地化管理,但在行业规范上仍然相对独立于其他领域,形成具有自身行业特色的管理规范体系。

2. 法律

1)《宪法》

《宪法》作为应急管理法制体系框架的最高层级,是国家的根本大法,具有最高的法律效力,是其他各种法律法规制定的依据。《宪法》第二十六条、第二十九条将紧急状态列入其中,为我国应急管理法制建设奠定了基础。

2)《中华人民共和国突发事件应对法》(以下简称《突发事件应对法》)

《突发事件应对法》是我国应急管理工作的法律基础,它确立了突发事件应急工作的法律原则和法律制度,构建了国家层面的应急管理的法制框架。从突发事件应对工作主要流程而言,将突发事件的应对过程分为预防与应急准备、监测与预警、应急处置与救援、事后恢复与重建等四个主要阶段,形成了一个集预防与应急于一体的突发事件应对工作体系。从突发事件类型而言,突发事件分为自然灾难类、事故灾难类、社会治安类、公共卫生类四大灾难类型,结合不同突发事件的类型,制定了相应的应急处置措施和程序,从而建立了针对不同性质和不同程序的突发事件应急工作体系,有利于采取合理的应对措施,提高突发事件应对工作的效率;从突发事件严重程度而言,《突发事件应对法》根据突发事件的社会危害程度、影响范围等因素,将突发事件分为特别重大、重大、较大和一般四级,确立了应对突发事件的管理核心;从应急管理体制而言,《突发事件应对法》建立以国家统一领导、综合协调、分类管理、分级负责、属地管理为主的应急管理体制,形成了高效、统一的突发事件应对工作组织体制,有效地保证了突发事件应对工作的开展。

3)《中华人民共和国安全生产法》(以下简称《安全生产法》)

《安全生产法》作为安全生产领域的综合性法规,为应对安全生产事故的发生和处置,该法确立了安全生产的基本准则和基本制度,并对生产安全事故的应急管理工作作出了相关规定。

《安全生产法》要求国务院应急管理部门牵头建立全国统一的生产安全事故应急救援信息系统,国务院交通运输、住房和城乡建设、水利、民航等有关部门和县级以上地方人民政府建立健全相关行业、领域、地区的生产安全事故应急救援信息系统,实现互联互通、信息共享,通过推行网上安全信息采集、安全监管和监测预警,提升监管的精准化、智能化水平;要求生产经营单位制定本单位生产安全事故应急救援预案,与所在地县级以上地方人民政府组织制定的生产安全事故应急救援预案相衔接,并定期组织演练。

4)《中华人民共和国民用航空法》(以下简称《民用航空法》)

《民用航空法》是民航领域法规体系的基础法,是制定民航法规、规章的依据,规定领空主权、管理空中航行和民用航空活动的法律规范。其中第十一章"搜寻援救和事故调查"中对民用航空器遇到紧急情况时处置流程和事故调查进行了明确规定,民用航空器遇到紧急情况时,应当发送信号,并向空中交通管制单位报告,提出援救请求;空中交通管制单位应当立即通知搜寻援救协调中心。民用航空器在海上遇到紧急情况时,还应当向船舶和国家海上搜寻援救组织发送信号。发现民用航空器遇到紧急情况或者收听到民用航空器遇到紧急情况的信号的单位或者个人,应当立即通知有关的搜寻援救协调中心、海上搜寻援救组织和当地人民政府。收到通知的搜寻援救协调中心、海上搜寻援救组织和地方人民政府,应立即组织搜寻援救。收到通知的搜寻援救协调中心,应当设法将已经采取的搜寻援救措施通知遇到紧急情况的民用航空器。民航法对于援救工作中的现场管理、证据保存也作了相关要求,明确执行搜寻援救任务的单位或者个人,应当尽力抢救民用航空器所载人员,按照规定对民用航空器采取抢救措施并保护现场,保存证据;民用航空器事故的当事人以及有关人员在接受调查时,应当如实提供现场情况和与事故有关的情节。

5)《中华人民共和国反恐怖主义法》(以下简称《反恐怖主义法》)

《反恐怖主义法》自2016年1月1日正式施行。该法既是对当前严峻的反恐形势作出的反应,也是对国(内)外多年来反恐经验的总结和规范,确为"条件具备、形势所需",具有里程碑式意义。《反恐怖主义法》实施以来对中国民航安保立法工作产生了重大影响,确立了民航反恐工作的架构，为民航安保措施提供了有力的立法支持。为做好民航安保立法工作，根据反恐工作对民航的影响以及新法的要求，交通运输部先后对《公共航空运输企业航空安全保卫规则》《民用航空运输机场航空安全保卫规则》等规章进行了修订，进一步明确职责，落实有待细化的民航反恐职责分工和安保措施。

6)《中华人民共和国消防法》（以下简称《消防法》）

《消防法》作为我国消防安全领域的一项综合性法律，规定了我国消防救援体制，并规定建立全国综合性消防救援队伍和重点行业或单位的专职消防队伍，要求在国务院应急管理部的统一领导，各级地方政府应急管理部门的指导下开展相应的消防救援工作。规定了全国消防安全管理的总体路径，通过法律责任强化单位的消防安全管理的主体责任。

3. 行政法规

1)《民航机场管理条例》

机场的应急救援是机场安全保障工作的重要一环。《民航机场管理条例》颁布之前，这项工作主要由民航管理部门负责。按照2007年全国人大颁布的《突发事件应对法》中关于"属地管理为主"的精神，《民航机场管理条例》第二十五条规定：民用航空管理部门、有关地方人民政府应当按照国家规定制定运输机场突发事件的应急预案；第三十二条规定：发生突发事件，运输机场所在地有关地方人民政府、民用航空管理部门、空中交通管理部门、机场管理机构等单位应当按照应急预案的要求，及时、有效地开展应急救援。因此，《民航机场管理条例》将机场的应急救援工作纳入各级地方人民政府应急救援体系。鉴于航空突发事件的特殊性，地方人民政府应当按照国家有关规定和《民航机场管理条例》要求，组织制定机场应急救援预案，确保机场发生紧急情况时，能够按照预案及时有效地开展救援工作。针对政府管理职责转变，各民用航空运输机场对本机场现有的应急救援预案进行了完善，中国民用航空局加快了对《民用机场应急救援规则》的修订工作。

2)《民用航空安全保卫条例》

为了防止对民用航空活动的非法干扰，维护民用航空秩序，保障民用航空安全，《民用航空安全保卫条例》规定了民用机场、民用航空营运单位关于民航航空的安全保卫职责，同时要求其具备应急处置的方案和相应的应急救援装备，为《民用航空运输机场航空安全保卫规则》《公共航空运输企业航空安全保卫规则》等法律的制定提供依据。

3)《中华人民共和国搜寻援救民用航空器规定》

为及时有效地搜寻援救遇到紧急情况的民用航空器，避免或者减少人员伤亡和财产损失，中国民用航空局根据民用航空器的搜寻援救过程，从相关部门职责、搜寻援救准备、搜寻援救实施等方面详细规定了搜救民用航空器活动。

4)《生产安全事故应急条例》

《生产安全事故应急条例》是深入贯彻落实《安全生产法》和《突发事件应对法》，进一步加强我国安全生产应急救援工作法治建设的重要举措，对促进《中共中央国务院关于推进安全生产领域改革发展的意见》关于安全生产应急救援部署的贯彻落实、完善安全生产应急救援工作体制机制、加强安全生产应急准备和应急救援、强化安全生产应急救援队伍建设与管理等提供了重要制度支撑。《生产安全事故应急条例》坚持"生命至上，科学救援"的救援理念，明确了三项制度、一个机制和四方面应急管理保障要求，即：应急预案制度、定期应急演练制度和应急值班制度，第一时间应急响应机制，人员、物资、科技、信息化方面应急管理保障要求；同时，规定了应急工作违法行为的法律责任。《生产安全事故应急条例》具有操作性和执行性，用以系统地规范和指导生产安全事故应急管理工作。

4. 《国际民用航空公约》附件及技术文件

1) 附件6《航空器运行》

包含了航空器正常运行各种规范，以确保全世界各种运行的安全水平保持在规定的最低标准之上。包含三部分内容：第一部分国际商业航空运输飞机、第二部分国际通用航空飞机、第三部分国际运行直升机。该附件要求保持警觉的飞行机组不仅必须能够处理任何技术方面的紧急情况，同时也能处理其他机组成员的紧急状况，并且在撤离航空器时必须反应正确和有效，并规定在运行手册当中必须包括这些规则。同时，附件6中除了针对劫持民用航空器的纯技术性质的预防措施之外，也对其他紧急状况所需要的各种安全预防措施做了研究，并尽可能多地涵盖各种紧急情况。

2) 附件12《搜寻与救援》

提供了搜寻与救援所必需的组织和使用有关设施与服务的信息。本附件共有5章，详细地规定了与有效开展搜救工作有关的组织的合作原则，概述了必要的准备措施，并为实际发生紧急情况时提供搜救服务规定了适当的工作程序。第1章要求各国在其领土之内和地区航行协议决定的并经国际民航组织理事会批准的公海部分或者尚未确定的区域提供搜救服务。本章还涉及移动搜救单位的建立，这些单位的通信手段和适合搜寻与援救服务的其他公共或私营机构的指定。第4章论述了准备措施，规定了核对和公布搜救服务所需资料的要求。规定必须为搜救工作的执行编制详细的工作计划，并指出计划中要包括的必要资料。本章还涵盖了援救单位所需要采取的准备措施、训练要求和航空器残骸的清理。第5章规定了查明紧急情况并对之分类的要求，并详细规定了对每种类型的事件应给予相应的行动。

3) 附件13《航空器事故/事故征候调查》

对航空器事故和事故征候的调查、事故救援、事故报告、事故预防等方面作出了明确说明。附件13的第8章涉及事故预防措施，涵盖了强制性和自愿性两种事故征候报告系统，以及为自愿报告那些可能有害安全的事件创造一个非惩罚性环境的必要。随后本章论述了数据库系统和分析此种数据库中所载的安全资料的一种方式，以确定所需要的任何预防行动。最后，本章建议各国促进安全资料共享网络的建立，以便利自由交换有关现存和潜在的安全缺陷的资料。本章所概述的这一过程成为旨在全世界范围内减少事故和严重事故征候数量的安全管理系统的一部分。

4) 附件14《机场》

对机场的规划和运行安全保障提出了一系列的国际标准和建议措施。其中第9章机场运行勤务、设备和装置中对机场应急计划、救援与消防进行了详细的阐述说明。在应急行动和指挥、消防救援的管理、训练、保障水平和设施诸多方面提出了明确的标准。根据附件14，所有国际机场都需要具备规定等级的消防与服务功能。附件规定了需使用的制剂种类、数量以及必须送达航空器事故现场的时间限制。另外，机场勤务手册中对机场应急救援工作做了更加详细的说明，包括以下几个方面。

（1）机场勤务手册第一部分：《救援和消防》。

（2）机场勤务手册第五部分：《残损航空器的搬移》。

(3) 机场勤务手册第七部分：《应急救援计划》。

5)《航空器事故遇难者及其家属援助指南》

考虑到航空器事故遇难者及其家属的迫切需要，国际民航组织在1998年10月召开的第32届大会上审议了关于援助航空器事故遇难者及其家属的议题，并通过了第A32-7号决议，呼吁各缔约国重申它们支援民用航空事故遇难者及其家属的承诺，敦促有关国家制订家属援助计划。2001年，国际民航组织发布了《航空器事故遇难者及其家属援助指南》，作为提供给各缔约国制定此类规定的参考文件。

5．部门规章

1)《中国民用航空应急管理规定》

为加强和规范民航应急管理工作，保障民用航空活动安全和有秩序地进行，中国民用航空局依据《突发事件应对法》《民用航空法》制定了《中国民用航空应急管理规定》，从应急管理体制与组织机构、预防与应急准备、预测与预警、应急处置、善后处理等方面做出明确规定，用以指导各民航企事业单位的应急管理工作。

2)《民用运输机场突发事件应急救援管理规则》

为了针对民用运输机场应急救援工作，有效应对民用运输机场突发事件，避免或者减少人员伤亡和财产损失，尽快恢复机场正常运行秩序，中国民用航空局依据《民用航空法》《突发事件应对法》和《民用机场管理条例》制定了《民用运输机场突发事件应急救援管理规则》，本规则从突发事件分类和应急救援响应等级、应急救援组织机构及其职责、突发事件应急救援预案、应急救援的设施设备及人员、应急救援的处置和基本要求及应急救援的日常管理和演练等方面进行了明确规定。

3)《民用航空器飞行事故应急反应和家属援助规定》

为提高对民用航空器飞行事故的应急反应能力，减轻事故危害，为事故罹难者、幸存者、失踪者及其家属提供必要的援助，《民用航空器飞行事故应急反应和家属援助规定》从应急准备与反应的具体内容规定了民用机场、公共航空运输企业的程序化工作，具体细化了《民用航空法》《安全生产法》关于应急管理的要求，实现了可操作性。

8.2.2 民航应急管理组织

1．应急处置组织

根据国务院要求，民航局成立"民航突发事件应急工作领导小组"，以此来应对各种民航运行过程中会碰到的意外航空事故。在突发事件发生的第一时间做出信息报告并对外界进行准确的信息发布。在部门协作下进行应急响应和处理，帮助恢复原始状态。

2．应急处置的各职能小组职责

应急领导组的职责分工。民航应急领导组的具体职责分工是要落实上级的部署方案，领导民航应急小组，全面协调应急工作的开展。依据上级发布的文件要求，在紧急突发事件处理过程中，担任领导工作，指挥民航相应的各个部门进行相互协调和应对。调动相关的解放军与武警支持，以便解决突发事件所引发的社会性问题。组织各部门单位进行相关的物力人力支持和政策协助，有指导性地开展应急工作建设。在应急过程中，制定相关的方针政策，明确部署民航的责任分工和任务分配。

应急工作领导下属办公室职责分工。面对突发事件，民航的应急工作小组下属的办公室要在相应的时间段做出合理有效的反应措施。首先要根据现场的实际情况，经过研究来提出加强应急工作体系建设的针对性方案，并依相关法律法规起草工作体制建设和基本的处置突发事件流程程序。其次要做出长期性规划措施，组织召开应急会议。在发现问题解决问题的过程中，进行归纳总结，起草出相应的文本文件，以便向上级进行真实的情况反馈，加强各部门间的技术和科学方案交流探讨。

民航的人员职责分工。作为民航内部人员，要进行合理有序的责任到人的分工制度建设。首先要预防因天气等自然因素对民航的运行造成威胁的因素，近年来我国各地灾害频发，这些自然性灾害对民航的正常运行造成了很大程度上的压力，造成了人力物力的极大浪费。其次要消除民用航空活动在运行中出现恐怖威胁等人为突发事件，在民航运营过程中尤其要防范恐怖分子的恶意破坏袭击，保障旅客的生命财产安全。最后要符合国家的相关政策法规，做好组织恢复工作。在以国家利益为主的前提下，实施相应的解决方案，协助相关部门进行对全国性的大灾害的抢救和救援。

具体应急处置各职能小组及其职责如下。

1）机场应急救援领导小组

（1）领导小组是应急救援工作的最高决策机构。

（2）领导小组组长全面负责民航应急救援指挥工作。

（3）领导小组成员由当地人民政府、民航地区管理局、机场管理机构、有关航空器运营人或代理人、其他驻场单位责任领导共同组成。

2）机场应急救援指挥中心

（1）机场应急救援指挥中心（以下简称指挥中心）是领导小组的常设办事机构，指挥中心下设办公室。

（2）指挥中心根据领导小组的授权，负责组织实施机场的应急救援工作，负责应急救援工作的组织和协调，指挥中心对领导小组负责，汇报工作情况。

（3）指挥中心总指挥全面负责指挥中心的指挥工作。

（4）指挥中心成员救援保障部门由空中交通管制部门、公安保卫、医疗救护、消防救援等人员组成。

（5）指挥中心办公室主任负责日常应急救援工作，突发事件发生时负责搜集、记录应急救援工作情况，向应急救援保障单位发布有关救援信息等工作。

（6）公安指挥官、消防指挥官、医疗救护指挥官分别由机场公安分局局长、消防队队长、机场医疗救护室医生担任。

（7）指挥中心下设各应急救援保障组，突发事件发生时，各救援保障单位除履行本单位职责外，应积极主动、有预案地派出人员参加各应急救援保障组的救援行动，派出人员必须服从保障组负责人的指挥。

（8）总指挥或其授权人行使最高指挥权，各应急救援保障组负责人、各救援保障单位指挥官必须随时向其报告紧急事件的发展、救援工作进展及其他有关情况。

3）空中交通管制部门

（1）将获知的紧急事件情况按照应急救援计划规定的程序通知相关单位。

（2）了解机长意图和紧急事件的发展情况，并报告给机场应急指挥中心。

(3) 发布有关因紧急事件影响机场正常运行的航行通告。

(4) 及时提供应急救援工作所需的气象情报,通知有关部门。

(5) 根据航班起降情况,合理调配航空器的通行。

4) 消防部门

(1) 扑灭现场的火灾,防止灾难性事件的进一步蔓延扩大。

(2) 尽快组织现场人员撤离。

(3) 对危重伤员进行急救处理。

(4) 在涉及航空器紧急事件中,消防部队还应负责残损航空器搬移所需设备准备,以及在航空公司要求下进行残损航空器搬移的实施。

5) 公安或保安服务部门

(1) 维护应急现场以及相关场所的秩序。保证现场秩序稳定是进行有效应急处置的重要条件。在机场应急事件中,需要首先对现场进行保护,维护现场秩序,直到紧急情况解除,同时还要考虑是否需要在政府的控制下由地方警察、军队或其他单位来增加力量。协同有关部门控制现场,对引起现场秩序混乱的要素采取积极的预防与控制措施,防止由于现场秩序的混乱而影响应急处置工作的正常开展。

(2) 组织保护现场。在应急处置阶段,很多时候尚未查明民航突发事件的发生原因,需要保护现场,以有利于收集证据和分析原因、性质。控制聚集在应急现场的人群,考虑调查工作需要,对整个地区做好保护,以使其尽可能不受干扰。

(3) 为应急救援车辆提供畅通路况条件。在很多情况下,互助部门的车辆要直接开到应急现场是不大可能或不实际的。在应急过程中,往往需要指定一个或多个会合点,各应答单位在现场需要集结场所,由公安或保安部门指挥引导,有利于消除交通堵塞和混乱。

(4) 组织疏散群众。在应急救援过程中,把处于危险环境中的受害者和潜在的受害者疏散到安全的地方,是一项重要的工作,在某些情况下可以认为是核心的工作。无论是航空器紧急事件,还是非航空器紧急事件,都应当尽一切可能疏散幸存者。

6) 医疗急救部门

(1) 提供伤员鉴别、急救及医护。通过安置及稳定重伤员来尽可能多地抢救生命,安慰受伤较轻的伤员并实施急救。

(2) 组织良好的医疗资源,在最短的时间内提供给应急现场。为保证资源能满足应急救援需要,应当与当地社区医院协同配合。

(3) 考虑伤员情况及医院容纳能力和专业特点,转送伤员到合适的医疗机构。

(4) 社区医院协议救护单位应保证有足够资源协助救援。

(5) 除了航空器紧急事件的救援外,机场医疗急救部门还要负责医学紧急情况应急事件的处理。

7) 航空器运营人或代理人

(1) 负责提供包括机上人数、燃油量及可能存在的任何危险品等信息。这些信息是至关重要的,直接影响到应急情况的战略战术的选择。

(2) 提供必要的航空器技术资料。

(3) 机务服务部门必要时根据各型飞机型号指导并协助消防人员进行航空器破拆救护工作。

（4）负责残损航空器的搬移。
（5）按照有关规定，对遇难人员家属、受伤乘客予以援助。
（6）安抚未受伤旅客，提供后勤服务。

8）机场当局

（1）根据救援情况，合理调配应急救援资源，并疏散受威胁的旅客及航空器。
（2）旅客服务部门应协助航空公司做好旅客安抚工作。
（3）场道维护部门负责应急救援时的电源和场外照明，负责恢复跑道灯光与场道，负责现场铺路、救援后的道面恢复。
（4）协助航空器运营人进行残损航空器搬移工作。
（5）在紧急情况发生后，救援部门应听从总指挥的调遣，统一行动，进行现场救援。
（6）救援结束后，组织各保障部门对事故现场进行清理，恢复正常使用状态。

8.2.3 民航应急预案编制与演练

1. 民航应急预案编制

1）应急预案的编制要求

应急预案也称为应急计划，是针对可能发生的重大事故（件）或灾害，为保证迅速、有序、有效地开展应急救援行动、降低事故损失，而预先制订的有关计划或方案。它是在辨识和评估潜在的重大危险、事故类型发生的可能性及发生过程、事故后果及影响严重程度的基础上，对应急机构职责、人员、技术、装备、设施（备）、物资、救援行动及其指挥与协调等方面预先做出的具体安排。

国际民航业的大量实际经验表明，在发生紧急事件后，机场管理当局能否组织快速、有效的施救，直接关系到应急救援的效果和恢复正常秩序的效率。应急救援计划是否科学有效，以及能否快速执行直接关系到救援行动的成效。有效的应急救援计划应明确在应急事件发生之前、发生过程中以及结束后各个应急阶段中的指挥调度、响应程序、后续行动等各个环节。

机场应急救援预案应当包括航空器紧急事件、危险品事件、非航空器紧急事件、建筑物火灾以及各种自然灾害等事件的应急处置。在应急计划当中，应当至少包括各种紧急事件的类型、各个救援部门的职责、实施救援过程中的信息沟通方法以及机场临近区域的方格网图等。

应急预案应当包括：

（1）紧急事件的类型和应急救援的等级。
（2）各类紧急事件的通知程序和通知事项。
（3）各类紧急事件中所涉及的单位及其职责。
（4）残损航空器的搬移及恢复机场正常运行的程序。
（5）机场所在城市、社区应急救援的潜在人力和物力资源明细表和联系方式。
（6）机场及其邻近地区的应急救援方格网图。

制订应急救援计划应当考虑极端的冷、热、雪、雨、风及低能见度的天气，以及机场周围的水系、道路、凹地，避免因极端的天气和特殊的地形而影响救援工作的正常进行。

2）应急预案的结构与要素

应急预案是应急管理工作的具体反映，它的内容不仅限于事故发生过程中的应急响应和救援措施,还应包括事故发生前的各种应急准备和事故发生后的紧急恢复及预案的管理和更新等。完整的应急预案由 6 个一级关键要素组成:方针与原则、应急策划、应急准备、应急响应、现场恢复、预案管理与评审改进。这 6 个关键要素形成了一个有机联系并持续改进的应急预案管理体系。

3)应急预案的内容

(1)方针与原则

无论是何级别或何种类型的应急救援体系,首先必须要有明确的方针和原则,作为开展应急救援工作的纲领。方针与原则反映了应急救援工作的政策、范围和总体目标,应急的策划和准备、应急策略的制订和现场应急救援及恢复,都应当围绕方针和原则开展。

(2)应急策划

应急预案的基本要求是具有针对性和可操作性,因此,应急策划需要明确预案的对象和可使用的应急资源。在全面地评估潜在危险事件的基础上,分析应急救援力量和可用资源情况,为所需的应急资源准备提供建设性意见。在进行应急策划时,应当列出国家、民航行业的法律法规,作为制订预案和应急工作授权的依据。因此,应急策划包括危险分析、资源分析和法律法规要求 3 个二级要素。

危险分析的目的是要明确应急的对象、事件的性质及其影响范围、后果严重程度等,为应急准备、应急响应和应急措施提供决策和指导依据。资源分析的目的是确定应急救援的内外部资源,内部资源包括应急人员、设备、设施,外部资源主要指签订应急互助协议的单位的资源。应急救援的相关法律法规是开展应急救援工作的重要前提保障,确定应急救援各部门的职责要求以及应急预案、应急准备和应急救援有关的法律法规文件,作为预案编制的依据。

(3)应急准备

基于应急策划情况,应急准备是明确所需的应急组织及其职责、应急人员培训、应急物资的准备、预案的演练、应急知识培训、签订互助协议等。为保证应急救援工作的快速有序,需要建立应急组织机构,对应急救援中各自承担的责任进行明确规定。应急资源的准备是开展有效应急救援工作的重要保障,应根据潜在突发事件的性质和后果分析,合理组建专业和社会救援力量,并对应急人员进行相应的培训和演练,确定应急人员具有相应的救援技能。当机场有关的应急能力和资源相对不足时,有必要与当地相关单位签订互助协议,可以在应急救援过程中及时获得外部救援力量的支持。

(4)应急响应

应急响应包括应急救援过程中需要明确并实施的核心功能和任务。准备了解突发事件的性质和规模等初始信息是决定启动应急救援的关键,启动应急预案是应急响应的第一步,按预先确定的通报程序,迅速向有关应急机构、部门发出通告,以采取相应的行动。应急救援往往涉及多个救援单位,有效的指挥和协调是开展应急救援的关键。通信是应急指挥、协调和外界联系的重要保障。事态评估与监测对应急救援起着重要的决策支持作用,也是保障现场安全的重要依据。警戒与保卫是保障救援工作顺利进行的重要手段,防止与救援无关的人员进入现场,保障救援队伍、物资运输和人群疏散等的交通畅通,并避免发生不必要的伤亡。统一发布事故和救援信息,明确救援过程中对新闻媒体和公众发言人和信息批准、发布的程序,避免信息的不一致。应急救援现场具有一定的危险性,需要考虑应急人员的安全,包括个体防护设备、现场安全监测、安全预防措施等,明确紧急撤离应急人员的条件和程序。消防救援也是应急救援的重要内容,其目的是尽快地控制事态的发展,防止事故的蔓延扩大,从而最终控制住事态。

(5) 现场恢复

现场恢复是在事故被控制后所进行的短期恢复,从应急过程来说意味着应急救援工作的结束,应急现场进入到一个基本稳定的状态。但在现场恢复过程中还是存在着潜在的危险性,特别是涉及航空器突发事件的恢复过程,通常需要进行残损航空器的搬移,要注意避免搬移过程中的二次损伤和人员安全。

(6) 预案管理与评审改进

应急预案是应急救援工作的指导文件,需要明确规定预案的制订、修改、更新、批准和发布的程序,并定期或在应急演练、应急救援后对应急预案进行评审和修订,针对实际情况的变化以及预案中所暴露出的问题,不断地更新、完善和改进应急预案文件体系。

2. 民航应急预案演练

1) 应急预案演练的作用

应急演练是对应急救援组织相关单位的人员按照假设事件,执行实际突发事件发生时各自职责的排练活动,是检测重大应急管理工作的度量标准,也是评价应急预案可行性的关键方法。演练的目的在于验证预案的可行性、符合实际情况的程度以及救援队伍的实际救援能力。演练主要有以下作用。

(1) 评估应急准备情况,发现并及时修订应急预案中的问题和缺陷。

(2) 评估应对重大突发事件的应急能力,识别资源需求,明确各个救援单位和人员的职责,改善不同单位和人员的组织、协调问题。

(3) 检验应急响应人员对应急预案、救援程序的了解程度和实际操作技能,评估应急培训的质量,并通过调整演练的难度,逐步提高应急救援人员的技能。

(4) 促进公众、媒体对应急预案的理解,争取他们对应急工作的支持。

2) 应急预案演练的分类

按照"横向到边、竖向到底"的原则,将预案在实施过程中的每个环节都能有效地得到检验。根据演练的范围分为单项演练、部分演练、综合演练、桌面演练。

(1) 单项演练

单项演练是为了有针对性地完成某个救援任务或科目而进行的基本操作,旨在检验和提高应答单位的应急处置能力,如空气检测训练、通信训练、个体防护训练等。它是局部演练,也是综合演练的基础,只有做好各个单项训练,才能更好地开展部分或综合演练。在针对某一类型的模拟紧急事件进行的单项演练中,各单位按照各自在应急救援过程中的职责,就某一模拟突发事件进行演练,以检验该部门在应急救援中的应急响应、协调配合和现场处置能力。

(2) 部分演练

部分演练是检验应急救援任务中的某个课目、某个部分的准备情况,以及各应急救援单位之间协调程度而进行的训练工作。

(3) 综合演练

综合演练是检验应急指挥、协调能力和救援专业人员的救援能力及其配合情况、各种保障系统的完善情况及各部门的协同配合能力等。综合演练至少每两年举行一次。综合演练应当由机场各救援单位及签订互助协议的单位共同参加，针对某一类型或几种类型的模拟突发事件进行演练，用以检验参与应急救援单位之间的通知程序、通信联络、应急响应、现场处置、协作配合和指挥协调等方面的总体情况，从而验证机场应急救援计划的合理性。

(4) 桌面演练

桌面演练是针对某一类型或几种类型的模拟突发事件以语言表述的方式进行演练，旨在检验和提高各应急救援单位对应急计划的熟悉、理解，并重新确认应急计划的内容。桌面演练至少每半年或一年举行一次。

3) 应急预案演练的要求

应急预案演练是为了检验和提高机场各应急救援单位在遇到突发事件时的应急响应和处置能力。通过应急救援演练，提高机场应急救援的综合保障能力，为了使应急演练达到预期效果，同时减少对机场正常运行的影响，对机场应急救援演练的基本要求有：

(1) 机场在组织应急救援演练时，应当保持机场应急救援的正常保障能力。

(2) 应急救援演练应当尽可能避免影响机场的正常安全生产。

(3) 应急救援演练前，应当制订详细的演练计划，包括但不限于演练事件详情、参与部门及其任务分工、所需的演练资源、演练流程等。

(4) 参与应急救援演练的装备应符合相应标准，如：消防装备符合《民用航空运输机场消防站装备配备》标准的要求、医疗救护设备符合《民用航空运输机场应急救护设备配备》的要求、应急救援通信设备及其他设备也应满足相应要求。

4) 应急预案演练的组织实施

机场应急演练的组织实施是一项复杂的工作，涉及航空公司、空中交通管理部门、各机场内应急保障单位、各社会力量等，应制定应急演练策划方案，包括演练方案、现场演练程序等各项任务。

(1) 分类组织。应急演练类型有多种，不同类型的应急演练在演练内容、演练情景、演练频次、演练评价方法等方面有不同特点。

(2) 演练实施的基本过程。应急演练是由许多应急救援单位共同参与的活动，应急演练实施管理在演练准备、演练实施和演练总结等方面都应精心准备，并满足相关的法律法规的要求。

8.2.4 民航应急处置

应急处置即应急、管理，是和突发事件紧密相连的一个概念。应急管理是在应对突发事件的过程中，为了降低突发事件的危害，达到优化决策的目的，基于对突发事件的原因、过程及后果进行分析，有效集成社会各方面的资源，对突发事件进行有效预警、控制和处理的过程。我国目前是民航局、地区管理局、航空企业三级安全监察管理机构，机构设置比较健全，体现了"安全第一"的基本方针。民航的综合应急处置指挥机构应对现有应急管理部门及其资源进行整合，提出各种应急决策预案。民航应急资源配置是一个系统工程，总的来说是特定的人、财、物的管理，涉及科技、交通、通信、人力资源、物资、财政等多方面的行政部门。常设的应急统一的协调机构应能根据突发事故需要，随时协调、调度相关部门参与突发事故救助。应急指挥横向要具有统一协调管理的权威性，纵向一定要延伸到基层本地化系统。

1. 民航突发事件应急保障机制

为了确保突发事件第一时间迅速发现、解决、救援工作的有序展开，必须建立完善的应急保障制度。资源保障机制包括信息资源保障、人力资源保障、各类物资保障和应急能力的保障。信息资源保障是应急保障资源机制的基础和重点。利用网络等媒体构建信息流畅、管理集中的信息平台是应急管理机制的工作之重。智能化的信息通信平台建立之后，各民航部门能便捷地共享信息，一旦突发事件发生时，能马上进行预警、报警、指挥、信息反馈等各环节的及时沟通。通过完善信息资源保障机制，确保民航业各活动和信息在各不同子系统间的共享，实现信息的快速有效处理、加工、利用。应急人力资源保障指的是突发事件发生后能迅速调动一切人力资源，确保人员素质达到紧急状态所需的应急处理能力和心理素质水平。人力资源保障包括专业队伍和志愿人员及其他有关人员，他们应通过统一培训，具备突发安全事件处理的基本能力和素质，在危险发生时能发挥积极作用，如医疗救护人员、危险故障抢修人员、指挥疏散人员等。应急物资资源保障主要确保紧急状态下用于应急处置和救援的相关物资和设备的数量和质量，保障救援的速度和效率。同时，要培训专业的设备维护团队人员，配备应急活动情况下可能使用到的特种救援设备，如破拆、起重、探测器等。

2. 民航突发事件的应急处置机制

突发事件在发生进程中造成的负面影响和伤害最大，因此突发事件的处置阶段是公众关注度最高的阶段。为了迅速控制恶性突发事情发展，应急管理部门应当为事件处理负责人提供及时准确的事件信息，帮助负责人第一时间内制定出针对突发事件应当采取的措施和手段，尽可能在最短时间内控制事件态势，保证处理过程有序高效进行。完整的应急处理系统组织是保证突发事件得以应对的重要保障。根据民航业突发事件的特征，应急处理系统组织应当由五大方面构成，分别为指挥调度系统、处置实施系统、物力与人力资源系统、信息管理系统、决策辅助系统。在上述的五大系统中，指挥调度系统是其中最为核心的部分，扮演着对其他四个系统的综合管理运作、指挥调度的角色；处置实施系统则是负责突发事件具体处理的"前线"部门，是将指挥调度系统做出的应对措施落实行动的部门；而其他三个系统即物力与人力资源系统、信息管理系统、决策辅助系统则是从各个方面为突发事件的处理提供技术、人力、信息等多方面的支持。整个应急处理系统是个综合并有效衔接的组织结构，各个系统之间资源优化整合、互相支持辅助、环环相连，在权责分明的基础上实现系统间的良好配合运转，共同应对突发事件的发生。

8.3 家属援助计划

为妥善应对航空器事故，以协助受影响人群（幸存旅客、旅客亲友、机组、地面伤亡人员及家属等），航空公司需建立一支受过专业训练的志愿者特别团队。这支团队致力于协助受影响人群，为他们带来关怀并尽可能满足其对讯息及生活保障方面的需求。大多国内航空公司沿袭了《民用航空器飞行事故应急反应和家属援助规定》（CCAR-399）的要求，将此团队命名为"家属援助团队"（family assistance team）；有些国外公司，如美联航、加航等则命名为"特别援助团队"（special assistance team）；而更多公司考虑到服务对象及服务内容的广度与专业度,赋予此团队一个温馨的名字"关怀团队"(care team),并称家属援助队员为"care giver"(关怀队员)。

航空灾难应急响应包括技术响应和人道主义响应两个组成部分。技术响应是指搜救、事故调查、残损航空器搬移和事故现场恢复等,这部分工作占到航空公司事故后应急响应工作的 20%;人道主义响应是指照顾受伤旅客、机组及地面受伤人员及其家属、抚慰伤亡人员家属等,这部分工作占到航空公司事故后应急响应工作的 80%。作为航空运输企业,如何实施家属援助计划,抚慰遇难者家属、幸存者及其家属、机组及其家属和地面伤亡者及其家属是航空灾难发生后最为重要的应急响应工作。

发生航空器事故之后,家属援助计划应该通过提供信息和各种服务,以富有同情心的方式处理家庭和幸存者的需求。制订和实施家属援助计划体现出航空运营人对其旅客和机组成员的关怀和关切。它也回应关于航空运营人是否关心受到事故影响人员的公众看法和政治视角。家属和幸存者具有一些基本需求,必须通过家属援助计划予以处理。这些需求包括:

(1) 关于事故的初步通知和即时信息。

(2) 关于受害者的状况和位置及其是否幸存或丧生的信息。这包括对幸存者的搜救和安排住院、搜寻和找回死者、遗骸的身份鉴定、死亡证明和遗骸的返还。

(3) 获得各项资源,例如心理健康急难咨询、精神和(或)宗教支持、短期经济援助和前往事故地点的旅行等。

(4) 关于事故调查和相关调查(例如相关医疗法律和刑事调查)的进展信息。

(5) 关于搜寻、找回、处理、认领和归还个人财物的信息。

家属援助响应工作是一项复杂的程序,航空运营人、机场运营人、政府机构、当地应急响应者和第三方都参与其中。与所有响应群体开展协作,理解其各自职责并为共同目标一致努力,将使响应更加行之有效。

8.3.1 国际民航组织家属援助

1. 关于家属援助计划的重要事件

国际民航组织大会在 1998 年 10 月第 32 届会议上审议了援助航空器事故遇难者及其家属的题目。经过讨论,大会通过了 A32-7 号决议,该决议除其他外,申明:出事所在国应解决受民用航空事故影响的人员最关键的需要;国际民航组织的政策应是确保国际民航组织及其缔约国考虑到和照顾到民用航空事故受害者及其家属的心理、生理和精神安康;至关重要的是,国际民航组织及其缔约国要认识到及时通知航空器事故受害者家庭成员、迅速搜寻和准确查明受害者、归还受害者个人物品以及向其家庭成员传达准确信息的重要性;民用航空事故受害者所属国家政府有通知和援助受害者家属的作用;无论事故在何处发生,重要的是向民航事故受害者家庭成员提供支援,并将提供支援者获得的经验教训,包括有效的程序和政策,迅速通报其他缔约国和国际民航组织,以便改进各国的家属支援行动;协调关于处理民航事故受害者及其家属需求的规则,也是一项人道主义责任和《芝加哥公约》第五十五条第三款中设想的国际民航组织理事会可选择行使的职能;各国应为对待民航事故受害者及其家属提供一种类似的解决办法;民航事故所涉及的航空承运人通常最适宜于在事故之后立即援助家属;不论事故发生地点或受害者国籍如何,民航事故受害者的家庭成员都表达某些基本的人类需求和情感;公众注意力将继续集中于各国的调查行动,以及民航事故涉及人情的各个方面。

因此,大会呼吁各缔约国重申它们支援民用航空事故遇难者及其家属的承诺;敦促各缔约国与国际民航组织和其他国家合作,迅速审查、制定和执行规章和方案,以支持民航事故受害者及其家属;敦促有处理民航事故受害者及其家属事务的规章和方案的国家将其提供给国际民航组织,以便给其他国家可能的帮助;敦促理事会拟定材料,其中可包括标准和建议措施,阐明各缔约国及其航空承运人制定规章和方案以支持民航事故受害者及其家属的必要性。

1999年5月10日至28日在蒙特利尔举行的国际航空法会议通过了第2号决议,该决议认识到航空器事故产生的悲剧性后果。会议注意到航空器事故受害者及其家属的困境,并考虑了他们的即时需求。会议为此敦促航空承运人根据航空器事故受害者及其家属即时的经济需求毫不延迟地预付款项。会议还鼓励作为1999年5月28日在蒙特利尔通过的《关于统一国际航空运输某些规则的公约》(Doc 9740号文件)缔约国的国家,根据国内法采取适当措施推动承运人的这种行动。

2001年,为了响应大会A32-7号决议,国际民航组织发布了Circ 285号通告《关于援助航空器事受害者及其家属援助的指南》(ICAO Guidance on Assistance to Aircraft Accident Victims and their Families, Circ 285)。这些规定于2005年被纳入附件9《简化手续》,以便使事故受害者的家属能够迅速进入事故发生所在国(《简化手续》可被视为各种措施和人力物力的组合,用以改善和优化航空器、机组、旅客、货物和邮件及供应品进出机场,而同时确保相关国际和国家法规得到遵守)。2012年3月16日,理事会在其第195届会议的第十次会议上,同意成立航空器事故受害者援助政策工作队(AVPTF),以便制定关于向航空器事故受害者及其家属提供援助的政策文件。

2013年5月,国际民航组织出版了题为《国际民航组织关于援助航空器事故受害者及其家属的政策》的文件(Doc 9998号文件)。文件旨在制定有关向航空器事故遇难者及其家属提供援助的国际民用航空组织的政策,并鼓励各国在规划、编制和实施本国与家属援助相关的法律、规章、政策和程序时纳入这些政策。同年,国际民航组织发布了《关于援助航空器事故受害者家属的手册》(Doc 9973号文件)用以取代第285号通告。手册纳入了家属援助领域最新的经验教训和发展情况,对相关指导材料作出了更新和扩展,为航空器事故受害者及其家属提供的家庭援助类型及其现有援助途径提供指南。它旨在使有关各方更好地做好准备,以促进他们之间的协调,阐明他们的参与范围。同时,文件还述及各国及其航空运营人制定适当立法、规章和(或)政策的事项,以便支援航空器事故受害者及其家属。

2013年10月,国际民航组织第38届大会通过了题为《对航空事故遇难者及其家属进行援助》的第A38-1号决议,取代了原来的A32-7号决议。新的大会决议要求各成员国重申其支持民用航空事故遇难者及其家属的承诺;敦促各成员国参考Doc 9998号文件中的政策建议,制订或修订家庭援助计划法案;敦促理事会进一步考虑制定关于各国制订家庭援助计划的标准和建议措施。

2. 家庭援助计划的制订和实施

对于航空器事故家属和幸存者的关切以及对其援助需求的意识正在成为日益重要的国际社会和政治问题。那些既无资源又无手段来提供全面家属援助计划的国家和航空运营人,应该考虑与其他方面达成适当的合作协议,以便制订一项家属援助计划。一项详尽、周全的定期演练计划对提供家属援助是至关重要的,因为可能需要在几乎没有或根本没有任何预警的情况下提供此类援助,并需要立即作出响应,而且可能会涉及大量训练有素的人员、重大支出和使用专用资源。家属援助的高度重要性就可能需要有国家的立法、规章和(或)政策,确保在很短时间内能够获得必要的资源和投入。关于航空器事故家属援助的立法、规章和(或)政策往往是在编写援助计划之前制订的。立法要求常常对该计划的内容产生影响。国际民航组织建议采取以下七个步骤,供国家制订向航空器事故受害者提供家属援助的国家计划。

1)确定计划所适用的事故类型

航空器事故的规模和范围将对家属援助响应产生影响。在某些国家,立法规定何时需要实施家属援助要求。对于这些国家之外发生的事故,国家和航空运营人应该考虑在发生死亡或重伤的情况下提供家属援助。家属援助响应的规模与受到影响的人数(即航空器乘员人数和地面伤亡人数)直接相关。一些航空运营人与其他运营人缔结了联盟和代码共享协议。主要运营人应该与其代码共享伙伴一起合作,确保家属援助响应环环相扣。联盟伙伴应该确定家属援助责任,同时虑及其运营所在各国的文化和法律差异。有助于确定各种家属援助所适用的事故类型的标准如下。

(1)出事所在国用以规定何时需要实施家属援助要求的立法、规章和(或)政策。

(2)可利用的资源。

(3)航空运营人的能力。

(4)设想的援助规模。

(5)航空器乘员人数。

所需的全部资源与设想的家属援助规模以及将要获得援助的人数直接相关。如果是大型航空器事故,全部乘员人数而不是死伤人数可能是确定所需初步响应规模的关键因素。在初步响应期间,对于所有要求确认有关人员是否遭遇航空器事故的请求都必须做出答复,不论那些人的伤残状况如何。

2)确定将提供的援助类型

国际民航组织总结了航空器事故的家属和幸存者通常期待的家属援助类型。包括:确认是否遭遇事故、提供即时信息、鉴定、保管和归还遗骸、保护、处理和归还个人财物、危机咨询服务、即时经济援助、移民和海关手续、提供服务信息、访问事故现场、隐私和安保、法律咨询、与家属的联络、纪念碑和悼念活动、家属协会、事故调查信息的提供、文化方面的考虑等。

3)确定提供援助的机构

在确定提供援助的机构时,需要考虑提供家属援助的人员是否合适,在指派人员提供家属援助时,应该考虑宗教和文化方面的问题,例如所选人员的年龄、性别、语言能力、宗教,以及这些人员是否适合;确认遭遇事故,航空运营人使用专线电话并由经过训练的人员应答,通常可提供关于受害者遭遇航空器事故的初步确认;提供信息,事故发生后向家属提供初步信息的任务几乎完全由航空运营人承担,随后,协调人/协调机构可以负责提供来自各有关机构的信息;鉴定、保管和归还遗骸,参与找回、鉴定和归还遗骸的部门可能包括验尸官、警方、军方、公共卫生部门、救护服务部门、航空运营人、殡葬业者和专门承包人;保护、处理和归还个人财物,通常航空运营人负责保存、清洁和归还个人财物;咨询服务,商业实体和专门从事危机咨询的救助机构通常提供这种服务;即时经济援助,所涉及的航空运营人应该意识到向家属和幸存者提供即时经济援助的必要性;移民和海关手续,移民和海关当局应该具有标准程序,用以处理事故幸存者的返回和遗骸运回本国的事宜;外交和领事人员的参与,由于外交和领事人员可以起到支持作用,他们参与家属援助计划将利用并优化在这些来源中获得的支持;访问事故现场,航空运营人通常都与事故调查部门和(或)司法部门以及其他部门(例如负责找回和鉴定受害者身份的部门)进行密切协调,安排作出对事故现场的访问计划并护送家属和幸存者;隐私,某些机场运营人在其应急响应计划中规定保护家属和幸存者事故后的隐私权;法律咨询,在必要情况下,最终是由家属和幸存者选定的法律代表向他们提供具体的法律咨询;与家属的联络,与家属的初步联络是航空运营人的责任直到处理完紧急关注的事项为止;悼念仪式和纪念碑,安排悼念仪式和竖立纪念碑是航空运营人的责任,但也可能涉及出事所在国;事故调查信息的提供,事故调查部门应能提供调查信息。

4) 起草计划

国际民航组织规定:各国应依赖来自其他国家、航空运营人、机场运营人、第三方(例如非政府救助机构和商业公司)和家属协会的具体规划和资源。各国还应该与能够支持制订、准备和实施家属援助计划的其他国家,以及各部门、机构、协会和组织签订谅解备忘录、协议和(或)合同。起草家属援助计划还需要有参与提供所需援助的服务提供者和资助者的意见投入。通常参与政府资源支出项目的机构代表也应该参加起草该计划。家属援助计划可以构成授权立法的基础。在这些情况下,有关立法应该提出计划的纲要并论述实施该计划的可行性。着手起草援助计划有几个方法,其中包括以下几点。

(1) 在所有有关各方就以下各点做出决定后,聘请顾问草拟计划:

① 国家认为适当的家属援助的数量和类型;

② 提供家属援助的机构;

③ 提供家属援助所需的资源供应;

④ 为家属援助计划供资的手段;

⑤ 提供家属援助所需的培训。

(2) 约请一个由有经验人员组成的专门小组,制订家属援助计划并起草实施这一计划所需的立法、规章和(或)政策。

(3) 改写现有立法、规章和(或)政策,以及另一国的家属援助计划。

可以参阅一项详细计划,其他国家或可根据自己的具体情况予以改编,该计划的网址为 https://www.ntsb.gov/tda/TDADocuments/Federal-Family-Plan-Aviation-Disasters.pdf。

参考计划

对曾使用类似家属援助计划的航空器事故具有第一手经验的人员提供意见投入,将有益于此类文件的改编。参与实施由此形成的家属援助计划的各机构和组织的代表也应该参与这项工作。各国在制订家属援助计划时,应该充分考虑家属协会能够提供的经验和支持。

5) 审查计划

有可能造成大量资源支出的任何计划都应该在国家采纳之前尽可能予以审查和完善。最好通过由所有预计参与者参加的桌面演练,对计划予以审查,然后再对需要改进的领域进

行审查。除桌面演练外,对计划的具体内容可以进行实际演练,以便审查:

(1) 发布信息所用系统的可行性。
(2) 为悲痛的家属和朋友提供可靠地方的能力。
(3) 各有关机构的活动的协调。
(4) 短时间内招募大批合适人员的手段。
(5) 资源共享安排的可行性。

审查可能会暴露一些冲突和误解,尤其是当涉及地区和联邦机构,以及责任被认为应由若干机构或管辖区承担时。必须在实施计划之前解决此类问题。

6) 实施计划

重大事故后提供家属援助的费用可能很高,因此,预先批准支出大量资源是必不可少的。由于家属援助的重要性,很可能需要有国家立法、规章和(或)政策,确保迅速获得必要的资源和承诺。如果有一项切实可行的家属援助计划,将便利于起草适当的立法、规章和(或)政策。还可以制定立法,规定家属援助提供者(例如航空运营人和第三方救助机构)的责任。

7) 定期演练计划

定期演练全面的家属援助计划,对于应付意料之外的困难是费用昂贵但必不可少的保障。计划一经批准,应该准备每年进行一次桌面演练(或实践),以确保人员或情况的变化不会降低计划的效用。机场应急响应操练活动可以作为试验和完善家属援助计划的一个机会。参与提供家属援助的机构和人员以及飞入一国的航空运营人会不时发生变化。因此,对涉及这些机构和人员的任何计划都必须经常进行认真审查,以确保关键参与者仍然能在规定的联络点找到,而且仍然能够提供希望他们提供的资源。各国应努力进行经常性检查,以确定调拨给该计划的一切资源仍然可以得到,而且用于启动这些资源的联络点是现时可用的。很少国家将需要启动全面的家属援助计划,而需要启动该计划的情形也终归少而又少。极少国家拥有专门用于提供家属援助的资源。提供这种援助的大多数人员和机构都要在计划启动时不得不暂时搁置其他职责。需要迅速作出大量反应的任何计划所面临的挑战,是如何使有关人员和机构能够随时准备到位、做出响应。一项有效的家属援助计划依靠经过特别训练的骨干人员,以确保计划的可靠性。招聘那些日常从事其他类型的应急响应工作或具体组织大型活动的人员,能够有助于保持一批训练有素、动机明确的人员。各国民航当局或其他有关当局应该根据需要并按照国家立法、规章和(或)政策所规定的要求,对航空运营人和机场运营人的家属援助计划进行审计。

8.3.2 欧美国家家属援助

1. 美国

美国是世界上较早制订空难家庭援助计划规定的国家。因在几起重大空难中,航空公司、事故发生地救援力量、联邦机构未能提供有效的协调努力,以满足遇难者家庭成员和幸存者的需求。于是,美国在 1996 年 10 月 9 日制定了《空难家庭援助法案》(Aviation Disaster Family Assistance Act of 1996)。该法案要求航空公司必须有关于事故旅客家属成员通知、机上旅客舱单管理、应急支援人员培训、机上旅客财物管理以及纪念活动协调的详细预案。同时,法案赋予美国国家运输安全委员会协调航空公司、事故发生地救援力量、联邦机构以响应空难旅客家属需求的职责。协调职责包括受伤旅客救援和遇难者辨别的协调、在事故现场和调查程序中向旅客家属通报事故调查信息。

1996年10月9日,经美国国会通过并由克林顿总统签署了《1996年空难家庭援助条例》,该条例赋予国家运输安全委员会(NTSB)以帮助发生在美国领土上的空难遇难者家属的附加责任。这一法律由1996年9月9日的《总统行政备忘录》加以补充,在该备忘录中,克林顿总统指定国家运输安全委员会为向重大交通灾难遇难者家属提供联邦服务的协调机构。此外,参与家庭援助的联邦机构和其他机构还包括美国红十字会(ARC)、国务院(DOS)、卫生和公共服务部(DHHS)、联邦紧急事务管理局(FEMA)、司法部(DOJ)、国防部(DOD)。国家运输安全委员会为有效实施这一法令,还先后与上述机构签署了谅解备忘录。此外,为及时、充分地掌握发生事故的航班的旅客信息,美国运输部还制定了《旅客舱单信息》(243部),收录在美国法典第49集第14分集中,对旅客信息的收集和保存、空难后的信息传递等作出了明确、具体的规定。

在1997年,美国又制定了《外国航空承运人家庭支援法案》(Foreign Air Carrier Family Support Act of 1997),要求飞往美国的外国航空承运人必须向运输部和国家运输安全委员会提交一份当发生造成众多人员伤亡空难时的家庭援助应急预案。预案应当包括空难发生后热线电话的开通、尽快通知旅客家属、向有关部门提供旅客名单、向每名旅客家属询问如何处置遇难者遗体及所保管的旅客财物、根据旅客家属要求返还旅客财物、保管未认领的旅客财物、根据旅客家属要求设立纪念碑、同等对待每名家属、支付必要的旅行和日常生活费用、能够提供充足的资源来实施家庭援助计划、对员工和代理人的培训等17项内容。为及时、充分地掌握发生事故的航班旅客信息,1998年美国运输部还制定了《243部:旅客舱单信息》(PART 243-Passenger Manifest Information),对旅客信息的收集和保存、空难后的信息传递等作出了明确、具体的规定。

《1996年空难家庭援助条例》第1136条列出了给航空器事故乘员家属的援助的总则和条款,第41113条列出了关于照顾航空器事故所涉乘员家属所需的计划的总则和条款。公法104-264第704条列出了建立特别工作组的指导原则和相关建议。

2. 欧洲联盟

《关于民用航空事故和事故征候调查与预防的第996/2010号规章》第15条第4款和第5款规定了关于信息通报时,负责的安全调查主管当局必须获得授权方能就任何事实发现结果、安全调查进行、可能的初步报告或结论和(或)安全建议等一切信息,向受害者及其亲属或其协会进行发布,但条件是不得有碍安全调查目的并完全遵守关于保护个人数据的适用立法;在公布上述信息之前,负责的安全调查主管当局必须先向受害者及其亲属或其协会以不妨害安全调查目的的方式提供信息。第20条第1款规定了关于机上人员和危险品信息的管理,对此条款适用的成员国领土内各机场运行起降航班的欧盟航空公司以及运行在此起飞航班的第三国航空公司,必须尽快地、最迟于通知发生航空器事故后两小时内,根据最后的可获信息就所有机上人员编制一份经核实的名单;在通知发生航空器事故后,立即提供机上危险品清单。第21条规定了对航空事故受害者及其亲属的援助的总体原则,包括:①为了确保在欧盟一级有更全面和统一的事故应急反应,每一成员国必须在国家一级制订民用航空事故应急计划;此种应急计划也必须涵盖向民用航空事故受害者及其亲属提供的援助。②各成员国必须确保在其领土内成立的所有航空公司均备有一套为民用航空事故受害者及其亲属提供援助的计划。这些计划必须考虑到对民用航空事故受害者及其亲属的精神抚慰,并让航空公司得以就重大事故做出反应。各成员国必须就其领土内成立的航空公司审计其援助计划。成员国还必须鼓励在欧盟运营的第三国航空公司也同样地采用民用航空事故受害者及其家属援助计划。③在发生事故时,负责调查的成员国、出事航空器所属的航空公司成立所在的成员国或出事航空器机上有最多该国国民的成员国,必须任命一位专人作为受害者及其亲属的信息联络点。④在条约适用的成员国领土内发生的航空事故中有公民丧生或严重受伤的成员国或第三国,对该起事故有特别利害关系,必须有权任命有权力进行访问事故现场、调查进度、收取最后报告的专家。⑤任命的专家可根据适用的生效立法,协助鉴定受害者身份并参加与其本国幸存者的会议。⑥根据2004年4月21日的欧洲议会和理事会关于航空承运人和航空器运营人保险要求的(EC)第785/2004号规章第2条第1款,第三国的航空承运人也必须完全遵守该规章规定的保险义务。

8.3.3 中国家属援助

为提高对民用航空器飞行事故的应急反应能力,减轻事故危害,为事故罹难者、幸存者、失踪者及其家属提供必要的援助,根据我国《民用航空法》《安全生产法》和国务院有关规定,制定了中国民用航空总局令第155号《民用航空器飞行事故应急反应和家属援助规定》(CCAR-399),自2006年1月1日起施行。民航局第155号令在民航局立法权限范围内,以规章的形式完善了我国《民用航空法》《安全生产法》没有关于家属援助具体规定或要求的不足。此外,国家还制定了《国家处置民用航空器飞行事故应急预案》,就组织、协调、指挥民用航空器飞行事故的应急处置作了规定。

第9章

飞行安全管理

"飞行安全、廉政安全、真情服务"是中国民航工作的三大底线,其中,飞行安全底线更是保障民航业可持续安全发展的前提和基础。从周恩来总理最早提出的"保证安全第一,改善服务工作,争取飞行正常"的重要指示,到近年来党中央、国务院领导对民航工作做出的多次重要批示指示,其中强调最多的就是民航的飞行安全。只有保证了飞行安全,才能顺利达到预定的目的;若不能保证安全,不仅会直接影响到航空参与者的效益和声誉,还会在一定范围内对社会生活、群众心理带来消极的影响。因而,需要依靠先进且成熟的科学技术和严格且系统的管理方法,使飞行的组织指挥、飞行员、航空器、机务维修等方面保持优良、协调、匹配的运行状态,进而实现飞行安全。

9.1 飞行安全管理概述

9.1.1 飞行安全管理

根据第1章,安全是指与航空器的运行有关或直接支持航空器运行的航空活动的风险被降低并控制在可接受水平的状态。因而,飞行安全可认为是航空器飞行中的风险降低并控制在可接受水平。尽管消除事故是飞行安全的终极目标,但应该认识到,民航系统无法绝对避免危险和相关风险,飞行安全是民航系统的一个动态特性,并不存在绝对的飞行安全。

从安全角度而言,飞行安全的外延包括旅客及机组人身安全、空运财产安全和运输载具安全等。从飞行员角度而言,飞行安全的外延涵盖了扎实的理论知识、熟练的操纵技术、严谨的安全作风、健壮的体质、健康的心理品质、积极的安全意识等。从系统组成角度而言,飞行安全的外延是"人-机-环-管"的有机匹配。人是飞机运行中的能动主体,包括飞行员、空中交通管制员、维修人员和其他与飞行相关的人员;机器是航空器,包括所有与飞行运行相关的硬件和软件;环境不仅包括所有可能对飞行产生影响的气象条件、地形、机场、交通状况等外部因素,还包括会影响航空器本身和机上乘员的内部环境因素。人、机器和环境这三大安全要素可以看作是飞行安全链条的三个环节,它们的一个重要特点是以串联的方式而非并联方式对飞行安全产生影响,单个环节失效足以引发事故。

法国"经营管理之父"亨利·法约尔(Henri Fayol)认为管理就是"计划、指挥、协调、控制",即为了达到一定的目的,对管理对象进行的计划、指挥、协调和控制等一系列活动。为此,飞行安全管理是按照飞行安全规律组织实施的,有计划、有组织、有控制的安全管理活动。根据王玉山等学者编著的《飞行安全管理》,飞行安全管理是为了使航空器在飞行中的风险被降低并控制在可接受水平,按照组织与实施飞行的客观规律,运用科学管理的理论与方法,使飞行的"人-机-环-管"系统达到最佳的协调运行状态所进行的有目的、有计划、有组织、有协调、有控制的一切活动。

如图 9-1 所示,在飞行安全管理的内涵中,其目的是使航空器在飞行中的风险被降低并控制在可接受水平;为了实现这个目的,根据 SHELL 理论,需要实现"人-机-环-管"系统最佳协调的效果;为了达到这个效果,需要依据飞行的客观规律和科学管理理论与方法,综合开展一些有目的、有计划、有组织、有控制的活动。可以看出,飞行安全管理的工作的起点在于飞行客观规律的挖掘以及科学管理理论与方法的探索,这是飞行安全管理的重要研究内容。

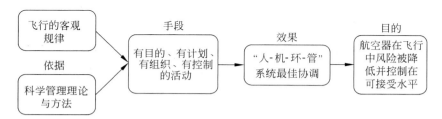

图 9-1 飞行安全管理的内涵

总体上,飞行安全管理不仅仅是针对飞行过程进行管理,还需要依靠先进且成熟的科学技术和严格且系统的管理方法,使飞行的组织指挥、飞行员、航空器、机务维修等方面保持优良、协调的运行状态,才能真正实现飞行安全。就飞行员而言,飞行安全管理的外延涵盖对飞行员飞行技术、身体健康、思想品质、心理活动等内容的管理。

9.1.2 飞行风险分析

民用航空运输的持续安全运行需要机场、空管、航空公司、机务等多个领域协调配合共同完成,同时还受到自然环境和社会环境的影响。航空器运营人作为民用航空运营的主要承担者,其目的是为旅客提供便利、安全服务的同时,取得一定的收益,这种生产模式间接产生了其多类型的风险。

1. 人为因素

影响飞行安全的主要人为因素如图 9-2 所示。机组成员对飞行安全起着决定性作用。导致航空灾害的关键人员是机组人员。因此,这里主要介绍影响飞行安全的机组人员因素。机组人员影响飞行安全的因素可以分为两类:机组个体、机组协作/机组资源管理。机组个体主要是飞行员个人的社会心理品质、感知过程、动机、情绪、生理状况以及个性心理特征等。这里的任何一个因素都可能导致不安全事件,比如,过分自信、骄傲自大的情绪是飞行安全的陷阱。国外的经验是,获得执照的飞行员最容易产生过分自信情绪的时机常在 300~500 飞行小时阶段,导致的不安全事件也是最多的。

机组协作/机组资源管理因素强调的是机组是一个群体,大家是相互影响的。如果群体间建立了良好的、积极的文化,则有利于保证安全;反之,则可能对安全造成威胁。具体而

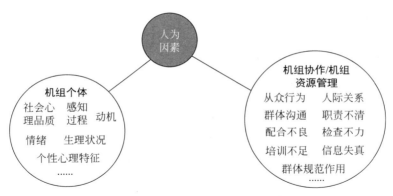

图 9-2　影响飞行安全的人为因素

言,影响的方式包括从众行为、群体规范作用、人际关系以及群体沟通等。同时,需要做好机组资源管理,包括职责不清、配合不良、检查不力、培训不足和信息失真等的管理。例如,若飞行员个人飞错高度的可能性为五百分之一,假如副驾驶参与交叉检查,则同类错误率可降为二十五万分之一,这将大大降低不安全事件发生的概率。因此,在平时的培训中,需加强机组资源管理的训练。

2. 机械因素

影响飞行安全的主要机械因素如图 9-3 所示,首先是系统故障,如发动机空中停车、起落架无法正常收放等机械系统故障,以及诸如导致波音 737MAX-8 坠机事故的机载软件逻辑误差等。其次是飞机设计中存在的缺陷,比如俄罗斯制造的伊尔-62 客机将全部发动机都放在了飞机的尾翼附近,把重量结结实实地压在了后面,一旦遭到巨大横风或是内部人、货搭载不合理,则可能发生事故。在 1972 年 12 月到 1973 年年初短短 2 个月的时间里,伊尔-62 客机连摔 3 架。在整个服役经历中,伊尔-62 客机一共摔掉过 10 架,1500 人被这种飞机夺去了生命。影响飞行安全的另一类机械因素是飞行中飞机状态的变化,比如飞机结构、重量、重心和惯量的变化。需要注意的是,在正常飞行中,除了直接导致飞行事故的系统故障外,大部分系统故障和飞机状态的变化都不会对飞行安全构成威胁,比如,随着油量的消耗,飞机重量变轻;随着高度爬升,飞机可能产生细微形变。但是,在某些特定情况下,这些会成为影响飞行安全的关键因素,特别是由于某些飞机设计中存在的缺陷导致的事故。

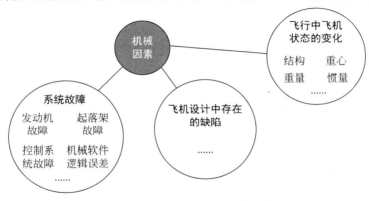

图 9-3　影响飞行安全的机械因素

3．环境因素

影响飞行安全的主要环境因素如图9-4所示，包含社会环境因素、自然环境因素、飞行工作环境因素和人工环境因素四类。

社会环境因素包括政治局势动荡、政策法规影响、非法干涉破坏和军事力量攻击四种政治环境因素。"9·11"事件是一例非法干涉破坏事件；2014年7月17日，马来西亚航空公司一架飞往吉隆坡的波音777在乌克兰境内被一枚"山毛榉"导弹击落，机上298人全部遇难，这是一起军事力量攻击导致的事故。同时，社会环境因素还包括经济体制改革、市场竞争激烈、经济发展水平三种经济环境因素。1997—2006年，美国和加拿大的运输航空每百万架次的事故率为0.5，而非洲的每百万架次的事故率为12.0。由此可见，一个地区和国家的经济发展水平与其航空事故率具有一定的关系。

自然环境因素对飞行活动有较大的影响，如风切变、雷雨、云、大雾、吹雪、结冰、地形波、鸟害、气温和气压、地理环境等。例如，1993年，国际民航组织的41个成员国共发生鸟击事件3247起，而全世界民航运输业每年因鸟击大约造成1300台发动机毁坏。

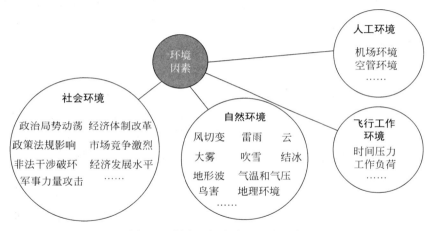

图9-4　影响飞行安全的环境因素

飞行工作环境因素是影响机组行为失误的外因，是造成航空灾难的间接原因。统计资料表明，有相当数量的飞行事故是由于飞行员的时间分配和管理不合理，造成时间压力而导致的。比如1977年3月27日发生的特内里费空难，造成两架波音747飞机相撞。当天，天气不良导致了两个航班迫降，由于时间压力，荷兰航空公司飞行员在忙乱中没有遵照批准的程序执行，也没有及时中断起飞，而误解命令和指示是造成这一悲剧的直接原因。其次，高负荷的工作条件也会对飞行员的身体和心理造成极大压力，当工作负荷超过了飞行员的工作能力底限时，就会引发飞行事故。飞机着陆阶段的事故占总事故约49%，其主要原因是由于飞行员操纵工作量的激增和长途飞行的疲劳，形成飞行阶段中最高的工作负荷。

人工环境包括机场环境和空管环境等也是影响飞行安全的环境因素。不良的人工环境，与其他致灾因素相互作用，会共同导致航空灾害的发生。有关机场环境和空管环境因素对飞行安全的影响，在机场安全管理和空管安全管理章节中进行了详细描述。

4. 管理因素

组织时期的管理理念认为,事故一般是由行为人的不安全行为或物的不安全状态导致的,而人的不安全行为以及物的不安全状态通常是因为管理的缺陷所造成的。管理因素是指指导民用航空持续安全运行的运行规范、规章制度的总和。管理因素贯穿整个民航安全运行的整体过程,对飞行的安全性具有整体的影响效力。管理因素在影响飞行安全各因素中间起到一个纽带的作用,当管理因素控制好了,可以发挥积极的作用,因而整个"人-机-环-管"系统达到最佳协调;反过来,当管理因素没控制好,则可能发挥消极的作用,"人-机-环-管"系统匹配不佳,则可能导致事故。通过将管理因素作为影响飞行安全的风险之一进行考虑,能够为民用航空安全运行提供强有力的保证。影响飞行安全各因素的关系如图 9-5 所示。

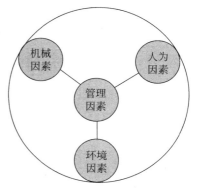

图 9-5 影响飞行安全各因素关系图

9.2 可控飞行撞地风险防控

9.2.1 可控飞行撞地风险概述

可控飞行撞地(controlled flight into terrain,CFIT)指飞行员在没有提前察觉和感知的情况下,非有意地操纵适航的航空器撞击到山峰、水面或其他障碍物。

可控飞行撞地一直是航空事故和灾难的主要原因,其可能发生在大部分的飞行阶段,但更常见于进近和着陆阶段。为提高安全裕度,中国民航局适航司颁发了适航指令,要求从 2005 年 1 月 1 日起,所有最大审定起飞重量超过 15t 或批准的旅客座位数超过 30 人的涡轮发动机飞机,应安装经批准的增强型近地警告系统(EGPWS)。此举措对规避 CFIT 的风险起到了很好的作用,然而 CFIT 在世界民航仍然排在七大安全风险之首。据《2016 年中国民航航空安全报告》统计,2007—2016 年可控飞行撞地事故共发生 23 起,在民用航空类事故中仍占有较大比重。

CFIT 事故通常发生在低于仪表气象条件、黑暗或两种情况皆有的低能见度条件下,而飞行员自负、培训不足、天气不好、疲劳、通信不畅、非精密进近等导致的飞行机组缺乏对飞机相对于与地面、水面或障碍物的垂直位置和水平位置的环境警觉性是其主要原因。丧失情景意识是导致发生 CFIT 事故的最直接原因,包括丧失飞机的实际状态或条件信息;飞机相对于飞行计划、天然或人为障碍物及其他飞机的位置信息;运行环境,包括设施、交通密度和天气信息;当时的环境和时间,如飞机将到达目的地的时间,可用于等待的时间,可用燃油的时间限制;其他机组成员以及机上乘客、货物的状态和条件等。一旦飞行员脑海中对他们当时在哪里,即将在哪里的图像减弱,就会危及安全。这在离地高度不可避免地减少的飞行阶段(如进近时)尤为重要。许多因素对丧失情景意识有影响,包括机组使用非标准术语、不遵守程序、疲劳、幻觉;空中交通管制(ATC)提供了错误的高度/航向指引;天气、组织问题、不明确的航空图、非最佳进近程序设计等。此外,导致 CFIT 事故的其他因素还包括"press-on-it is"(即飞行员不计代价只求到达目的地,此时飞机或机组常常没有准备好)和飞行员工作量大等。在飞行进近着陆阶段,飞行员要理解进近图,改变飞机着陆形态,监控交通、飞机的高度和空速等,高负荷的工作更容易让飞行员丧失情景意识。

9.2.2 可控飞行撞地风险防控策略

1) 加强准备

熟悉航路、航线以及进离场航线相关机场的安全高度问题。特别是净空条件不好的机场,如我国的云贵川等西部高原航线和机场。

2) 做好进近简令

许多 CFIT 事故是由于飞行机组缺乏有效交流造成的,大都发生在目的地机场的进近阶段。因此,操纵飞行员(PF)与非操纵飞行员(PNF)之间要加强信息的有效交流。

3) 增强垂直安全警醒度

70%以上的 CFIT 事故,是由于机组没有充分意识到高度和接近地面的真实情况。因此,机组要始终清楚地了解自己的航空器相对于周围地面的高度,以及指定的或期望的飞行路线。

机组要通过监控、交叉检查来证实指定高度和高度改变。一是弄清扇区最低安全高度(MSA)的基准点、扇区范围及其高度。二是弄清最低超障高度(MOCA)、最低航路高度(MEA)、最低下降高度(MDA)和最低可接受高度(MRA)以及地形和障碍物的实际高度。三是在低温、低压或大风的情况下,最低使用高度应作相应修正调整。四是向下穿过过渡高度层时,要通过标准喊话和交叉检查或借助"进近检查单"来核实设置的高度表基准值是正确。ATC 要确保提供的高度表基准值是有效的和准确的。

机组要核实无线电高度表的指示。目前的飞行仪表,对水平位置显示比较直观,而垂直位置(飞行运行时,飞机所在位置和高度与障碍物、地形等的关系环境等)则从高度表上看不到将要发生的趋势。在终端区域内,经常出现 ATC 雷达引导,ATC 引导飞机在最低引导高度上飞行,这个高度可能会低于扇区最低安全高度。在这一关键的安全飞行阶段,垂直和水平方位上的环境警觉性就显得极为重要。对其每一个指令都要审视后才能执行。因为 ATC 有时也会发布一些错误的指令,使得飞机不能保持足够的越障高度。人类行为研究人员在调查普通人时发现,平均每小时一个人身上会发生近 20 次与意愿相违的差错现象。一是无线电高度表开始指示时,此时要核对指针高度与地面以上高度,并证实是合理的;低高度飞行,机组应该监控无线电高度表的指示。二是接近有关的进近最低高度,对任何重大的偏离和偏离趋势及时喊话。三是最终进近时,穿过无线电高度 500ft 时,特别是对所有非精密进近,要交叉检查气压式高度表,除非是一致而合理的,否则立即开始复飞。飞过最后进近定位点、外指点标位置时,PNF 要交叉检查实际飞越高度,并与进近图上标注的高度值校对。出入较大时,要立即说出来。

4) 尽可能采取自动飞行方式

为了防止 CFIT 事故,在仪表条件或天气、环境复杂或夜间,推荐采用自动飞行方式,以便腾出更多的精力用于监控飞行的水平状态和垂直状态。研究表明,当大脑的全部能量用在操作动作上时,相应的思考能力趋于低能值;反之,当大脑的全部能量用在思考决策上时,相应的动作能力会趋于低能值。在低能值范围,出现失误或差错的概率较大。

5）严格遵守扇区最低安全高度的规定

预防可控飞行撞地，飞行员必须遵守扇区最低安全高度（MSA）的规定。扇区最低安全高度是紧急情况下在规定扇区可以使用的最低高度。每个已建立仪表进近程序的机场都必须明确扇区最低安全高度。

9.2.3 可控飞行撞地风险案例

2014年4月9日，某航空公司B737-800飞机执行（南京—桂林）航班，由于桂林机场周边有雷雨天气，机组在机动进近过程中，缺乏情景意识，低高度误入西侧山区，造成出现"Terrain"及"Pull up"警告（EGPWS警告），机组执行复飞，构成一起征候的不安全事件。

2010年8月24日，河南航空有限公司ERJ-190在伊春机场进近时坠毁，进而导致了"伊春空难"。"伊春空难"可以说是CFIT事故的典型代表。根据规章要求，在最低下降高度没有建立目视参考时，应果断复飞，但是飞行员继续进近，导致飞机撞地坠毁。如图9-6所示。

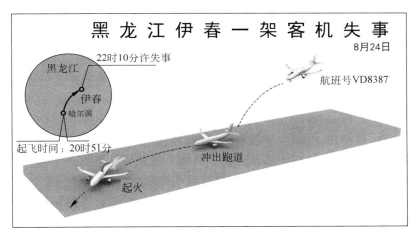

图 9-6　伊春空难

9.3　偏出或冲出跑道风险防控

9.3.1　偏出或冲出跑道风险概述

偏出或冲出跑道指跑道道面上的航空器冲出跑道道面末端或偏出一侧，多发生在起飞或着陆过程中，具体可分为：偏出（veer-off）——航空器偏出跑道一侧；冲出（overrun）——航空器冲出跑道末端。

2006—2015年，我国民航共发生125起运输航空严重征候，其中，偏出或冲出跑道事件共计发生25起，占运输航空严重征候总数的20%左右，共计发生25起，位于所有严重事故征候类型的首位。飞行安全基金会对世界航空事故数据库中的数据统计表明：1995—2008年共13年，民航运输飞机在世界范围内总共发生1429起重大或严重损伤事故，其中偏出或冲出跑道事故数占事故总数的29%,偏出或冲出跑道事故共导致712人死亡。因而,偏出或冲出跑道是需重点关注的另一飞行风险。

影响偏出或冲出跑道的主要因素包括驾驶舱资源利用、复飞/中止进近着陆决策、进近着陆技术、安全意识、飞行准备、情景意识等。

驾驶舱资源的不合理利用造成了偏出或冲出跑道的安全隐患。与简单气象条件以及硬件设施配备较好的机场相比,在复杂气象条件下以及硬件设施配备一般的机场进近、着陆更加强调驾驶舱资源的合理利用。驾驶舱资源未合理利用主要表现为机组成员之间职责分工不明确、操作配合不好;机组成员之间工作负担不平衡,从而降低了机组对情景的感知能力,形成了不安全事件隐患。

在继续进近着陆条件不满足的情况下,机组盲目进近以及中止着陆不及时是造成偏出或冲出跑道的主要原因。进近、着陆过程中飞机飞行高度变化快,机组用于飞行决策的时间极为有限。机组如果不能根据当时态势坚决果断地完成正确的飞行决策,将危及飞行安全。

机组在特殊情况下飞行技术的欠缺是造成偏出或冲出跑道为直接原因。现阶段,我国绝大多数机场尚不具备全自动着陆的条件,即使是仪表进近,能见跑道后便脱开自动驾驶转入手动飞行是普遍现象。因此,恰如其分的手动操纵应成为每一个飞行员追求的重要技术之一,它包括自测着陆的操纵要领和方向操纵要领。当机组脱开自动驾驶转入手工飞行之后,因为注意力分配或者操纵要领上的问题,一是不能继续保持自动飞行时的下滑轨迹和下滑方向;二是不能及时地发现和修正偏差量。雨、雪、侧风、跑道湿滑、结冰等复杂气象条件以及机场的特殊地形、地貌增加了飞机在进近、着陆过程中的操作难度。如果机组对这些情况下的飞行操纵不熟练,就很难安全地完成所需的飞行任务。

机组安全意识淡薄、违规操作是偏出或冲出跑道的根本原因。运行规范、规章、标准操作程序是飞机从设计、生产到使用的各个环节中提出的保障飞机安全飞行的基本要求。机组安全意识不牢固,随意违反相关规范、规章和程序的做法直接危及飞机的安全飞行。

飞行准备不充分,增加了机组处理特情的难度。机组在执行任务前对目的地机场的气象、硬件条件、地形、地貌了解不全面,在进近着陆前对机场气象的变化了解不充分,势必造成特情处理过程中的匆忙应对,影响飞行安全。

机组对情景感知的偏差将严重危及飞行安全。机组内部、机组与管制员之间能否建立良好的沟通,能否获得正确的飞行指令,能否获得准确的气象、跑道状态等环境信息,直接影响飞机的安全起飞和进近、着陆。

9.3.2 偏出或冲出跑道风险防控策略

1) 提高飞行员对风险的识别能力

飞机运行环境千变万化,加强飞行员对风险的识别能力,可以大大降低偏出或冲出跑道事件发生概率。风险识别能力包括:起飞和着陆过程中,要能意识到大风、低能见度以及湿滑跑道对控制滑跑方向的影响;短跑道起飞滑跑过程中的中断起飞,或者着陆过程中平飘距离远时,要能正确评估滑跑距离以及剩余跑道长度。

2) 强化稳定进近的概念

对于一个进近,当以下所有条件同时满足时,即视为稳定进近。

(1) 飞机处于正确的飞行航径。

(2) 保持正确的飞行航径仅要求稍微改变航向/俯仰。

(3) 飞机应该保持在进近速度,如果空速趋势是接近进近速度,偏差在-5~10kn内可以接受。

(4) 飞机处于正确的着陆形态。

(5) 下降率不大于1000fpm;如果进近要求下降率大于1000fpm,应执行特殊简令。

(6) 推力调定适合飞机形态。

(7) 所有简令和检查单已执行。

(8) 在仪表气象条件(IMC)下,应该在1000ft AFE建立稳定进近;在目视气象条件(VMC)下,应该在500ft AFE建立稳定进近。

3) 加强培训,提高飞行员的操纵能力以及对特情的处置能力

研究表明,相当一部分偏出或冲出跑道事件是由于飞行员操纵不当所导致,如过量操纵,甚至是反操纵,也不乏出现特情之后由于准备不足而引起的匆忙和慌乱。所以,航空公司在保证飞行员训练质量的基础上,也要加入一些针对性的科目,例如大速度中断起飞、低高度复飞、极限侧风或湿滑跑道情况下的起飞落地训练,以及出现对操纵影响比较大的典型故障时的处置训练,从而达到提高飞行员心理素质和操纵能力的目的。

4) 时刻保持良好的情景意识,及时冷静地做出决断

飞行员强行落地甚至造成偏出或冲出跑道事故的原因大致包括两点,第一是侥幸心理,第二是对复飞存有错误的认识,认为复飞是一件丢人的事情。然而,当不具备安全着陆条件的时候,例如短五边方向出现大的偏差、平飘距离远、着陆过程中失去目视参考等,果断采取复飞,无论再次尝试进近,或者前往备降场备降,都是避免着陆失误造成事故的最有效的方法。

5) 及时充分掌握准确气象报告

提高气象报告的准确度,让飞行员及时充分掌握地面的风向风速、降水强度、跑道道面的刹车效应等气象条件,有利于飞行员对起降过程做出正确预计和评估,也可降低偏出或冲出跑道的风险。

9.3.3 偏出或冲出跑道风险案例

2007年7月17日,巴西塔姆航空公司(TAM Airlines)的空客A320飞机,在巴西圣保罗的孔戈尼亚斯(Congonhas)机场35L跑道着陆时发生事故,事故导致机上187人和地面12人遇难、飞机损毁。事件发生原因为飞机故障保留和机组操作不当:飞机右侧反推不工作,右发油门未处于慢车位置,而左发处于正确的慢车位置,从而造成飞机一个发动机减速另一个发动机却在加速,导致飞机偏出跑道,撞上附近的TAM快运大楼及附近的加油站,并引发大火。当时正在下大雨,跑道道面有积水,湿滑。

9.4 擦机尾风险防控

9.4.1 擦机尾风险概述

擦机尾(tail strikes)指飞机在起飞或着陆(含复飞)期间,飞机尾部与跑道道面发生接触的现象。发生擦机尾可能会对飞机尾部造成一定的损伤,属于严重的不安全事件。

美国三大航、欧洲三大航空集团、阿联酋航空、全日空、东航和南航等国内外十家航空公司近十年安全数据统计分析表明，擦机尾事件导致的运输航空严重征候发生33起，占比最高，达到了35%。

当飞机姿态增加时，升力系数会随之增大，其他条件不变的情况下飞机会获得更大的升力。当飞机起飞、空速偏小时，仅通过持续增加姿态仍不足以使飞机离地，将会导致起飞擦机尾事件的发生；着陆时飞机如空速过小，仅通过持续增加飞机姿态控制过大的下降率，将会导致着陆擦机尾事件的发生。

在起飞阶段，擦机尾的主要原因包括过早带杆抬轮（V_r计算错误、PNF报V_r过早）、机身俯仰率大（带杆快、重心计算错误、配平错误）、抬轮期间横侧输入偏大、起飞过程中遇风切变、起飞指引使用不正确、减震器维护不规范、机翼污染（除冰液、结冰等）、抬头过程中配平等。

着陆擦机尾会造成比起飞擦机尾更大的损伤，这是由于机尾可能在主起落架接地前就撞到道面，这会造成后承压隔框损伤。着陆（含复飞）阶段擦机尾的主要原因包括接地前（10ft以下）带杆量大，导致飞机大姿态接地、接地后减速板伸出，机头上仰，持续带杆导致飞机姿态持续增大、机组丧失情景意识，不明确飞机是否接地，接地后仍盲目带杆、接地时抽杆或带油门接地，导致飞机跳起；飞机跳起后持续带杆，导致再次接地时飞机姿态增大，并且往往还会发生重着陆。在近地/接地复飞过程中，加油门慢、带杆量大且持续带杆、拉反推后持续带杆、对侧风处置不当等。

9.4.2　擦机尾风险防控策略

最有效的擦机尾预防措施是完成培训科目以强化适当的起飞和着陆程序。

1）起飞阶段

①熟记机型正常离地姿态和擦机尾角度几何数据；②由于风切变或机翼污染等原因导致升力不足时，避免减推力起飞；③避免飞机离地前，盲目跟随飞行指引；④避免抬前轮过早；⑤控制合适的抬头速率；⑥正确使用安定面配平；⑦完善EFB的性能计算功能。

2）着陆阶段

①保持飞机的稳定进近状态；②避免小速度、大姿态进近；③避免出现收油门过早；④避免为了接地轻，持续带杆，延长平飘时间，导致飞机大姿态接地；⑤避免在拉平过程中使用配平；⑥侧风条件下，避免蹬舵量过大；⑦避免在接地后，增加飞机姿态；⑧带杆时不能动作粗猛，切忌"一杆带到底"；⑨进跑道后保持飞机状态稳定，避免飞机接地后跳起；⑩飞机接地跳起后不能盲目带杆增加姿态；⑪当飞机带飞过程中发现偏差，机长要及时上手修正。

3）近地/接地复飞

①低高度飞机状态不稳定时，实施复飞要果断；②近地/接地复飞必须及时加油门，并密切关注飞机距地面高度；③近地/接地复飞过程中不能盲目带杆增加姿态，要结合飞机升降率和增速情况进行分析判断；④在拉出反推的情况下，严禁实施复飞。

9.4.3　擦机尾风险案例

2005年4月1日，A340-300/B2383飞机，执行MU552航班（伦敦—上海浦东），在伦敦机场起飞过程中擦机尾。当日伦敦天气：阴天、云高800ft，温度10℃，风向150°/5KTS。飞机的起飞全重237t,使用2档襟翼,灵活温度45℃,飞机重心28.8%,安定面配平向上4.5°,$V_1=142$KTS,$V_R=150$KTS,$V_2=156$KTS。

机组使用09R跑道,于04:37从伦敦机场起飞时,副驾驶主操纵,到达V_R速度后,左座教员发口令抬头,副驾驶在抬机头的过程中,教员觉得动作偏慢,姿态的变化与速度的变化不成正比,因此帮着一起带杆(未超控优先按钮),当离地后又觉得姿态太大,随后向前稳杆,飞机在稳杆动作后又转入上升。随后的飞行情况一切正常。

机组在浦东落地后及时告知地面机务,要求检查飞机,最后证实飞机尾部(放水口前方)有擦地痕迹,表层磨破,有3个隔框受损,加水面板变形。

9.5 重着陆风险防控

9.5.1 重着陆风险概述

重着陆指飞机在着陆接地时垂直加速度过大,接地载荷超过了该机型给定的限制值。

"重着陆"是相对通俗的叫法,飞行品质监控工作中将"重着陆"这种偏感觉类的表述量化为"着陆垂直载荷大"超限事件,该事件探测原理就是在着陆过程中(主轮接地前2秒至接地后5秒内),采集飞机加速度计记录的垂直载荷G值,然后同超限标准进行比较,如果超过相应标准即触发超限。按照民航局咨询通告中给定的规范,轻度超限标准为80%的机型结构检查G值(波音)或1.6g(空客),严重超限标准为90%的机型结构检查G值(波音)或1.8g(空客)。

重着陆会使飞机的结构,特别是起落架、机翼等部件承受较大的载荷,可能对机体造成损伤;严重时会造成跳跃,危及飞行安全甚至引发飞行事故。即使没有造成明显的机体损伤,重着陆也会加快机体金属疲劳,缩短检修周期,影响飞机寿命,同时也会影响旅客的舒适感。

一方面,受飞机势能(垂直速度)的影响,垂直速度越大意味着高度减小得越快,表现为下降率大。飞机进跑道后在短时间内接地,接地时垂直速度(下降率)从较大值快速减小到0,飞机受到地面的反作用力较大,垂直载荷会显著增大。另一方面,受飞机动能(水平速度)的影响,接地时油门未收光,飞机推力在垂直方向的分量会增大垂直载荷。同时,机组短时间内带杆量输入较大,会造成飞机姿态的快速增大,升力作用在翼根部,导致垂直载荷增大;由于力矩的原因,在飞机接地过程中抽杆会加快主轮接地,相当于增大接地下降率,也会导致垂直载荷增大。此外,飞机接地跳起过程中,减速板伸出会破坏升力,导致二次接地时垂直载荷G值增大。

造成重着陆的原因多种多样,概括地说,主要包括以下几种。

1) 入口状态存在偏差

①速度小或油门小,飞机动能不足,正常拉杆开始后飞机下沉偏快;②速度大或油门大,收油门修正后带出姿态晚;③出姿态早,飞机不下沉,过早收光油门或稳杆修正;④姿态小,正常拉杆开始未能带出着陆姿态。

2) 入口状态正常

①拉杆开始时机偏晚,接地前带杆量大;②正常拉杆开始,带杆量不足;③拉杆开始后,有稳杆动作;④收油门时机晚或动作慢,飞机大速度接地。

3）跳着陆处置不当

接地时抽杆、带油门接地可能会导致飞机跳起。

①跳起后松杆,二次接地时飞机姿态减小;②跳起后推拉杆,飞机姿态变化较大,二次接地时有抽杆动作;③飞机跳起后油门收至慢车,减速板伸出,导致二次接地偏重。

4）其他因素

①人为：机组资源管理不到位、视觉误差、坐姿不正确、疲劳导致反应能力下降等；②机械：配平误差、机械故障、性能不足等；③环境因素恶劣：气温气压、风向风速变化大、低能见度、气流影响、短窄跑道、灯光与照明、机场地形等。

9.5.2 重着陆风险防控策略

可以从以下几个方面来避免重着陆。

1）飞行操纵方面

①加强稳定进近意识,保持跑道入口飞机状态稳定；②低高度尤其是拉杆开始以后,严禁稳杆；③把握好拉杆开始时机及带杆量,避免接地时抽杆；④接地时油门收光,自动油门着陆机型不要干预自动油门；⑤发生跳着陆时保持好飞机姿态,严禁推拉杆；该复飞时,按标准程序正确实施复飞动作,注意擦机尾风险。

2）管理方面

①充分应用 QAR 数据分析飞行员着陆阶段关键参数特点；②发布风险预警,实施针对性飞行训练；③排查重点人员；④降低飞行疲劳风险。

3）机械方面

①确保机载设备记录的可靠性,提升数据记录的准确性；②提升飞行操纵设备的精准性,如机组操纵飞机未能达到预期效果,导致增大操纵量或粗猛动作,可以通过机务维护操纵设备的精准度加以改进；③通过机务调节起落架减震系统,也可解决个别飞机接地载荷探测值不准确的问题。

9.5.3 重着陆风险案例

2018 年 8 月 28 日,北京首都航空 JD5759 由北京前往澳门的航班在澳门国际机场降落时,飞机在 200ft 以下遭遇了严重的低空风切变。由于澳门机场没有低空风切变探测设备,导致飞机着陆时下降率高于常规水平,其后发生弹跳。随后飞机并没有保持正常的降落姿态并二次接地,前起落架和主起落架同时着地,两次重着陆过载分别达到 2.36g 和 3.41g。导致前起落架损毁、飞机结构变形。第二次接地机组决定复飞,由于抬头过多,飞机离地时擦尾。飞机复飞后,发动机吸入了前起落架的残骸并受损,其中左发受损特别严重。由于发动机吸入异物喷出造成短暂火光,澳门塔台管制员向机组通报"观察到左发有火",但飞机上并没有触发火警信息。由于没有火警信息,机组无法判断具体哪发有火光,机组错误地将右发油门收至慢车位,但实际上左发受损厉害,所以导致飞机动力不足,飞机高度从 1047ft 掉到最低 622ft,并两次触发了失速警告。随后飞行员将右发油门重新推至最大位置(TOGA),飞机恢复爬升。机组接着宣布遇险状态(mayday),飞机前往深圳备降。深圳第一次通场检查起落架及机轮情况。最终飞机安全落地深圳。飞机在跑道上启动应急撤离程序,释放滑梯,机组、旅客全部安全撤离完毕。

第10章

机务维修安全管理

航空器是航空运行的基本物质基础,机务维修安全对于保障航空安全具有重要现实意义。本章首先介绍机务维修安全管理概述,包括机务维修基本概念、机务维修方式、机务组织机构以及机务维修发展渊源;然后分别从人、机、环境以及组织系统角度展开机务维修风险分析;最后,介绍几类典型机务维修安全风险及其防控策略。

10.1 机务维修安全管理概述

10.1.1 机务维修安全管理界定

1. 机务维修概念

机务维修是指对民用航空器(以下简称航空器)或者民用航空器部件(以下简称航空器部件)所进行的任何检测、修理、排故、定期检修、翻修和改装工作。航空器或者航空器部件的制造厂家的保修或者因设计制造原因的索赔修理不属于本规定所称维修的范围。

机务维修中的检测是指不分解航空器部件,而根据适航性资料,通过离位的试验和功能测试来确定航空器部件的可用性。修理是指根据适航性资料,通过各种手段使偏离可用状态的航空器或者航空器部件恢复到可用状态。改装是指根据民航局批准或者认可的适航性资料进行的各类一般性改装,但对于重要改装应当单独说明改装的具体内容。此处所指的改装不包括对改装方案中涉及更改方面内容的批准。翻修是指根据适航性资料,通过航空器或者航空器部件进行分解、清洗、检查、必要的修理或者换件、重新组装和测试来恢复航空器或者航空器部件的使用寿命或者适航性状态。

机务维修活动从工程管理角度分为计划维修和非计划维修,且机务维修活动大部分为计划维修活动。而当实施维修活动时,通常分为内场维修和外场维修。随着时代的发展,维修活动呈现出专业化和立体化特点,这种内外场之分的界限也越来越模糊,甚至出现交叉。总的来说,机务维修活动大概分为两个大的类别,即在飞机上实施维修和不在飞机上实施维修。按照维修深度和等级,维修活动可以分为四类,即航线维护、定期检修、车间大修和特殊维修。维修活动所涉及的工作类别有检测、修理、改装、翻修等。维修活动的对象分为民用航空器和航空器部件。

2. 机务维修方式

现代机务维修思想是以可靠性为中心，建立在综合分析飞机可靠性的基础上，根据不同故障模式和后果，采用不同维修方式和维修制度的维修思想。

常见的机务维修方式包括：

（1）定时维修（hard time，HT）：产品使用到预先规定的时间或在这个时间之前而进行的维修。例如，飞机、发动机和机载设备在经过一段时间的飞行周期后，可能发生磨损、松动、腐蚀等现象，必须进行检查和修理，发现和排除存在的故障和缺陷。比如现在按照飞行小时或者起降次数划分的 A 检、B 检、C 检和 D 检就属于典型定时维修。

（2）视情维修（on condition，OC）：在航空器的使用寿命内，将技术状况作为维修时机控制标准，为发现潜在故障而进行的维修活动。视情维修是立足于故障机理的分析，当维修对象出现"潜在故障"时就进行调整、维修或更换，从而避免"功能故障"的发生。"功能故障"一般是指机械故障，如发电机不发电等；"潜在故障"是指还没有发生的故障，但有迹象表明故障即将发生，也就是我们所说的故障隐患。视情维修依赖设备本身和测试设备的性能，以及检查手段的技术先进。这种维修方式按照具体设备、具体系统、具体的"实际技术"状况决定进行修理或更换，是一种预防性维修方式。

（3）状态监控（condition monitoring，CM）：长期实践证明，不是所有部件发生故障后必然对飞行安全造成威胁。试图通过维修来防止一切故障的发生，实际上是不可能的。因此，对一些不至于带来不利安全性后果的部件，可不采取预防措施，而对其进行有效监控，等到故障发生后能及时发现再处理。比如在日常航班飞行中，将机载仪表记录飞机巡航时的有关参数（如飞行单位时间消耗的燃油量、飞机的巡航飞行速度和消耗单位燃油量飞机飞过的水平距离，它们分别表示发动机、飞机及飞机发动机的综合性能）与原有性能进行比较，可为飞机维修提供可能的故障信息，属于一种预防性维修方式。

3. 机务维修安全管理

机务维修安全管理就是在民用航空器维修活动中有效组织调集资源、防控维修风险、消减损失的综合活动。

机务维修安全管理在安全风险导致航空事故和征候之前，主动缓解风险，通过清晰了解对安全运行所负职责和所能作为，使一个民航维修单位能优化采取措施，解决维修安全风险，更加有效地管理资源，从而实现机务维修安全的最佳效益。机务维修安全管理应通过资源调配，从政策制定、风险管理、安全保证、安全促进等方面，系统化管理民航维修风险，前移民航安全控制关口，消减民航机务维修安全风险和损失。

4. 机务维修组织机构

航空公司的维修安全管理一般主要体现在建立相应的维修系统并落实其适航性责任，一个常见的维修系统中通常包含以下几个部门。

1）生产计划与控制部门

维修单位应当建立一个由各有关生产部门及维修车间共同组成的生产控制部门。

生产控制部门应当符合下列规定。

（1）生产控制系统在实施每项维修工作前应当确认具备维修工作所需要的厂房设施、工具设备、器材、合格的维修人员、适航性资料及技术文件。

（2）生产控制系统安排的维修工作计划应当与本单位维修工时资源相适应，维修工时资源应当根据本单位的人员素质、倒班制度等确定。

（3）当某些维修工作步骤同时进行可能会对施工安全性和维修质量造成不良影响时，生产控制系统应当合理安排工作顺序以避免其发生；当因休息或者交接班等需要中断正在进行的维修工作时，生产控制系统应当控制工作步骤及记录的完整性，以保证维修工作的连续性。

（4）生产控制系统应当对每项具体的维修工作建立维修工时管理制度，记录实际维修工时，并与标准工时进行对比，以控制维修工作的完整性。维修工时管理应当以人/小时为单位。标准工时的确定应当依据工作内容、人员素质、工具设备的状况和工作条件等有关因素。在保证维修工作完整性的前提下，初始标准工时可参考航空器或者航空器部件制造厂家推荐的数据或同类维修单位的经验，并通过统计分析不断调整标准工时。

2）工程技术部门

工程技术部门主要工作包括可靠性方案、维修方案、最低设备清单、工程指令和其他适航性资料的编写和修改；维修工作单/卡的编写；超出持续适航文件范围的修理和改装相关文件；与原设备制造商的联络，技术支援和技术调查等。

3）质量部门

维修单位应当建立一个由责任经理负责的质量系统，维修单位应当建立符合下列规定的质量管理制度：

（1）质量部门应当独立于生产控制系统之外并且由质量经理负责，其主要责任是监督质量管理政策的落实。

（2）质量经理应当直接对责任经理负责，质量部门的人员应当独立行使质量管理职能，在职责上不得与生产控制系统交叉，质量部门人员对维修工作的质量具有否决权。

（3）质量经理认为某种情况直接影响航空器或者航空器部件的适航性时，可以直接向民航局或者民航地区管理局报告。

4）培训部门

培训部门执行维修系统的培训政策，组织实施对维修系统的人员的培训，并建立与保存人员技术档案和培训记录。该部门的主要工作包括制定培训大纲和培训计划、实施培训、建立人员技术档案和保管培训记录等。

5）航材部门

航材部门主要工作包括制订航空计划、订购、送修、入库检验、库房管理、航材接收、发放和调拨、租借用、索赔、工具设备管理等。有些维修单位的航材部门归属生产计划与控制部门。

10.1.2 机务维修安全管理发展

1. 机务维修安全管理在国外的发展

从19世纪末到20世纪初，美国工程师泰勒把工业企业中的传统的经验管理提高了一步，形成了科学管理的理论方法。这时，正值民航机务维修业发展的早期，飞机维修尚处于手工作坊生产的状态，维修基本上属于一门操作技艺。由于飞机简单，可以凭眼看、耳听、手摸等直观判断或通过师傅带徒弟这种传授经验的方法来排除故障，缺乏系统的理论，维修安全管理也只能是经验管理。到了20世纪30年代,由于维修内容的增加,技术复杂程度的提高,维修本身的规模和涉及的范围也日益增加,维修管理开始向科学管理过渡,逐步形成了有关管理的计划、组织、控制等职能,并使之标准化、科学化。

第二次世界大战期间,各国为了保证航空器在战争中的出勤率,采用了多种多样的组织管理体系对飞机维修工作加以安全管理。第二次世界大战后期的维修业,由于缺乏预测技术和定量分析的方法,维修计划只能根据经验的积累,采取以维修工时控制为主的管理方法。第二次世界大战中使用的航空维修体制一直沿袭到20世纪50年代末期。

20世纪60年代初期,民用航空器从设计思想到制造技术都发生了革命性的变化,"二战"时期的维修管理体制受到越来越多的质疑。1960年,美国联邦航空局和美国联合航空公司双方代表组成了一个维修指导小组,对可靠性与拆卸间隔期之间的关系进行研究。可靠性工程、维修性工程、故障物理学和故障诊断技术等新兴学科相继出现,概率统计和管理科学也有了新的发展。

自从20世纪60年代美国民航界首先创立以可靠性为中心的维修理论以来,直到今天,该维修理论仍然是航空器维修活动的指导理论。在这期间,大多数航空发达国家也逐步建立起一整套科学的规章制度和标准规范,包括规定航空公司在维修管理方面的方针、原则、任务、职责以及维修制度等的条例,各种飞机的维修方案、维护规程、修理规范、统计、登记、工艺卡片,以及工时、器材、设备的消耗定额等。同时,为了保证飞机的飞行安全,在维修工作中特别重视飞机维修的质量控制和质量保证体系,从维修人员的资格认证、零部件的使用和库存限制到检验仪器设备的校验,都建立起了严格的管理制度。

2. 机务维修安全管理在我国的发展

20世纪80年代以前,民航机务维修业以苏制飞机为主,维修单位主要以国有企业或军工厂为主。80年代中后期,我国逐步大量引进欧美客机,民航维修市场逐步开放,外资和民营企业开始进入我国民航维修市场,揭开了民航维修进入蓬勃发展阶段的崭新一页,民航维修行业市场规模不断扩大(图10-1),中国民航局开始加快建立对标欧美的飞机维修体系和相应的适航管理体系。这一时期,对于飞机维修的管理理念也在不断与国际接轨。随着新型飞机的引进,中国民航开始实施以可靠性为中心的飞机维修安全管理。各航空公司和飞机维修企业通过组建可靠性管理部门、建立可靠性数据收集处理报警的技术标准和工作流程,逐步建立了以可靠性为中心的飞机维修管理体系。

2006年3月,国际民航组织理事会通过了对附件6《航空器运行》的第30次修订。该次修订增加了国家要求航空运营人实施安全管理体系的要求,并规定从2009年1月1日起,各缔约国应要求其航空运营人实施被局方接受的安全管理体系。中国作为国际民航组织的缔约国,于2009年开始在各航空公司、维修单位、机场推行实施SMS。民航局2009年颁发维修单位安全管理体系咨询通告——《维修单位的安全管理体系》(AC-145-15),要求将安全管理体系的要素融入维修单位的质量管理体系中,通过科学地制定政策、目标,清楚地界定安全责任,鼓励全员参与,实施风险管理、安全保证、安全促进,有效地配备资源,在满足规章的基础上,不断提高运行水平。

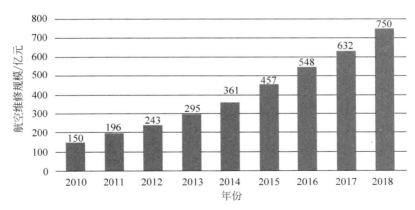

图 10-1　2010—2018 年我国航空维修行业市场规模

10.1.3　机务维修安全风险分析

1. 机务维修风险因素概述

航空器及其部件的维修工作必须在一定的条件下才能进行。航空维修单位安全管理体系的建立和实施，能够全面、系统地识别航空维修组织及运行中的危险源，收集和分析数据，持续地进行安全风险管理，在航空事故和征候发生之前积极主动地控制或者减轻风险，以持续提高航空安全水平。在航空维修运行过程中，识别出风险来源，对于顺利开展风险管理工作有着重要的意义。机务维修风险主要来源于"人-机-环-管"四方面。

2. 人为因素

统计数据表明，世界上民用航空与机务维修有关的事故数量正在增加，与航空器维修有关的事故所占的比例：1959 年占 3.4%，到 1996 年则上升至 6%，增加了近 1 倍。我国运输飞行事故中维修人员所占的比例 1949—1988 年为 7.9%，1989—1998 年为 16.7%，1982—1991 年维修错误造成的空难仅次于因可控飞行撞地（CFIT）造成的飞行事故。在世界上所有航空事故案例中，20%～30% 的空中停车、50% 的航班延误和 50% 的航班取消，均与航空维修人为因素有关。按原因统计 2011—2015 年我国民航征候中机务维修所占比例依次为 0.086%、1%、0.067%、1.2%、2.5%，呈逐年上升的趋势。根据常见维修人为差错的类型统计划分（见表 10-1），在对安装不当的维修差错具体分析中，发现部件安装不对、位置不妥占安装不当类差错的 30%；其次是安装未完成，占 21%；未装所需设备；漏装约占 17%；接近盖板未关闭约占 9%。

表 10-1　维修人为差错类型划分

维修差错类型	所占比例
损坏飞机	33%
安装不当	27%
检查、测试、故障隔离欠妥	14%
工作遗漏	8%

机务维修是保障航空安全的关键，其主要任务是保持飞机安全与可靠的性能。由于飞

机维修技术要求高,劳动强度大,风险性强,因此容易产生维修差错,最终导致事故发生,影响航空安全。许多航空事故和航班延误都由维修人为因素引起,造成了大量经济损失甚至人员伤亡。有关数据表明:15%~20%的维修差错人为因素是由维修人员的知识、技能和能力造成的,剩余的80%~85%是由于工作条件、工作和任务指标、任务和设备特点、心理负荷及生理压力因素引起。

机务维修人为因素常见由以下因素触发。

(1) 身体健康状况,包括感觉的灵敏度、固有疾病或损伤、慢性疼痛、药物治疗和吸毒或酗酒。

(2) 任务饱和、工作负荷、轮班安排、睡眠不足或个人因素导致的疲劳。

(3) 快速节奏、所分配工作量的可用资源、赶航空器登机时间的压力等导致的时间约束。

(4) 同事迫使遵循小组的不安全做法,忽视书面信息等。

(5) 自满情绪(例如由于对重复性工作的过分熟悉,或危险地认为万无一失或过于自信)。

(6) 人的身体尺寸或力量达不到对手臂可及性或力量的要求(例如在有限的空间内)。

(7) 个人事件,例如家庭成员的伤亡、婚姻问题、财务状况的变化。

(8) 在工作场所注意力分散(例如由于动态变化的工作环境的干扰)。

国内某航空公司曾发生过一架客机起飞后因一部多功能控制显示装置(multipurpose control & display unit,MCDU)没有显示而返航,由于飞机航班延误便催促尽快排故,航线维修人员匆忙更换了该 MCDU 后进行地面测试正常,飞机再次起飞。飞到空中后该 MCDU 仍然无显示只得第二次返航,经检查发现该 MCDU 连接的插头有 1 个插钉缩回,故障排除后系统工作正常,飞机继续执行航班。一般外场电子、电气系统排故应首先检查出现故障的设备与插头的连接及插钉状态,如果都正常再考虑更换设备。但因当时航班延误的压力大,排故任务紧迫而匆忙换件,面对故障失去平时正常分析的能力,造成因同一故障两次返航的结果。

3. 航空器及维修设备因素

航空器与其他运输设备相比,具有结构复杂和性能先进的特点,特别是随着科学技术的进步,这种特点越来越突出。随着航空器及其设备可靠性要求对航空维修安全的要求越来越高,航空器设备失效或损坏、维修不当等问题都会成为航空维修安全潜在的风险。另外,它还包括备件被贴错标签或没有货,从而导致使用替代件。在维修设备/工具方面包括正确完成维修或检查任务所需的所有工具和材料。除日常使用的钳子、扳手或螺丝起子等外,还包括在维修程序中明确的无破坏性测试设备、工作台、试验箱和专用工具。设备/工具影响航空器维修工程师行为能力的促成因素包括:航空器维修工程师使用起来不安全(如防护装置丢失或不稳定),不可靠,已损坏或已磨损,对工作任务不适用等。

如 1994 年 6 月 6 日中国西北航空 TU154 西安发生的空难事件:飞机起飞爬升过程中开始飘摆,机组没能发现故障原因,在处理故障过程中,飞机姿态变化异常,飞行员难以控制,导致飞机飘摆继续加大,终于在左坡度急剧下降的过程中,超过飞机强度极限,飞机空中解体。事故调查直接原因是地面维修人员在更换故障部件时,相互错插插头,导致飞机操纵性异常。而航空器飞机本身设计存在不当,容易发生错插现象,且未有防插错措施也是导致这起空难的重要原因。

4. 环境因素

环境因素主要分为工作环境和社会环境。工作环境对航空从业人员的安全操作影响很大，如工作场所的照明、通风、振动、噪声、温度、湿度以及所处的气象条件等。人的生理状态、心理状态与环境因素密切相关，比如，耳朵对某一频段的声音敏感（20Hz～20kHz），在没有任何保护措施的情况下，即使是短时间暴露在115分贝的声强下，也会对耳朵造成损害。这个强度相当于距离一架正在滑行的飞机几百米远的声强。此外强烈的气味会影响维修人员的正常呼吸，同时也会导致其他问题，例如对眼睛的刺激等。当机务维修工作有时候不得不在受限的空间内完成时（例如油箱内），问题就可能会更加严重。机务维修工作区域较差的环境照明是产生维修差错的一个重要原因，BAC1-11事故的报告指出，在无人值守仓库区域：区域内的环境照明不佳，无法看清货架标签而拿错更换螺栓航材。此外，维修过程中许多环境因素都会使人进入疲劳、厌倦以及紧张状态，或分散人的注意力，提高人的差错率。如过冷过热、噪声过大、湿度过大或过小，都可能引起航空维修人的差错。特别是对航线维护人员来说，他们所处工作环境比较恶劣，露天的工作环境受地理位置、气候的制约较大。据有关统计数据表明，冬季和夏季发生维修差错明显高于春秋两季。社会环境包括上下级关系、同事关系、家庭关系、个人问题的处理。由于种种原因，航空维修人员可能会遇到工作不如愿等问题，产生怨气或焦虑的情绪，这种情绪控制不好往往会被带到工作中，从而降低工作标准，草率行事，直接影响航空维修人员的情绪和工作积极性，给航空维修安全带来隐患。

2004年11月21日8时21分，中国东方航空云南公司CRJ-200机型B-3072号飞机，执行包头飞往上海的MU5210航班任务，在包头机场附近坠毁，造成55人（其中有47名乘客、6名机组人员和2名地面人员）遇难，直接经济损失1.8亿元。事故调查组通过对CRJ-200机型飞机进行气动性能、机翼污染物、机组操作和处置等进行分析，认为本次事故的原因是：飞机起飞过程中，由于机翼污染使机翼失速临界迎角减小。当飞机刚刚离地后，在没有出现警告的情况下飞机失速，飞行员未能从失速状态中改出，直至飞机坠毁。事故调查组认为，飞机在包头机场过夜时存在结霜的天气条件，机翼污染物最大可能是霜，飞机起飞前没有进行除霜（冰）。

5. 组织管理因素

管理因素是指组织里管理日常活动的行政决定和规章，包括制定和使用标准操作程序以及在劳动力与管理之间维持检查和平衡的正式方法，这是管理人员发挥作用的重要途径。管理制度的落后和管理体系的不健全极易导致航空维修差错的产生。企业的组织结构不合理，规章制度不健全；管理松懈，缺乏管理力度和有效的激励约束机制；管理者指挥失误、管理低效或失误；沟通不畅，人际关系紧张等，都有可能使相关人员行为出现差错，从而导致航空事故或征候的发生。保障组织的内部沟通，在管理者和航空器维修工程师之间建立的信任水平，对管理者所定目标的了解和接受，以及工会活动等，所有这些要素都会影响工作质量，因而也会影响航空维修安全。

某航空公司在航空维修地面试车过程中，左发起动过程中，地面观察员听到发动机有异常响声。同时，排气温度（EGT）上升，自动停车。试车人员向值班工程师报告试车起动失败,但是未提及发动机有响声。值班工程师按手册中排故程序的规定,决定更换放气活门。次日,起动发动机时放炮,人工关车。孔探检查压气机3级以后叶片严重损坏,送厂分解检查证实是被1/4in偏心十字螺丝刀头打坏。直接经济损失约1000万元,构成特别重大航空地面事故。经调查,该螺丝刀头的打坏是由于维修人员在做2.5级放气带操纵机构注油后恢复工作时,不慎将偏心螺丝刀头掉入发动机。事后调查主要原因是维修人员没有遵守维修工具清点管理规定导致了这起航空维修严重不安全事件。

10.2　发动机空停风险防控

10.2.1　发动机空停风险概述

发动机空停是指飞机发动机在起飞之后、落地之前在空中运行时停止运转工作。

飞机一旦发生发动机空停意味着飞机失去动力,就会极速下降,如果没有正确处置,很可能造成机毁人亡,后果非常严重。

发动机空中停车(in flight shut-down,IFSD)是发动机在空中突发的失效事件,主要指飞机飞行过程中发动机在空中运行中由于发动机设计缺陷、机械故障、电子系统故障、外来物影响(如常见的鸟击)等引起的发动机的非指令性停车事件。另外的原因是发动机在空中出现某种非正常信息警告、飞行操作失误等因机组关车而停车,这是两种常见的引起发动机空中停车原因,也是直接影响飞行安全的重大隐患。根据美国航空运输协会(ATA)编制的飞机及其各系统可靠性参数表明,发动机空中停车率(IFSDR)是评估民用航空发动机可靠性水平的一个重要参数。导致空中停车原因十分复杂,包括设计制造原因、突发/偶发的机械故障、维修质量中的人为差错、机组操作原因等。从近年数据统计分析来看,设计/制造原因占40%,机械故障占39%,维修质量原因占16%,机组原因占4%,外来物损伤占1%。

以CFM56-7B发动机为例,通过对全球范围内B737NG机队空中停车事件进行统计,通过对CFM56-7B发动机空停案例数据分析(2016—2017年),除不明原因引起的空停案例外,滑油渗漏、HPT叶片断裂和AGB/TGB失效引起的空中停车所占比例较重,分别为11.70%、10.60%和9.57%。其他的故障原因占据的比例也不大相同。发动机空停故障是复杂的、多故障源的多发性故障,故障几乎分布于整个机群,涉及发动机的各个部件、各个系统以及其部附件。故障的原因有滑油系统故障、燃油系统故障,起动机故障,涡轮和压气机损坏,轴承损坏、超温、传感器故障、连接脱开、喘振、指示故障等。还有些人为操作不当和未能查明的故障原因。也有未涉及的故障,如外来物损伤,鸟击引起的风扇叶片断裂。

10.2.2　发动机空停风险防控策略

预防发动机空中停车是一项系统工程,必须运用系统安全理论统一思想认识。即运用系统安全理念,通过维修系统整体效能的提高,发动机空中停车是可以有效预防控制的。

1) 高度关注发动机状态监控

发动机性能趋势监控提供了发动机主要性能参数的变化情况,包括使用小时/循环数、排气温度变化值(DEGT)、排气温度裕度(EGT MARGIN)和振动值等,这项工作开展的好坏直接关系到预防发动机空中停车工作的成败。

(1) 严格审查发动机监控标准。发动机监控工作标准——发动机控制方案,是实施发动机监控的核心和基础。按照该方案核查时,必须严格对每项监控内容与规章要求和实际情况的符合性实施对照审查,尤其对于重点项目要明确提出限制要求。

(2) 对发动机监控情况实施动态跟踪。目前,可采用的方式主要有三种:一是建立持续适航监督月报表制度,维修单位每月上报发动机监控重大事项、计划和非计划换发情况,并定期对整个机队发动机监控状况进行分析。二是对于运输航空维修单位发动机周报中的发动机性能趋势报告、性能监控趋势图、孔探/磁堵检查报告等中涉及的重点问题进行跟踪。三是对监控中发现的突发性和重大问题进行现场核查。通过这些手段使对发动机监控情况做到心中有数。

(3) 及时纠正发现的问题。例如,在一起发动机地面超温事件的调查过程中,发现由于飞机异地过夜运行,发动机数据无法及时发回,造成发动机监控滞后。针对这一问题,立即指定专人负责异地运行飞机发动机数据的下载和回传,当日解决了问题,彻底消除了安全隐患。

2) 督促预防发动机空中停车措施有效落实

适航当局和发动机制造厂家的强制性、建议性和预防性措施一般都是通过 AD/SB/信函发出的。目前,各单位在对强制性的 AD/SB 执行上评估情况较好,而在建议性 SB/信函评估执行上还存在一定的差异性。发动机空中停车防控是一项技术性监察,更是一项维修工程管理系统监察,局方有效监察是有效防控发动机空停的重要手段。

(1) 预防空停监察工作常态化。在监察项目设置上充实了相关检查内容,将预防发动机空中停车的主要监察环节——发动机维修方案和修理时限审查、发动机孔探工作质量等八个方面内容列入监察要求中;增加预防发动机空中停车监察频次,除了在监察大纲中规定的对航空公司维修管理符合性评估和维修单位年度复查工作中全面对预防发动机空中停车各项工作实施监察外,还根据民航需要和维修实际情况实施某一方面的专项监察。

(2) 预防空停监察工作程序化。为了落实各部门监管责任,形成监管合力,提高监管效能,利用民航局 FSOP 系统和东北地区适航维修监管工作平台实施各项程序化监察。一是实现统一编制和录入监察计划,二是实现全过程监控。

(3) 预防空停监察工作标准化。为了加大预防发动机空停的监察力度,提高监察质量,实施重点监察工作单制度,即由具有较丰富发动机控制管理经验的监察员负责对监察工作单进行细化,对发动机管理易发生问题的项目专门设立了检查项,并明确了检查要求,以便作为对适航监察员手册中监察单的补充。

10.2.3 发动机空停风险案例分析

1. 越洋航空 236 号班机事故

越洋航空 236 号班机是越洋航空在加拿大多伦多皮尔逊国际机场和葡萄牙里斯本机场之间的航班。在 2001 年 8 月 24 日,由机长罗伯特·皮谢(Robert Piché)和副机长(Dirk De Jager)驾驶的 236 号班机,于大西洋上空漏尽燃料并失去动力,后来以滑翔方式成功降落在亚速尔群岛。

2001 年 8 月 23 日,越洋航空 236 号班机离开多伦多。当时机上载有 293 位乘客和 13

位机组员,起飞时机上载有 47.9t 燃料及 5.5t 的备用燃料。发生事件的飞机为 1999 年生产的空中客车 A330,机上共有 362 个座位。世界标准时间上午 05:36,在飞行约 4 小时之后,燃料开始泄漏,并引发驾驶舱的警告系统,首先飞机发出油温过低和油压过高警报,然后飞机发出燃料不平衡信息。最初,机长和副驾驶只认为是空中客车惯常出现的计算机错误,飞行员为了处理这状况,试图修正而开启两侧油箱的转换阀,结果令燃料流向泄漏燃料的发动机。于世界标准时间上午 05:41,当发现燃料消耗速度不正常了一段时间后,机组员决定依照正常程序紧急降落于亚速尔群岛拉日什空军基地(Lajes Airport)。世界标准时间上午 06:13,即燃料开始泄漏的 28 分钟之后,飞机右侧的 2 号引擎在燃料用尽后熄火,机长宣告进入紧急状态,并决定使用左侧的 1 号引擎全力飞行,由于使用一个引擎无法停留在正常的飞行高度,飞机因此下降了 9150ft。13 分钟后,当时高度为空层 345,1 号引擎也熄火,使得 236 号班机成为了一架巨型滑翔机。失去引擎动力后,飞机仅能依赖冲压式涡轮机来维持操控飞机系统的最基本运作和数个不可或缺的飞行仪表显示(因 A330 是使用电传式飞行控制系统,在这种紧急情况下,飞行操作只可以用模拟方式不经飞行控制计算机传到控制面上,或多或少会对飞机的控制产生影响;同时刹车系统的力度也和正常情况下相差很大)。此时由机长负责驾驶飞机,副机长监控飞机的下降速率,当时约为 600m/min,因此飞机约在 15~20min 后将迫降于海上。但如强行在海上降落,后果将会像 1996 年 11 月 23 日埃塞俄比亚航空 961 号班机般造成飞机断裂及人员伤亡。因此,机长仍设法找寻拉日什空军基地以便迫降。

世界标准时间上午 06:39,飞行员目视到拉日什空军基地,当时飞机在 13 000ft 的高空,距离机场只有 8n mile,机长在执行一连串的回转、减速、降低高度后,成功地进入 33 跑道的降落航向并放下了起落架,但他们面对的状况是须以空速是 200kn 的速度进行降落,远高于 A330 正常要求的 120~140kn 的降落速度。

世界标准时间上午 06:46,即两个引擎熄火的 20 分钟后,飞机以时速约 370km/h 的速度降落在拉日什空军基地 33 跑道,多辆消防车早已在跑道附近戒备。由于飞机速度很高,只能硬着陆,令起落架 10 条轮胎中的 8 条爆裂,飞机最后在跑道中停下。机上共有 16 名乘客和 2 名机组员受伤,多数为轻伤,2 位乘客为重伤,但无生命危险。

2. 原因分析

调查指出,事故是由于 2 号引擎漏油所造成,而漏油则是由于越洋航空的维修人员的错误安装所致。因此越洋航空须负意外责任,并付给加拿大政府 250 000 加币的罚款。

虽然造成意外发生的原因之一包括了驾驶员的错误动作,但这是在驾驶员训练中所允许的,而且最后飞机顺利降落并仅有少数人员受伤,而机体也只有小部分损伤(事件之后该飞机仍然继续服役),因此驾驶员在回国时仍受到英雄式的欢迎。

事故之后,DGAC(Direction Générale de l'Aviation Civile)和美国联邦航空局发出了新的适航指令,要求所有拥有空中客车 A318-100、空中客车 A319-100、空中客车 A320-200、空中客车 A321-100、空中客车 A321-200、空中客车 A320-111 系列飞机的航空公司更改飞行手册,并要求驾驶员意图平衡两侧油箱油量之前,须确认是否为漏油所致,才可开启两侧油箱的转换阀。

10.3 机身裂纹风险防控

10.3.1 机身裂纹风险概述

机身裂纹是指机身材料在应力或环境(或两者同时)作用下产生的裂隙。裂纹形成的过程称为裂纹形核,已经形成的裂纹不断长大的过程,称为裂纹扩展或裂纹增长。裂纹扩展到一定程度,即造成材料的断裂。

机身裂纹会影响飞机气动性能并影响飞机运行经济性,此外机身裂纹也影响飞机结构安全。

由于疲劳、腐蚀、磨损和其他潜在损伤因素而诱发机身裂纹。根据裂纹产生机理,主要有由于交变载荷诱发的疲劳裂纹、应力和温度联合作用下的蠕变裂纹、应力和化学介质联合作用下的应力腐蚀裂纹等。每一类裂纹的形成过程及机理都不尽相同。裂纹的出现和扩展,使材料的机械性能明显变差。抗裂纹性是材料抵抗裂纹产生及扩展的能力,是材料的重要性能指标之一。

机身裂纹常见情况:一般宽体客机机身蒙皮较厚,易在外蒙皮产生裂纹,而窄体客机蒙皮较薄,容易在内蒙皮的铆钉孔、蒙皮板的结合面等隐蔽部位产生裂纹,典型的裂纹发生在铆钉孔倒角和表面不连续处(螺纹和凹槽等)和磨损面上,根据铆钉孔内外表面的黑色氧化物可以判定磨损疲劳可能是产生裂纹的结果,也可能是增加局部应力和早期裂纹扩展的驱动力。环境也是重要诱发因素,潮湿促进点蚀和晶间腐蚀,在潮湿的环境里裂纹更加容易形成,裂纹扩展速度更快。此外,摩擦疲劳可以在铆钉与蒙皮接触面上发生,也可能在蒙皮板之间的配合面上萌生,危险部位一般在蒙皮和铆钉的接触面上。

10.3.2 机身裂纹风险防控策略

飞机受各种力的影响,产生拉、压、剪、交变等应力。飞机结构传力路线的改变会产生应力集中,这些部位最容易产生裂纹。为减小和防止应力集中的产生,在飞机结构设计和修理中,应该避免构件横截面有剧烈变化,避免主要传力路线中断和桁条弯曲,尽量采用对称结构,避免构件带有偏心等,机身蒙皮圆形开口比方形开口应力集中小。加强机身裂纹定期和日常目视检查,发现机身裂纹后,根据评估结果,依据结构修理手册(structure repair manual,SRM)及时修复。

10.3.3 机身裂纹风险案例分析

1. 阿罗哈航空 243 号班机事故

1988 年 4 月 28 日,飞机(编号 N73711)在当地时间 13:25 从希洛国际机场起飞,前往檀香山。大约在 13:48,飞机爬升至巡航高度 24 000ft(7300m),距离卡富鲁伊东南偏南 23nm(43km)处时,机体前端左边一小块天花板爆裂,机舱瞬间失压,导致由驾驶室后方一直到机翼附近的一大块机舱天花板被撕裂而脱离机体。

当时,副机长马德林·汤普健斯(Madeline Tompkins)的头部被向后扯,她看见机舱和驾驶舱好像已经分离。机长罗伯特·舜施泰莫(Robert Schornsteimer)向后望,原本应该是头等舱的天花板处却看见天空。汤普健斯立即联络卡富鲁伊机场,并要求紧急降落。在瞬间失压当时,机舱服务员主管克拉拉贝尔·兰辛(Clarabelle Lansing)站在飞机第5排座位的位置,正在回收客人的杯子。根据乘客的描述,兰辛被气流扯进机体的破洞,然后再被吸出机舱外。航机的内部虽然设计了网状的可控制范围机身裂纹,目的是在飞机不幸发生破裂时至少能将破裂范围控制住,尽量保持机体的完整性。不过当时飞机的机龄已经不小,再加上机身严重腐蚀,令铆钉的压力增加至不能承受的水平,以至于第一块控制区损毁后造成更大范围的损毁。

2. 原因分析

在事故后,美国国家交通安全运输委员会(NTSB)展开全面调查。最后总结:事故是由裂缝氧化导致金属疲劳引起的(飞机经常在含盐分的空气环境下操作)。最根本的原因在于铝片黏合剂失去效用,而这个问题早在飞机制造时已经出现。当黏合剂失去效用时,水分就能进入机体空隙,继而开始氧化。因为氧化的部分体积比下层的金属大,两片金属片被迫分离,令该处的铆钉承受额外的压力。同时机龄也是此事件的关键因素,当时客机已使用了19年,同时已经做了89 090次的飞行周期(起飞和降落),超过了设计时预计的75 000次飞行周期。该事故发生后,当时所有美国各大航空公司都决定淘汰老旧的客机,以防事件重演。同时规定在特定机龄阶段,飞机必须接受额外的维修检验。根据美国国家交通安全局官方的报告,有一名乘客登机时发觉机身有裂痕,可能构成危险,但并没有告知任何人。裂纹的位置位于登机门附近,此裂纹很可能就是飞机经过89 090次飞行周期所造成的疲劳。

10.4 驾驶舱风挡爆裂风险防控

10.4.1 驾驶舱风挡爆裂风险概述

驾驶舱风挡爆裂指飞机驾驶席位前方用透明材料制成的整流保护构件由于质量原因在受力作用下而发生破裂。

驾驶舱风挡爆裂会改变飞行员驾驶环境(低温、低压、缺氧)而影响飞行驾驶安全。

驾驶舱风挡爆裂发生的原因主要包括:

(1) 外来物(譬如鸟撞、冰雹、雷击等)撞击等。

(2) 窗框及安装紧固件问题。安装风挡玻璃时,可能窗框上紧固螺丝不合格,或不规范操作,例如安装了不同型号的螺丝,或者野蛮装配,用力过猛,使得窗框、螺丝产生初始缺陷,造成隐患。飞机长期飞行,初始缺陷部位疲劳损伤累积,最终突然开裂,导致玻璃松动、破碎。

(3) 玻璃质量问题。即风挡玻璃材质本身不合格或者存在质量缺陷。且风挡玻璃未做更换,在疲劳载荷作用下,玻璃缺陷部位损伤不断累积,最终突然破碎。

(4) 加热系统故障。为了除冰防冰防雾,飞机风挡玻璃中常会加装透明电加热膜。如果加热系统出现故障,有可能出现局部过热或电弧损伤,进而导致风挡玻璃破碎。

10.4.2　驾驶舱风挡爆裂风险防控策略

由于绝大多数驾驶舱前风挡开裂位于无机玻璃外层,驾驶舱前风挡开裂预防和控制的主要对象为外层开裂。此外,有机玻璃中间层是一种安全结构,还具有防鸟击作用。基于驾驶舱前风挡安全性方面考虑,同样必须有效预防和控制有机玻璃中间层在飞行过程中开裂。

无机玻璃外层开裂的主要原因和必要条件,是风挡外层和中间层边缘分层区域过大并积聚水分。因此,有效预防和控制外层开裂主要途径有两个:及时检查发现并更换风挡外层和中间层边缘分层区域超过飞机维护手册允许标准的驾驶舱前风挡;和(或)阻止水分进入驾驶舱前风挡外层和中间层边缘分层区域。

位于迎风面的驾驶舱前风挡密封胶风蚀缺损是水分进入分层区域积聚并导致电加温系统短路的直接原因。大量工程应用实践已经证实:定期检查并修复驾驶舱前风挡金属框与风挡外层贴合面边缘磨损尺寸超出允许标准的填角密封,是预防和控制驾驶舱前风挡外层飞行过程中开裂的有效途径。

驾驶舱前风挡有机玻璃中间层开裂的预防和控制方法,主要是及时检查发现并正确更换外层和中间层边缘分层区域超过飞机维护手册允许标准的风挡。

10.4.3　驾驶舱风挡爆裂风险案例分析

1. 英国航空 5390 号班机事故

英国航空 5390 号班机是英国航空一条由伯明翰前往西班牙马洛卡的定期航班。1990 年 6 月 10 日,飞机在飞行过程中,驾驶室中的一块挡风玻璃突然飞脱,并将机长吸出机外。但凭着副机长的努力,航机安全降落于南安普敦,而且机长亦奇迹般生还。当时飞机已爬升至 17 300ft(5300m)的高度,位置于牛津郡迪考特市(Didcot)上空。突然,驾驶室发出巨响,机身立即在高空失压。当时,位于驾驶室左方,即机长位置的挡风玻璃脱落,机长兰开斯特立即被气流从座位扯出驾驶室外,脚部被缠在控制盘上,这令他的上半身都在机外,只有双腿仍在驾驶室内。驾驶室门亦被无线电等仪器冲破,客舱内包括纸等杂物全都涌进驾驶室中。这时,飞机的高度急剧下降,客舱内一片恐慌。空中服务员柯登(Nigel Ogden)立即上前搂着兰开斯特的脚踝。另一位空服员佩丝(Susan Price)及其他空服员则负责安慰受惊的乘客,并收拾凌乱的机舱。同一时间,兰开斯特在机舱外低温、稀薄的空气及时速 500km 的冲击下,已明显失去意识。副机长艾奇森开始进行紧急着陆程序,开启了暂时失效的自动驾驶系统,并向塔台宣告进入紧急状态。不过,机上向外涌出的气流,令艾奇森听不清楚塔台的回复。而一直搂着兰开斯特双腿的空服员柯登,此时已开始承受着冻伤、冲击及疲劳的压力。艾奇森最后收到塔台给予优先降落许可,于南安普敦机场驾机降落。7 时 55 分,航机安全降落于 02 跑道上,乘客立即撤离,机长兰开斯特立即被送往当地医院。

2. 原因分析

调查员发现,该飞机于出事前 27 小时曾被更换挡风玻璃,而且经维修部通过。在安装在挡风玻璃里的 90 颗螺丝钉中,84 颗的直径为 0.026in(1mm),要比标准的小;其余 6 颗的长度是 0.1in(3mm),则比标准的短。调查员透露,早前被更换了的挡风玻璃已经被安装上了不合规格的螺丝钉,当时的维修部门以"尽量相似"为准则,而没有参考飞机的维修档案。当机舱内外的气压有异,挡风玻璃最终承受不了这股气压而导致爆炸性减压。这次事件也令人关注到飞机挡风玻璃的设计瑕疵,是否应该安装更大的螺丝钉以承受强大的气压。

调查员批评英航位于伯明翰国际机场的维修部门,因为他们没有遵守英航的维修程序,并使用了不合规格的零件。同时,他们发现英航的维修程序也存在缺点:飞机维修完毕后,英航没有一个独立部门负责检验及确认。最后,调查局也谴责了伯明翰国际机场管理层没有认真监督维修部门的工作执行情况。

10.5 起落架故障风险防控

10.5.1 起落架故障风险概述

起落架故障是指飞机下部用于起飞降落或地面(水面)滑行时支撑飞机并用于地面(水面)移动的附件装置出现功能失效。

起落架发生故障会影响飞机起降安全而导致航空不安全事件发生,直接造成经济损失。

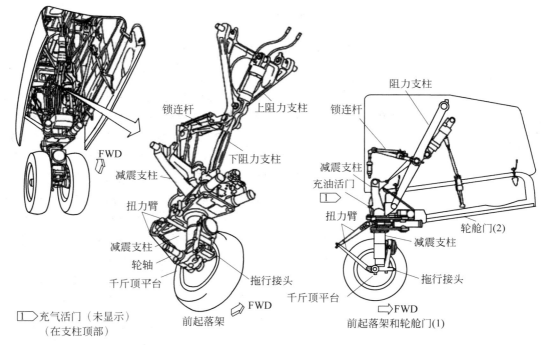

图 10-2　飞机起落架系统

根据飞机起落架的功能特点及工作要求,其基本组成包括减震支柱、防扭臂、收放机构、机轮、主轮刹车装置和前轮转弯机构等(如图 10-2 所示)。起落架故障常见类型及原因主要包括以下几个方面。

(1) 机轮故障。为了缩短着陆滑跑距离,机轮上装有刹车或自动刹车装置。此外还包括承力支柱、减震器(常用承力支柱作为减震器外筒)、收放机构、前轮减摆器和转弯操纵机构等。承力支柱将机轮和减震器连接在机体上,并将着陆和滑行中的撞击载荷传递给机体。前轮减摆器用于消除高速滑行中前轮的摆振。前轮转弯操纵机构可以增加飞机地面转弯的灵活性。对于在雪地和冰上起落的飞机,起落架上的机轮用滑橇代替。

(2) 减震器故障。飞机在着陆接地瞬间或在不平的跑道上高速滑跑时,与地面发生剧烈的撞击,除充气轮胎可起小部分缓冲作用外,大部分撞击能量要靠减震器吸收。现代飞机上应用最广的是油液空气减震器。当减震器受撞击压缩时,空气的作用相当于弹簧,贮存能量。而油液以极高的速度穿过小孔,吸收大量撞击能量,把它们转变为热能,使飞机撞击后很快平稳下来,不致颠簸不止。

(3) 收放系统故障。收放系统一般以液压作为正常收放动力源,以冷气、电力作为备用动力源。一般前起落架向前收入前机身,而某些重型运输机的前起落架是侧向收起的。主起落架收放形式大致可分为沿翼展方向收放和翼弦方向收放两种。收放位置锁用来把起落架锁定在收上和放下位置,以防止起落架在飞行中自动放下和受到撞击时自动收起。对于收放系统,一般都有位置指示和警告系统。

(4) 机轮和刹车系统故障。机轮的主要作用是在地面支持飞机的重量,减少飞机地面运动的阻力,吸收飞机着陆和地面运动时的一部分撞击动能。主起落架上装有刹车装置,可用来缩短飞机着陆的滑跑距离,并使飞机在地面上具有良好的机动性。机轮主要由轮毂和轮胎组成。刹车装置主要有弯块式、胶囊式和圆盘式三种。应用最为广泛的是圆盘式,其主要特点是摩擦面积大,热容量大,容易维护。

(5) 转弯系统故障。操纵飞机在地面转弯有两种方式,一种方式是通过主轮单刹车或调整左右发动机的推力(拉力)使飞机转弯;而另一种方式是通过前轮转弯机构操纵前轮偏转使飞机转弯。轻型飞机一般采用前一种方式;而中型及以上的飞机因转弯困难,大多装有前轮转弯机构。另外,有些重型飞机在转弯操纵时,主轮也会配合前轮偏转,提高飞机的转弯性能。

10.5.2 起落架故障风险防控策略

(1) 应严格按定检要求控制主起落架收放作动筒分解工作,更换全部胶圈,并在组装中加强质量监控,防止因安装不到位引起垫片与筒体错位事件的发生。

(2) 外场维护加强各类作动筒的检查工作,包括活塞杆接合面是否有渗油痕迹等问题,特别加强对活塞杆下侧面和上、下端关节轴承的检查,发现疑似裂纹、磨伤和渗漏现象,应及时上报送修。

(3) 注意检查缓冲支柱镀层的质量,以防因致密性不够而发生泄漏。

(4) 定期对主轮的活动轮缘内表面进行探伤检查,以便及时发现微裂纹。

10.5.3 起落架故障风险案例分析

1. 东方航空 586 紧急迫降事件

1998 年 9 月 10 日下午 7 时 38 分,中国东方航空一架编号 B-2173 的麦道 MD-11 型客机搭载了 137 名乘客及机员,执行 MU586 号班机,从上海虹桥国际机场起飞前往北京首都国际机场,然后飞往洛杉矶国际机场。

当飞机起飞后,机长发觉飞机的前起落架指示灯未能由红色转为熄掉,表示不能收回,于是机长通知虹桥国际机场塔台,塔台同意飞机回航。当证实前起落架不能收回及降下后,机组人员欲在空中将前起落架降下,首先将飞机降下再爬升,之后再以小半径侧滑,但未能将前起落架降下来。随后,机长指示一名机务查看起落架的状况,该名机务缠上绳子后冒险从前起落架舱门口探出身体,并用斧头敲打起落架出现故障的地方,但未见松动。接着,机长用后起落架着陆,但仍然毫无反应,最后只能迫降。

晚上10时10分,机场及飞机均开始进行迫降前的准备,机上的空服员呼吁乘客尽量移往机尾后方,飞机则于上空盘旋以消耗燃油,机场跑道亦喷上防火泡沫,减低起火的机会。晚上11时7分,飞机在前端喷上防火泡沫的跑道上降落,机长首先让后起落架先触地,之后机头在跑道上摩擦,并且沿地面拖出一条火花,当滑行至380m后,飞机终于停下。

2. 原因分析

经过一个多月的调查,查明事故主要原因是由于起落架的销子质量不佳而导致故障,机务维修保障中没有及时发现这一故障导致销子断裂,诱发起落架控制失效。

第11章

空中交通安全管理

空中交通管理是国家交通运输事业的重要组成部分,是保障国家领空安全和航空事业发展的重要基础。随着我国民航的快速发展和飞行流量的持续快速增加,提高空中交通管理系统的保障能力和空中交通管理安全运行水平,已经成为我国空管和民航系统发展的重点工作之一。空管运行水平,特别是空管安全管理水平必须跟上民航发展的步伐,实现民航科学、有序、安全地运行。如何在空管系统中形成闭环上的安全管理,对有效规范空管工作、提高空管运行效率、落实空管"持续安全"的理念起到重要作用。本章从空中交通管理概念、空管安全管理体系建设出发,结合空管运行工作流程,从"人-机-环-管"的角度分析影响空管系统安全的因素,并对如何防控典型空管不安全事件进行探讨。

11.1 空中交通安全管理概述

11.1.1 空中交通管理概述

1. 空中交通管理概念

1) 空中交通管理内涵

一般人都认为"天高任鸟飞",航空在历经上百年的发展后,人类自古向往的辽阔天空中蜿蜒交织着众多的航路航线,每天数以万计的"空中铁鹰"在"空中天路"上按照运行规则穿梭着。而保障多条"空中天路"安全畅通,指引"空中铁鹰"有序起落的,正是空中交通管理系统。

我国"空管"一词是从"航行调度""飞行管制"逐步演变而来的。"航行调度"一词源于苏联,主要在1949—1980年使用。当时全国的航行调度工作由空军统一负责领导组织实施,民航局归空军建制,民用航空为空军的后备力量。1980年,国务院、中央军委决定中国民用航空局不再归空军代管,管制环境发生了质的变化。1986年1月,国务院、中央军委空中交通管制委员会(简称"空管委")成立。《中华人民共和国飞行基本规则》中"航行调度"一词由"飞行管制"替代,国家对境内所有飞行实行统一的飞行管制,国务院、空管委统一领导全国的飞行管制工作,空军负责统一组织实施全国飞行管制,民航的运行管理不再由空军负责。

根据《中华人民共和国飞行基本规则》,中华人民共和国境内的飞行管制,由中国人民解放军空军统一组织实施,各有关飞行管制部门按照各自的职责分工提供空中交通管制服务。

飞行管制的基本任务是：①监督航空器严格按照批准的计划飞行，维护飞行秩序，禁止未经批准的航空器擅自飞行；②禁止未经批准的航空器飞入空中禁区、临时空中禁区或者飞出、飞入国（边）境；③防止航空器与航空器、航空器与地面障碍物相撞；④防止地面对空兵器或者对空装置误射航空器。

对于民用航空而言，空管的全称是空中交通管理（air traffic management，ATM）或空中交通管制（air traffic control，ATC），是指对从事空中交通的民用航空器的飞行活动实施的管理和控制。20 世纪 80 年代，我国民航相继引入了国际民航组织的"空中交通管制"和"空中交通管理"等概念。空中交通管理作为空中交通服务的主体，其主要任务是有效地维护和促进空中交通安全，维护空中交通秩序，保障空中交通顺畅。而空中交通管制员（air traffic controller）则是指"经过专门训练，可使用无线电、雷达或其他手段控制其管辖区域内指定航空器的人员"。

2）空中交通管理外延

根据《民用航空空中交通管理规则》（CCAR-93-R5）相关规定，空中交通管理分为空中交通服务（air traffic service，ATS）、空中交通流量管理（air traffic flow management，ATFM）和空域管理（airspace management，ASM）三个部分，空中交通管理组成结构如图 11-1 所示。

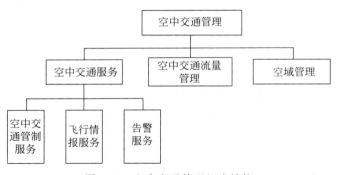

图 11-1　空中交通管理组成结构

空中交通服务包括空中交通管制服务、飞行情报服务和告警服务。空中交通管制服务的提供是为了防止航空器与航空器相撞及在机动区内航空器与障碍物相撞，维护和加快空中交通的有序流动。飞行情报服务的目的是向飞行中的航空器提供有助于安全和有效地实施飞行的建议和情报。告警服务的目的是向有关组织发出需要搜寻援救航空器的通知，并根据需要协助该组织或者协调该项工作的进行。

空中交通流量管理是在空中交通流量接近或者达到空中交通管制可用能力时，适时地进行调整，保证空中交通最佳地流入或者通过相应区域，提高机场、空域可用容量的利用率。

空域管理是依据国家相关政策，逐步改善空域环境，优化空域结构，尽可能满足空域用户使用空域的需求。

由上可以知道，空中交通服务主要是管制员对现有的民航活动提供服务，借助雷达和其他设备手段，灵活地调整飞机的高度、速度和航向，使三维空间内所有的飞机调配分开，提前化解可能潜在的飞机相撞或撞地事故，以保证飞行安全。空中交通流量管理主要任务是保障空中交通的效率,通过限制单位时间内进入某空中交通管制节点的航空器的数量,来维持安全、有效、快捷的空中交通流,让空域的整体容量实现均衡、系统的协同发展。而空域管理则是从顶层设计上考虑,优化空域的结构、优化航路航线结构,尽可能有效利用有限的空域资源,逐步改善空域环境。尽管空中交通管理三部分所属职能有所不同,但三者都是为了保障飞行活动安全、有序、高效运行,因此安全管理工作也应当涵盖空中交通管理的三部分内容。

2. 空中交通管理体制

1) 国外体制

总体而言,空管体制大致可分为三类模式。第一类是政府化模式,即空中交通管理是政府的一项重要职能,空管部门是政府的组成部分,需要通过国家税收维持空中交通管理的运营,这种模式的典型代表是美国;第二类是民营化模式,即空中交通管理只是空管公司向航空运输企业、机场等提供的一项通信、导航和其他信息的服务,并不具有政府管制的色彩,通过"使用者付费"的形式来获得收入,典型代表有英国、德国、澳大利亚等;第三类是混合模式,即把空中交通管理进行划分,凡是涉及航空安全的均由政府负责,而仅涉及空中交通服务的,则交由空管公司实施,如捷克、葡萄牙等。

美国作为国际航空运输业最发达的国家,其空管系统的建设、运行和管理等方面有许多值得借鉴和参考的地方。美国空管体制的改革分为两个阶段。第一阶段是1958年以前,全国分为军航和民航两大系统,分别实行管制,并设立航空协调委员会,负责协调军民航空中交通管理方面的关系。第二阶段是1958年之后,设立了联邦航空局(Federal Aviation Administration,FAA),国会指挥联邦航空局经营和维持空中交通管理系统,制定各种规章和法律,并管理国家空域。美国的空中交通由FAA实施统一管制,平时隶属于运输部,战时划归国防部。FAA负责管理国家空域,但无所有权,作为国家空域资源管理者必须与国防部密切联系与合作。FAA对空域的划分需充分听取军民航各方的意见,并制定使用原则。美国的空管系统和国土防空指挥系统是两个独立的系统,在空域使用上FAA有最高决定权,并从管理机构设置和程序上保证了军事单位对空域使用的要求。

2) 国内体制

就全国而言,中国民航的空管实行"统一管制、分别指挥"的体制。即在国务院、中央军委空中交通管制委员会(简称"空管委")的领导下,由空军负责实施全国的飞行管制,军用飞机由空军和海军航空兵实施指挥,民用飞行和外航飞行由民航实施指挥。中国民航业脱胎于空军,中国民航管理机构均在军方领导之下。1980年3月5日,国务院、中央军委发出《关于民航总局不再由空军代管的通知》,民航系统逐渐从军队独立出来。军民分家后,空管体制改革逐渐完成,我国空管在管理体制上经历了空军领导实施国家飞行管制、国家空管委领导全国飞行管制、空军具体组织实施飞行管制的不同阶段。因此,空管系统单位在我国具有准军事的性质。空管委是中国空域管制最高机构,领导全国的军民航飞行管制工作,负责战略层面军民航协调机制的调控,负责航路航线的开通及调整,负责空中禁区、危险区、限制区的审批等工作。空军负责各类军事训练空域,负责航路航线的开通及调整,日常运行过程中民航航班改航、绕航申请等审批工作。民航局空管局从运行层面上负责提供全国民航空中交通管制和通信导航监视、航行情报、航空气象服务，监控全国民航空管系统运行状况，负责专机、重要飞行活动和民航航空器搜寻救援空管保障工作，组织协调全国航班时刻和空域容量等资源分配执行工作。

就民航内部而言，空管系统现行行业管理实行"分级管理"的体制，即中国民用航空局空中交通管理局（以下简称民航局空管局）、地区空管局、空管分局（站）三级管理，如图11-2所示。民航局空管局领导并管理民航七大地区空管局及其下属的民航各空管单位，驻省会城市（直辖市）民航空管单位简称空中交通管理分局，其余民航空管单位均简称为空中交通管理站。民航各级管制部门按照民航管制区域的划分，对在本区域内飞行的航空器实施管制。民航局空管局是民航局管理全国空中交通服务，包括民航航空通信、导航、监视、航空气象、航行情报的职能机构，下设7个地区管理局，包括华北、东北、西北、华东、中南、西南和新疆管理局，每个地区管理局管辖的地区范围如表11-1所示。

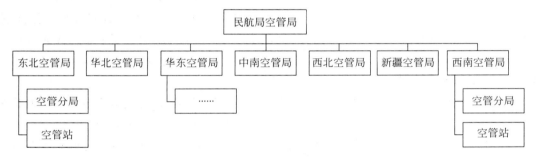

图 11-2　民航局空管局分级管理体制

表 11-1　各地区管理局及管辖范围

地区管理局	管辖范围
华北地区管理局	北京、天津、河北、山西、内蒙古
东北地区管理局	黑龙江、吉林、辽宁
西北地区管理局	陕西、甘肃、青海、宁夏
华东地区管理局	上海、江苏、浙江、福建、安徽、江西、山东
中南地区管理局	广东、河南、湖北、湖南、海南、广西
西南地区管理局	四川、重庆、贵州、云南
新疆管理局	新疆

3. 空中交通管制运行单位

空中交通管制运行单位是提供空中交通管制服务的运行及保障单位，包括机场塔台管制室、进近管制室、区域管制室、飞行报告室、地区空中交通运行管理单位和全国空中交通运行管理单位。空中交通安全管理的实施，同样也离不开空中交通管制运行单位的护航，从而才能在广阔的空域中将航空器从起飞机场，像接力一样通过一个又一个管制运行单位的保障，安全地指挥到目的地落地机场。

1) 机场塔台管制室

机场塔台管制室负责对本塔台管辖范围内航空器的推出、开车、滑行、起飞、着陆和与其有关的机动飞行的空中交通服务。塔台管制系统运行过程如图11-3所示,塔台管制单位应当向其管制范围内的航空器发布情报和管制许可,确保航空器在机场活动区内的安全、有序运动,确保航空器在管辖范围内的空中飞行,确保航空器安全起飞和降落,并防止下列情况的发生。

（1）在机场塔台职责范围内,包括机场起落航线上飞行的航空器之间发生碰撞。

（2）机动区内运行的航空器之间发生碰撞。

（3）着陆、起飞的航空器发生碰撞。

（4）航空器与机动区内运行车辆之间发生碰撞。

（5）机动区内航空器与该区内障碍物之间发生碰撞。

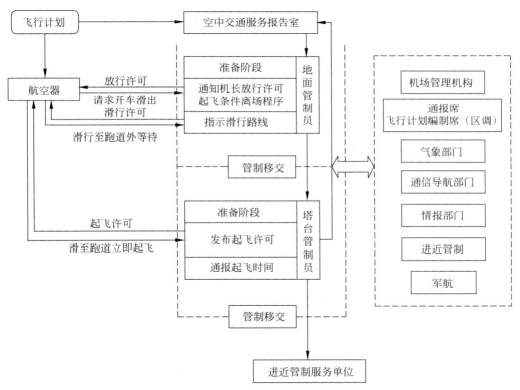

图11-3 塔台管制系统运行过程

2) 进近管制室

进近管制室负责向一个或者数个机场的航空器提供进场着陆和离场起飞等空中交通服务。通过无线电通信和雷达设备向管辖区域内的航空器提供进近管制服务、飞行情报服务和防撞告警,引导起飞航空器飞向计划航路,为进场航空器进行进场排序,对管辖区内所有航空器调配冲突。

进近管制是机场塔台管制和区域管制的中间环节,上接航路管制区,下接机场塔台管制区,进近管制系统运行过程如图11-4所示。由于交接的需要,这几个区域之间可以是部分重

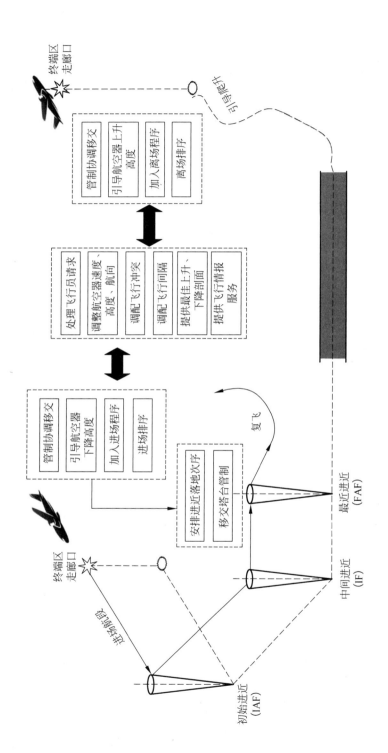

图11-4 进近管制系统运行过程

叠的,空域内航空器上升、下降频繁,而且需要穿越高度层,潜在冲突较多。管制员必须准确引导航空器的飞行高度和航向,预测航空器的上升和下降,还要做好和塔台管制与区域管制的衔接,必要时还要分担他们的部分工作。进近管制运行环境变化迅速、要处理的交通信息量大,相较于其他管制单位系统更为复杂,更易发生空管不安全事件。

3) 区域管制室

区域管制又称为航路管制。区域管制单位负责向本管制区内航空器提供空中交通服务,配备管制间隔,调配飞行冲突,并向有关单位通报飞行申请和飞行动态区域管制系统运行过程如图 11-5 所示。航空器在航线上的飞行由区域管制单位提供空中交通服务,每一个区域管制单位负责一定范围空域内航路、航线网空中交通的管理。根据航空器的飞行计划,批准航空器在其管辖区内的飞行,按照规定的程序调度飞机,保证安全的飞行间隔和顺序,然后把航空器移交到相邻空域,或把到达目的地的飞机移交给进近管制。在繁忙的空域,区域管制单位会将空域分成几个扇区,每个扇区负责特定部分空域或特定航路上的管制工作。

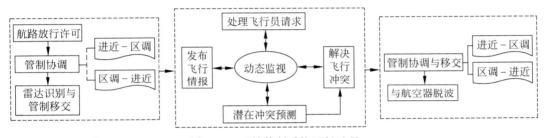

图 11-5 区域管制系统运行过程

4) 飞行报告室

飞行报告室又称空中交通服务报告室,是为受理有关空中交通服务的报告和离场前提交的飞行计划而设置的单位,负责处理、通报飞行计划,维护飞行计划数据,负责航班动态信息的维护和发布,拍发及处理起飞、落地、延误等相关动态报文,与飞行保障单位协调航班返航、备降等保障事宜,以及与其他单位的总体协调。除以上职能外,各个机场根据其规模、组织结构等情况,又赋予了报告室其他更多的工作职能,如航空公司外站服务代理、延伸服务、信息通报等工作。

5) 全国及地区空中交通运行管理单位

全国和地区空中交通运行管理单位负责统一协调各自范围内民航空中交通管制工作,监控各自范围内民航空中交通管理系统的日常运行情况,协调处理特殊情况下的飞行,承担民航局搜寻援救协调中心职责。

11.1.2 空中交通安全管理概述

空中交通安全管理是指民航空管运行单位实施安全管理体系(SMS),利用人员、设备、空域等资源引导并监视航空器的实时活动,运用系统的方法保证航空器安全、高效运行,通过科学地制定政策、目标,清楚地界定安全责任,实施风险管理、开展安全信息收集分析和安全培训教育,有效地配置资源,在满足规章的基础上,不断提高空管运行安全水平。空中交通安全管理在国家的经济和社会生活中具有重要的地位和作用,经过几十年的发展建设,空中交通管理的综合保障能力得到了大幅提高。但是我们仍应看到,随着航空运输业的迅猛发展,空管安全与运行效率面临着更加严峻的挑战,有效的空中交通安全管理对于保障民航系统安全运营具有重要作用。

1. 空中交通安全管理发展

1) 国外发展情况

近年来,国际民航组织(ICAO)、欧控组织(EUROCONTROL)、欧洲航空安全局(EASA)、美国联邦航空管理局(FAA)等国际组织及民航发达国家越来越重视空管运行安全的管理,对空管运行的安全评估标准不断细化。2001年,国际民航组织在附件11《空中交通服务》中建议各国在空中交通服务单位中建立安全管理体系(SMS),要求"国家必须制定安全方案,以便提供空中交通服务ATS时达到可以接受的安全水平""作为其安全方案的一部分,国家必须要求空中交通服务提供者执行国家接受的安全管理体系"。

2003年,FAA和EUROCONTROL共同确定了FAA/EUROCONTRO研发委员会安全行动计划中概述的协调安全研发、了解系统安全以及评估与改善安全的作用、职责、任务和产出。EUROCONTROL发布了安全评估方法(safety assessment methodology,SAM),采用从功能危险性评估(functional hazard assessment,FHA)到初步系统安全性评估(preliminary system safety assessment,PSSA)再到系统安全性评估(system safety assessment,SSA)的空管安全评估体系,强调系统安全评估应与系统生命周期结合,安全评估贯穿于系统概念设计到消亡的整个生命周期,保证系统始终满足安全目标的要求。此后,各国研究者在此基础上纷纷提出适用于民航空管系统的安全评估体系和实践方法。

2006年,国际民航组织正式颁布了第一版《ICAO SMM安全管理手册》(DOC 9859 AN/460),对附件11《空中交通服务》进行了修订,要求各缔约国在民航空管运行单位建立和实施符合民航局要求的SMS。2008年,国际民航组织再次对附件11进行了修订,对各缔约国民航空管运行单位建立和实施SMS提出了详细的框架要求。

2) 国内发展情况

我国作为国际民航组织的一类理事国,在各级民航空管运行单位实施SMS是我们的责任和义务,也是全面提升我国民航空管安全水平的需要。1999年,民航总局空中交通管理局成立了安全监察处,加强了对安全风险的分析控制工作,规范了安全信息的收集和管理。于同年成立了独立的安全管理部门,开始负责系统的安全管理与研究工作,逐步构成SMS雏形。

2006年,中国民用航空局设立了安全专项资金项目"空管安全管理体系建设",具体开始了我国民航空管安全管理体系的建设和研究。2007年发布《中国民用航空安全管理体系建设总体实施方案》,明确SMS的基本要素,提出了SMS认可的要求。

2007—2009年,民航局空管办先后编写下发了《民航空管安全管理体系指导手册》(第一版)、《民航空中交通管理安全管理体系(SMS)建设要求》《民航空管安全管理体系建设指导手册》(第二版)等SMS建设指导材料和规范,对空管运行单位如何建立SMS给予了指导。

2010年,民航局下发了《民用航空空中交通管理运行单位安全管理规则》(CCAR-83),规范对民航空管运行单位的安全监督和管理,降低空中交通安全风险,提高空中交通运行安全水平,保障飞行安全。随后在此基础上又推出了《民航空中交通管理安全评估管理办法》。

2011年，根据民航局推进空管SMS建设进度的要求，以及空管运行单位在SMS建设过程中遇到的热点、难点问题，对《民航空管安全管理体系建设指导手册》(第二版)进行了修订并下发了《民航空管安全管理体系建设指导手册》(第三版)。

2014年，为一步加强民航空管安全信息的管理工作，规范空管安全信息的报送程序，及时分析和把控空管运行风险，民航局制定并下发《民航空管安全信息报送规定》，详细规定了空管不正常事件报告程序和运行情况定期通报程序，为民航空管行业管理部门及时分析运行风险，实施安全管理提供决策依据。在2016年发布的《空管单位安全绩效管理应用指导材料》中进一步落实ICAO安全绩效管理的要求，在研究绩效管理基本理论和国际民航绩效管理方法的基础上，提出空管单位安全绩效管理工作具体的实施流程和方法。

2. 空中交通安全管理趋势

近年来，伴随我国经济持续增长和全球化趋势的深入，我国民航业进入快速发展期，并且在相当长一段时间内呈现持续增长的趋势。在此基础上，我国民航的空中交通安全管理水平应与航空需求同步协调发展。

为控制风险并提高现有的安全水平，经过近十几年的不懈努力，全国各空管单位均建立了安全管理体系，空管已经成为了公众心目中具有可靠性高特点的民航行业组织。我国空管在2007—2019年这13年中，没有发生过责任原因的事故。空管原因的征候件数在行业内征候件数的占比也保持在一个较低的水平，这得益于良好的空中交通安全管理体系的建设，如表11-2所示。

表11-2 2007—2019年民航征候件数（按原因统计）

年度	机组	机械	机务	空管	地面保障	天气意外	其他	合计	空管占比/%
2007	22	19	5	2	11	54	3	116	1.724
2008	23	22	2	1	6	58	8	120	0.833
2009	20	25	0	0	6	90	15	156	0.000
2010	19	17	2	2	9	131	30	210	0.952
2011	16	11	0	1	13	141	35	217	0.461
2012	18	26	0	2	18	192	18	274	0.730
2013	16	16	1	1	13	210	24	282	0.355
2014	19	22	3	2	25	242	11	324	0.617
2015	21	25	8	1	17	297	13	382	0.262
2016	23	46	4	5	25	418	16	573	0.931
2017	27	30	2	3	21	495	25	603	0.498
2018	26	29	3	2	42	470	30	602	0.332
2019	27	27	3	2	33	454	34	580	0.345

《中国民用航空发展第十三个五年规划》提出了运输总周转量达到1420亿 t·km，旅客运输量7.2亿人次，货邮运输量850万 t，运输机场数量达到260个左右，通用机场达到500个以上，空管保障能力稳步提高，服务品质明显改善，全面提升运行质量，航班正常率力争达到80%等目标。纵观空管保障架次数据，2004年我国空管全年保障架次为711万，到2018年我国空管全年保障架次统计数据已达到了3956万，不仅对空中交通服务的安全保障水平和管理能力提出了前所未有的挑战，也对空中交通安全管理提出了更高的要求。聚

焦新矛盾，空管的保障能力和运行效率还不能满足民航业快速发展的增量需求，发展质量和服务品质还不能满足人民群众航空出行的美好需要。在新的目标要求以及我国民航快速发展的情况下，现有的安全管理措施对于进一步提高空管安全水平安全改进的潜力已经变得有限，无法为持续改进并提高空管安全提供保证。

从空管安全管理的组织层面上看，其规划、统筹、领导、管控能力对空管扩容增量、提质增效的需求还不相适应，保障能力还不能适应大通道、大终端、大流量、多跑道、高密度的运行需求，运行效率与行业快速发展需求和公众出行需要之间还存在一定差距；空管系统发展协同度不够，不同地区、不同专业、不同层级之间发展不平衡不充分。在当前及未来空管安全管理过程中，需要更大范围、更广领域将空管的安全能力和发展能力融入中华民族伟大复兴的历史进程和民航强国建设的时代征程，根据中国的空中交通安全管理实际需要，建立和健全结构层次清晰、职责明确、密切合作的空管安全管理组织体系，进一步强化空管系统各级安全管理工作，形成一个包括行业管理、行业监管在内的较为完善的安全管理实施主体。特别是在系统组织层面要规范空管发展的方针、原则、组织领导、管理机制、配套保障等方面的制度，高质量发展空管系统一体化管理，在民航局空管局、地区空管局和空管分局（站）三级组织之间消除资源壁垒，促进全系统的人才、信息、设施、技术、管理等全要素的共享、交流、融合和无缝对接，增强对空管安全的整体支撑能力。

在管制队伍建设上，由于空管运行保障和安全保障能力需求的不断加强，随着北京、上海、广州三大区域管制中心的建成并投入运行，西安、成都等区管中心的建设，以及各管制单位扇区增加和管制岗位细化，管制保障任务快速增长，管制人员增长速度落后于空管事业的发展，管制员紧缺问题一直未得到根本缓解，管制从业人员的地区性及年龄结构失衡问题突出。有的地区年轻管制人员比例过大，由于业务素质、经验水平参差不齐、职业倦怠，由此产生的"错、忘、漏"、疲劳工作等问题不断发生，这在一定程度上增加了空管运行安全风险。管制员的数量及质量问题，一直是空管运行系统的主要安全风险。为此，近几年要把管制人员队伍建设问题列入重中之重予以解决。一是要科学规划管制员数量，加大管制员引进力度和培养力度，加强与院校合作整合资源，促进管制学员数量与质量同步提升，并做好现有管制人才的合理使用，充实一线管制指挥和运行监督力量。二是加强管制员选拔和招聘机制，完善管制人员综合测评系统的开发，创新培训机制，针对一线运行需求，加强特情、"错忘漏"、英语、班组资源管理及新技术等培训，实现管制员培养的科学化，加强人才队伍建设领域的统筹，完善高质量发展的人才培养使用体系。

空中交通管理是一个技术密集型系统，其高质量、高效率的运行依赖众多高新技术的应用。当前我国新技术应用支撑不够，空管设施、设备和系统等关键领域的国产化、自动化、智能化水平还不高，与工业企业、科研院所在产学研用等方面融合还不够，技术创新还不能满足空管运行的现实需求。为适应空管安全管理的新要求，我国迫切需要引入先进的运行及安全管理工具，为管制运行和安全管理部门提供辅助决策工具，合理调配资源，降低安全风险，确保空管的持续安全，切实提高空管运行管理水平和安全管理水平。我国空管围绕建设新一代民航运输系统，加快新技术在我国的应用，以新技术来增强空管安全管理的整体技术水平和保障能力，先后研发了"管制运行管理系统""管制运行风险管理系统""空管安全信息管理系统""可视化飞行动态管理系统"等一系列管制运行和安全管理工具。这些系统和工具根据我国民航空管的运行特点，面向各级管制单位的实际需求，实时采集空管各个运行部门的实际运行数据,综合运用多雷达数据处理技术、GIS 技术、飞行数据处理技术、冲突探测处理技术、空域管理技术、流量管理技术,实现管制员岗前准备、管制员工作负荷统计、班组资源优化、电子交接班、重要信息实时提醒、安全风险评估等功能,为管制运行全过程(运行前、运行中、运行后)提供各种辅助工具,弥补"人脑"的不足,减少运行中"错、漏、忘"的发生。通过上述技术对空管运行状态进行定量的评估分析,实现基于运行数据的空管服务实时风险评估分析、空管安全信息管理、安全趋势分析、管制应急预案管理等功能,为管理层、操作层的决策和操作提供辅助支持,有效防范安全风险,确保空管安全管理部门及时有效地掌握各种安全信息。空管新技术是各个空中交通安全管理部门、空中交通安全管理层次、空中交通安全管理环节相互沟通联络、协调行动的桥梁和纽带,对安全管理工作起到有力的科技支撑作用。

11.1.3 空中交通管理风险分析

空管安全管理体系的建立和实施,是为了全面、系统地识别空管组织及运行中的危险源,收集和分析数据,持续地进行安全风险管理,在航空事故和征候发生之前积极主动地控制或者减轻风险,以持续提高航空安全水平。从风险的概念和空管性质的角度,我们可以把空管的风险归纳为:在空管运行系统为特定空域的航空器提供安全保障、管制服务的过程中,由于外部因素和系统内部原因,给运行中的航空器造成危险的后果或结果的可能性和严重性。

我国日益增长的空中交通流量以及有限的空域给管制运行带来的压力越来越大,管制系统运行过程中一个微小的失误就可能会带来致命的后果。特别是,管制过程相关风险具有变化快、影响因素多、事故后果严重以及舆论关注度高等特点。航空器飞行过程中,一旦出现与管制有关的事故或征候,都会给飞行安全运行造成很大的影响。

因此,在以安全为核心任务的管制运行中,风险管理模块是空管 SMS 的一大特色,空管运行单位应结合实际运行持续进行风险管理,重点关注以下风险。

(1) 小于最小飞行间隔。
(2) 低于最低安全高度。
(3) 空管雷达出现低高度告警或飞行冲突告警。
(4) 非法侵入跑道。
(5) 陆空通信失效。
(6) 无线电干扰。
(7) 影响空管运行安全的设备故障。

总结以前的事故资料,不难发现管制系统的风险主要来源于"人-机-环-管"四大方面。

1. 人为因素

人们通过对历史上空管不安全事件的总结而发现,历次事故都或多或少地涉及人为因素。所以,由人为因素直接或间接导致的事故占很大比例,人为因素也就成为了风险管理研究的首要目标。虽然现代空管的自动化程度越来越高,但是管制员作为管制系统的主体,仍然占有很重要的地位。管制程序、标准的制定,到整个管制指挥实施的全过程都高度依赖管制员,管制员的一个错误操作、一个错误的飞行情报、一个错误指令都可能带来意想不到的严重后果。例如,2002年中国国际航空CA129航班在韩国釜山发生空难,导致155名乘客及11名机组人员遇难的事故中,事故发生的原因除了有机组操作失误、天气恶劣,由于当班见习塔台管制员个人专业知识储备不够(B747在接近起飞点时比其他航空器爬升更快更陡),指挥飞机下降到错误的高度,也是导致此次事故发生的重要因素。

(1)管制员在工作中需由视觉、听觉两个方式从雷达、话音等设备获取所辖范围内航空器信息,在嘈杂环境中区别不同语言,转化为可用的三维甚至四维空间信息,以综合推断航空器动态、提前探测化解冲突。但由于人的生理局限性,可能会产生认知错误或与记忆相关的慢性疲劳,导致管制员判断错误。

(2)管制员必须有过硬的心理素质,记忆力下降、警惕性放松、注意力分配不当、来自管理人员的操作压力、受到家庭或外部压力影响产生不能胜任岗位的心情、疾病引起的压力、交通量陡增、相似航班号过多带来的压力等,将影响管制员工作的心理状态,导致管制情景意识缺失,发生"错、忘、漏"差错,这些都可能给管制工作带来风险。

(3)管制员自身的专业素质欠缺也是导致不安全事件发生的人为因素之一。空中管制是一项专业性很强的工作,如果对航空器性能不熟悉、管制员陆空通话用语不规范、工作程序不规范(如不按规范使用进程单)、冲突预测出现错误、调配时机掌握不好、采取避让措施不当等,都属于管制员个人专业业务能力欠缺。

2. 设备因素

管制系统中出现了越来越多的现代化智能化设备,这些设备在提高管制精度、加快工作效率的同时,也带了很多新的问题。比如设备失效或损坏、无线电受到干扰、设备维修保养不当等问题都会成为管制系统运行过程中的潜在危险。另外,人对设备的依赖性越来越强,一旦在管制过程中的某设备失效,可能导致一系列连锁的事故发生,后果不堪设想。著名的特内里费空难中,机场的跑道中线灯故障,无适当的雷达导航设备,无线电通信系统受干扰以致听不清楚塔台和管制员之间的指令,都是导致事故发生的关于设备的因素。历史上由于空管技术设备落后造成的航班延误和事故在20世纪50年代也频有发生。1954年9月在航空业发达的美国出现了著名的"黑色星期三"事件,由于空管技术设备发展滞后于航班增长量,无法保障正常运行致使大量航班延误。1956年6月,美国环球航空公司2号班机与联合航空公司的718号班机,由于雷达覆盖范围有限,管制员没有监视到空中飞行活动,飞行员在目视飞行规则下没有及时看到对方,因而在大峡谷上空相撞。由上可知,设备因素是风险管理工作中不可忽视的一部分。

(1)空管设备中的雷达系统、通信系统、导航设备、监视设备的配置程度、管理维修程序的好坏及利用率,决定了管制工作中各项设备的可靠性。

(2)在遇到雷电、磁暴等现象时,电台、电话、无线电通信系统受干扰,可能会漏听重要信息或误听关键信息。

(3)设备维修工作不完善,维护不当或出现异常,备用设备不能正常工作,也可能会导致不安全事故发生。

3. 环境因素

空管是一个高度动态的系统,虽然管制服务对象是高速运行中的飞机,但受环境因素影响,意想不到的风险瞬间可发生。例如发动机空中停车、迷航、鸟击、雷击、起火等,如果管制人员处置不当、延误时机，危险瞬间变成灾难。环境因素分为两个方面的内容，一方面是外部环境因素，主要指影响航空器运行的一些重要天气现象和地理条件，如雷暴、风切变、积雨云、大雾等天气现象，高山、高层建筑物等地理条件；另一方面是指内部环境，主要包括管制员的工作环境及休息环境，管制员的工作对环境有较高的要求，良好的工作环境应是安静的、有适宜的温度与光线的工作环境，这样的环境是非常适合进行专注的工作的。

（1）管制员工作场所的光线反射、室温、座椅、湿度、背景噪声等环境因素，会直接或间接影响管制员的正常操作、工作情绪、注意力。如室内光线对荧屏的反射，塔台窗户对内部光线的反射，会造成管制员视觉上在获取交通信息时出现错误。用于陆空通话的耳机，必须具有较强降噪功能，以保证管制员接收和发送无线电信息的准确性。

（2）机场四周环山，有高大建筑物及复杂地理条件，机场区域某一时节多发紊流、雷暴、浓雾等气象条件，机场道面滑行系统复杂，平等跑道或多跑道运行，均会增加管制指挥中的运行风险。

（3）空域条件不佳、航路复杂、飞行间隔小、飞行流量大，空域中军航、摄像飞行、勘测飞行、无人机、降落伞、热气球等航空器活动，或地空武器射击、消雹作业、人工降雨等都对管制运行产生威胁。

（4）飞行员不熟悉空域或航路航线结构、不听管制指挥、指令复诵错误、飞错高度层、偏离航线、甚至隐瞒自己操作的差错，都可能对管制运行产生影响。

4. 管理因素

在管制运行系统中，管理因素通常在制定规章制度和运行规范、班组管理、设备采购、组织培训、建设积极的安全文化、提高一线有效监督质量、管制程序及协议的标准化等方面发挥着重要作用。如某运行室某扇区发生了一起因管制原因导致航空器小于规定间隔的不安全事件，由于管制席位和协调席人员均放单不久，年轻管制员不论是在能力上还是经验上都尚不成熟，带班主任在班组资源管理中没有考虑对年轻人员组成的席位搭配进行重点监控，从而给现场带来了额外的运行风险。风险管理中管理因素的特点是潜在性与延迟性，由管理因素带来的风险一般很难发现，风险源与发生事故的时间间隔也较长。所以，人们一般都忽视了管理因素在风险管理中的重要性。因此，建立健全管制系统的管理体系，对实施空管安全管理有着重要的作用。

11.2 跑道侵入风险防控

11.2.1 跑道侵入风险概述

1. 跑道侵入定义

按照ICAO的规定，跑道侵入是指在机场发生的任何航空器、车辆或人员误入指定用于航空器着陆和起飞的地面保护区的情况。

地面保护区包括机场跑道以及滑行道位于适用的跑道等待位置和实际跑道之间的部分、跑道中线两侧各75m范围内的土面区、ILS敏感区、ILS临界区和跑道端安全区。地面保护区包括跑道、跑道等待位置和道路等待位置与跑道之间的部分，如图11-6所示。有关地面保护区范围的具体参数标准见表11-3。

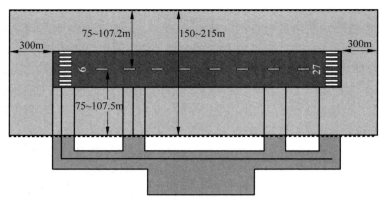

图 11-6 地面保护区的范围

表 11-3 等待坪、跑道等待位置或道路等待位置距跑道中线的最小距离

跑道足迹类型	飞行区指标（最小距离）			
	1	2	3	4
非仪表跑道	30m	40m	75m	75m
非精密进近跑道	40m	40m	75m	75m
Ⅰ类精密进近跑道	60m	60m	90m	90m
Ⅱ、Ⅲ类精密进近跑道	—	—	90m	90m
起飞跑道	30m	40m	75m	75m

跑道侵入包括以下几种常见情况。

（1）航空器或者车辆从正在着陆的航空器的前方穿越。
（2）航空器或者车辆从正在起飞的航空器的前方穿越。
（3）航空器或者车辆穿越跑道等待位置标志。
（4）航空器或者车辆不能确定其所在位置而误入使用跑道。
（5）航空器或者车辆由于无线电通话失误导致未按照空中交通管制指令操作。
（6）航空器从尚未脱离跑道的航空器或者车辆后方通过。

2. 跑道侵入形成机理

跑道侵入属于跑道安全事件。跑道安全是对航空器在跑道或与跑道紧密相连的区域（例如快速滑行道出口、跑道安全缓冲带、跑道 ILS 临界区和敏感区）运行过程中发生碰撞或偏出或冲出跑道等风险的管理。跑道安全事件可以分为偏出或冲出跑道、跑道混淆和跑道侵入三类不安全事件。

跑道安全事故在民用航空事故中占有很大比例。1995—2009 年，民用航空器在全球范围内发生事故总计 1508 起，其中因跑道安全问题造成的事故 457 起，占总量的 29.9%。有研究表明，每增加 20% 的空中交通流量，发生跑道侵入的风险有可能增加 140%。根据 ICAO 2008—2016 年事故和征候报告（accident/incident/report，ADREP）数据统计（图 11-7），尽管跑道侵入事故数很低，但跑道侵入征候数一直居高不下。IATA 的安全趋势评价、分析和数据交换系统（safety trend evaluation，analysis data exchange system，STEADES）数据库对系统中收到的跑道侵入事件进行数据分析,数据显示2012—2016年STEADES系统共收到1971例跑道侵入事件的报告,平均每天都会发生一起跑道侵入事件,如图11-8所示。

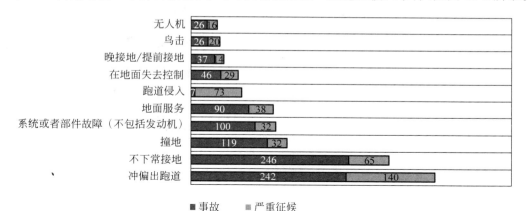

图11-7　2008—2016年跑道安全事故与严重征候数据统计(ICAO ADREP)

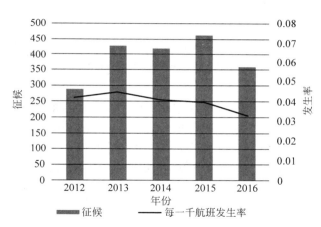

图11-8　2012—2016年跑道侵入征候年统计数据(IATA STEADES)

根据我国民航局历年发布的《中国民航安全信息统计分析报告》,得到我国2010—2019年跑道侵入征候统计,如图11-9所示,共发生15起跑道侵入征候。从数据上看,2016—2018年国内跑道安全形势整体不容乐观,虽未造成严重后果,但跑道侵入严重征候事件引起了社会各界广泛关注。

通过分析跑道侵入的统计数据及其发生原因,可按照SHELL模型,将跑道侵入事件中的空中交通管理影响因素按照人、设备、环境、管理等几个方面来归纳分析。例如管制员未按照规定使用标准无线电通话用语,管制员英语通话能力受限,管制员遗忘航空器、跑道上的车辆或者人员,遗忘已发布的管制许可或者指令,管制员与飞行员或机动区车辆驾驶员之间的无线电通话失误,无线电通话被干扰或者部分被干扰,间隔计算错误或者判断失误,协调移交不充分或不正确,管制员培训不足,通信、监视设备故障,多塔台、多跑道运行,复杂天气等因素都是导致跑道侵入的常见风险因素。

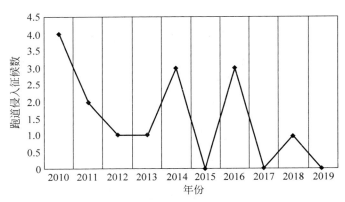

图 11-9　2010—2019 年跑道侵入征候统计

11.2.2　跑道侵入风险防控策略

从空管安全管理的角度考虑，可以从以下几个方向开展跑道侵入防控工作。

（1）从机场设计入手，合理规划塔台、航站楼、跑道、滑行道、联络道的布局。

（2）制订防止跑道侵入工作计划，优化防止跑道侵入工作程序，明确与机场、航空运输企业的职责，建立定期沟通机制，对跑道安全的现状定期进行研究和分析，制定具体的预防和处置措施。

（3）加强管制员业务培训，严格按照规定使用标准无线电通话用语，发布清晰、简洁、明确的管制指令，严格执行无线电通话复诵的有关规定，使用航空器或车辆的完整呼号，制定和使用标准的滑行路线，对跑道运行情况进行持续有效的观察。

（4）运用技术手段，如机场场面探测设备（ASDE-X）等地面监视技术、跑道状态灯，最终进近跑道占在信号（FAROS）等新技术，划设跑滑系统的热点区域，加强安全风险管理，以达到有效防止跑道侵入的目的。

11.2.3　跑道侵入风险案例分析

1. 陆空通话不规范、无线电通话干扰等因素导致的跑道侵入事件

事故经过：以民航史上最惨烈的航空事故为例，1977 年 3 月 27 日，两架 B747（荷兰皇家航空 KLM4805 和泛美航空 PA1736）在西班牙属地 Tenerife 机场跑道上相撞，导致 583 人丧生，61 人生还。经过事故分析，与空管相关的风险有：

（1）管制员：管制员英语技能不足，无法清晰辨别浓重的荷兰口音英语通话。

（2）塔台录音中有足球比赛现场广播，管制员可能在听足球广播，注意力不集中。

（3）管制员陆空通话不规范。

（4）复杂气象条件：当天机场区域被大雾笼罩，能见度差，塔台管制员无法通过目视判断跑道上两架航空器的实际位置。

（5）设备：机场的跑道中央灯故障且无地面雷达设备，管制员不能实时监视地面航空器活动。

（6）无线电通话干扰：当一机组同另一机组以及塔台同时通话时，发生通信中断现象，管制员未能听到机组回复信息。

2. 管制员情景意识缺失、管制员疲劳等因素导致的跑道侵入事件

事故经过：2013年3月19日，一架加拿大基洛纳航空有限公司的B727-200货机，执行从加拿大安大略省汉密尔顿飞往曼尼托巴省温尼伯的KFA-273货运航班，机上载有3名机组人员。飞机被许可从汉密尔顿机场30号跑道起飞，当飞机在跑道上加速滑跑时，塔台指示飞机中断起飞，机组在高速状态下中断起飞。飞机大约在跑道中间位置停止。加拿大运输安全委员会(TSB)报告，在塔台发布起飞许可时有两台除雪车正在从跑道末端驶向跑道入口。当塔台指示飞机终止起飞时飞机滑跑速度已经很快，飞机在10 000ft长的跑道中点附近停下。

2015年1月12日，加拿大TSB公布了此次事件的最终调查报告，与空管相关的风险主要有：

(1) 管制员疲劳。当班管制员后半夜长时间实行空地联合席位，睡眠无法得到保证而疲劳。在事件发生前值班的第一个2小时内，工作量很少，在事件发生前20分钟由于跑道变更以及因天气原因造成了许可更改，有4架航班要离场，管制员必须增加注意力，这导致工作负荷突然增加。过高的工作负荷和过低的工作负荷都可能会导致管制员的工作表现下降。

(2) 管制员情景缺失。在管制员的扩展计算机显示系统上显示的跑道占用标识未被注意到或被忽视，导致跑道上的车辆还没有撤离管制员就向KFA273发布了起飞许可。

(3) 遗忘航空器动态。当KFA273开始起飞滑跑时管制员的注意力正集中在其他任务上，导致在向飞机发布终止起飞指令时飞机已移动了长达22s而没有被发现。

(4) 陆空通话不标准。在发布起飞许可的过程中，管制员注意到了跑道上有车辆，在指示飞机待命时没有使用标准用语取消起飞许可。

11.3　危险接近风险防控

11.3.1　危险接近风险概述

1. 危险接近定义

危险接近是指航空器之间小于规定的飞行安全间隔，为避免航空器相撞或其他不安全情况时，应做出规避动作的情况。其中，飞行安全间隔是指为防止航空器危险接近和空中相撞事故的发生而建立的标准，为保证航空器在起飞着陆和飞行中安全有序的活动，规定了航空器之间在纵向、侧向和垂直的安全间隔距离。

在运输航空严重征候中规定：程序管制区域，航空器垂直间隔和水平间隔同时小于1/5规定间隔；航空器雷达管制区域，垂直间隔和水平间隔同时小于规定间隔，且危险指数大于90(含)的飞行冲突。

在运输航空一般征候中规定：程序管制区域，航空器垂直间隔和水平间隔同时小于1/3但未同时小于1/5规定间隔；雷达管制区域，航空器垂直间隔和水平间隔同时小于规定间隔，且危险指数介于75(含)至90之间。危险指数计算方法参考《民用航空器事故征候》(MH/T2001—2018)，尾流间隔小于1/2规定间隔。

2. 危险接近形成机理

由于同一管制区域内的航空器的航向、速度、高度均不同,因此必须保证航空器之间在纵向、侧向和垂直方向隔开足够的安全距离。这也是空管的基本任务,否则会造成航空器空中危险接近,而空中危险接近往往是两机相撞的前兆,若不加以控制就会发生空难事故。作为空管系统不安全事件的主要组成部分,2010—2019 年,中国民航的空中危险接近事件共有 1153 起,危险接近的征候共发生 12 起,不论是从数量还是趋势上看危险接近呈明显上升趋势,如图 11-10 所示。

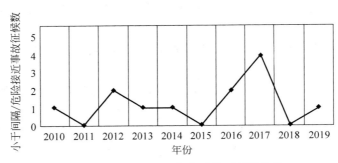

图 11-10　2010—2019 年危险接近征候统计

从空管角度分析,航空器危险接近形成原因如下。

(1) 管制员个人专业能力不够,其管制技能不能胜任当前所指挥扇区的航空器调配工作,当航空器在同一时间、同一扇区达到一定数量的时候,难以掌握每架航空器的飞行动态,不能正确地对航空器发出高度指令和调配,那么就很容易引起空中危险接近。

(2) 管制员在交接班时,或班前准备工作中不认真,或准备不充分,工作中出现特殊情况、突发情况时手忙脚乱,导致指挥失误引发空中危险接近。

(3) 管制员与飞行员陆空通话出现问题。一种情况是机组误听管制指令,并进行错误操作,或机组复诵错误,管制员也未能监听到机组复诵错误,导致飞错航线或指令高度。另一种情况是管制员发布指令不清晰不规范,英语指令不熟练,非标准术语、复杂词汇、复合语法的使用导致机组误解、错飞高度层或错飞行航,都可能偏离管制指令。

(4) 设备设计的局限性。如管制与飞行之间的陆空通话依赖的是甚高频通信,由于甚高频是语音通信,不可避免地会因某些地区信号差、管制员或飞行员通话有口音、英文发音不标准、通话干扰、话筒卡阻等原因,加上同一指挥时间存在相似航班号的情况(南方 6733 航班和南方 6373 航班),容易诱发航空器偏离管制指令,导致飞行冲突或危险接近。又如,管制员依靠雷达获取航空器位置、航向、高度、速度等信息,但雷达数据在雷达和显示之间、数据自身处理过程中存在延误,显示器上航空器的位置与其实时位置存在一定误差,有一定的延迟。其他如雷达头的距离、覆盖范围的限制、SSR 标牌重叠和虚假信号等问题都会影响管制员对航空器间隔趋势的判断。

(5) 管制工作性质也决定了管制员无法对管辖范围内所有航空器同时进行实时连续的监控,在管制员处理新的冲突点时,可能会错过对原本观察对象的关注。管制员认知方面所存在不同程度的延迟,也影响其后续反应与处理措施。系统性延迟在短时间内可能导致安全裕度的丧失,调配工作难度也将进一步加大。当空中交通流量陡增,或连续工作负荷过大时,管制员注意力分配不当,忘记调配、错误调配、错误协调也可能会导致小于飞行间隔的事件发生。

(6) 管制班组资源管理执行不到位,管制席和协调席在各自的分工和职责上划分不明确,发出交叉指令、情景意识缺失或对飞行动态监控不到位等,任何一方程序执行不到位都可能造成小于规定间隔等不安全事件的发生。如某一管制单位管制班组对一个扇区进行监管,人员冗余较小,管制员容易出现疲劳、使用非标准管制指令、出现口误,甚至违规让不具备放单能力的见习管制员代替正式管制员指挥且在交接班等特殊时刻,班组长注意力主要集中于交接工作,正式管制员疏于对见习管制员工作的监控。

(7) 管制单位间的协调移交原因。兄弟管制单位之间、军民管制单位之间的协调不及时或不进行移交,都会引起民用航空器之间或民用航空器与军用航空器之间的危险接近。如区域管制和进近管制之间,进近管制和塔台管制之间,上一管制单位对航空器的移交不及时,下一管制单位就不能从时间和飞行空间上及时调配出一定的区域容纳这架航空器,当这架航空器进入下一管制单位管辖范围时,会引起与其他航空器之间的空中危险接近。

11.3.2　危险接近风险防控策略

规避空中冲突的发生能够保障空中飞行流平稳有序,降低管制员工作负荷,降低通话拥挤程度,减少人为因素犯错。随着中国民航的快速发展,航班的流量增大、密度增高,空域面临着越来越严重的航线拥挤,空中冲突也成为威胁飞行安全的重要因素,特别是危险接近事故的发生带来的后果是严重的、影响是巨大的,例如历史上德国空域内的乌柏林根空难,必须引起我们的高度重视。关于危险接近或小于飞行间隔事件的防控,可以采取加强管制移交程序,对相关从业人员进行英语陆空通话、偏离空管指令等专项培训,提高管制人员管制技能,加强和发挥管制员对机组行为的监控职能,进一步规范陆空通话,加强对机组复诵关键指令及操作的监控,优化班组资源、配置和管理程序,提高团队工作效能,加强监控席和现场带班的监控作用,做好班前准备工作,了解天气、航行通告和飞行计划,进行优化飞行程序和机场硬件设施,检查管制设备运行是否正常等手段,都是防止小于飞行间隔事件的有效方法。

11.3.3　危险接近风险案例分析

1. 管制员与空中防撞系统(TCAS)指令冲突等因素导致的危险接近事件

事件经过:2001 年 1 月 31 日,两架日本航空的航空器在静冈县烧津市骏河湾上空出现空中接近(near miss)的危险情况。当时两架航空器上的空中防撞系统(traffic collision avoidance system,TCAS)的警报响起。TCAS 与管制员发出的避让指令相反,907 号航班机长遵照管制员的指令下降,无视 TCAS 发出要航空器上升的建议。而 958 号航班机长则按照防撞系统指令下降,结果两航机的距离并没有拉开,反而越来越接近。幸运的是,事发当时能见度高,两机机长在目视到有相撞危险时,在最后一刻做出回避动作,避免了相撞。但事故仍造成 907 号航班上 100 人受伤,958 号班机则无人伤亡。调查报告公布之后,日本民航修订了飞行安全规定,若 TCAS 的建议跟管制员的指令有冲突的时候,飞行员须遵从 TCAS 的建议,以避免同样事件再次发生。事件发生后 18 个月,2002 年 7 月 1 日晚上,巴什克利安航空 2937 号班机与 DHL 快递公司 611 号班机在德国乌柏林根上空遇到和两架日本航空航班相同的情况，但这两架航班最终在空中相撞，导致两航班上共 71 人遇难，即乌伯林根空难。

乌伯林根空难之前，欧洲曾发生 4 起类似的危险接近事件，都是由于管制员与 TCAS 指令发生冲突。ICAO 直到乌柏林根事故以后才开始采取行动，各国航空公司被要求当空中防撞系统建议与管制指令有冲突时，飞行员应遵从空中防撞系统建议，以免再度发生同样事故。

中国民航总局于 2001 年 12 月颁布了 30 座以上的飞机必须安装机载防撞系统的硬性规定，接着我国向国际民航组织承诺，2003 年 1 月 1 日之前所有的民用飞机都必须加装空中机载防撞系统，以保证当空管部门因特殊情况不能正常提供飞行间隔服务或管制服务而出现人为工作差错时，应按照 TCAS 建议操作，从而有效降低航空器相撞的可能性。

2. 班组资源管理等因素导致的危险接近事件

事件经过：2013 年 5 月 22 日，瑞士航空一架 A330-343 执行从瑞士苏黎世飞往美国新泽西州纽瓦克机场的航班。飞机按照标准离场航路从苏黎世机场 16 号跑道起飞爬升至 5000ft 高度时，与苏黎世离场管制取得了联系。另有一架瑞士 RJ-100 型飞机执行从瑞士苏黎世飞往德国纽伦堡航班，按照 DEGES2W 离场航路从苏黎世机场 28 号跑道起飞，在飞机爬升至 5000ft 高度时，同样与苏黎世离场管制取得了联系。RJ-100 飞机在爬升通过 5000ft 高度并向东转弯以后，与 A330 相向飞行，其爬升率相对于这架 A330 较高并且爬升通过 A330 所处的高度。雷达数据显示，两架飞机到达相同高度时的纵向距离为 6.6nm。但 30s 之后触发了 TCAS 告警，此时两架飞机的距离从垂直间隔 525ft、水平间隔 1.5nm 减少到垂直间隔 350ft，水平间隔 1.8nm。

通过故事分析得知，班组资源管理不当是这起事故的主要原因。班组资源管理包括老带新、人员年龄与资历的合理搭配等。管制员个人能力很重要，但通常一个系统中人是最不稳定的因素。组建配合默契的团队可以分工合作、协调配合、相互提醒、相互弥补，会使班组形成多层次安全防护系统，有效减少人为过错的发生。优化班组资源管理则能够减少事故的发生，大大降低空管不安全事件的发生。

该案例中的管制教员正在带训实习管制员，实习管制员业务能力较差、情景意识能力不强，未能提早发现两架飞机处于冲突，并且管制教员介入过晚。在调查该名实习管制员培训情况时发现，该管制员不仅情况意识有问题，且在空中交通流量增大时无法计划整个管制工作，过度依赖教员的介入。

11.4 陆空通信失效风险防控

11.4.1 陆空通信失效风险概述

1. 陆空通信失效定义

陆空通信是实施空中交通管制的重要手段，它通过地面管制与飞行航空器建立的无线电陆空通信通道对航空器飞行进行实时管制调配，并提供航空情报等服务。通常陆空通信中管制员负责管制许可的发送和监听，飞行员负责管制许可的监听和复诵，通过闭环控制确保管制许可的无差错执行。陆空通话过程中，管制员指令是否正确、飞行员是否准确抄收管制并正确复诵和执行,直接关系到飞行安全。当管制员或飞行员因为各种主客观因素无法在预定的无线电通信频率上建立双向联系时称为陆空通信失效。在民用航空器征候中是指,区域管制范围内陆空通信双向联系中断15min(含)以上,且造成调整其他航空器避让等后果的活动,进近或塔台管制范围内陆空通信双向联系中断3min(含)以上或造成调整其他航空器避让等后果的活动。

2. 陆空通信失效形成机理

正常运行条件下,每一架航空器与地面空中交通管制单位之间应遵守国际民航组织航空规则和所飞国家及地区的规定,建立起有效的陆空双向通信联络。无线电陆空通话也会受到语言因素和语言之外各种因素的影响,从而直接影响到飞行安全。从空管角度分析,陆空通信失效形成原因如下。

(1) 通信设备的非正常使用。如陆空通信设施失效、运行不稳定、话音接收器卡阻、话音传输接收中断、无线电干扰。

(2) 通信设备的非正常操作。话筒的不正确使用会对管制区域产生影响,造成地空通信频率的瘫痪。管制员误操作"压话筒"会导致长时间占用对空指挥频率,其他航空器与管制通信联络不上。管制员过早摘掉耳机、扬声器音量调节不合适、调频频率不正确,导致机组与管制不在一个频道,都会造成管制过程中机组无法正常接收管制员指令。

(3) 管制员业务能力不足。上岗前准备工作不充分,对所管制区域内各航线或机场的通信特点不够了解,对相邻管制移交单位、移交时机及移交协调程序不清楚,不能及时发现不正常情况。如有的机组不了解交接点位置,在飞过交接点但还没有与下一管制单位建立通信联系并继续飞行,如交接点相关的两个管制单位未及时发现并联系飞行员,此时通信失效的概率增大。另外在管制过程中过早通信移交、忘记通信移交、管制员脱岗、管制员未正常监听、管制员对地空通信状态的情景感知弱等都是陆空通信失效的主要原因。

(4) 语言一致性问题。由于语言上的差异,会造成地空甚至空空交流的不畅或误解。当机组成员有外籍飞行员时,管制员对机组发出不标准或不清楚的指令,管制员对英文的复诵指令监听不到位、不能及时证实等情况也会加大通信失效的风险。

陆空通信失效事件将严重影响运行空域的飞行安全,降低空域运行效率。根据《中国民航安全信息统计分析报告》的数据统计,2010—2019年,我国共发生37起通信中断征候,如图11-11所示。

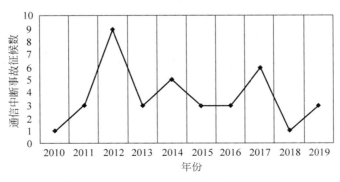

图 11-11 2010—2019 年通信中断征候统计

11.4.2　陆空通信失效风险防控策略

由于陆空通信在管制工作的日常性和频繁性，管制员和飞行员之间的陆空通信差错或失效，包括相互之间的协调不畅、配合不当等都会影响到空中交通的顺畅、有序运行，甚至威胁到空中交通的安全运行。陆空通信失效的预防可以从以下几个方面进行。

（1）整治民航无线电陆空通信电磁环境、消除陆空通信干扰源，建立健全相关通信设备的维护、检查制度，定期检查通信设备，强化通信失效应急处置能力，提高设备可靠性。

（2）充分做好班前准备工作。了解区域内所有航线及机场的通信特点和要求，包括航行通告、机场细则等。当有军航活动、演习、流量控制、新开航路航线、飞行程序调整等情况时，在班前会时对航班的交接工作进行有针对性的讲解及防范。

（3）规范无线电通信设备的使用。如规范摘耳机，规范管制员耳机型号，音量以最小能够守听通话的音量为准。

（4）严格执行管制员双岗制制度，合理安排班组成员搭配。班组排班应了解成员间的性格特点、年龄差异、经验水平差异和健康状况等。从班组成员的搭配上，通过合理沟通、倒班、活跃气氛、互相提醒、设备辅助等方式，减轻人员疲劳，起到相互监督及互补的作用，减少差错的发生。

（5）加强管制员安全责任意识，强化情景意识。良好的情景意识，可以让管制员敏锐感知到通信中的不正常现象，如频道长时间静默、飞过交接点无人应答、感觉到飞行动态与指令不对应，及时与飞行员或相邻管制单位沟通证实。

（6）结合所在单位管制空域特点，认真梳理和细化陆空通信中断应急处置程序，加强管制员对陆空通信失效的特情处置培训。

11.4.3　陆空通信失效风险案例分析

某航班在进近阶段联系塔台时，因管制员在岗位上睡着，多次呼叫无人应答，未能与塔台建立联系，后在进近管制员指挥下复飞。经进近指挥向塔台电话联系后，复飞12分钟后安全落地。

这次陆空通信失效事件，虽未发生重大损失，但却是彻头彻尾的"人祸"。根据事故调查认定，塔台值班人员违反《塔台夜间值班规定》在席位睡着，是本次事件的直接原因。事发当时两名塔台值班管制员于凌晨01：30接班，此时距该航班到场有50分钟空闲，两人没有进行分工而是同时在岗位睡着，没有听到进近的移交电话，导致飞机呼叫塔台时无人应答，无法建立陆空通信。进近管制员安全意识薄弱，在没有完成与塔台管制移交的情况下，指挥飞机联系塔台并继续进近，违反了相关移交规定。

管制员睡岗和安全意识淡薄虽然是此次事件的主要原因，但也反映了其背后的制度漏洞和管理缺位。有章不循是导致空管人员人为差错的关键因素。管制工作不仅专业性强，同时也依赖工作经验，往往凭借经验时会形成思维定式，在管制工作中或班组资源管理中忽略规范，从而引发管制冲突甚至更严重的事故。

第12章

机场安全管理

随着民航运输的发展,民航安全最初聚焦在航空器制造技术、人的因素等方面。20世纪50年代末期,现代化的机场体系逐渐形成,通过不断的实践和航空器事故经验总结,人们的关注点逐渐转移到机场设计和建设上,并从工程技术上解决了机场的安全不利因素。伴随着机场使用频率的提升,机场运行安全管理也逐渐完善改进,现代机场建立起机场安全管理体系(SMS),并且将机场安全管理按机场功能分区细化到具体职能部门。

机场作为航空器的"源"和"汇",其安全生产运行对民航整体安全有重要意义。机场安全管理涉及飞行区管理、目视助航设施管理、机坪运行管理、机场净空和电磁环境管理、鸟击及动物侵入防范、除冰雪管理、不停航施工和航空油料供应安全管理等多方面。新技术、新设备被不断引进机场安全管理,不仅提升了整体工作效率,也大大提升了机场的安全管理水平。

12.1 机场安全管理概述

12.1.1 机场概述

1. 机场定义

国际民航组织在附件14《机场》中对机场进行了定义:"机场是全部或部分供航空器进场、离场和场面活动使用的陆上或水上的一个划定区域(包括所有建筑物、设施和设备)。"

根据用途,可以将机场划分为军用机场、民用机场和军民合用机场三类。

军用机场是供军用飞机起飞、着陆、停放和组织、保障飞行活动的场所,也是航空兵进行作战训练等各项任务的基地。由它构成的机场网,战略地位十分重要。

民用机场是供民用航空器起飞、降落、滑行、停放以及进行其他活动使用的划定区域,包括附属的建筑物、装置和设施。民用机场不包括临时机场和专用机场。

军民合用机场是既可军用又可民用的机场,根据国务院、中央军委《关于军民合用机场使用管理的若干暂行规定》,机场的使用管理原则上由机场产权单位负责,可根据双方需要和实际情况,划分区域,分区管理。场区建设由产权单位统一规划,军民航专用设施应尽量分开修建,自成体系,自行管理。

2. 民用机场定义

《民用机场飞行区技术标准》(MH5001—2013)对民用机场的定义是：在陆地上或水面上划定的区域(包括各种建筑物、装置和设施)，其全部或部分可供飞机起飞、着陆和地面活动使用。依据民航运输活动特点，民用机场被分为运输机场和通用机场。

运输机场是指为从事旅客、货物运输等公共航空运输活动的民用航空器提供起飞、降落等服务的机场。运输机场主要供公共航空运输活动使用，也可以供通用航空活动使用。在《中华人民共和国民用航空法》中指出，"供运输旅客或者货物的民用航空器使用的民用机场，应当按照国务院民用航空主管部门规定的标准，设置必要设施，为旅客和货物托运人、收货人提供良好服务"，这里指的就是民用运输机场。运输机场包括一系列的建筑，主要有跑道、塔台、停机坪、航站楼、停车场、联外交通设施等，大型机场还可能有地勤服务专用场所、场内运输设施、维修区域、储油库等。在每年大量的空中旅行需求下，我国机场数量不断增加，从2010年的175个增加到了2020年的241个。根据《"十四五"民用航空发展规划》，未来我国大部分地区都将进行机场的建设，到2025年，民用运输机场数量要达到270个左右。机场在经济社会中的地位越来越重要，很多地区将机场作为拉动地方经济的重要支柱。

通用机场是指为从事工业、农业、林业、渔业和建筑行业的作业飞行，以及医疗卫生、抢险救灾、气象探测、海洋监测、科学实验、教育训练、文化体育等飞行活动的民用航空器提供起飞、降落等服务的机场。新中国成立初期，我国民航局就成立了专业航空处，专门负责通用航空的管理和发展，通用航空与运输航空飞行小时数不相上下。1986年1月8日，国务院发布了《关于通用航空管理的暂行规定》，正式将专业航空改称为通用航空，与国际上的常用名称取得一致。由于资源短缺和为满足运输航空需求，通用航空的发展被人为压制，在此后的几十年中缓慢前行。2017年，低空空域改革，国家层面出台支持通用航空发展的政策，民航局发布了《通用机场分类管理办法》和《关于进一步简化通用机场飞行程序管理工作的通知》等文件，为通用航空发展创造了适宜的政策环境。截至2018年12月31日，我国取证通用机场数量为202座。

12.1.2 机场安全管理概述

机场安全管理是为了保障航空器的安全运行，机场管理机构依照国家法律法规对所辖机场实施的管理，包括机场建设安全管理和机场运行安全管理。

机场建设安全管理主要是在机场选址、设计和建设过程中对航空器飞行安全的考量。根据历史经验，机场选址、跑道构型和设施质量等均对机场安全运行有重大影响，因此机场建设安全管理主要集中在机场选址、规划设计、建设等阶段。我国对机场使用过程的安全根据《运输机场运行安全管理规定》(CCAR-140-R1)进行规范。本章主要阐述机场在运行过程中涉及的安全管理问题。

依据运输机场区域管理责任，《运输机场运行安全管理规定》中将机场安全管理划分如下。

1. 飞行区管理

飞行区是指机场内用于飞机起飞、着陆和滑行的区域。飞行区包括跑道系统、滑行道系统以及净空区域，有些情况也包括飞机停驻地区，即机坪。跑道系统包括跑道道面、道肩、升降带、防吹坪、跑道端安全地区、净空道和停止道。

飞行区管理是机场保障部门从事的飞行区设施设备维护、飞行区巡视检查、跑道摩擦系数测试及维护等活动。飞行区设施设备维护包括对跑道、滑行道和机坪道面的管理和维护,使其始终处于适用状态。飞行区巡视检查应与塔台协调,遵守检查程序和规则,避免跑道侵入等情况的发生。跑道摩擦系数测试应根据跑道起降架次确定测试频率,在跑道摩擦系数不满足规定要求时,应当立即进行除胶。

2. 目视助航设施管理

目视助航设施是在机场及其附近地区为给驾驶员操纵飞机起飞、着陆和滑行提供目视引导信号而设置的设施,包括风向标、各类道面(含机坪)标志、引导标记牌、助航灯光系统(含机坪照明)。

(1) 风向标是机场用于测量风的来向的设备。

(2) 各类道面(含机坪)标志包括跑道号码、中线、边线、入口等标志和接地地带标志、定距标志、滑行道中线标志、滑行等待位置标志,以及停机坪上各种引导线和障碍物标志。它们是用白色或黄色线条、字码和符号标出的。

(3) 引导标记牌主要是指滑行引导标记牌,其作用在于对航空器在地面滑行提供引导。

(4) 助航灯光系统包括以下几部分。

① 机场灯标。为一具强闪光灯标,用以标志机场位置。

② 近灯光系统。设在跑道中线延长线上,供驾驶员操纵飞机目测着陆时对准跑道方向,判断飞机主跑道入口的距离等。

③ 目视下滑角度指示系统。利用在垂直方向上扩散角非常狭窄、光强和颜色突变的光束的组合来提供信息,以帮助驾驶员检查和修正飞机的下滑角度。

④ 着陆区灯。安装在跑道着陆端的 900m 范围内,标志接地地带。

⑤ 跑道灯光系统。用以标志跑道的入口、中线、边线和末端。

⑥ 滑行道灯光系统。包括滑行道边灯和中线灯。

⑦ 障碍灯。安装在对飞行安全可能构成威胁的人工或天然障碍物上。

目视助航设施管理主要是对风向标、各类道面(含机坪)标志、引导标记牌、助航灯光系统(含机坪照明)的维护,使其始终处于适用状态,满足航空器运行要求。其中,助航灯光系统的维护是该项工作的重点,《民用机场助航灯光系统运行维护规程》(AP-140-CA-2009-1) 中对具体的维护措施和标准进行了详细规定。

3. 机坪运行管理

机坪运行管理包括机坪检查及机位管理、航空器机坪运行管理、机坪车辆及设施设备管理、机坪作业人员管理、机坪环境卫生管理和机坪消防管理六部分内容。

(1) 机场管理机构负责机坪的统一管理,机坪的物理特性、标志线、标记牌等应当持续符合《民用机场飞行区技术标准》及其他有关标准和规范的要求;机场管理机构应当根据实际情况制定机位调配细则,保证航空器安全运行。

(2) 航空器在机坪运行时,航空器的试车、维修、除冰防冰作业、滑出或被推出机位等必须遵守《运输机场运行安全管理规定》及相关要求,以保证航空器在机坪环境运行下的安全性。

（3）因航空器保障作业需要需在机坪运行的车辆及设施设备的必须规范管理、按章操作，包括各类保障车辆、特种设备等。航空器保障作业规程应尽可能详尽，防止其不规范操作和管理对航空器造成损伤。

（4）机坪从事保障作业的人员，均应当接受机场运行安全知识、场内道路交通管理、岗位作业规程等方面的培训，经考试合格后，方可在机坪从事相应的保障工作。

（5）机坪是机场跑道外来物（foreign object debris，FOD）管理的重点区域，因此机坪环境卫生管理是 FOD 管理的重要环节。机坪应当保持清洁，无道面损坏造成的残渣碎屑、机器零件、纸张以及其他影响飞行安全的杂物必须及时进行清除。

（6）机坪消防管理也是机场安全管理重要内容，机场管理机构应按照《民用航空运输机场消防站消防装备配备标准》《民用航空运输机场飞行区消防设施运行标准》和《民用航空器维修地面安全》第 10 部分"机坪防火"的规定为机坪配备相应的消防设施设备。

4．机场净空管理

机场净空是指为保障飞机起降安全而规定的障碍物限制面以上的空间，用以限制机场及其周围地区障碍物的高度。机场净空管理是指为了保证机场净空满足规章符合性要求而开展的相应工作。

5．机场电磁环境管理

机场电磁环境保护区域包括设置在机场总体规划区域内的民用航空无线电台（站）电磁环境保护区和机场飞行区电磁环境保护区域。

民用航空无线电台（站）电磁环境保护区域是指按照国家有关规定、标准或者技术规范划定的地域和空间范围。

机场飞行区电磁环境保护区域是指影响民用航空器运行安全的机场电磁环境区域，即机场管制地带内从地表面向上的空间范围。

6．鸟击及动物侵入防范

机场管理机构应采取综合措施，防止鸟类和其他动物对航空器运行安全生产产生危害，最大限度地避免鸟类和其他动物撞击航空器。

7．除冰雪管理

有降雪或者道面结冰情况的机场，机场管理机构应当成立机场除冰雪专门协调机构，负责对除冰雪工作进行指导和协调。机场管理机构应当结合本机场的实际情况，制定除冰雪预案，并参照过去 5 年的冰雪情况配备除冰雪设备。

8．不停航施工管理

机场管理机构应当制定机场不停航施工管理规定，对不停航施工进行监督管理，最大限度减少不停航施工对机场正常运行的影响，避免危及机场运行安全。

9．航空油料供应安全管理

在机场内从事航空油料供应的单位，应当根据国家、民航局、地方政府有关部门的规定，结合本单位的实际，制定各项安全管理规章制度、操作规程、作业程序、应急预案。

12.1.3 机场风险分析

机场是航空器起飞、降落、滑跑和停放的区域,因此机场的功能是围绕航空器的保障服务搭建起来的。对机场管理机构而言,机场风险管理主要聚焦于直接与飞行相关的区域,如跑道、机坪、目视助航设施等。按照区域划分,以下针对跑道安全、机坪安全、目视助航设施安全和机场环境安全进行机场风险分析。

1. 跑道风险

跑道是航空器起飞和降落的区域,跑道安全是飞行安全的重要环节。机场管理机构应根据相关规定保持跑道的适用性,及时修补跑道破损、保持道面标志清晰、定时清洁跑道等。同时,由于机场是人、车和航空器混合的交通环境,为避免复杂交通引起不安全事件的发生,机场管理机构还应制定相应的运行规则,规范机场内部交通,特别是保障车辆和保障人员的运行管理。

当前,影响跑道安全的主要风险是跑道外来物和跑道侵入。

跑道外来物是散布在机场跑道某些位置,有可能对航空器造成伤害的外来物质,包括金属零件、防水塑料布、碎石块、报纸、瓶子、行李牌等。实验和案例都表明,机场道面上的外来物可以很容易被吸入发动机,导致发动机失效。碎片也会堆积在机械装置中,影响起落架、襟翼等设备的正常运行。跑道上外来物带来的损失包括爆胎、延误成本和混合叶片因吞吸外来物而造成的燃油效率损失等。

跑道侵入是机场的任何航空器、车辆或人员误入指定用于航空器着陆和起飞的跑道保护区的情况。根据航空器运行阶段责任划分,机场管理机构主要负责管理和防范的是车辆或人员的跑道侵入,而航空器跑道侵入的主体责任单位为空管部门。因此本章探讨的跑道侵入特指车辆或者人员的跑道侵入。同时,跑道侵入应与跑道入侵相区分,跑道侵入通常是指由于车辆或人员由于过失误入跑道及其保护区范围的情况;而跑道入侵有蓄意而为的倾向,是主动破坏跑道安全的一种行为。

2. 机坪风险

机坪是航空器滑行和停放的区域,也是地面车辆和人员完成航空器各种保障作业的区域,包括上下乘客、装卸货物、维修检查、加油和清洁作业等。机坪的特点在于航空器密度高、航空器及车辆等交通混合、特种设备集中等,机坪的特点决定了机坪的风险。机坪最严重的风险是机坪剐碰。机坪航空器密度高,航空器与航空器之间易发生剐碰;机坪上各种保障车辆在航空器间穿梭运行,易发生航空器与车辆剐碰;机坪上有大量特种设备,如廊桥、机务维修设备等,易发生航空器与地面设施设备的剐碰。

3. 目视助航设施风险

目视助航设施作为为航空器提供目视引导信号的设施,对于航空器安全起降起到重要的作用。目视助航设施的损坏可能引起航空器误滑或误降跑道或滑行道等,直接影响航班的运行效率和安全。因此,机场应严格按照相关规定定期维护检查目视助航设施,确保其完好性和适用性。其中,《民用机场助航灯光系统运行维护规程》(AP-140-CA-2009-1)是规范机场助航灯光系统运行维护的规范,为保证助航灯光设备的正常运行提供指导。

4. 机场环境风险

机场作为航空器运行的区域，其地面环境和空间环境直接关乎飞行安全。

机场内部及附近区域的生态环境是吸引野生动物的关键，豚鼠等啮齿类动物、野兔野鸡等进入飞行区可能引起跑道侵入或跑道外来物等威胁飞行安全的事件发生；鸟类等在机场范围活动可能导致航空器鸟击事件的发生。

机场范围的净空环境直接决定了机场的可用性，净空环境恶劣的机场会导致航空器运行范围受限，严重的情况直接威胁起降安全。

由于机场生态环境和净空环境不仅仅局限于机场围界内部，当前城市生态与经济发展恰好与机场对于环境的要求有一定冲突，因此不论是机场范围生态环境的治理还是净空环境的管控，都需要机场管理机构与地方政府积极沟通、配合协调，寻找机场环境与地方发展共赢的平衡点。

12.2 机坪剐碰风险防控

12.2.1 机坪剐碰风险概述

1. 机坪剐碰定义

机坪剐碰是指在机场范围内发生的航空器与廊桥、车辆、工作梯、人员等相互剐蹭、轻微碰撞等而造成的航空器受损、机场设施设备受损、人员伤亡等事件。

机坪剐碰主要分为车辆剐碰、廊桥剐碰、航空器剐碰、工作梯剐碰和人员剐碰。车辆剐碰是指在飞行区内运行的服务车辆与航空器剐蹭、碰撞的情况；廊桥剐碰是指航空器与登机廊桥之间剐碰的情况；航空器剐碰是指航空器之间相互剐碰的情况；工作梯剐碰是指航空器与工作梯剐碰导致车辆或航空器损伤的情况；人员剐碰是指飞行区内人员与航空器或飞行区内设备剐碰导致损失和伤亡的情况。

2. 机坪剐碰危害成因分析

1) 机坪剐碰危害趋势

机坪剐碰是机场内相较其他事件而言发生较多的一类机场不安全事件，机坪剐碰的发生通常是由于操作不规范或员工安全意识淡薄造成。另外，由于飞行区内航空器地面运行速度、车辆行驶速度较低，机坪剐碰的严重程度也远低于空中飞行事故。但机坪剐碰仍然不容忽视，一旦发生机坪剐碰而未被发现，航空器升空后就可能酿成大的事故。

根据数据统计，我国2006—2015年共收集航空器地面剐碰不安全事件563起，其中构成征候112起，一般航空地面事故11起。10年间该类事件处于多发状态，而且数量呈上升趋势。在2014年达到最大峰值后，于2015年有所降低；征候自2009年以来也发生较多，于2012年达到峰值后，每年的数量基本处于持平状态。尽管2015年事件总数量出现下降，但达到征候事件的比例并未明显减少(如图12-1所示)，而2016年1~10月，全国范围内发生航空器地面剐碰不安全事件65起，其中13起达到征候等级，事件数量和严重程度有增加的趋势。

不安全事件中，航空器与车辆剐碰占57%，航空器与设备、设施剐碰占40%，航空器与

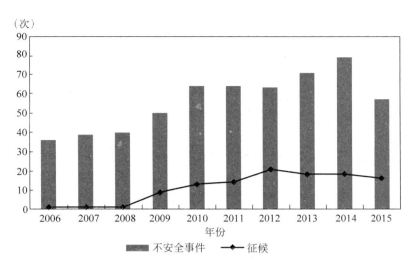

图 12-1　2006—2015 年航空器地面剐碰不安全事件

航空器剐碰占 3%。航空器与地面车辆及设备、设施剐碰占事件总数的 97%。按照剐碰原因统计,地面保障原因占 61.4%,机务原因占 16.3%,其他原因占 12.6%,机组原因占 5.2%,天气意外原因占 3.8%,空管原因占 0.4%,机械原因占 0.2%。除天气、机械和其他外部原因外,基本涵盖了所有运行保障单位。

2007 年 8 月 27 日,南航一架 B777 飞机与东航一架 A320 飞机在北京首都国际机场机坪发生相碰事故,导致东航 A320 飞机垂直尾翼和南航 B777 飞机右大翼严重受损。主要原因是地面机务人员处置不当,未及时停止飞机推出;机组观察不周,未及时停止飞机滑行;此外,管制员监控不力,未能及时通报信息以避免碰撞。

2) 机坪剐碰危害成因

导致地面航空器剐碰事件的原因是多样的,由于其复杂的运行环境,涉及的部门较多,要客观地分析其原因和风险,需要结合运行保障的不同层面,从行业监管、空管运行、机场运行和航空公司运行几个不同的角度,以 SHELL 模型为理论基础,按照"人-机-环-管"四个方面来归纳不安全事件的成因。

(1) 行业监管

航空器地面剐碰多发生在地面服务企业保障航班过程中。从行业安全监管角度看,存在以下危险源:

组织管理方面。地面服务保障单位缺少系统的安全管理体系指导;目前行业内一直缺乏规范统一的业务标准;地面服务的部分规章存在不一致的情况。

设施设备方面。地面服务特种车辆的年度检测标准不统一;各检测机构的机场特种车辆检测标准不统一。

(2) 空管运行

空管单位在航空器地面运行过程中主要负责避免航空器与航空器、航空器与障碍物之间相撞。在防止航空器地面剐碰方面,主要存在以下危险源。

① 人为因素方面。管制员在指挥航空器推出或滑行时,未严格按照机场细则的相关规定或管制工作程序操作,存在导致航空器在地面发生剐碰的风险。

② 设施设备方面。多点定位系统只能给管制员提供航空器的位置信息，不能提供航空器与航空器或航空器与障碍物之间的具体的距离间隔信息，在活动区范围内只能由机组或地面保障人员掌握航空器与障碍物之间的间隔。

③ 环境因素方面。机场跑滑结构设计不合理，多跑道运行机场增加了航空器相互剐碰的风险；机场航站楼外形及高度设计不合理，导致塔台视线受阻，管制员指挥航空器推出存在航空器相互剐碰的风险；机场航站楼指廊外形设计不合理，导致相邻停机位的航空器相互影响，并存在剐碰风险。

④ 组织管理方面。前期对机场特殊区域或特殊机型的运行风险分析不足，没有制定针对性的运行程序，未能对存在风险的运行过程提前进行管控；塔台管制室位置和高度技术论证办法中明确只能对塔台的位置和高度提出意见，对影响运行的候机楼结构和设计却没有明确其权利，无法在前期避免运行风险。

（3）机场运行

机场运行管理部门是主要的地面保障单位，负责机坪内特种车辆和设施设备的运行和人员的管理，是防止航空器地面剐碰的关键部门，面临的风险也最大。其主要危险源如下：

① 人为因素方面。机坪工作人员规章标准意识不强，违规违章作业带来的运行风险；机坪工作人员与机组之间配合、衔接不规范，监护、提示不到位带来的运行风险；机坪工作人员应急事件处置不得当或出现失误造成的运行风险。

② 设施设备方面。特种车辆和设备设计不合理，存在先天缺陷；车辆性能难以达到规章要求。

③ 环境因素方面。停机坪机位数量不足；停机坪服务车道标示标线设计不完善；机坪附属设施设计不合理。

④ 组织管理方面。培训效果不佳，造成规章标准执行不严；保障单位的操作程序存在差异，风险防控较难协同；运行监管机制不完善，出现问题不能及时制止；航空器过站时间短，保障作业时间紧张，存在发生剐碰的安全隐患。

（4）航空公司

① 人为因素方面。运行人员对风险认知存在缺失；飞行人员、机务人员、运控人员对机场的特殊运行要求没有完全掌握；乘务员与地面保障人员在工作程序上未能达成统一规范，容易导致设施设备与航空器的剐碰。

② 设施设备方面。航空公司缺乏对地面保障车辆的有效监控手段，无法主动预警航空器与车辆的冲突。

③ 环境因素方面。机场为了压缩建设成本，减少防地面剐碰的地面设施设备安装；航空公司对于机场新建或改扩建没有发言权，无法对影响地面安全运行的环境因素提出建议和意见，易埋下安全隐患。

④ 组织管理方面。民航规章对于机场设计、运行有具体的要求，但是航空公司对于机场地面的特殊要求不可能完全掌握和理解，为运行安全留下安全隐患；航空公司为了减少人力资源费用，经常采用劳务派遣的用工方式，员工没有归属感，发生问题就辞职的情况经常发生，无法落实相关的安全责任；航空公司与保障单位双方的保障协议中，缺乏双方确认并遵守的飞机地面保障程序。即使保障单位将保障程序提交各航空公司，航空公司未必就类似开舱门等工作流程进行确认。

12.2.2 机坪剐碰风险防控策略

1. 行业监管方面

1) 组织管理

建立针对地面服务保障单位的安全管理体系；建立并完善地面服务行业管理的政策法规；保持地面保障标准规范文件之间的一致性；从规章层面强化机场各运行保障单位在机场前期设计和后期运行方面的话语权和参与度。

2) 设施设备

建立地面保障专用车辆/设备年度检测技术规范。应尽快出台机场各地面保障专用车辆/设备的性能指标的检测标准，避免目前各检测机构提供的检测报告参差不齐的局面，使得地面服务单位对机场地面专用车辆/设备在定期检测性能指标工作中有章可循。

2. 空管运行方面

1) 人为因素

管制员严格按照机场细则对机坪运行的相关规定进行指挥；指挥进出港航空器按照规定的路线滑行；对热点地带（hotspot）附近的航空器加强监控。

2) 设施设备

加快大型机场场面监视雷达或多点定位等辅助场面监视设备的配备，解决机场规模扩大后，管制员不能完全目视活动区内航空器的问题。

3) 环境因素

改进航站楼及指廊的布局及外形设计；多跑道运行的机场，跑滑结构的设计，必须保证有足够的平行滑行道以满足进出港航空器的滑行需要；对于结构复杂的停机位或机坪，采取航空器跟随引导车滑行并设置单向运行路线等手段，避免航空器在滑行过程中与其他航空器或障碍物剐碰。

4) 组织管理

对于特殊机型，规定特殊的滑行路线并在航行资料汇编（aeronautical information publication，AIP）公布；运行过程中，根据机场跑滑结构制定标准滑行路线，对进出港航空器进行隔离或分流，降低发生剐碰的可能性；对于已经实施机坪移交的机场，空管塔台与机坪管制之间建立标准的航空器移交程序，减少航空器在交接过程中发生剐碰的可能性；设计标准推出开车程序并公布；将容易发生滑行冲突或航空器剐碰的位置划定为热点地点并在 AIP 上予以公布。

3. 机场运行方面

1) 人为因素

规范特种车辆和设备操作人员的保障作业，严格按照规程操作；对进入机坪的操作人员，应建立专项体检规范，建立酒精测试抽查制度。

2) 设备因素

加强活动区运行的车辆、无动力设备准入和管理，针对外观、性能、规格尺寸、制动标准、碰撞防护设施等制定统一标准。

3) 环境因素

机场在设计和建设阶段要充分考虑到航空公司、空管和各驻场单位的运行保障需求；

统筹兼顾,合理设置停机坪内各类标志标线并定期检查和维护,确保相关标志线路处于明晰、可靠、适用的状态,避免造成飞行员或特种车司机的误判。

4）组织管理

加强机坪特种车辆和设备作业监管力度；加强特种车辆和设备操作人员的资质管理；加强特种车辆和设备操作人员的复训和考核；机场管理机构协调各保障单位,按照规章制定统一的保障操作流程；加强应急处置预案管理。

4．航空公司方面

1）人为因素

机组要加强飞行准备,熟悉繁忙机场地面运行的特殊要求,在地面滑行中加强对标志的判读,严防地面剐碰飞机情况的发生；机务人员要树立风险意识,制定相应的防范风险措施,筑牢安全防范关口；其他地面人员要严格遵守机场和公司的相关规定,严格落实新员工岗前培训,特别是人员规章意识的培养,规范职业技能鉴定和持证上岗制度。

2）设施设备

实行从设备规划、购置、安装、使用、改造、更新直至报废整个寿命周期的全程管理监控,总体上保证和提高设备的安全可靠性；机场管理机构提供更多的地面警示、引导、自动泊位系统,用科技的手段来减少地面相撞的概率；航空器翼展或外观尺寸发生变化时,及时通报机场管理部门,避免误用与尺寸不符的停机位。

3）环境因素

机场的行车路线、车辆停放区划设时,专业人员应参与意见；车辆和设备要就近、分区停放,保证各类慢速车辆设备能够及时有效地进入机位从事保障作业。

4）组织管理

航空公司主动进行机场地面运行危险源识别,查找问题并制定安全措施,避免人为原因的错误发生；细化航空器机位保障作业流程,降低特种设备故障和设备与航空器剐碰发生的概率；加强直接接触航空器车辆的工作程序的落实。

12.2.3 机坪剐碰风险案例分析

1．航空器与航空器剐碰

2016年某日,C航A319飞机在机场机坪跟随引导车滑入270号机位时,与相邻269号机位正在推出的D航A320飞机发生剐碰,两机翼尖小翼受损超标。该案例反映出的主要问题：引导车司机未能履行公司《关于发布××维修基地复杂区域清单的通知》有关要求,在269号机位飞机正在推出的情况下未停止滑行引导；航空公司没能有效评估控制A320机型翼尖小翼改装带来的衍生风险；航空公司与机场之间关于停机位翼展限制缺乏沟通协调；《机场细则》及相关文件中没有对相邻机位使用限制的有关要求。

2．航空器与车辆剐碰

2014年某日,D航飞机维修部除冰车为公司B737-800飞机执行除/防冰作业任务过程中,由于除冰车驾驶员倒车时误操作档位,除冰车向前行进与飞机发生碰撞,造成飞机右侧腰线处的蒙皮和框架、翼根整流罩蒙皮、机腹等多处受损；除冰车左侧发动机盖受损；除冰车上的1名除冰操作员头部受伤。造成此事件的直接原因为D航飞机维修部除冰车驾驶员在倒车时错误操作档位、采取应急措施不当,地面指挥员提醒阻止不及时。

3. 航空器与地面设施设备刮碰

2013年某日,某航A330-200停靠停机位后,在飞机未连接牵引车及未设置停留刹车的情况下,勤务人员将所有轮挡撤离,造成飞机移动,导致左发动机与停机位廊桥桥头发生刮碰,发动机进气道整流罩受损。造成此事件的直接原因是勤务人员违反标准操作程序中的要求,在未确认航空器处于刹车状态,以及航空器未与拖车、拖把连接时,撤离所有轮挡。

12.3 机场外来物风险防控

12.3.1 机场外来物风险概述

1. 机场外来物定义

《机场外来物管理规定》(AP-140-CA-2011-2)中对机场外来物进行了定义:外来物是指飞行区内可能会损伤航空器、设备或威胁机场工作人员和乘客生命安全的外来物体,简称"FOD(foreign object debris)"。2020版《民用机场飞行区技术标准》(MH5001)修订征求意见稿中增加了外来物的定义为:"飞机活动区内无运行功能或航空功能但对飞机运行有潜在危害的无生命物体,也简称外来物。"

机场范围内的外来物种类繁多、来源复杂,根据对机场所搜集到的外来物进行分析,常见的外来物主要有:

(1) 飞机自身部件:螺帽、螺栓、垫片、保险丝等。
(2) 冰块:飞机自身结冰、地面结冰等。
(3) 水泥块/石块:道面接缝脱落或受损脱落、车辆带入等原因产生。
(4) 其他飞机零件:螺帽、螺栓、垫片、保险丝等。
(5) 地面保障设备零件:螺帽、螺栓、垫片、保险丝等。
(6) 行李零件:螺帽、螺栓、铭牌、行李锁等。
(7) 工具:飞机维修、车辆维修、场道维修等工作过程所遗失的工具。
(8) 建筑材料:碎砖、混凝土块、玻璃碴等。
(9) 软物体:工作记录、报纸、行李牌、塑料膜/袋、绳索等。

目前根据外来物的来源,主要将其分为两类:一是自然外来物,主要指动植物,如鸟、树叶、兔子等;二是人为外来物,主要指人的活动过程留下的某些东西,如塑料袋、纸片、金属扣等。

按照外来物对航空器所造成危害程度来划分,可分为三类:一是高危潜在外来物。高危外来物极为坚硬,如击中航空器会对其造成极大的损伤,如金属零部件和重量较重的坚硬外来物。二是中危潜在外来物。对飞行安全有一定的影响,如碎石、报纸、包装箱等的外来物。三是低危潜在外来物。对飞行安全维修较小,如非金属零碎垃圾、纸屑、树叶等外来物。

按照外来物出现的位置可以将外来物划分为:跑道外来物、滑行道外来物和机坪外来物。亚利桑那州普雷斯科特市的FAST公司针对达美航空的取证分析,在所有外来物损伤事件中,跑道外来物占50%,而位于滑行道和停机坪的外来物则仅分别占到40%和10%。

2. 机场外来物危害成因分析

1) 机场外来物危害趋势

随着民航业的飞速发展,外来物危害也逐渐地凸显出来。1992—1994年,航空运输协会统计了成员航空公司的外来物事件,结果显示,不明外来物占73.4%,野生动物占12.7%。在2008年的轮胎外来物普查中发现:仅在2007年5月到2008年5月期间共发现4500多起轮胎外来物损伤,大部分航空公司轮胎扎伤数占拆换轮胎总数的比例在6%~13%。

外来物带来的危害不仅是损坏航空器和夺去宝贵的生命,而且还伴随着巨大的经济损失。据保守估计,每年全球因外来物造成的损失至少30亿~40亿美元。

2) 机场外来物风险成因

(1) 引起FOD风险的人为因素

FOD风险人为因素通常是飞行区管理部场务人员、机坪保洁人员和监装人员、机务人员等工作人员原因造成的。

飞行区管理部工作人员的以下行为会导致FOD的产生:巡场人员巡场不及时及疏忽;道面维护及修理不合格;土面区草、土块清理不合格。

机务人员的以下行为会导致FOD的产生:机务人员遗留工具及其零碎物品;致使油渍污染道面;航空器零部件紧固不当致使其起飞降落中脱落。

机坪保洁人员的以下行为会导致FOD的产生:机坪保洁人员清理不全面、不细致;机坪保洁人员清理不及时。

监装监卸人员的以下行为会导致FOD的产生:监装监卸人员疏忽检查;现场监装人员不足。

运行指挥中心人员的以下行为会导致FOD的产生:FOD信息通知不及时;监管力度不足。

(2) 引起FOD风险的设备因素

机场在保障航空器的作业中会使用各种设备辅助,良好的设备会有助于保障更加流畅安全地进行。在清除FOD中会使用如扫雪车、除冰液、清扫机坪车辆等场务车辆,良好的车辆设备会使FOD尽快清除,减少FOD在飞行区内存在的时间,而其他一些在保障过程中需要的辅助设备如对讲机等,除了对讲机本身作为外来物,否则对讲机不会直接产生FOD,但是对讲机设备不良好会间接造成FOD长时间遗留在飞行区内,加大FOD造成损伤事故的风险。

(3) 引起FOD风险的环境因素

环境包括天气自然环境和机场环境,恶劣的环境会增加FOD的产生。如大风环境条件下,机场内容易引起物品吹入飞行区内,机场外的树叶等物品也容易吹入飞行区内,这都会加大FOD的产生,造成FOD的潜在风险。

(4) 引起FOD风险的管理因素

虽然良好的管理或是管理无效都不会直接产生FOD,但是没有FOD的相关管理或管理失当会造成FOD遗留时间较长、飞行区内FOD逐渐增加等情况发生,会加大FOD的风险。因此,相关FOD的管理也是其重要风险因素。

12.3.2 机场外来物风险防控策略

机场飞行区内,跑道、滑行道上的外来物主要以航空器掉落的螺帽、螺丝为主,构成单一,数量较少,对航空器危害高,不易控制;在机坪的外来物数量大,以低危外来物为主,其主要构成除金属零部件外,各保障单位作业后遗落的螺钉、螺帽和从行李上脱落的拉链头、拉链锁等物品,其余的主要以塑料袋/瓶、编织袋、泡沫、纸屑等垃圾为主,这部分外来物为航空器保障过程中产生或遗弃的,可以控制和减少。

机场外来物管理工作包括 FOD 的防范、FOD 的巡查和发现、FOD 的移除、FOD 的信息管理和 FOD 防范评估与持续改进五个方面,如图 12-2 所示。

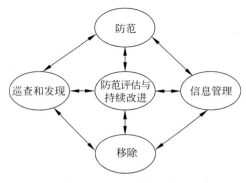

图 12-2　FOD 管理流程

1. FOD 防范

机场 FOD 防范应从提高防范意识、加强教育和培训入手。机场管理机构应加强 FOD 防范的培训和宣贯工作,并对所有飞行区作业人员进行 FOD 管理培训。

机场各类保障作业是 FOD 最主要的来源。因此,加强机场各类保障作业 FOD 管理是 FOD 防范的重点,具体包括机坪环境卫生管理、航空器作业保障、航空器维修、航空货运、不停航施工、飞行区维护保障和其他 FOD 源的管理。

2. FOD 巡查与发现

FOD 管理控制区域包括跑道、滑行道、机坪、航空器维修区和其他日常防范工作中易被忽视的潜在 FOD 区域。FOD 巡查可采取人工巡查和设备探测方式。采用人工巡查方式时,机场管理机构应在白天对航空器活动区域进行动态巡视检查,此外,还应进行例行的夜间检查,夜间检查宜安排在航班间隙或机场跑道开放前检查。采用设备探测时,机场管理机构宜采用固定探测设备、移动探测设备或其两种方式的组合,同时应建立设备探测到 FOD 后的处置程序和信息通报机制,以确保能够及时通知机场塔台管制部门、机场相关管理部门或相关的航空运输企业。

3. FOD 移除

机场管理机构应按实际情况配备足够数量的 FOD 移除设备,所有在飞行区内的作业人员应主动移除飞行区内出现或潜在的 FOD。对于在道面上遗洒的油料等液态残留物,机场管理机构应当先回收再清洗,用化学物清洁道面时,应当符合国家环境保护的有关规定,并不得对道面造成损害。各类油料、污水、有毒有害物及其他废弃物不得直接排放在机坪上。易燃液体应当用专用容器盛装,并不得倒入飞行区排水系统内。

根据FOD的类型,机场应配备不同类型的设备:①机械式设备,主要包括清扫车、油污清洗车、吹雪车等;②非机械式设备,主要包括保洁毯和磁吸条;③FOD收集容器,主要包括便携式收集桶和有盖的垃圾桶等。

4. FOD信息管理

机场FOD管理部门应当将FOD移除设备和FOD收集容器所收集的FOD在指定地点进行分拣,对FOD的数量、特征、类型、来源等进行统计分析,并将统计分析的结果纳入FOD数据库,数据库的信息记录应至少保存两年。

FOD管理办公室应定期对收集到的FOD信息进行统计和分析,并根据统计和分析结果,同时结合机场运行情况,提出有针对性措施或整改要求,并及时将统计和分析结果和相关整改要求反馈给各相关单位。各单位应根据FOD管理办公室提出的整改要求和机场FOD统计和分析结果,制定整改措施,不断完善本单位FOD防范程序,并将整改落实情况报FOD管理办公室。

航空公司在发现航空器受外来物损伤超标时,应立即向当地机场管理机构进行通报。FOD管理办公室接到航空器损伤超标的信息后,应立即赴现场进行调查取证,并通过"中国民用航空安全信息网""飞行区报告系统"的快报报送相关信息。

5. FOD防范评估与持续改进

(1) FOD防范评估。FOD管理办公室应当每季度对FOD管理工作进行一次总结,至少每年对FOD管理工作进行一次综合性评估。当发生外来物损伤航空器征候或FOD风险显著增加时,应立即对FOD管理工作进行评估。

(2) 持续改进。根据评估结果,FOD管理办公室应当适时修订FOD管理工作目标、政策、管理程序、现场作业程序和培训内容等,不断改进和完善FOD管理措施,确保FOD管理工作的有效性。

12.3.3 机场外来物风险案例分析

法国航空4590号协和式飞机空难是史上FOD造成的最严重的一起空难。2000年7月25日法国航空一架原定由法国巴黎夏尔·戴高乐国际机场飞往美国纽约肯尼迪国际机场的协和飞机,在起飞后不久坠毁于巴黎市郊的戈内斯。该班机于巴黎戴高乐机场26号右跑道起飞。飞机在跑道上滑行时,机场塔台向4590号班机报告飞机后方失火,并表示能优先使用跑道降落。由于跑道剩余长度不够,且飞机超过决断速度,协和号拖着火焰升空。发动机火警警报响起后,机长关闭2号发动机,此时飞机离地仅30m,随后起火的机翼解体、方向舵烧毁,整机左倾,起飞69s后在机场附近坠毁。空难造成机上100名乘客和9名机组人员全部罹难,并造成地面的4人死亡。

官方调查报告显示,空难发生前,一架美国大陆航空的麦道DC-10客机起飞,该机1号发动机掉落的长条形金属部件是协和空难的元凶。法航4590航班客机起飞时,机轮辗过该部件导致轮胎爆裂,轮胎碎片高速射向机翼油箱导致大量燃油泄漏;同时,另一较小轮胎碎片割断起落架电缆线;电缆线的火花引燃燃油导致发动机起火。飞机超过起飞决断速度必须起飞,机长预计在 5km 外的机场迫降,但由于 2 号发动机关闭,1 号发动机着火继而烧毁机翼,使得飞机无法攀升加速,从而失事坠毁。

法国航空 4590 号班机协和空难是航空史上一起典型的由于跑道 FOD 造成的空难,此后 FOD 监测系统的研究与开发提上日程。当前世界上较为典型的 FOD 监测系统有 4 个,分别是英国的 Tarsier Radar、以色列的 FODetect、新加坡的 iFerret 和美国的 FODFinder,主要是利用雷达、视频和图像处理技术监测机场道面外来物的发生。

12.4 鸟击风险防控

12.4.1 鸟击风险概述

1. 鸟击事件定义

鸟击(bird strike)是指航空器起降或飞行过程中和鸟类、蝙蝠等飞行物相撞的事件。鸟击是一种突发性和多发性的飞行事故,它的发生直接威胁机组人员和全体旅客的生命安全,轻则导致航班延误,重则造成飞机损毁,带来不可估计的经济损失。

鸟击事件根据发生地点的不同,可以分为机场鸟击事件和航路鸟击事件两种类型。机场鸟击事件,顾名思义是指飞鸟与航空器在机场鸟害防治责任区内发生的相撞事件。根据民航总局[2005]102 号令的定义:机场鸟害防治工作的"责任区"是指机场围界以内,飞机起飞阶段高度 100m 以内或者进近阶段高度 60m 以内的区域。航路鸟击事件定义为发生在机场鸟击责任区以外的鸟击事件。

2. 机场鸟击事件危害成因分析

1) 机场鸟击危害趋势

从 1912 年以来,世界民航先后发生了数十起由鸟击而引发的空难事件,共造成了数百人死亡,因此,鸟击也逐渐成为影响世界民航安全的头号杀手。

1912 年,在美国加州长滩,一只海鸥飞进了一架刚起飞的莱特飞机的控制系统,飞机坠入大海,造成了飞行员身亡的悲剧。

1960 年,一架洛克希德飞机在美国波士顿机场与一群鸟相撞,飞机坠毁,72 名乘客中有 64 名死亡;同年,一架麦道 DC-8 飞机在加拿大机场起飞滑跑时,有几只野鸡被吸入两台发动机中,造成了 50 万加元发动机修理费的损失。

1962 年,在美国的马里兰机场,一架飞机与飞行的天鹅相撞,飞机失去控制坠地,造成机上 17 人全部丧生。

1973 年,一架里尔-24 飞机在美国的亚特兰大机场撞到了一群小鸟,发动机损坏,飞机失事,造成机上 7 人全部遇难。

1975 年,一架麦道 DC-10 飞机在美国肯尼亚机场起飞时,一群小海鸥被吸入了巨大的发动机内,导致飞机爆炸性坠毁。

1988 年,一架埃塞俄比亚的 B737 客机,在起飞爬升到 3800m 时,遭遇鸟击,结果造成机上 35 人死亡,21 人受伤。

1994 年,一架中国的 B767-200 型飞机,在巴基斯坦的卡拉奇机场下降到 25 000ft 时,几只大鸟撞入了左发动机,飞机涡轮进气口温度飙升。机组人员果断关闭左发动机,严格执行操作才未酿成大祸。

1995年9月,一架B747客机在阿拉斯加的埃尔门多夫机场起飞时,左侧发动机吸入了30只鹅,导致飞机失事,24人遇难。

1996年,一架美国空军的由B707改装的有机载警戒系统和控制系统的E-3特种电子设备的AWACS军用飞机,在阿拉斯加州的埃尔蒙多夫空军基地5号跑道起飞,当飞机以每小时230nm的速度滑跑,在抬起前轮的一刹那,撞上了30多只加拿大鹅,瞬间两台发动机火光冲天,飞机坠毁在机场附近的洼地里,24名空勤人员全部遇难。

1997年9月22日下午3时许,北京首都国际机场东跑道的上空聚集了1000多只大雁和乌鸦,并在盘旋嬉戏。经过驻场部队两个多小时的鸣枪驱赶,鸟群才飞走。造成当日16个航班被迫延误,2000多名旅客无奈滞留。

1999年5月19日,一架B757客机在飞离芝加哥奥黑尔国际机场约50mile,爬升到5000ft时,发动机内突然吸入了一群数目不详的海鸥,导致飞机返航,航班取消。随后的飞机维修花费了76 000美元。

2003年7月8日,一架塞斯纳172飞机在靠近麦金尼时,飞机左翼与鸟发生撞击,随后部分发动机脱离防火墙,左翼在机翼连接点处脱落。两翼前沿受损。油箱破裂并开始漏油,消防人员赶到时飞机已燃起熊熊大火,并造成两名地面人员死亡。

2005年12月30日,一架贝尔206飞机正在华盛顿附近巡航,飞行员看到一群秃鹫撞到了挡风玻璃上,随后他便暂时失明了,再重新获得对飞机的控制后,飞行员尝试将飞机降落在附近一块荒凉的地带,但是鲜血模糊了他的双眼,飞机左侧撞击到地面后出现侧翻。之后飞行员针对脸、牙齿和眼睛做了几处修复手术。此次事故给飞机造成了150万美元的维修费用。

2008年3月4日,一架塞斯纳Citation Ⅰ飞离威利博斯特,当爬升到3100ft时,遭到了一群鸟的撞击,随后发动机的压缩机失速,螺旋平面燃烧飞机坠毁爆炸,事故造成5名人员遇难。

2009年1月15日,一架美国航空公司的A320-214客机在离开拉瓜迪亚机场约2min后突然遭到一群鸟类的撞击,随后两台发动机推力几乎完全丧失,机组人员果断处理,最后在距离纽约拉瓜迪亚机场8.5mile的哈德逊河上成功迫降。

美国FAA野生动物撞击数据库致力于全美范围内野生动物撞击信息的收集整理,该数据库收集了1990—2012年共计144 652起(包括民用和军用)美国野生动物撞击信息。根据对美国1990—2012年37 406起民航机场鸟击事件的统计,自1990年起,机场鸟击事件的发生次数持续上升,在2009年达到了历史最高数值3166起,同时有182起事件给飞机造成了不同程度的损伤。2009—2012年,机场鸟击事件的发生数量有所减少。数据显示86%的鸟击发生在飞行的起飞滑跑、着陆等低高度阶段。在起飞滑跑和爬升阶段,发动机处于最大转速状态,当发现飞鸟时,已无法避让,而且对突然发生的、无任何征兆的鸟击,由于飞行员有个生理反应过程,在判断处置的时间和空间上余地极小,指挥员又很难实施有效的帮助;在着陆时,即使飞行员发现飞鸟击来,也无法避免,降到这个高度时,飞机已经对准了跑道,无法再重新拉起,稍微地偏转避让都会使飞机发生偏移,造成更大的损失,这就进一步加剧了机场鸟击工作的隐患和防范难度。

2）机场鸟击危害机理

鸟类体型小、质量轻,却能撞坏飞机的主要原因是由于破坏来自飞行器的速度而非鸟类本身的质量。根据动量定理,一只 0.45kg 的鸟与时速 800km 的飞机相撞,会产生 153kg 的冲击力;一只 7kg 的大鸟撞在时速 960km 的飞机上,冲击力将达到 144t。

航空器的导航系统大多位于机体前部,这些设备防护罩的机械强度较其他部位差,在经受鸟类撞击以后容易损坏。但鸟类飞行高度有限,飞机下降到能撞鸟的高度一般是在起飞或着陆阶段,此时飞机速度在 150km/h 左右。若鸟类撞击部位为机头或者机翼根部等坚固部位,则不会造成严重后果;即使将驾驶舱风挡撞碎,立即返航也不会有碍飞行安全。若鸟类撞击部位在飞机发动机,则后果严重:一是发动机叶片很薄且在高速旋转,鸟类易将叶片击碎;二是发动机吸入周围空气时,易吸入附近飞鸟。飞鸟会导致发动机立即丧失部分或全部动力,飞机只能依靠剩余发动机返航,有较大风险。

12.4.2　鸟击风险防范策略

机场作为航空器的起飞爬升和降落的区域,相对而言鸟击事件发生频繁。因此,机场管理机构应当采取综合措施,防止鸟类对航空器运行安全产生危害,最大限度地避免鸟类撞击航空器。

机场每年至少对机场鸟类危害进行一次评估。评估内容包括:机场鸟击防范管理机构设置及职责落实情况,机场生态环境调研情况,鸟击防范措施的效果,鸟情信息的收集、分析、利用及报告等。根据机场鸟击评估结果和鸟击防范的实际状况,制定并不断完善机场鸟击防范方案。方案至少应当包括以下几点。

1. 生态环境调研和生态治理

机场管理机构应当持续地开展鸟害防范基础性调研,全面掌握机场内及其附近地区的生态环境、鸟类种群、数量、位置分布及其活动规律;绘制鸟类活动平面图;掌握机场内及其附近地区与鸟情动态密切相关的生物类群及影响因素的时间、空间分布情况,分析其中的关系;据此制定和不断完善鸟害防范实施方案,确定各阶段应当重点防范的对象,有针对性地实施鸟害防范措施。

机场管理机构应当根据机场鸟情信息的分析结果,及时对机场围界内对飞行安全危害较大的鸟类巢穴、食物源、水源、栖息地、觅食地进行有效的整治,并应当积极协调配合地方政府对机场围界外的上述情况进行整治。

2. 巡视驱鸟

机场管理机构应当在环境整治的基础上,根据鸟情特点,采取惊吓、设置障碍物、诱杀或捕捉等手段或其组合实施鸟害防范工作。所采取的驱鸟手段应当符合相关的法律法规和涉及民航管理的规章要求,并确保人身安全,避免污染环境。

在机场有飞行活动期间,机场管理机构应当不间断地进行巡视和驱鸟。

机场管理机构应当指定专人管理驱鸟枪、弹药、煤气炮、语音驱鸟设备、捕鸟网、视觉仿真装置等,确保设备完好并得到正确使用。

3. 鸟情信息

鸟情巡视人员应当加强观察,记录观察到的鸟种、数量、飞行路线、飞行高度、活动目的及原因分析、采取的措施及效果。鸟情巡视人员应当观察机场虫情、草情、鼠类等动物情况，并做好记录。

机场管理机构应当根据鸟情巡视人员记录、鸟击信息、生态调研情况等基础资料，建立鸟情信息库，并定期对鸟情信息资料进行分析比较，编制鸟情信息分析报告。

机场管理机构应当根据鸟情信息分析报告和鸟害防范评估报告，每年末对下一年度机场鸟害、虫害、鼠害等进行预测，制定防治措施。还应当将鸟情信息分析报告和鸟害防范评估报告提供给驻场航空运输企业。对飞行安全有危害的鸟种及机场防范鸟害的主要措施应当在航行资料上公布。

4. 鸟情和鸟击报告

当鸟情巡视人员发现鸟情可能危及飞行安全或者发现有规律的鸟群迁徙时，应当立即向空中交通管理部门通报。空中交通管理部门应当视情发布航行通告。在机场及附近发生航空器遭鸟撞击的事件时，机场管理机构应当以快报形式，向机场所在地民航地区管理局报告航空器遭鸟撞击的有关情况（包括航空器遭鸟撞击的时间、地点、高度及相关情况），并尽可能搜集和保存鸟撞击航空器的物证材料（如鸟类的尸骸、残羽、照片等）。

机场管理机构应当在鸟击事件发生 24 小时内，按照中国民航鸟击报告格式将有关情况报中国民航鸟击航空器信息网。在跑道上发现的被撞死鸟，亦应当按前款要求报中国民航鸟击航空器信息网。航空器维修部门、空中交通管理部门、航空运输企业发现航空器遭鸟撞击的情况后，应当及时向机场管理机构通报有关情况。

12.4.3 鸟击风险案例分析

鸟击事件轻则在机体留下血迹，重则机毁人亡，是影响飞行安全的重要隐患之一。提到鸟击事件，几乎所有的民航从业人员都会首先想起"哈德逊河奇迹"。"哈德逊河奇迹"是发生在 2009 年 1 月 15 日的全美航空 1549 号航班迫降事件，航班起飞后 90s 爬升至 3200ft 后，因鸟击飞机双发失去动力，由于机长的临危不乱的作风和高超的飞行技术，飞机成功迫降在哈德逊河上，机上人员全数生还、机身保持完整。飞机失去动力的原因是飞机于爬升期间遇上一群加拿大黑雁，引擎吸入数只这类候鸟导致飞机承受不了如此庞大撞击力而停止运作。因此，机场环境治理是降低鸟击事件发生数量的重要手段之一。

参 考 文 献

[1] AC-121-FS-2011-41.机组资源管理训练[S].北京：中国民用航空局飞行标准司,2011.
[2] Alan J. Stolzer,Carl D. Halford,John J. Goglia 等.民航安全管理体系[M].北京：中国民航出版社,2012,184-185.
[3] AP-140-CA-2011-3.防止地面车辆和人员跑道侵入管理规定[S].北京：中国民用航空局,2011.
[4] CCAR-93TM-R5.民用航空空中交通管理规则[S].北京：中国民用航空局,2017.
[5] CCAR-140-R1.民用机场运行安全管理规定[S].北京：中国民用航空局.2018.
[6] CCAR-395-R2.民用航空器事件调查规定[S].北京：中国民用航空局,2020.
[7] CCAR-396-R3.民用航空安全信息管理规定[S],北京：中国民用航空局,2007.
[8] CCAR-399.民用航空器飞行事故应急反应和家属援助规定[S].北京：中国民用航空局,2006.
[9] IB-TM-2013-002.民航空管防止跑道侵入指导材料[S].北京：中国民用航空局,2013.
[10] NAS412-2013. Foreign object damage/foreign object debris (FOD) prevention[S]. Washington DC：美国航空工业协会,国家航天工业标准,2013.
[11] Shappell S,Wiegmann D. The human factors analysis and classification system (HFACS) (Report No：DOT/FAA/AM-00/7)[R]. Washington DC：Federal Aviation Administration,2000.
[12] 陈路明.重大飞行事故原因调查[J].河南科技,2013(18)：152-156.
[13] 邝孔武,王晓敏.信息系统分析与设计[M].北京：清华大学出版社,2006.
[14] 李景.国际航空运输协会(IATA)[J].中国标准化,2018(2)：176-177.
[15] 刘清贵.机长视野：飞行安全的理论与实践[M].北京：中国民航出版社,2005.
[16] 苗旋.加强管制人员队伍建设,开创管制工作新局面[J].空中交通管理,2009(03)：8-9.
[17] 潘乐书.面向 MPL 训练的威胁与差错管理模型研究[D].天津：中国民航大学,2015.
[18] 孙有文.民用航空安全管理研究[D].上海：复旦大学,2012.
[19] 王锋刚,赵岩.机场跑道外来物防范研究[J].民航管理,2015(03)：48-51.
[20] 吴倩,杜伟.我国民航应急监管行政执法体制建设探讨[J].交通企业管理,2016,31(09)：17-19.
[21] 张亦雄,郭斌.国际民航组织安全监督审计计划[J].民航经济与技术,1999(10)：53-54.
[22] 赵巍.中国民航国际化发展的机遇挑战与担当[J].民航管理,2017(09)：6-11.
[23] 春秋航空.应急处置手册(CQH-EHM)[Z].春秋航空,2018.
[24] 曾天翔.飞机事故及其原因统计分析[J].航空标准化与质量,1998(6)：37-43.
[25] 陈维亮."审计"起源与词义杂考[J].文史杂志,2018,196(4)：115-117.
[26] 陈卫.民航运输业演化研究[D].北京：北京交通大学,2012.
[27] 陈义怀,何刚.民航维修系统的危险源分类与描述[J].中国民用航空,2013(2)：19-20.
[28] 崔建民.审计法答疑[M].中国审计出版社,1994.
[29] 崔卫民,薛红军,宋笔锋.飞机驾驶舱设计中的人因工程问题[J].南华大学学报(理工版),2002(01)：63-66.
[30] 丁留谦,李娜,王虹.美国应急管理的演变及对我国的借鉴[J].中国防汛抗旱,2018,28(7)：32-39.
[31] 高依旻,张毅华,余达淮.信息本体探讨及其对哲学范畴的影响[J].新世纪图书馆,2019(9)：23-27+54.
[32] 国际民航组织.安全管理手册(SMM)[R].1 版.蒙特利尔：国际民用航空组织,2006.
[33] 国际民航组织.安全管理手册(SMM)[R].3 版.蒙特利尔：国际民用航空组织,2013.
[34] 国际民航组织.安全管理手册(SMM)[R].4 版.蒙特利尔：国际民用航空组织,2018.
[35] 国际民航组织.国际民用航空公约附件 13：航空器事故和事故征候调查[R].10 版.蒙特利尔：国际民用航空组织,2016.
[36] 国际民航组织.国际民用航空公约附件 19：安全管理[R].2 版.蒙特利尔：国际民用航空组织,2019.

[37] 国际民航组织.关于援助航空器事故受害者家属的手册[R].1版.蒙特利尔：国际民用航空组织,2013.
[38] 国际民航组织.Manual on the Prevention of Runway Incursions[R].蒙特利尔：国际民用航空组织,2006.
[39] 国际民航组织.Threat and Error Management in Air Traffic Control[R].蒙特利尔：国际民用航空组织,2005.
[40] 国际民航组织.Runway Safety Programme-Global Runway Safety Action Plan[R].蒙特利尔：国际民用航空组织,2017.
[41] 国务院.国务院关于印发民航体制改革方案的通知[EB/OL].[2002-03-03].http://www.gov.cn/zhengce/content/2017-09/12/content_5223217.htm.
[42] 胡月亭.正确理解风险管控与隐患整改双重预防机制[EB/OL].[2017-11-23].https://mp.weixin.qq.com/s?__biz=MjM5Mjg5NzQwMQ==&mid=2650346931&idx=1&sn=913fdfeefd671e332512b2fb34ee02ca&chksm=be92f5a589e57cb3cb5dbc45f208bbf4422376f76bafb7465e3096cd7d8a4988f3133ee3116b&scene=0.
[43] 霍志勤,吕人力,史亚杰.民航运行中的威胁与差错管理[J].中国安全科学学报,2007.17(12)：60-65.
[44] 中国报告大厅.机场行业发展现状[R].中国报告大厅,2019-08-14.
[45] 蒋大鸣.关于中国审计起源与早期审计发展历史的探讨[J].南京社会科学,2008,12：49-54.
[46] 李爱军,武坚,王长青.飞机系统安全评估技术的发展[J].航空制造技术,2012(22)：26-29.
[47] 李凤鸣.审计学原理[M].5版.上海：复旦大学出版社,2011.
[48] 李璐.美国政府绩效审计方法的变迁及启示[J].中南财经政法大学学报,2009(06)：53-56.
[49] 李琦.美国空管体制改革的动因及其方案选择[J].民航管理,2006(8)：82-85.
[50] 李炎,李彤,倪海云.SMS实施与实践[M].北京：中国民航出版社,2017.
[51] 刘鑫.中国民航发展的45年[J].国际航空,1994(11)：13-14.
[52] 刘亚军,邹国良.国际民航组织的人的因素研究工作回顾与未来发展计划[J].空中交通管理,2002(1)：4.
[53] 刘岩松.民航概论[M].北京：清华大学出版社,2017.
[54] 栾德成.重读海恩法则和海因里希法则做好建筑施工安全生产管理工作做好建筑施工安全生产管理工作[N].中国建设报,2019-5-24(5).
[55] 罗云.风险分析与安全评价[M].北京：化学工业出版社,2009.
[56] 彭建华.我国4种运输方式安全生产水平比较研究[J].中国安全科学学报,2019,29(10)：135-140.
[57] 闪淳昌,周玲,方曼.美国应急管理机制建设的发展过程及对我国的启示[J].中国行政管理,2010(8)：100-105.
[58] 孙浩.ICAO普遍安全监督审计计划的由来和发展[J].中国民用航空,2010(2)：2.
[59] 王锋刚,赵岩.机场跑道外来物防范研究[J].民航管理,2015(03)：48-51.
[60] 王华伟,吴海桥.航空安全工程[M].北京：科学出版社,2014.
[61] 王清晨.如何对民航企业安全管理体系有效性实施现场验证[J].中国民用航空,2010(3)：3.
[62] 王霞.民航突发公共事件的应急处置策略[J].中国证券期货,2013(7)：281.
[63] 王亚男.民航突发事件应急处理问题探究[J].科技资讯,2013(18)：220-220.
[64] 王玉山,左名中.飞行安全管理[M].北京：长征出版社,1997.
[65] 吴丛.中美两国民航安全发展及其规律研究[D].天津：中国民航大学,2014.
[66] 夏寒,马志娟.国家审计起源历史新探[J].财政监督：财会版,2014(9)：64-68.
[67] 谢燕生.飞行事故调查的现状和发展[J].国际航空,1994(04)：47-48.
[68] 严复海,党星,颜文虎.风险管理发展历程和趋势综述[J].管理现代化,2007(2)：30-33.
[69] 言河.美国联邦航空局与飞行标准[J].民航经济与技术,1994(04)：41-44.
[70] 郑军锐,李慧.浅析国际贸易的常用运输方式[J].河北企业,2010(10)：60-61.

[71] 中国民用航空局.2018年民航行业发展统计公报[EB/OL].[2019-05-08].http://www.caac.gov.cn/XXGK/XXGK/TJSJ/201905/P020190508519529727887.pdf

[72] 中国民用航空局.2019年全国民航工作会议[EB/OL].[2019-01-07].http://www.caac.gov.cn/XWZX/MHYW/202006/P020200608350035195085.pdf.

[73] 中国民用航空局.2020年全国民航工作会议[EB/OL].[2020-01-06].http://www.gov.cn/xinwen/2021-06/11/5617003/files/c51af61cc760406e82403d99d898f616.pdf.

[74] 中国民用航空局.中国民航不安全事件统计分析报告[R].北京:中国民用航空局,2016.

[75] 中国民用航空局.中国民用航空发展第十一个五年规划[R].北京:中国民用航空局,2006.

[76] 中国民用航空局.中国民用航空发展第十二个五年规划[R].北京:中国民用航空局,2011.

[77] 中国民用航空局.中国民用航空发展第十三个五年规划[R].北京:中国民用航空局,2016.

[78] 中国民用航空局.国务院、中央军委《关于军民合用机场使用管理的若干暂行规定》的通知[EB/OL].[1985-12-30].http://www.caac.gov.cn/XXGK/XXGK/FLFG/201510/t20151029_2784.html.

[79] 中国通航.中国通用机场的发展历程回顾及前景展望[EB/OL].[2019-10-15].https://mp.weixin.qq.com/s/vtbbZNxPaAOez1JEO_ZlXQ.

[80] 钟开斌.风险管理研究:历史与现状[J].中国应急管理,2007(11):20-25.

[81] 钟科,温宝琴,吴巧洋,等.民航安全管理[M].北京:清华大学出版社,2017.

[82] 钟科.民航安全管理[M].北京:清华大学出版社,2017.

[83] 钟涛.基于民航强国视角对推进空管高质量发展的思考[J].民航管理,2019(10):36-39.

[84] 周长春,谭鑫,陈勇刚,等.航空安全管理[M].成都:西南大学出版社,2017.

[85] 朱稼兴.信息和熵[J].北京航空航天大学学报,1995(02):84-90.